D1750870

Lehr- und Handbücher der Kommunikationswissenschaft

Herausgegeben von Dr. Arno Mohr

Lieferbare Titel:

Beck, Computervermittelte Kommunikation im Internet

Brauner · Leitolf · Raible-Besten · Weigert, Lexikon der Presse- und Öffentlichkeitsarbeit

Burkhardt, Praktischer Journalismus

Fröhlich · Peters · Simmelbauer, Public Relations

Kiefer, Medienökonomik, 2. Auflage

Koeppler, Strategien erfolgreicher Kommunikation

Paus-Hasebrink · Woelke · Bichler · Pluschkowitz, Einführung in die Audiovisuelle Kommunikation

Praktischer Journalismus

herausgegeben von
Dr. Steffen Burkhardt

Oldenbourg Verlag München

Bibliografische Information der Deutschen Nationalbibliothek

Die Deutsche Nationalbibliothek verzeichnet diese Publikation in der Deutschen Nationalbibliografie; detaillierte bibliografische Daten sind im Internet über <http://dnb.d-nb.de> abrufbar.

© 2009 Oldenbourg Wissenschaftsverlag GmbH
Rosenheimer Straße 145, D-81671 München
Telefon: (089) 45051-0
oldenbourg.de

Das Werk einschließlich aller Abbildungen ist urheberrechtlich geschützt. Jede Verwertung außerhalb der Grenzen des Urheberrechtsgesetzes ist ohne Zustimmung des Verlages unzulässig und strafbar. Das gilt insbesondere für Vervielfältigungen, Übersetzungen, Mikroverfilmungen und die Einspeicherung und Bearbeitung in elektronischen Systemen.

Lektorat: Wirtschafts- und Sozialwissenschaften, wiso@oldenbourg.de
Herstellung: Anna Grosser
Coverentwurf: Kochan & Partner, München
Gedruckt auf säure- und chlorfreiem Papier
Gesamtherstellung: CS-Druck CornelsenStürtz GmbH & Co. KG

ISBN 978-3-486-58638-1

Inhalt

Einleitung 9

TEIL I: Herausforderungen des Journalismus 17

1. Das Mediensystem in Deutschland 19
1.1 Rechtliche Grundlagen 25
1.2 Ethische Standards 31
1.3 „Jeder steht alleine vor der Frage: Machst du das oder nicht?"
    Expertengespräch mit Fried von Bismarck (Deutscher Presserat) 36

2. Die Medieninstitutionen 43
2.1 Ökonomische Rahmenbedingungen 45
2.2 Medienmärkte und ihre Anbieter 51
2.2.1 Zeitungen 52
2.2.2 Zeitschriften 56
2.2.3 Radio 59
2.2.5 Internet 67
2.3 „Wer nur den Gewinn im Auge hat, läuft Gefahr, das Produkt kaputt zu
    machen" – Expertengespräch mit Angelika Jahr (Gruner + Jahr) 71

3. Funktionen des Journalismus 75
3.1 Journalistische Rollenbilder 79
3.2 Konstruktionen von Wirklichkeit 82
3.3 Objektive Berichterstattung 88
3.4 „Das Ziel von Journalismus ist nicht, immer distanziert zu sein" –
    Expertengespräch mit Bettina Gaus (Tageszeitung) 90

4. Journalistinnen und Journalisten 93
4.1 Demografische Entwicklung 93
4.2 „Ich halte nichts von der These, man solle sich nicht verbünden" –
    Expertengespräch mit Maria von Welser (Norddeutscher Rundfunk) ... 97

TEIL II: Journalistisches Arbeiten 101

5. Redaktionen und Ressorts 103
5.1 Grundlagen der redaktionellen Arbeitsorganisation 104
5.2 Die fünf klassischen Ressorts 107
5.2.1 Politik 107
5.2.2 Wirtschaft 109
5.2.3 Kultur 112
5.2.4 Sport 115
5.2.5 Lokales 117
5.3 Trends in Ressorts und Redaktionen 119
5.4 „Man braucht Ressortverantwortlichkeit" – Expertengespräch mit Henry
    Lübberstedt (Stern.de) 125

6.	**Themenwahl**	**129**
6.1	Nachrichtenfaktoren	129
6.2	News Frames	139
6.3	„Die Themen liegen buchstäblich auf der Straße" – Expertengespräch mit Hedwig Göbel (Tagesschau.de)	141
7.	**Recherche**	**145**
7.1	Grundlagen	146
7.1.1	Die Ausgangsthese	148
7.1.2	Der Rechercheplan	148
7.1.3	Die Aneignung von Expertenwissen	149
7.1.4	Von Außen nach Innen	150
7.1.5	Der Küchenzuruf	150
7.1.6	Das eigene Archiv	151
7.1.7	Technische Ausstattung	151
7.2	Rechercheinstrumente und -techniken	151
7.2.1	Am Telefon	152
7.2.2	Vor Ort	152
7.2.3	Informanten	153
7.2.4	Die investigative Recherche	154
7.3	Recherche im Internet	154
7.3.1	Suchmaschinen	157
7.3.2	Kataloge und Verzeichnisse	158
7.3.3	Wikis, Blogs und Foren	158
7.3.4	Invisible Web	160
7.4	Rechtslage bei der Recherche	160
7.4.1	Informationsfreiheitsgesetz	161
7.4.2	Zutrittsrechte	162
7.4.3	Zeugnisverweigerungsrecht und Beschlagnahmeverbot	163
7.4.4	Einschränkungen	163
7.4.5	Journalistische Pflichten bei der Recherche	164
7.5	„Recherche ist nötig für jeden noch so kleinen Artikel" – Expertengespräch mit Michaela Schießl (Der Spiegel)	165
8.	**Journalistische Gesprächsführung**	**171**
8.1	Rhetorik des Interviews	173
8.1.1	Die Zielsetzung	173
8.1.2	Die Vorbereitung	175
8.1.2.1	Themenwahl und Recherche	175
8.1.2.2	Das Vorgespräch	175
8.1.3	Der Gesprächsaufbau	176
8.1.3.1	Anmoderation und erste Frage	176
8.1.3.2	Interviewstrategie	177
8.1.3.3	Interviewfragen	177
8.1.3.4	Unterbrechen	180
8.1.3.5	Gesprächsende	180
8.1.4	Die Nachbereitung	181
8.2	Psychologie des Interviews	181
8.2.1	Hierarchien zwischen Interviewtem und Interviewer	181
8.2.2	Rollenspezifischer Erwartungshorizont	182

8.2.3	Nonverbale Kommunikation	183
8.2.3.1	Territorialansprüche	184
8.2.3.2	Blickkontakt	184
8.2.3.3	Weitere Formen der nonverbalen Kommunikation	184
8.3	Rechtliche Aspekte	185
8.3.1	Interview und Persönlichkeitsrecht	186
8.3.2	Mitwirkungsrechte des Interviewpartners	186
8.3.3	Interview und Urheberrecht	187
8.3.4	Haftung für den Inhalt des Interviews	187
8.4	„Das Gespräch muss eine Dramaturgie haben" – Expertengespräch mit Peter Kloeppel (RTL)	188
9.	**Darstellungsformen in Zeitungen und Zeitschriften**	**193**
9.1	Nachrichtliche Darstellungsformen	194
9.1.1	Die Nachricht	194
9.1.2	Der Bericht	196
9.2	Unterhaltende Darstellungsformen	197
9.2.1	Die Reportage	197
9.2.2	Das Feature	199
9.3	Meinungsbetonte Darstellungsformen	200
9.3.1	Der Kommentar	200
9.3.2	Der Leitartikel	202
9.3.3	Die Glosse	202
9.3.4	Rezension und Kritik	203
9.4	Hybridformen und weitere Darstellungselemente	204
9.4.1	Das Interview	204
9.4.2	Das Porträt	205
9.4.3	Überschriften, Dachzeilen, Vorspänne und Zwischenzeilen	207
9.4.4	Bilder und Bildzeilen	209
9.4.5	Infografiken	210
9.5	„Das oft beschworene Sterben des Printjournalismus findet nicht statt" – Expertengespräch mit Uwe Bokelmann (Bauer Media Group)	211
10.	**Darstellungsformen im Radio**	**217**
10.1	Schreiben und Sprechen für Hörer	220
10.1.1	Einfach und kurz	221
10.1.2	Verben werben	221
10.1.3	Von Mensch zu Mensch	222
10.2	Nachrichtliche Darstellungsformen	222
10.2.1	Die Nachricht	222
10.2.1.1	Nachrichtenmeldung	223
10.2.1.2	Nachrichten mit O-Ton	224
10.2.2	Der Bericht	226
10.2.2.1	Korrespondentenbericht	226
10.2.2.2	Gebauter Beitrag	226
10.3	Erzählende Darstellungsformen	228
10.3.1	Die Reportage	228
10.3.2	Das Feature	229

10.4	Kommentierende Darstellungsformen	230
10.4.1	Der Kommentar	230
10.4.2	Die Glosse	231
10.5	Das Radio-Interview	232
10.6	„Radiosender müssen den Mut haben, Bandbreite zu offerieren" – Expertengespräch mit Bettina Rust (Radio Eins)	235
11.	**Darstellungsformen im Fernsehen**	**241**
11.1	Nachrichtliche Darstellungsformen	245
11.1.1	Die Nachricht	245
11.1.2	Der Bericht	247
11.2	Erzählende Darstellungsformen	248
11.2.1	Die Reportage	248
11.2.2	Das Feature	250
11.3	Kommentierende Darstellungsformen	251
11.4	Das TV-Interview	253
11.5	„Wir werden uns das heutige Fernsehen nicht mehr vorstellen können" – Expertengespräch mit Klaus Ebert (Axel Springer Digital TV)	255
12.	**Darstellungsformen in den neuen Medien**	**259**
12.1	Online-Medien und ihre Spezifika	259
12.2	Darstellungsformen	263
12.2.1	Interaktive Formen	263
12.2.1.1	Der Teaser	264
12.2.1.2	IPTV und audiovisuelle Beiträge	265
11.2.1.3	Das Online-Dossier	265
12.2.2	Kommunikative Formen: Journalisten als Blogger	266
12.3	„Die Gestaltungsmöglichkeiten des Online-Journalismus sind reicher als die in anderen Mediengattungen" – Expertengespräch mit Jochen Wegner (Focus Online)	268

Anhang **273**
Medien und Verbände 273
Aus- und Weiterbildung 279
Journalistenpreise in Deutschland 282
Fördermöglichkeiten für deutsche Journalistinnen und Journalisten 284

Literaturverzeichnis **289**

Autorinnen und Autoren **317**

Einleitung

"Ich glaube, daß ein leidenschaftlicher Journalist kaum einen Artikel schreiben kann, ohne im Unterbewußtsein die Wirklichkeit ändern zu wollen."

Rudolf Augstein (1923-2002)

Journalismus ist mehr als ein Handwerk. Er ist Ausdruck einer besonderen Haltung gegenüber der Wirklichkeit. Journalistinnen und Journalisten beobachten das Weltgeschehen kritisch und bereiten ausgewählte Beobachtungen in Form von Nachrichten auf. Sie gestalten immer Gesellschaft, bewusst und unbewusst, indem sie die Wahrnehmung von Wirklichkeit verändern. Rudolf Augstein, Gründer und 55 Jahre lang Herausgeber des Nachrichtenmagazins *Der Spiegel*, hat diese Einheit von Handwerk und Haltung treffend beschrieben, als er sagte, dass ein leidenschaftlicher Journalist kaum einen Artikel schreiben kann, ohne im Unterbewusstsein die Wirklichkeit ändern zu wollen. Dieses Lehr- und Handbuch des praktischen Journalismus widmet sich daher beiden: dem Handwerk und der Haltung von Journalistinnen und Journalisten.

In diesem Buch werden die Grundlagen des journalistischen Arbeitens vermittelt und wird die soziale Verantwortung erklärt, die mit den unterschiedlichen Aufgaben in Redaktionen von Zeitungen, Zeitschriften, Radio, Fernsehen und Online-Medien einhergeht. Die Herausforderung der Publikation bestand darin, die empirischen Befunde und Theorien der Journalismusforschung in Bezug zur Berufspraxis zu setzen. Schon die Themenwahl musste einem praktischen Verständnis von Journalismus folgen und die Beobachterperspektive der Journalismusforschung durch eine Praxisperspektive ergänzen. Die inhaltliche Zusammenstellung orientiert sich an dem journalistischen Kompetenzverständnis der *European Journalism Training Association (EJTA)*, in der die Vertreterinnen und Vertreter führender europäischer Journalistenschulen und Journalismus-Studiengänge zusammengeschlossen sind. Durch ihren Blick auf den Journalismus und seine Strukturen folgt die Publikation den aktuellen europäischen Standards der Ausbildung von Journalistinnen und Journalisten.

Dieser Standard wird hier nicht als „Wesen" des Journalismus im Sinne von normativ-ontologischen Ansätzen der Publizistik verstanden, sondern als eine soziale Konstruktion, ohne die eine anwendungsorientierte Zusammenstellung der empirischen Befunde zum aktuell praktizierten Journalismus in Deutschland und anderen westlichen Demokratien undenkbar wäre. Die Publikation geht damit von einem systemtheoretisch-konstruktivistischen Modell des Journalismus aus, das als ein spezifischer Sinn- und Handlungszusammenhang gesehen werden kann und vor allem durch die Leitorientierung der Nachrichtenrelevanz gekennzeichnet ist.

Dieses Verständnis von Journalismus hat sich dem lange Zeit kultivierten Mythos vom Journalismus als Talentberuf zum Trotz auch in der europäischen Journalistenausbildung etabliert. So sieht die EJTA den praktischen Journalismus als einen erlernbaren Beruf im Dienste der demokratischen Öffentlichkeit und begreift ihn als ein Selbstbeobachtungs- und Selbstbeschreibungssystem der Gesellschaft, das Einblicke in die politischen, wirtschaftlichen und soziokulturellen Entwicklungen gibt, die Demokratien Europas stärkt und die Bürgerinnen und Bürger dabei unterstützt, Entscheidungen im gesellschaftlichen wie persönlichen Kontext zu treffen. Journalismus muss daher schon aus Gründen der Selbsterhaltung für die Freiheit der Rede eintreten, einen Beitrag zur Integrität von Individuen in der Gesellschaft leisten und ethischen Standards folgen. Diese Aufgaben setzen ein Qualifikationsprofil für den praktischen Journalismus voraus, das den inhaltlichen Rahmen der vorliegenden Publikation bestimmt.

Inhaltlicher Schwerpunkt
Wer im Journalismus arbeitet, muss in der Lage sein, sich selbst und sein Handeln in einem sich politisch, rechtlich, wirtschaftlich und soziokulturell wandelnden Mediensystem zu reflektieren und seine Rolle in der Gesellschaft zu definieren. Dazu sind Schlüsselkompetenzen erforderlich. Journalistinnen und Journalisten qualifizieren sich durch spezifische Sach-, Fach- und Vermittlungskompetenzen sowie die Fähigkeit zur sozialen Orientierung für ihren Beruf (Weischenberg 1990, S. 24).

Die Vermittlung dieser Kompetenzen auf Basis empirischer Befunde bildet daher den inhaltlichen Schwerpunkt dieses Lehr- und Handbuchs. Die EJTA hat mit ihrer *Tartu Declaration* im Jahr 2006 einen gemeinsamen Standard für die journalistische Ausbildung in Europa definiert (vgl. www.ejta.eu). Mit ihrer Erklärung von Tartu reagiert sie auf die Übergangsphase des Journalismus am Beginn des neuen Jahrhunderts, der von einer Neuorientierung gekennzeichnet ist. Sein Monopol, exklusiv Nachrichten auszuwählen und zu präsentieren, ist nicht zuletzt durch neue Kommunikationsformen im Internet verloren gegangen. Die damit einhergehenden professionellen und sozioökonomischen Ausdifferenzierungs- und Entgrenzungsprozesse öffentlicher Selbstbeobachtung, die in dieser Publikation nur am Rande thematisiert werden können, haben auch in der europäischen Journalistenausbildung zu einem Selbstverständnisdiskurs über die Primärfunktionen des Journalismus geführt und die *Tartu Declaration* geprägt. Sie begreift Journalismus als einen nachrichtlich orientierten Öffentlichkeitsberuf im Dienst der Gesellschaft und schlüsselt die Sach-, Fach- und Vermittlungskompetenzen von Journalistinnen und Journalisten sowie ihre Fähigkeit zur sozialen Orientierung in zehn Teilkompetenzen auf (vgl. Abbildung 1). Journalistisches Arbeiten basiert ihres Erachtens auf Reflexionskompetenz, Vermittlungskompetenz, Planungskompetenz, Organisationskompetenz, Informationskompetenz, Selektionskompetenz, Strukturierungskompetenz, Präsentationskompetenz, Evaluationskompetenz und sozialer Kompetenz. Bei der Zusammenstellung der Inhalte dieser Publikation wurde darauf geachtet, dass diese zehn Kompetenzen ausführliche Beachtung finden. Da sie komplex und aneinander gekoppelt sind, werden sie in mehreren Kapiteln des Buches in unterschiedlichen Kontexten des praktischen Journalismus erklärt.

Die Reflexionskompetenz von Journalistinnen und Journalisten wird in den Kapiteln 1 bis 6 thematisiert. Sie setzt die Kenntnis der gesellschaftlichen Grundwerte und Entwicklungen sowie des Mediensystems und der Zielgruppen journalistischer Produkte voraus. Wer publiziert, sollte die Bedeutung des Journalismus in modernen Gesellschaften, seine Verantwortung und seinen Einfluss verstehen. Journalistinnen und Journalisten müssen die Werte, die durch ihre professionellen Entscheidungen zum Ausdruck gebracht werden, erkennen, benennen und begründen können.

Einleitung 11

Die Vermittlungskompetenz, öffentlichkeitswürdige Inhalte zu identifizieren und mediengerecht für spezifische Zielgruppen aufzubereiten, bildet den Schwerpunkt der Kapitel 6 bis 12. Sie basiert insbesondere auf einem analytischen Zugang zu aktuellen Ereignissen, der Kenntnis von Nachrichtenfaktoren und dem Verständnis der Gestaltungsmöglichkeiten und -grenzen von Medien, Medieninstitutionen und Medienprodukten. Nur wer Ereignisse für spezifische Zielgruppen selektieren kann, ist journalistisch in der Lage, öffentliche Diskurse, Diskussionen und Debatten reflektiert zu gestalten.

Die journalistische Planungs- und Organisationskompetenz wird in Kapitel 5 behandelt und umfasst die Fähigkeit, realistische Arbeitspläne zu erstellen und umzusetzen. Journalistinnen und Journalisten sollten dabei trotz Außendrucks zielführend arbeiten können und flexibel genug sein, spontan auf unerwartete Entwicklungen angemessen zu reagieren.

Planungs- kompetenz	Organisations- kompetenz	Selektions- kompetenz	Informations- kompetenz
Strukturierungs- kompetenz	**Die Schlüsselkompetenzen im praktischen Journalismus**		Evaluations- kompetenz
Präsentations- kompetenz	Vermittlungs- kompetenz	Reflexions- kompetenz	Soziale Kompetenz

Abbildung 1: Die Schlüsselkompetenzen im praktischen Journalismus

Die journalistische Informationskompetenz wird vor allem in den Kapiteln 6, 7 und 8 vorgestellt. Sie umfasst die Aufgabe, Informationen nachrichtlich zu erfassen und zu verarbeiten, und setzt insbesondere eine gute Allgemeinbildung, die Kenntnis von Informationsquellen (inklusive potentieller Informanten), Referenzpublikationen, Datenbanken und Nachrichtenagenturen voraus. Um zu informieren, müssen Journalistinnen und Journalisten wissen, wie sie ihre Informationsquellen sinnvoll nutzen können und wie sie effektiv recherchieren. Die Bereitschaft und methodische Fähigkeit, die Quellen zu hinterfragen und die Beiträge durch (Double-)Checks zu objektivieren, spielen dabei eine zentrale Rolle. Vor allem durch die neuen Medien wird Informationskompetenz auch als Basis für einen Interaktionsprozess verstanden und in einem erweiterten Sinn als die Fähigkeit gesehen, mit der Gesellschaft informierend zu interagieren.

Die Selektionskompetenz bildet den Schwerpunkt von Kapitel 6 und beschreibt die journalistische Qualifikation, zwischen Haupt- und Nebenaspekten unterscheiden zu können, also die Relevanz von Ereignissen, Zuständen und Handlungen zu gewichten. Journalistinnen und Journalisten müssen in der Lage sein, Informationen korrekt, akkurat, zuverlässig und vollständig zu verarbeiten und sie in den richtigen Kontext zu setzen. Bei der Selektion müssen sie Informationen für ein spezifisches Medium verarbeiten und die Folgen ihrer

Auswahl für ihre Zielgruppe, die Gesellschaft (zunehmend auch aus interkultureller Perspektive), die Informanten, die Betroffenen und auch sich selbst abwägen.

Die Strukturierungskompetenz ergibt sich aus der Kenntnis journalistischer Darstellungsformen, die in den Kapiteln 8 bis 12 erklärt werden. Journalistinnen und Journalisten sollten ihre Fähigkeit geschult haben, für spezifische Inhalte eine angemessene Form zu wählen und die Strukturen der Informationsaufbereitung auf die Bedürfnisse eines Medienprodukts abzustimmen. Dafür müssen sie die Informationen gemäß nachrichtlicher Relevanz gliedern oder auch in Erzählstrukturen aufbereiten können.

Die Präsentationskompetenz ist unmittelbar mit der Strukturierungskompetenz verbunden und daher ebenfalls Gegenstand der Kapitel 8 bis 12. Sie umfasst eine exzellente schriftliche und mündliche Sprachfertigkeit und zunehmend auch die Fähigkeit, Informationen audiovisuell und crossmedial aufzubereiten (z. B. durch die Verknüpfung von Texten, Bildern, Grafiken, Tönen und Videosequenzen). Journalistinnen und Journalisten eignen sich dazu Genre-, Technik- und Layoutkenntnisse an. Ziel ist dabei nicht, alles zu können, sondern eine Koordinationsfähigkeit für die Arbeit im Team zu entwickeln und z. B. Techniker in Hinblick auf eine sinnvolle Präsentation von Themen anzuleiten.

Die Grundlagen der Evaluationskompetenz werden in den Kapiteln 1 und 3 vermittelt. Die Evaluationskompetenz basiert auf einem eindeutigen Verständnis der Qualitätsanforderungen von Medien und journalistischen Produkten und beschreibt die Fähigkeit von Journalistinnen und Journalisten, die eigene Arbeit und die anderer auf Basis von Qualitätskriterien zu bewerten. Sie erfordert eine Offenheit für kritische Selbst- und Fremdevaluation als konstruktiver Voraussetzung zur Weiterentwicklung der journalistischen Arbeit und die Bereitschaft, Verantwortung für die Folgen von Veröffentlichungen zu übernehmen.

Die soziale Kompetenz von Journalistinnen und Journalisten resultiert aus ihrem Funktionsbewusstsein, Glaubwürdigkeit, sozial akzeptierten Umgangsformen sowie Engagement und Initiative in der Teamarbeit. Sie setzt die Kenntnis der beruflichen Aufgabe, persönlicher Stärken und Schwächen und die Reflexion von Kolleginnen und Kollegen voraus. Ein wichtiger Aspekt ist dabei auch das Erkennen und Beachten von hierarchischen Beziehungen, ohne sich von ihnen einschüchtern zu lassen. Die Auseinandersetzung mit diesen konkreten Kompetenzen wird in den Kapiteln dieser Publikation im Kontext unterschiedlicher Themenkomplexe erörtert. Im Sinne von sozialer Orientierung ist sie Gegenstand der Kapitel 3 und 5.

Die zehn Schlüsselkompetenzen konkretisieren die eingangs erwähnte Einheit von journalistischem Handwerk und journalistischer Haltung. Mit ihrer Hilfe erbringen Journalistinnen und Journalisten wichtige Leistungen: Sie synchronisieren die Teilbereiche der modernen, ausdifferenzierten Gesellschaft, thematisieren soziale Kommunikation und tragen wesentlich zur Selbstverständigung und zum Selbstverständnis der Gesellschaft bei. Deswegen bilden die Kompetenzen den inhaltlichen Schwerpunkt dieses Lehr- und Handbuchs, während sich sein Aufbau an den Strukturen des Mediensystems orientiert, in dem Journalistinnen und Journalisten in unterschiedlichen Berufsfeldern arbeiten.

Einleitung

Aufbau des Lehr- und Handbuchs

Der Aufbau des Buchs folgt den unterschiedlichen Ebenen des Journalismus und seiner Kontexte: dem Mediensystem, den Medieninstitutionen, den Medienakteuren und den Medienaussagen. Es ist in die beiden Buchteile „Herausforderungen des Journalismus" und „Journalistisches Arbeiten" gegliedert, in denen die Kompetenzen Schritt für Schritt vertieft werden.

Der erste Buchteil konzentriert sich auf das Mediensystem, die Medieninstitutionen und Medienakteure. Er informiert in vier Kapiteln über die Aufgaben und Rahmenbedingungen journalistischer Berufe und gibt Antworten auf Grundfragen der beruflichen Praxis: Warum braucht die Gesellschaft unabhängige Journalistinnen und Journalisten und welche rechtliche Stellung haben sie? Wie ist die Medienwirtschaft organisiert und wie verändern die ökonomischen, technischen, rechtlichen und politischen Vorgaben die Redaktionsarbeit? Wie wird man Journalistin oder Journalist und welche Herausforderungen muss die (einst nur) schreibende Zunft meistern?

- Das erste Kapitel „Das Mediensystem in Deutschland" vermittelt die gesellschaftlichen, rechtlichen und ethischen Grundlagen journalistischer Arbeit. Es führt in die strukturellen Merkmale des Mediensystems ein, in dem deutsche Journalistinnen und Journalisten arbeiten.
- Das zweite Kapitel „Die Medieninstitutionen" ist den wirtschaftlichen Rahmenbedingungen von journalistischer Arbeit gewidmet. Es erklärt die Finanzierung der Arbeit von Journalistinnen und Journalisten und stellt wichtige Verlage, Rundfunksender und Online-Medien in Deutschland als ihre Arbeit- und Auftraggeber vor.
- Das dritte Kapitel „Funktionen des Journalismus" beleuchtet den Zusammenhang von journalistischer Berichterstattung, Öffentlichkeit und Gesellschaft. Im Mittelpunkt steht dabei die Beeinflussung der journalistischen Arbeit durch unterschiedliche Berichterstattungsmuster, Informationsquellen und Referenzgruppen. Sie prägen mitunter auf problematische Weise die Konstruktion von Wirklichkeit im praktischen Journalismus.
- Das vierte Kapitel „Journalistinnen und Journalisten" beschäftigt sich mit der Arbeitssituation journalistischer Medienakteure in Deutschland und skizziert die demografische Entwicklung.

Der zweite Buchteil vermittelt die Grundlagen der Produktion von Medienaussagen. Er erklärt das journalistische Arbeiten für Zeitungen, Zeitschriften, Radio, Fernsehen und Online-Medien. In acht Kapiteln beschreibt er die Entstehung von Medienformaten und stellt kompakt und anschaulich ihre Ressorts, Themenfelder und die Themenfindung, die journalistische Recherche und Gesprächsführung sowie die Darstellungsformen und den Umgang mit Sprache in den Medien vor.

- Das fünfte Kapitel „Redaktionen und Ressorts" erklärt die journalistische Arbeitsorganisation. Es erläutert die Organisation von Redaktionen und Ressorts und beschreibt die zentralen Themenfelder, mit denen sich Journalistinnen und Journalisten auseinandersetzen.
- Das sechste Kapitel „Themenwahl" beschreibt, wie Journalistinnen und Journalisten Informationen für ihre Nachrichten auswählen. Das darin vermittelte Wissen zum Selektionspro-

zess ist darüber hinaus eine wichtige Voraussetzung für das Verständnis der Themensuche durch gezieltes Recherchieren.

- Das siebte Kapitel „Recherche" widmet sich den Grundlagen und Methoden der journalistischen Informationsbeschaffung. Es erklärt die Rechercheinstrumente und -techniken, beschreibt die Informationsbeschaffung im Internet und erläutert die Rechte und Pflichten investigativ arbeitender Journalistinnen und Journalisten.
- Das achte Kapitel „Journalistische Gesprächsführung" dokumentiert die rhetorischen, psychologischen und rechtlichen Grundlagen von Recherchegesprächen und Interviews, die medienübergreifend gelten.
- Das neunte Kapitel „Darstellungsformen in Zeitung und Zeitschriften" thematisiert die Grundlagen journalistischer Textproduktion für nachrichtliche, unterhaltende und meinungsbetonte Beiträge, die eine Schlüsselqualifikation für den Zeitungs- und Zeitschriftenjournalismus sind.
- Das zehnte Kapitel „Darstellungsformen im Radio" vermittelt die Grundlagen zur Produktion journalistischer Beiträge für den Hörfunk, erklärt das Schreiben und Sprechen für Hörer und die nachrichtlichen, unterhaltenden und meinungsbetonten Beitragsformen im Radiojournalismus.
- Das elfte Kapitel „Darstellungsformen im Fernsehen" erläutert die Produktion audiovisueller Beiträge. Es erklärt die nachrichtlichen, unterhaltenden und meinungsbetonten Darstellungsformen, mit denen Fernsehjournalisten und -journalistinnen arbeiten.
- Das zwölfte Kapitel „Darstellungsformen in den neuen Medien" ist als Ergänzungskapitel zu den Kapiteln 9 bis 11 konzipiert und vermittelt die Grundlagen der journalistischen Produktion von Online-Beiträgen.

In den einzelnen Kapiteln werden die praxisrelevanten Befunde der aktuellen Journalismusforschung anwendungsorientiert zusammengefasst und an Beispielen aus dem Berufsalltag in Redaktionen dargestellt.

Am Anfang der Kapitel finden sich *Advance Organizer*. Sie liefern einen kurzen Überblick über den Inhalt des folgenden Textes. Die Leserinnen und Leser können anhand dieser Informationen schnell erfassen, welches Vorwissen sie aktivieren müssen, um den Lernstoff möglichst effizient zu bearbeiten.

Sie werden durch umfassende Verweise auf weiterführende Publikationen am Anfang wichtiger Abschnitte ergänzt, die vom Herausgeber eingefügt wurden und zur Vertiefung der einzelnen Themenkomplexe des Buches einladen. Bei der Auswahl der Literatur wurden auch etablierte Publikationen aus der Medienpraxis und internationale Bücher berücksichtigt, die den deutschsprachigen Forschungsstand komplementieren und wichtige Impulse zum Verständnis journalistischer Arbeit geben.

In Ergänzung zu den empirischen Befunden geben erfahrene Journalistinnen und Journalisten am Ende jedes Kapitels in Expertengesprächen ihr Wissen über die Berufspraxis, die Herausforderungen des Journalismus und ihre besondere Verantwortung in der Gesellschaft weiter.

Im Anhang des Lehr- und Handbuchs findet sich eine Zusammenstellung von ausgewählten Medien, Verbänden sowie Aus- und Weiterbildungseinrichtungen. Sie enthält Kontakte, die eine gute Ausgangsbasis für die Beschaffung von Hintergrundinformationen bei der Recherche und beim Erwerb professioneller Kompetenzen sind. Von Nutzen für die journalistische Arbeit ist auch die Übersicht der Journalistenpreise und der Fördermöglichkeiten für Journalistinnen und Journalisten. Eine Liste wichtiger Fachzeitschriften und Jahrbücher mit Medienbezug ermöglicht darüber hinaus die gezielte Information zu aktuellen Entwicklungen im Journalismus.

Literatur zum Verständnis journalistischer Kompetenz

- Altmeppen, K.-D. und W. Hömberg (2002). Journalistenausbildung für eine veränderte Medienwelt. Diagnosen – Institutionen – Projekte. Wiesbaden, VS Verlag für Sozialwissenschaften.
- Franklin, B. et al. (2005) (Hrsg.). Key Concepts in Journalism. London, Thousand Oaks, New Delhi, Sage.
- Löffelholz, M. (2004) (Hrsg.). Theorien des Journalismus. Ein diskursives Handbuch. Wiesbaden, VS Verlag für Sozialwissenschaften.
- Meyen, M. und M. Wendelin (2008) (Hrsg.). Journalistenausbildung, Empirie und Auftragsforschung. Neue Bausteine des Münchener Instituts für Kommunikationswissenschaft. Köln, Halem.
- Neubert, K. und H. Scherer (2004) (Hrsg.). Die Zukunft der Kommunikationsberufe. Ausbildung, Berufsfelder, Arbeitsweisen. Konstanz, UVK.
- Neverla, I., E. Grittmann und M. Pater (2002) (Hrsg.). Grundlagentexte zur Journalistik. Konstanz, UVK.
- Park, D. W. und J. Pooley (2008) (Hrsg.). The History of Media and Communication Research. Contested Memories. New York, Peter Lang.
- Pörksen, B., W. Loosen und A. Scholl (2008) (Hrsg.). Paradoxien des Journalismus. Theorie – Empirie – Praxis. Wiesbaden, VS Verlag für Sozialwissenschaften.
- Ruß-Mohl, S. (2003). Journalismus. Das Hand- und Lehrbuch. Frankfurt am Main, Frankfurter Allgemeine Buch.
- Wahl-Jorgensen, K. und T. Hanitzsch (2009) (Hrsg.). The Handbook of Journalism Studies. New York, Routledge.
- Weischenberg, S. (1995). Journalistik. Theorie und Praxis aktueller Medienkommunikation, Band 2. Medientechnik, Medienfunktionen, Medienakteure. Opladen, Westdeutscher.
- Weischenberg, S. (2004). Journalistik. Theorie und Praxis aktueller Medienkommunikation, Band 1. Mediensysteme, Medienethik, Medieninstitutionen. Wiesbaden, VS Verlag für Sozialwissenschaften.
- Zelizer, B. (2004). Taking Journalism Seriously. News and the Academy. London, Thousand Oaks, New Delhi, Sage.

Dank

Die Entstehung des vorliegenden Lehr- und Handbuchs wäre ohne das Interesse und den Einsatz vieler Kolleginnen und Kollegen, Studierender und Freunde am Institut für Journalistik und Kommunikationswissenschaft der Universität Hamburg und im gemeinsamen Masterstudiengang Journalismus an der Hamburg Media School nicht denkbar gewesen. Ihnen und den Expertinnen und Experten, die uns in diesem Buch an ihrem Wissen teilhaben lassen, gilt mein großer Dank: Fried von Bismarck, Uwe Bokelmann, Klaus Ebert, Bettina Gaus, Hedwig Göbel, Angelika Jahr-Stilcken, Peter Kloeppel, Henry Lübberstedt, Bettina Rust, Michaela Schießl, Jochen Wegner und Maria von Welser. Für die hervorragende Betreuung und Unterstützung dieses Publikationsprojekts bedanke ich mich herzlich bei Jürgen Schechler, Leiter des Lektorats Wirtschafts- und Sozialwissenschaften des *Oldenbourg Wissenschaftsverlags*, und seinem Team. Den studentischen Mitarbeiterinnen und Mitarbeitern der Hamburg Media School, die an der Entstehung des Buchs beteiligt waren, danke ich sehr für ihre Hilfe bei den Korrekturen – vor allem Mareike Rehberg und Margitta Schulze Lohoff. Mein abschließender und ganz besonderer Dank gilt den Autorinnen und Autoren, die alle der Absolventenklasse 2008 des universitären Masterstudiengangs Journalismus an der Hamburg Media School angehören: Antje Bongers, Felix Disselhoff, Susanne Hoppe, Camilla John, Ilka Kreutzträger, Timo Nowack, Ole Reißmann, Anwen Roberts, Annika Stenzel, Jonas Theile und Sophie Wehofsich. Ihnen wünsche ich für ihre Zukunft im „Praktischen Journalismus", dass sie auch weiterhin mit Leidenschaft die Wirklichkeit verändern.

Hamburg, im Frühjahr 2009   Steffen Burkhardt

TEIL I: Herausforderungen des Journalismus

1. Das Mediensystem in Deutschland

Sophie Wehofsich

Überblick

Das erste Kapitel „Das Mediensystem in Deutschland" vermittelt die gesellschaftlichen, rechtlichen und ethischen Grundlagen journalistischer Arbeit. Sie sind strukturelle Merkmale des Mediensystems, in dem deutsche Journalistinnen und Journalisten arbeiten, und müssen von ihnen bei der Berufsausübung beachtet werden.

Das Kapitel ist in drei Abschnitte gegliedert:

- **Kapitel 1.1**: Im ersten Abschnitt werden die rechtlichen Grundlagen journalistischen Arbeitens und sein demokratischer Auftrag vorgestellt. Eine anwendungsorientierte Vertiefung der rechtlichen Rahmenbedingungen erfolgt im zweiten Buchteil.
- **Kapitel 1.2**: Der zweite Abschnitt erklärt die journalistische Berufsethik in Deutschland und begründet die Notwendigkeit des 2006 vom deutschen Presserat überarbeiteten Pressekodex.
- **Kapitel 1.3**: Im dritten Abschnitt erklärt ein Vertreter des Presserats die Herausforderungen, denen Journalistinnen und Journalisten im Spannungsfeld von öffentlichem Auftrag und ökonomischen Druck begegnen.

Literatur zum Verständnis von Mediensystemen

- Altendorfer, O. (2001). Das Mediensystem der Bundesrepublik Deutschland. Wiesbaden, Westdeutscher.
- de Beer, A. S. (2008) (Hrsg.). Global Journalism. Topical Issues and Media Systems. Boston, Allyn & Bacon.
- Hallin, D. C. und P. Mancini (2004). Comparing Media Systems. Three Models of Media and Politics. Cambridge, Cambridge University Press.
- Hardy, J. (2008). Western Media Systems. London, New York, Routledge.
- Pürer, H. und J. Raabe (2007). Presse in Deutschland. Konstanz, UVK.
- Weischenberg, S. (2004). Journalistik. Theorie und Praxis aktueller Medienkommunikation, Band 1. Mediensysteme, Medienethik, Medieninstitutionen. Wiesbaden, VS Verlag für Sozialwissenschaften.
- Wilke, J. (2008). Grundzüge der Medien- und Kommunikationsgeschichte. Stuttgart, UTB.

Massenmedien und Journalismus sind Teil unseres täglichen Lebens. In Deutschland kann sich kaum jemand Zeitungen, Zeitschriften, Radio, Fernsehen und zunehmend auch dem Internet entziehen. Die journalistische Landschaft ist fest eingefügt in unsere Gesellschaft. Rechtliche, wirtschaftliche, politische und andere soziokulturelle Einflüsse auf das Mediensystem geben dem Journalismus einen **Handlungsrahmen** vor. Je besser Journalistinnen und Journalisten die Entstehung, Herleitung und die Grenzen dieses Systems kennen, desto besser werden sie ihren Beruf ausüben können. Das folgende Kapitel soll angehenden Journalisten[1] einen Einblick in ihr Arbeitsumfeld geben und ein Verständnis für die Veränderungen und Herausforderungen des Journalismus schaffen. Ändern sich die Voraussetzungen des Mediensystems, ändern sich auch die Rahmenbedingungen der journalistischen Arbeit.

Medien lassen sich in **technischen und sozialen Dimensionen** beschreiben. Zunächst kann man sie durch den Technisierungsgrad des Übertragungskanals definieren (vgl. Pross 1972). So gibt es primäre Medien, die zur Vermittlung von Inhalten Sprache, Mimik und Gestik nutzen. Als sekundäre Medien werden die Vermittlungsinstanzen bezeichnet, die auf Produktionsseite ein Gerät erfordern, jedoch nicht auf Empfängerseite (z. B. Zeitungen und Zeitschriften). Für die tertiären Medien sind auf Sender- und Empfängerseite technische Geräte notwendig (z. B. Fernsehen, Radio und Online-Medien). Daher findet in der journalistischen Ausbildung auch immer eine technische Schulung für die Medienproduktion statt, insbesondere seitdem Schlagworte wie multimediales oder crossmediales Arbeiten an Bedeutung gewonnen haben. Aus sozialwissenschaftlicher Perspektive ist die **Doppelnatur von Mediensystemen** ein wichtiges Charakteristikum: „Diese Doppelnatur besteht darin, dass sich jedes publizistische Medium durch ein gewisses kommunikationstechnisches Potential auszeichnet, aber zugleich auch auf bestimmte Sozialsysteme verweist, die sich um diese Kommunikationstechnologie herum bilden." (Burkart 2002, S. 64). Wichtig an dieser Beschreibung ist, dass Medien anhand ihrer Verortung in der Gesellschaft beschrieben und unterschieden werden. Sie sind zweck- und zielgerichtete Sozialsysteme und erbringen Leistungen für ein soziales System.

Das Mediensystem schafft **strukturelle Voraussetzungen für die Massenkommunikation**. „Unter Massenkommunikation verstehen wir jene Form der Kommunikation, bei der Aussagen öffentlich (d. h. ohne begrenzte und personell definierte Empfängerschaft), indirekt (d. h. bei räumlicher oder zeitlicher oder raumzeitlicher Distanz zwischen den Aussagenden und den Aufnehmenden), durch technische Verbreitungsmittel (sog. Massenmedien) an ein disperses Publikum (einzelne Individuen, aber auch kleine Gruppen, deren Gemeinsamkeit darin besteht, daß sie sich einer Aussage der Massenkommunikation zuwenden) vermittelt werden" (Maletzke 1963, S. 76). Um Massenkommunikation ermöglichen zu können, bedarf es mehrerer **konstitutiver Eigenschaften** für die Medien, die Saxer (1998, S. 54f.) beschreibt. Nach seiner Definition sind „Medien:

- technische Transportsysteme für bestimmte Zeichensysteme,
- Organisationen mit eigenen Zielen und Interessen,

---

[1] Wo in diesem Buch die entsprechenden Hinweise fehlen sollten, ist die Textierung als geschlechtsneutral zu verstehen.

- komplexe Gefüge von Strukturen
- Erbringer von funktionalen und dysfunktionalen Leistungen
- für die Gesellschaft und soziale Institutionen,
- eingebunden in die Verhältnisse der Gesellschaft".

Medien können als „organisierte soziale Handlungssysteme" (Siegert 1993: 13) aufgefasst werden, die in ihrer Gesamtheit ein System bilden: Das Mediensystem. Es umfasst die Gesamtheit der Strukturen und Ordnungen, die die Medien in einem definierten Umfeld beschreiben. Dieses Umfeld bilden **der Staat und die Gesellschaft**. Der Staat kann z. B. durch Gesetze (Mediengesetze), durch politische Maßnahmen und staatliche Aufsicht über die Strukturen der Massenmedien Einfluss auf das Mediensystem ausüben. Journalisten müssen daher berücksichtigen, „dass Medien nicht nur technische Artefakte sind, sondern, dass sie soziale Organisationen sind, die auf vielfältige Weise in ökonomische, politische und kulturelle Gegebenheiten eingebunden sind und auch auf diese einwirken" (Thomaß 2007, S. 17). Außerdem müssen sie berücksichtigen, dass zu einem Mediensystem alle Medien gehören, die aktuelle Informationen und Inhalte verbreiten, wie Zeitungen und Zeitschriften, Radio und Fernsehen (Rundfunk) sowie Online-Dienste, vor allem die öffentlich zugänglichen Angebote im Internet (Thomaß 2007, S. 19).

Inwieweit Journalismus und Mediensystem untrennbar miteinander verbunden sind, beziehungsweise sich gegenseitig bedingen, zeigt Weischenbergs Modell „Journalismus als Zwiebel" (vgl. Abbildung 2), dessen Schalen für die unterschiedlichen Ebenen des Journalismus stehen (Weischenberg 1992, S. 68). Die äußere Schale zeigt den **Normenzusammenhang** auf, der in einem Mediensystem Gültigkeit besitzt: „Die sozialen Rahmenbedingungen, die historischen und rechtlichen Grundlagen, die Maßnahmen der Kommunikationspolitik sowie die weniger formalisierten professionellen und ethischen Standards für journalistische Berufstätigkeit." (Weischenberg 1992, S. 69). Die nächste Schale der Zwiebel beschreibt die **Strukturzusammenhänge**, also die verschiedenen ökonomischen, politischen, organisatorischen und technologischen Einflüsse, die auf die Medien, in unterschiedlicher Intensität einwirken (können). Die folgende Schale beschreibt den **Rollenzusammenhang** der Medienakteure, der sich aus ihren demografischen Merkmalen, sozialen und politischen Einstellungen, ihrem Rollenverständnis und Publikumsimage sowie der Professionalisierung und Sozialisation ergibt. Den „Kern" der Zwiebel bildet der **Funktionszusammenhang**. Er umfasst die auf Basis von Informationsquellen und Referenzgruppen, Berichterstattungsmustern und Darstellungsformen produzierten Medienaussagen.

Journalismus kann sich nur innerhalb spezifischer Gesellschafts- und Medienordnungen abspielen. Sobald sich Änderungen im Gesellschaftssystem vollziehen, ergeben sich auch Änderungen in den Medien, die mit veränderten journalistischen Inhalten gespeist werden. Journalistische Inhalte sind das Produkt des Journalismus. Nach Weischenbergs Darstellung „Journalismus als Zwiebel" (Weischenberg 1992, S. 68) stellen Mediensysteme den Normenkontext dar, in dem Journalismus stattfinden kann.

Der Begriff „Mediensystem"

Der Begriff System leitet sich vom griechischen Wort *sístima* („das Gebilde, Zusammengestellte, Verbundene") ab und bezeichnet ein aus „grundlegenden Einzelelementen zusammengestelltes Ganzes, wobei die Einzelelemente in bestimmten Beziehungen zueinander stehen." (Thomaß 2007, S. 13). Diese Einzelelemente bilden durch eine sinnvolle Abgrenzung zu ihrer Umwelt eine Gesamtheit.

Ein wichtiges Einzelelement des Mediensystems ist der Journalismus, der selbst ein eigenes Subsystem bildet. Er und die anderen Subsysteme des Mediensystems sind so aufeinander bezogen und haben solche Wechselwirkungen, dass sie eine funktionale Einheit bilden und sich in dieser Hinsicht gegenüber ihrer Umwelt (z. B. dem System Politik oder dem System Sport) abgrenzen lassen. Wie alle Systeme organisiert sich das Mediensystem und hat eine spezielle Struktur. Struktur bezeichnet das Muster der Beziehungsgeflechte zwischen den Systemelementen. Durch seine Struktur entstand, funktioniert und erhält sich das Mediensystem.

Das Mediensystem ist ein Subsystem unserer Gesellschaft, da es strukturell so mit allen anderen gesellschaftlichen Elementen verbunden ist, dass sie als eine funktionale Einheit angesehen werden können und sich in dieser Hinsicht von den Gesellschaften in anderen Ländern abgrenzen.

Mediensysteme
(Normenzusammenhang)
Gesellschaftliche Rahmenbedingungen
Historische und rechtliche Grundlagen
Kommunikationspolitik
Professionelle und ethische Standards

Medieninstitutionen
(Strukturzusammenhang)
Ökonomische Imperative
Politische Imperative
Organisatorische Imperative
Technologische Imperative

Medienakteure
(Rollenzusammenhang)
Demografische Merkmale
Soziale und politische Einstellungen
Rollenselbstverständnis/Publikumsimage
Professionalisierung und Sozialisation

Medienaussagen
(Funktionszusammenhang)
Informationsquellen/Referenzgruppen
Berichterstattungsmuster/Darstellungsformen
Konstruktionen von Wirklichkeit
„Wirkungen" und „Rückwirkungen"

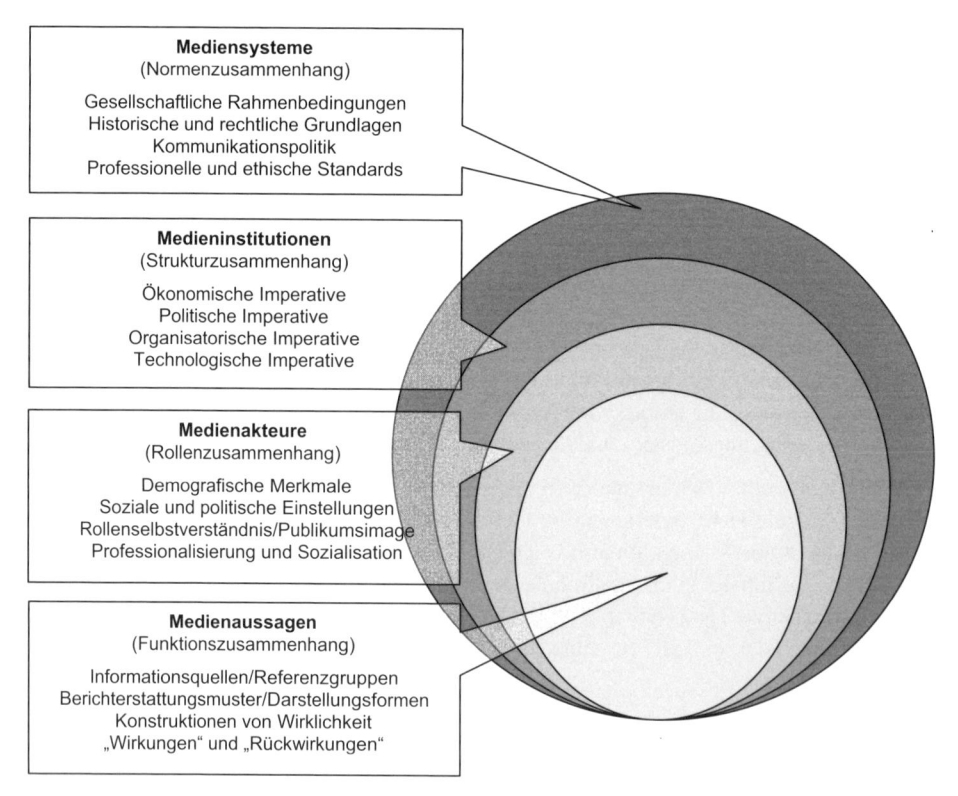

Abbildung 2: Zwiebelmodell des Journalismus (nach Weischenberg 1992, S. 68)

1. Das Mediensystem in Deutschland

Um die Rolle des Journalismus in Deutschland verstehen zu können, muss man wissen, dass das Mediensystem sowohl von gesellschaftlichen Einflüssen (z. B aufgeklärtem Denken) als auch durch historische Ereignisse (z. B. Besatzung nach dem zweiten Weltkrieg, Etablierung der Demokratie) stark geprägt wurde. Die Genese des Journalismus ist fast untrennbar mit der Entstehung der Moderne verknüpft. Die moderne Gesellschaft bildete sich seit dem Ende des 18. Jahrhunderts heraus und ist eng an die Entstehung eines Bürgertums gebunden, das für ein aufkommendes Selbstbewusstsein einer bildungsinteressierten Klasse steht. Zentrale Neuerungen, die das Denken und das Handeln der Menschen zu dieser Zeit beeinflussten, waren die Vorstellung von der natürlichen Gleichheit des Menschen, und der Anspruch, sich mit dem Ziel der mündigen Selbstbestimmung aufzuklären.

Jahr	1970	1974	1980	1985	1990	1995	2000	2005
Mindestens ein Fernsehgerät	85	95	97	97	98	98	98	98
davon zwei oder mehr	-	12	27	26	31	33	49	45
Mindestens ein Hörfunkgerät	95	96	98	98	98	98	98	97
davon zwei oder mehr	30	38	63	64	71	71	82	75
Personal Computer	-	-	-	-	-	23	54	71
davon mit Modem/ISDN	-	-	-	-	-	-	51	70

Tabelle 1: Ausstattung der deutschen Haushalte mit Medien in Prozent
(Quelle: ARD/ZDF-Langzeitstudie Massenkommunikation. In: van Eimeren und Ridder 2005, S. 492)

Diese Auffassung beeinflusste die Kommunikation der Moderne. Sie zeichnet sich durch den Übergang von einer primär gesprochenen Sprache zu einer Form der Verständigung aus, die auch an Schrift geknüpft ist (Blöbaum 1994, S. 99). Neue Organisations- und Administrationsformen im wirtschaftlichen Bereich begünstigen die wachsende Bedeutung der schriftlichen Kommunikation. In diesem Zusammenhang ist auch die zunehmende Alphabetisierung der Bevölkerung zu erwähnen, die im Zuge der Industrialisierung vorangetrieben wurde. „Hinreichend ist diese Bedingung für die Ausdifferenzierung von Journalismus jedoch nicht. Nicht die Lesefähigkeit erzeugt einen Bedarf nach journalistischen Leistungen; vielmehr bildet sich ein gesellschaftlicher Kontext, in dem Lesefähigkeit ebenso entsteht wie die Printmedien" (Blöbaum 1994, S. 102). Journalismus ist stark an den **sozialen Wandel der Gesellschaft** gebunden. Medienrecht, Medienpolitik, Medienökonomie und Medienethik folgen gesellschaftlichen Veränderungen und wirken auf den Journalismus täglich ein. Diese Faktoren stecken den Rahmen ab, in dem sich Journalismus entfalten kann.

Ein wichtiger normativer Einflussfaktor für die Entwicklung des Journalismus ist die Ausstattung der **Haushalte mit technischen Geräten**, die den Empfang journalistischer Produkte ermöglichen. Die ARD/ZDF-Langzeitstudie Massenkommunikation (vgl. van Eimeren/Ridder 2005) zeigt, dass die deutschen Haushalte im Jahr 2005 fast vollständig mit Fernseh- und Radiogeräten ausgestattet sind und 70 Prozent über einen Zugang zu Online-Medien verfügen.

Beinahe jeder zweite Haushalt nutzt sogar mehrere Fernsehgeräte und 75 Prozent der Haushalte haben mehrere Radioempfänger. Im Jahr 1974 hatten nur 38 Prozent der Haushalte mehr als ein Radio und zwolf Prozent mehr als einen Fernseher und 2005 wurde erstmals die Ausstattung von 23 Prozent der Haushalte mit PCs erfasst (vgl. Tabelle 1).

Jahr	1970	1974	1980	1985	1990	1995	2000	2005
Fernsehen								
BRD gesamt	72	78	77	72	81	83	85	89
Alte Länder	72	78	77	72	81	82	85	88
Neue Länder	-	-	-	-	90	89	87	92
Hörfunk								
BRD gesamt	67	70	69	76	79	75	85	84
Alte Länder	67	70	69	76	79	74	84	84
Neue Länder	-	-	-	-	86	83	88	85
Tageszeitungen								
BRD gesamt	70	73	76	73	71	65	54	51
Alte Länder	70	73	76	73	71	64	64	51
Neue Länder	-	-	-	-	78	69	55	53
Internet								
BRD gesamt	-	-	-	-	-	-	10	28
Alte Länder	-	-	-	-	-	-	10	29
Neue Länder	-	-	-	-	-	-	9	23

Tabelle 2: Reichweite Medien in Prozent der deutschen Bevölkerung
(Quelle: ARD/ZDF-Langzeitstudie Massenkommunikation. In: van Eimeren und Ridder 2005, S. 495f.)

Mit der Ausstattung der deutschen Haushalte hat sich auch die **Reichweite** der Medien in der Bevölkerung geändert und damit der Markt, auf dem journalistische Produkte in Form von Fernseh-, Hörfunk-, Zeitungs-, Zeitschriften- oder Internetbeiträgen abgesetzt wird. Während die Zeitungen von 1970 bis 2005 an Reichweite verloren haben, ist ein Reichweitengewinn bei Fernsehen, Hörfunk und (seit 2000) Internet durch die Langzeitstudie dokumentiert (vgl. Tab. 2).

Die Medieninstitutionen können in Deutschland auf unterschiedliche Verbreitungskanäle zugreifen, um die vom Journalismus produzierten Inhalte in die Haushalte zu transportieren (Kap. 2 erklärt die Entwicklung des Medienmarkts ausführlicher). Mit den Angeboten, die sie bereitstellen, zielen sie auf vier **unterschiedliche Grundbedürfnisse**, die zur Mediennutzung führen können: das Informationsbedürfnis, das Bedürfnis nach persönlicher Identität, das Unterhaltungsbedürfnis und das Bedürfnis nach Integration und sozialer Interaktion (vgl. Abb. 3).

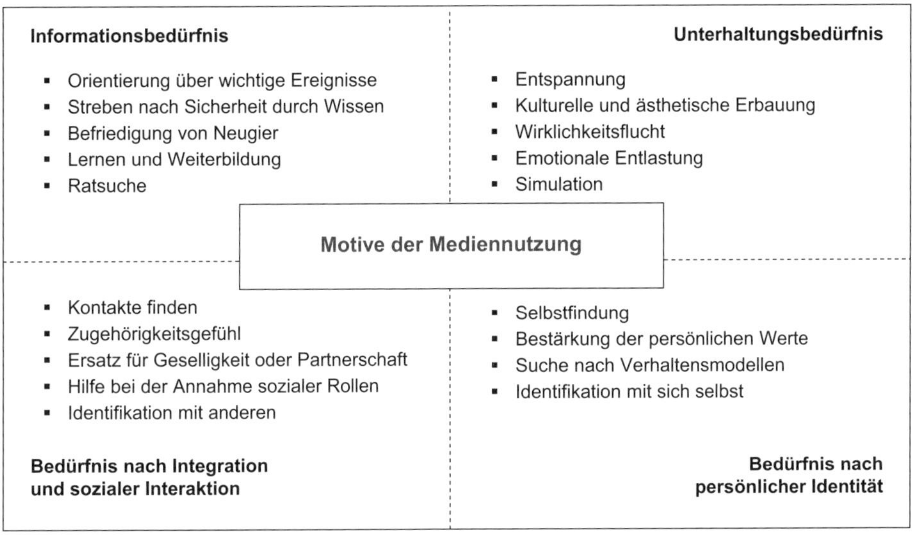

1. Das Mediensystem in Deutschland

Informationsbedürfnis	Unterhaltungsbedürfnis
• Orientierung über wichtige Ereignisse • Streben nach Sicherheit durch Wissen • Befriedigung von Neugier • Lernen und Weiterbildung • Ratsuche	• Entspannung • Kulturelle und ästhetische Erbauung • Wirklichkeitsflucht • Emotionale Entlastung • Simulation
Motive der Mediennutzung	
• Kontakte finden • Zugehörigkeitsgefühl • Ersatz für Geselligkeit oder Partnerschaft • Hilfe bei der Annahme sozialer Rollen • Identifikation mit anderen	• Selbstfindung • Bestärkung der persönlichen Werte • Suche nach Verhaltensmodellen • Identifikation mit sich selbst
Bedürfnis nach Integration und sozialer Interaktion	**Bedürfnis nach persönlicher Identität**

Abbildung 3: Motive der Mediennutzung (nach Denis McQuail, zit. nach Schulz 2002, S. 176 f.)

Diese sozialen Faktoren haben einen erheblichen Einfluss auf die Ausgestaltung des Mediensystems und die Planung, Produktion, Verbreitung und Vermarktung journalistischer Angebote (vgl. Kapitel 4 „Funktionen des Journalismus").

1.1 Rechtliche Grundlagen

Literatur zum Verständnis des deutschen Medienrechts

- Branahl, U. (2006). Medienrecht. Eine Einführung. Wiesbaden, VS Verlag für Sozialwissenschaften.
- Dörr, D. und R. Schwartmann (2006). Medienrecht. Heidelberg, Müller.
- Fechner, F. (2008). Medienrecht. Lehrbuch des gesamten Medienrechts unter besonderer Berücksichtigung von Presse, Rundfunk und Multimedia. Konstanz, UTB.
- Haller, M. (2003) (Hrsg.). Das freie Wort und seine Feinde. Zur Pressefreiheit in den Zeiten der Globalisierung. Konstanz, UVK.
- Herrmann, G. (2004). Rundfunkrecht. Fernsehen und Hörfunk mit Neuen Medien. Juristisches Kurzlehrbuch für Studium und Praxis. München, C. H. Beck.
- Petersen, J. (2005). Medienrecht. München, C. H. Beck.
- Schiwy, P. und W. Schütz (2006) (Hrsg.). Medienrecht. Lexikon für Praxis und Wissenschaft. Köln, Berlin, München, Carl Heymanns.
- Wandtke, A.-A. (2008) (Hrsg.). Medienrecht. Praxishandbuch. Berlin, De Gruyter Recht.

Die Rechte und Pflichten journalistischer Arbeit sind gesetzlich geregelt. Die Kenntnis dieser rechtlichen Grundlagen kann Journalistinnen und Journalisten zum einem davor schützen, gegen geltendes Recht zu verstoßen. Zum anderen können sie ihr Recht der freien Berichterstattung und Meinungsäußerung nutzen, um ihren Beruf souverän auszuüben. **Die Pressefreiheit** entspricht unserer gesellschaftlichen Vorstellung eines **offen-pluralistischen** und **liberal-kapitalistischen** Sozialsystems. Es gibt eine Gewaltenteilung und eine föderalistische Landesstruktur. Zudem können wahlberechtigte Bürger ihre Repräsentanten durch Wahlen selbst bestimmen. Es liegt das Mehrparteiensystem und die Kommunikationsfreiheit vor. Die Pressefreiheit ist ein wichtiger Teil dieser demokratischen Gesellschaft und ihrer Kommunikationsfreiheit. Sie umfasst die Meinungs-, Rede-, Informations- und Rundfunkfreiheit. Diese Vorstellung von Pressefreiheit war im deutschen Kulturraum ursprünglich eine Frucht der Aufklärung und wurde erstmals 1874 in den Reichspressegesetzen manifestiert. Damals grenzte man sich von der individualistischen Auffassung Frankreichs und der institutionellen Auffassung Englands in Bezug auf Pressefreiheit ab. Mit dem Inkrafttreten des Reichspressegesetzes 1874 wurde die Vorzensur abgeschafft. Als Beschränkung war lediglich das Strafgesetz einsetzbar. Aufgrund des vollkommenen Missbrauches der Presse in der Zeit zwischen 1933 und 1945 unter der Regierung der Nationalsozialisten wurde die Pressefreiheit 1949 als Freiheit von staatlicher Gewalt definiert. In der Bundesrepublik Deutschland ist die Pressefreiheit durch das Grundgesetz, das am 8. Mai 1949 in Kraft trat, abgesichert und gilt als ein Eckpfeiler der Demokratie.

Das **Grundgesetz** hat die Gesetzgebungskompetenz im Bereich des Pressewesens zwischen dem Bund und den Ländern aufgeteilt. Der Bund hat nach Art. 75 GG die Gesetzgebungskompetenz zum Erlass sogenannter Rahmenvorschriften, die von den Ländern in Landesgesetzen ausgefüllt werden müssen. Auf dem Gebiet des Rundfunks ist das Recht Ländersache.

Der **Art. 5 GG** enthält sieben grundlegende Kommunikationsfreiheiten:

- Freiheit der Meinungsäußerung
- Freiheit der Meinungsverbreitung
- Informationsfreiheit
- Pressefreiheit
- Rundfunkfreiheit
- Filmfreiheit
- Freiheit von der Zensur

Dazu heißt es in Art. 5 GG. „(1) Jeder hat das Recht, seine Meinung in Wort, Schrift und Bild frei zu äußern und zu verbreiten und sich aus allgemein zugänglichen Quellen ungehindert zu unterrichten. Die Pressefreiheit und die Freiheit der Berichterstattung durch Rundfunk und Film werden gewährleistet. Eine Zensur findet nicht statt." Einschränkungen werden durch den folgenden Absatz vorgenommen: „(2) Diese Rechte finden ihre Schranken in den Vorschriften der allgemeinen Gesetze, den gesetzlichen Bestimmungen zum Schutze der Jugend und in dem Recht der persönlichen Ehre. Von allen im Grundgesetz verankerten Freiheitsrechten ist die Pressefreiheit das politisch stärkste Grundrecht." Den Medien wird durch den gesetzlichen Status eines unentbehrlichen Organs der Kontrolle und der Kritik von Wirtschaft und Staat die Funktion eines Motors und Mediums der öffentlichen Meinung zugesprochen. Essenzielle Voraussetzung der Meinungsbildung und Meinungsfreiheit ist die Informationsfreiheit. Dem Einzelnen soll die Möglichkeit gegeben werden, sich seine Meinung auf Basis eines weit reichenden, staatlich unbeeinflussten Informationsangebot zu bilden.

Ein weiteres unabdingbares Element der Pressefreiheit ist die Abwesenheit von Zensur. Sie lässt sich auch durch staatliche Rechtsvorschriften nicht außer Kraft setzen. Beim **Radio und Fernsehen** tritt der Staat als **Garant für Rundfunkfreiheit** auf. Diese Aufgabe nimmt er mit öffentlich-rechtlichen Rundfunkanstalten und der Absicherung gegen mögliche Einflussnahme wahr. Auch die privaten Rundfunksender sind im Rahmen der staatlichen Vielfaltsfürsorge einer staatlichen Kontrolle unterworfen, um eine **freie und pluralistische Meinungsbildung** zu gewährleisten (Altendorfer 2001, S. 30).

Eine wichtige Rolle beim Kontrollprozess kommt den **Landesmedienanstalten** zu, die als **Aufsichtsgremien auf Länderebene** fungieren. Die Rechtsgrundlage ihrer Arbeit sind v. a. die Landesmediengesetze. Die Landesmedienanstalten lizenzieren in der Regel private Radio- und Fernsehveranstalter, vergeben Frequenzen und üben die Programmaufsicht aus. Hauptanliegen sind die Garantie der Meinungsvielfalt unabhängig von staatlichen Vorgaben und vom Einfluss starker gesellschaftlicher Gruppen sowie die gesellschaftliche Kontrolle gesetzlicher Programmanforderungen. Außerdem fördern sie Projekte zur Stärkung der Medienkompetenz und damit einen selbstbestimmten und verantwortungsvollen Umgang mit den Medien. Insgesamt gibt es in der Bundesrepublik Deutschland 14 Landesmedienanstalten, darunter die Zwei-Länder-Medienanstalten „mabb" für Berlin und Brandenburg sowie die „MA HSH" für Hamburg und Schleswig-Holstein (vgl. Tabelle 3). Sie sind in der Arbeitsgemeinschaft der Landesmedienanstalten (ALM) zusammengeschlossen, die grundsätzliche und länderübergreifende Fragen der Zulassung und Kontrolle sowie Entwicklung des privaten Rundfunks koordiniert.

Die Landesmedienanstalten werden in ihrer Arbeit von der **Kommission zur Ermittlung der Konzentration im Medienbereich** (KEK) unterstützt. Sie hat sich auf der Grundlage der Bestimmungen des 3. Rundfunkänderungsstaatsvertrages am 15. Mai 1997 konstituiert (vgl. im Folgenden www.kek-online.de). Ihre Aufgabe ist es, die Einhaltung der Bestimmungen zur Sicherung der Meinungsvielfalt im Fernsehen zu überprüfen und die entsprechenden Entscheidungen zu treffen.

Bei **Zulassungsverfahren zur Programmveranstaltung** und bei **Veränderungen der Beteiligungsverhältnisse** an Fernsehveranstaltern beurteilt die KEK, ob ein Unternehmen durch die Veranstaltung ihm zurechenbarer Programme oder durch die Veränderung von Beteiligungsverhältnissen vorherrschende Meinungsmacht erlangt. Zur Durchführung einer bundeseinheitlichen Konzentrationskontrolle sind ihr diese Aufgaben als Beschlussorgan und Vermittlungsinstanz für alle Landesmedienanstalten zugewiesen worden.

Bundesland	Mediengesetz	Aufsichtsgremium
Baden-Württemberg	Landesmediengesetz Baden-Württemberg vom 19. Juli 1999, zuletzt geändert am 23. Juli 2008	Landesanstalt für Kommunikation Baden-Württemberg (LfK)
Bayern	Bayerisches Mediengesetz vom 22. Oktober 2003, zuletzt geändert am 10. Dezember 2007	Bayerische Landeszentrale für neue Medien (BLM)
Berlin und Brandenburg	Staatsvertrag über die Zusammenarbeit zwischen Berlin und Brandenburg im Bereich des Rundfunks vom 29. Februar 1992, zuletzt geändert am 10. Januar 2007	Medienanstalt Berlin-Brandenburg (MABB)
Bremen	Bremisches Landesmediengesetz vom 22. März 2005	Bremische Landesmedienanstalt (brema)
Hamburg und Schleswig-Holstein	Staatsvertrag über das Medienrecht in Hamburg und Schleswig-Holstein vom 13. Juni 2006 in der Fassung des Staatsvertrags zur Änderung des Staatsvertrages über das Medienrecht in Hamburg und Schleswig-Holstein vom 3./4. Juni 2008	Medienanstalt Hamburg/Schleswig-Holstein (MA HSH)
Hessen	Gesetz über den privaten Rundfunk in Hessen in der Fassung vom 25. Januar 1995, zuletzt geändert am 10. Juni 2008	Hessische Landesanstalt für privaten Rundfunk und neue Medien (LPR)
Mecklenburg-Vorpommern	Rundfunkgesetz für das Land Mecklenburg-Vorpommern in der Fassung vom 19. Dezember 2005	Landesrundfunkzentrale Mecklenburg-Vorpommern (LRZ)
Niedersachen	Niedersächsisches Mediengesetz vom 1. November 2001, zuletzt geändert am 7. Juni 2007	Niedersächsische Landesmedienanstalt (NLM)
Nordrhein-Westfalen	Landesmediengesetz Nordrhein-Westfalen zuletzt geändert durch das Gesetz zur Änderung des Landesmediengesetzes Nordrhein-Westfalen vom 5. Juni 2007	Landesanstalt für Medien Nordrhein-Westfalen (LfM)
Rheinland-Pfalz	Landesmediengesetz vom 4. Februar 2005 in der Fassung vom 17. Juni 2008	Landeszentrale für Medien und Kommunikation Rheinland-Pfalz (LMK)
Saarland	Saarländisches Mediengesetz in der Fassung vom 27. Februar 2002, zuletzt geändert am 25. April 2007	Landesmedienanstalt Saarland (LMS)
Sachsen	Gesetz über den privaten Rundfunk und neue Medien in Sachsen in der Fassung vom 9. Januar 2001	Sächsische Landesanstalt für privaten Rundfunk und neue Medien (SLM)
Sachsen-Anhalt	Mediengesetz des Landes Sachsen-Anhalt in der Neufassung vom 17. Oktober 2008	Medienanstalt Sachsen-Anhalt (MSA)
Thüringen	Thüringer Landesmediengesetz in der Fassung vom 5. März 2003, zuletzt geändert am 16. Juli 2008	Thüringer Landesmedienanstalt (TLM)

Tabelle 3: Die Mediengesetze und Aufsichtsgremien der Bundesländer

Die KEK ist als **staatsfernes, standortunabhängiges Organ** „für die abschließende Beurteilung von Fragestellungen der Sicherung von Meinungsvielfalt im Zusammenhang mit der bundesweiten Veranstaltung von Fernsehprogrammen" (§ 36 Abs. 4 Satz 1 RStV) zuständig. Dabei wird die KEK jeweils für die Landesmedienanstalt tätig, bei der ein Lizenzantrag eingegangen oder bei der der betroffene Veranstalter lizenziert ist. Bei der Genehmigung von Veränderungen der Beteiligungsverhältnisse können dies auch mehrere Landesmedienanstalten sein. Die Beurteilung der KEK ist gegenüber den anderen Organen der jeweils zuständigen Landesmedienanstalt bindend. Im Mittelpunkt der Prüfung von Fragestellungen der Sicherung der Meinungsvielfalt durch die KEK stehen § 26 RStV und die Anknüpfung an den Zuschaueranteil. Danach ist es einem Unternehmen erlaubt, selbst oder durch ihm zurechenbare Unternehmen bundesweit im Fernsehen eine unbegrenzte Anzahl von Programmen zu veranstalten, solange es dadurch keine vorherrschende Meinungsmacht erlangt.

Vorherrschende Meinungsmacht wird nach Absatz 2 der Vorschrift vermutet, wenn die einem Unternehmen zurechenbaren Programme im Jahresdurchschnitt einen Zuschaueranteil von 30 Prozent erreichen. Diese Regelung gilt auch beim Erreichen eines Zuschaueranteils von 25 Prozent, wenn das Unternehmen auf einem medienrelevanten verwandten Markt eine marktbeherrschende Stellung hat oder eine Gesamtbeurteilung seiner Aktivitäten im Fernsehen und auf medienrelevanten verwandten Märkten ergibt, dass der dadurch erzielte Meinungseinfluss einem Zuschaueranteil von 30 Prozent entspricht. Nach einer Bonusregelung können bei der Berechnung des maßgeblichen Zuschaueranteils vom tatsächlichen Zuschaueranteil für die Aufnahme von Regionalfensterprogrammen zwei bzw. drei weitere Prozentpunkte für die gleichzeitige Aufnahme von Sendezeiten für Dritte in Abzug gebracht werden.

Über die Prüfung der Einhaltung der für die privaten Veranstalter geltenden Bestimmungen zur Sicherung der Meinungsvielfalt hinaus zählt es zu den Aufgaben der KEK, **Transparenz** über die Entwicklung im Bereich des bundesweit verbreiteten privaten Fernsehens zu schaffen. Hierzu gehört neben der Erstellung einer jährlichen Programmliste, in der alle Programme, ihre Veranstalter und deren Beteiligte aufzunehmen sind, auch die Erarbeitung eines – mindestens dreijährlich oder auf Anforderung der Länder – zu erstellenden Berichts über die **Entwicklung der Konzentration** und über Maßnahmen zur **Sicherung der Meinungsvielfalt** im privaten Rundfunk.

Der Bericht berücksichtigt **mögliche Verflechtungen**:
- Verflechtungen zwischen Fernsehen und medienrelevanten verwandten Märkten,
- horizontale Verflechtungen zwischen Rundfunkveranstaltern in verschiedenen Verbreitungsgebieten und
- internationale Verflechtungen im Medienbereich.

Die verfassungsrechtliche Grundlage für die Aufgaben der Sicherung der Meinungsvielfalt bildet die Rechtsprechung des Bundesverfassungsgerichts zur Rundfunkfreiheit (Art. 5 Abs. 1 Satz 2 GG). Danach verpflichtet die Verfassung die Länder der Bundesrepublik Deutschland, eine Rundfunkordnung zu schaffen und zu bewahren, die die **Freiheit der Meinungsbildung** fördert und nicht beeinträchtigt. Nach dieser Rechtsprechung ist der Gesetzgeber verpflichtet, Vorkehrungen zu treffen, die dazu dienen, „ein möglichst hohes Maß gleichgewichtiger Vielfalt im privaten Rundfunk zu erreichen und zu sichern" (vgl. BVerfGE 73, 118, 159). „Insbesondere obliegt es ihm, Tendenzen zur Konzentration rechtzeitig und so wirksam wie möglich entgegenzutreten, zumal Fehlentwicklungen gerade insoweit schwer rückgängig zu machen sind" (BVerfGE 73, 118, 160). Dies bedeutet, dass in Deutschland vor Schaffung vollendeter Tatsachen auf dem Medienmarkt besonderer Wert auf die Bekämpfung medialer Konzentration gelegt wird und dass dieser Bekämpfung ein **präventives und nicht lediglich ein repressives Element** innewohnen muss.

Die **Presse** ist jedoch privat und frei von jeglicher staatlichen Kontrolle. Nun lässt der Artikel 5 des Grundgesetzes Raum für Interpretationen. Für die divergierenden Interpretationen der Pressefreiheit gibt es vier Grunddoktrinen, die erstmals von Udo Branahl (1979, S.18f.) definiert wurden. Es existiert eine **liberale Deutung**, die den Medien keine öffentliche Aufgabe zuspricht. Die **konservative Deutung** und die **sozialstaatliche Deutung** sprechen den Medien eine öffentliche Aufgabe zu. Die **funktionale Deutung** sieht die Pressefreiheit, wie sie oben beschrieben wurde, als einen Garanten für das Funktionieren eines Rechtsstaates. Jedoch ist von dieser öffentlichen Aufgabe der Pressefreiheit tatsächlich im Grundgesetz nie die Rede. Allein in den Pressegesetzen der Länder, den Landespressegesetzen, kann dies explizit erwähnt sein.

Im Zuge der sogenannten „*Spiegel*-Affäre" von 1962 konnte der *Spiegel*-Verleger Rudolf Augstein eine **verfassungsrechtliche Aussage** über die Rechte und Pflichten der Presse erstreiten. Das Bundesverfassungsgericht entschied 1966 im historischen „*Spiegel*-Urteil": „Eine freie, nicht von der öffentlichen Gewalt gelenkte, keiner Zensur unterworfene Presse ist ein Wesenselement des freiheitlichen Staates; insbesondere eine freie, regelmäßig erscheinende politische Presse ist für die moderne Demokratie unentbehrlich. Soll der Bürger politische Entscheidungen treffen, muss er umfassend informiert sein, aber auch die Meinungen kennen und gegeneinander abwägen können, die andere sich gebildet haben. Die Presse hält diese ständige Diskussion in Gang. (…) So wichtig die damit der Presse zufallende öffentliche Aufgabe ist, sowenig kann diese von der organisierten staatlichen Gewalt organisiert werden (…)" (BVerfGE 20, S. 162ff. Absatz C).

Seit Mitte der 1990er Jahre lässt sich eine zunehmende **Konkretisierung des Presserechts** feststellen, was an den in immer häufiger notwendig gewordenen Rundfunkurteilen des Bundesverfassungsgerichtes zu erkennen ist. Alle Journalistinnen und Journalisten müssen sich neben dem Pressegesetz selbstverständlich auch an die anderen geltenden Rechtsvorschriften halten. Der rechtliche Kontext, in dem sich der Journalismus bewegt, ist also keine starre Gegebenheit, sondern ein Prozess, der sich im Rahmen der Verfassung vollzieht.

Pressefreiheit: In welchen Ländern können Journalisten gut arbeiten?

Über die Pressefreiheit weltweit informiert seit 1985 regelmäßig „Reporter ohne Grenzen – ROG" (franz. „*Reporters sans frontières – RSF*"). Die international tätige Nichtregierungsorganisation kämpft gegen Zensur und erzeugt öffentlichen Druck für in Haft geratene Journalisten. Sie gibt seit 2002 jährlich den *Media Freedom Index* heraus, eine Rangliste zur Medienfreiheit auf der Welt.

Der Media Freedom Index attestiert Journalisten in den nordeuropäischen Ländern Norwegen, Finnland, Irland, Island, den Niederlanden und Tschechien die größten Freiheiten.

Nordkorea, Turkmenistan, Eritrea, Kuba, Myanmar, China, Iran, Saudi-Arabien und Äthiopien dagegen unterliegen am stärksten der Zensur und Lenkung.

> Nach einer von Reporter ohne Grenzen am 23. Oktober 2006 veröffentlichten Studie zur weltweiten Situation der Pressefreiheit ist Deutschland von Platz 18 unter 166 untersuchten Staaten auf Rang 23 abgefallen. Die Platzierung Deutschlands war vor allem das Ergebnis des Eingeständnisses des BND, Journalisten über Jahre hinweg illegal überwacht zu haben. Aber auch Redaktions- und Hausdurchsuchungen, das inzwischen eingestellte Verfahren gegen zwei Journalisten wegen Beihilfe zum Geheimnisverrat Morddrohungen gegen einen Karikaturisten des Tagesspiegel sowie der zum Teil immer noch erschwerte Zugang zu Daten haben dazu beigetragen.
>
> Weitere Informationen finden sich im Internet unter www.reporter-ohne-grenzen.de.

1.2 Ethische Standards

> **Literatur zum Verständnis journalistischer Ethik**
>
> - Funiok, R. (2007). Medienethik. Verantwortung in der Mediengesellschaft. Stuttgart, Kohlhammer.
> - Haller, M. (2008) (Hrsg.). Grundlagen der Medienethik. Konstanz, UTB.
> - Haller, M. und H. Holzhey (1992) (Hrsg.). Medien-Ethik. Beschreibungen, Analysen, Konzepte für den deutschsprachigen Journalismus. Opladen, Westdeutscher.
> - Heimann, F. (2008). Der Pressekodex im Spannungsfeld zwischen Medienrecht und Medienethik. Frankfurt am Main, Peter Lang.
> - Leschke, R. (2003). Einführung in die Medienethik. Stuttgart, UTB.
> - Patterson, P. und L. Wilkins (2007). Media Ethics. Issues and Cases. New York, McGraw-Hill.
> - Plaisance, P. L. (2008). Media Ethics. Key Principles for Responsible Practice. London, Sage.
> - Smith, R. (2008). Ethics in Journalism. Malden, Wiley-Blackwell.
> - Ward, S. J. A. (2006). The Invention of Journalism Ethics. The Path to Objectivity and Beyond. Montreal, McGill-Queen's University Press.
> - Weischenberg, S. (2004). Journalistik. Theorie und Praxis aktueller Medienkommunikation, Band 1. Mediensysteme, Medienethik, Medieninstitutionen. Wiesbaden, VS Verlag für Sozialwissenschaften.
> - Wilke, J. (1996) (Hrsg.). Ethik der Massenmedien. Wien, Braumüller.

Das Recht kann nur den äußersten Rahmen vorgeben und zwingt zu einem bestimmten Verhalten. Die Ethik hingegen verlangt, etwas freiwillig zu tun oder zu unterlassen, ohne die Sanktionsmöglichkeiten, die das Recht hat. Um die Berufsethik von Journalisten genauer zu beschreiben, muss zuerst festgehalten werden, „dass es sich bei der Massenkommunikation bisher im wesentlichen um indirekte und einseitige Kommunikation handelt"

(Wilke 1996, S. 3). Somit bleibt der Empfänger von journalistischen Inhalten für den Journalisten weitgehend anonym. Diese Anonymität kann sich durchaus auf das Verhalten des Journalisten auswirken. Das **Fehlen eines Empfängers** kann die Einhaltung ethischer Verpflichtungen einschränken. Abgesehen von diesem strukturellen Merkmal ergibt sich auch aus der Tatsache, dass die Medien relativ wenigen rechtlichen Einschränkungen unterliegen, ein Bedarf an professioneller Ethik. „Je größer die Autonomie, desto wichtiger erscheint im Prinzip eine ethische Selbstbindung" (Wilke 1996, S. 4).

Die Landespressegesetze verbieten eine journalistische Berufsorganisation der Presse mit Zwangsmitgliedschaft sowie eine mit hoheitlicher Gewalt ausgestattete Standesgerichtsbarkeit. Der Grund dafür sind die gemachten Erfahrungen mit dem Missbrauch der berufsständischen Organisation der Presse aus der Zeit des Nationalsozialismus. Wichtige Institutionen der Selbstkontrolle im Mediensystem sind vor allem die **Freiwillige Selbstkontrolle Fernsehen**, die **Freiwillige Selbstkontrolle Multimedia**, die **Unterhaltungssoftware-Selbstkontrolle** sowie der Deutsche Presserat.

Um die Berufsethik im Journalismus zu wahren, wurde 1956 der **Deutsche Presserat** als eine Selbstkontrolleinrichtung der deutschen Presse gegründet. Staatsvertreter wirken nicht mit, er setzt sich ausschließlich aus Vertretern und Angehörigen der Presse zusammen. Der Deutsche Presserat besteht aus 20 Mitgliedern, die jeweils zur Hälfte aus Vertretern der Berufsverbände der Verleger und der Journalisten kommen. Als wichtigste Aufgabe betrachtet der Presserat den **Schutz der Pressefreiheit** und die **Wahrung des Ansehens der deutschen Presse**.

Der Presserat hat einen **Pressekodex** aufgestellt, der die Wahrung der Berufsethik der Journalisten zum Ziel hat. Er beschäftigt sich mit

- dem Umgang mit Einladungen und Geschenken,
- dem Umgang mit vertraulichen Mitteilungen,
- der Trennung von redaktionellen Texten und Anzeigen,
- Schleichwerbung und
- dem Umgang mit Pressemitteilungen, Fotos und Vorausberichten.

Der Presserat kann von allen Lesern angeschrieben werden, wenn gegen die Grundsätze des Pressekodex verstoßen wurde. Bei begründeten Beschwerden kann der Presserat **Hinweise, Missbilligungen und Rügen** erlassen. Rechtliche Maßnahmen kann er jedoch nicht ergreifen. Im Rahmen der Feier seines 50-jährigen Jubiläums hat der Presserat am 20. November 2006 in Berlin den novellierten Pressekodex an Bundespräsident Prof. Dr. Horst Köhler übergeben und gleichzeitig der Öffentlichkeit vorgestellt. In die Überarbeitung der Publizistischen Grundsätze sind Erkenntnisse aus der Arbeit der Beschwerdeausschüsse, aktuelle Entwicklungen innerhalb der Presse sowie externer Sachverstand eingeflossen. So wurde der in Ziffer 7 festgehaltene Trennungsgrundsatz im Hinblick auf Veröffentlichungen über Eigenmarketingaktionen erweitert. Textlich neu gefasst wurden u. a. auch die Ziffern 9 und 10 des Kodexes. Das in Ziffer 13 festgehaltene Vorverurteilungsverbot ist im Hinblick auf ein vorliegendes Geständnis eines Tatverdächtigen konkretisiert worden. Bezüglich Interviews wird durch die überarbeitete Richtlinie 2.4 nun klar, dass eine Autorisierung aus presseethischer Sicht nicht zwingend notwendig ist. Neben einer teilweisen Neusystematisierung haben die einzelnen Ziffern zudem Überschriften erhalten, mit denen ihr Regelungsbereich beschrieben wird. Der überarbeitete Kodex ist seit dem 1. Januar 2007 gültig.

Der Deutsche Pressekodex

Präambel

Die im Grundgesetz der Bundesrepublik verbürgte Pressefreiheit schließt die Unabhängigkeit und Freiheit der Information, der Meinungsäußerung und der Kritik ein. Verleger, Herausgeber und Journalisten müssen sich bei ihrer Arbeit der Verantwortung gegenüber der Öffentlichkeit und ihrer Verpflichtung für das Ansehen der Presse bewusst sein. Sie nehmen ihre publizistische Aufgabe fair, nach bestem Wissen und Gewissen, unbeeinflusst von persönlichen Interessen und sachfremden Beweggründen wahr.

Die publizistischen Grundsätze konkretisieren die Berufsethik der Presse. Sie umfasst die Pflicht, im Rahmen der Verfassung und der verfassungskonformen Gesetze das Ansehen der Presse zu wahren und für die Freiheit der Presse einzustehen.

Die Regelungen zum Redaktionsdatenschutz gelten für die Presse, soweit sie personenbezogene Daten zu journalistisch-redaktionellen Zwecken erhebt, verarbeitet oder nutzt. Von der Recherche über Redaktion, Veröffentlichung, Dokumentation bis hin zur Archivierung dieser Daten achtet die Presse das Privatleben, die Intimsphäre und das Recht auf informationelle Selbstbestimmung des Menschen.

Die Berufsethik räumt jedem das Recht ein, sich über die Presse zu beschweren. Beschwerden sind begründet, wenn die Berufsethik verletzt wird.

Diese Präambel ist Bestandteil der ethischen Normen.

Ziffer 1 – Wahrhaftigkeit und Achtung der Menschenwürde
Die Achtung vor der Wahrheit, die Wahrung der Menschenwürde und die wahrhaftige Unterrichtung der Öffentlichkeit sind oberste Gebote der Presse. Jede in der Presse tätige Person wahrt auf dieser Grundlage das Ansehen und die Glaubwürdigkeit der Medien.

Ziffer 2 – Sorgfalt
Recherche ist unverzichtbares Instrument journalistischer Sorgfalt. Zur Veröffentlichung bestimmter Informationen in Wort, Bild und Grafik sind mit der nach den Umständen gebotenen Sorgfalt auf ihren Wahrheitsgehalt zu prüfen und wahrheitsgetreu wiederzugeben. Ihr Sinn darf durch Bearbeitung, Überschrift oder Bildbeschriftung weder entstellt noch verfälscht werden. Unbestätigte Meldungen, Gerüchte und Vermutungen sind als solche erkennbar zu machen. Symbolfotos müssen als solche kenntlich sein oder erkennbar gemacht werden.

Ziffer 3 – Richtigstellung
Veröffentlichte Nachrichten oder Behauptungen, insbesondere personenbezogener Art, die sich nachträglich als falsch erweisen, hat das Publikationsorgan, das sie gebracht hat, unverzüglich von sich aus in angemessener Weise richtig zu stellen.

Ziffer 4 – Grenzen der Recherche
Bei der Beschaffung von personenbezogenen Daten, Nachrichten, Informationsmaterial und Bildern dürfen keine unlauteren Methoden angewandt werden.

Ziffer 5 – Berufsgeheimnis
Die Presse wahrt das Berufsgeheimnis, macht vom Zeugnisverweigerungsrecht Gebrauch und gibt Informanten ohne deren ausdrückliche Zustimmung nicht preis. Die vereinbarte Vertraulichkeit ist grundsätzlich zu wahren.

Ziffer 6 – Trennung von Tätigkeiten
Journalisten und Verleger üben keine Tätigkeiten aus, die die Glaubwürdigkeit der Presse in Frage stellen könnten.

Ziffer 7 – Trennung von Werbung und Redaktion
Die Verantwortung der Presse gegenüber der Öffentlichkeit gebietet, dass redaktionelle Veröffentlichungen nicht durch private oder geschäftliche Interessen Dritter oder durch persönliche wirtschaftliche Interessen der Journalistinnen und Journalisten beeinflusst werden. Verleger und Redakteure wehren derartige Versuche ab und achten auf eine klare Trennung zwischen redaktionellem Text und Veröffentlichungen zu werblichen Zwecken. Bei Veröffentlichungen, die ein Eigeninteresse des Verlages betreffen, muss dieses erkennbar sein.

Ziffer 8 – Persönlichkeitsrechte
Die Presse achtet das Privatleben und die Intimsphäre des Menschen. Berührt jedoch das private Verhalten öffentliche Interessen, so kann es im Einzelfall in der Presse erörtert werden. Dabei ist zu prüfen, ob durch eine Veröffentlichung Persönlichkeitsrechte Unbeteiligter verletzt werden. Die Presse achtet das Recht auf informationelle Selbstbestimmung und gewährleistet den redaktionellen Datenschutz.

Ziffer 9 – Schutz der Ehre
Es widerspricht journalistischer Ethik, mit unangemessenen Darstellungen in Wort und Bild Menschen in ihrer Ehre zu verletzen.

Ziffer 10 – Religion, Weltanschauung, Sitte
Die Presse verzichtet darauf, religiöse, weltanschauliche oder sittliche Überzeugungen zu schmähen.

Ziffer 11 – Sensationsberichterstattung, Jugendschutz
Die Presse verzichtet auf eine unangemessen sensationelle Darstellung von Gewalt, Brutalität und Leid. Die Presse beachtet den Jugendschutz.

Ziffer 12 – Diskriminierungen
Niemand darf wegen seines Geschlechts, einer Behinderung oder seiner Zugehörigkeit zu einer ethnischen, religiösen, sozialen oder nationalen Gruppe diskriminiert werden.

Ziffer 13 – Unschuldsvermutung
Die Berichterstattung über Ermittlungsverfahren, Strafverfahren und sonstige förmliche Verfahren muss frei von Vorurteilen erfolgen. Der Grundsatz der Unschuldsvermutung gilt auch für die Presse.

Ziffer 14 – Medizin-Berichterstattung
Bei Berichten über medizinische Themen ist eine unangemessen sensationelle Darstellung zu vermeiden, die unbegründete Befürchtungen oder Hoffnungen beim Leser erwecken könnte. Forschungsergebnisse, die sich in einem frühen Stadium befinden, sollten nicht als abgeschlossen oder nahezu abgeschlossen dargestellt werden.

> *Ziffer 15 – Vergünstigungen*
> Die Annahme von Vorteilen jeder Art, die geeignet sein könnten, die Entscheidungsfreiheit von Verlag und Redaktion zu beeinträchtigen, sind mit dem Ansehen, der Unabhängigkeit und der Aufgabe der Presse unvereinbar. Wer sich für die Verbreitung oder Unterdrückung von Nachrichten bestechen lässt, handelt unehrenhaft und berufswidrig.
>
> *Ziffer 16 – Rügenabdruck*
> Es entspricht fairer Berichterstattung, vom Deutschen Presserat öffentlich ausgesprochene Rügen abzudrucken, insbesondere in den betroffenen Publikationsorganen.
>
> (Quelle: www.presserat.de)

Der Presserat hat mit seinem Kodex die obersten Werte des journalistischen Handelns beschrieben: **Wahrheit und Wahrhaftigkeit**. Die Wissenschaft straft diese Worte als „wirkungsschwache Leerformeln" (Rühl 1980, S. 395). Kodifizierungsversuche erliegen dem Irrtum, dass sie die journalistische Ethik formulieren wollen. Ethische Antworten haben jedoch ihre Eindeutigkeit verloren. In den komplexen Zusammenhängen journalistischen Handelns sind Schwarz-Weiß-Entscheidungen die Ausnahme. Ziel dieser Beschreibung kann nur die Schärfung des ethischen Urteils sein. „Weiterhin muss die Kontrolle im Journalismus essenziell eine Selbstkontrolle bleiben" (Boventer 1996, S. 56).

Eine Ethik für Journalisten ist daher elementar, um das Ansehen der Presse zu wahren und gleichzeitig für die Freiheit der Presse einzustehen. Längere Zeit war diese Ansicht unter Journalisten nicht sehr anerkannt. Zu welchen schwerwiegenden Fehlern die Abwesenheit journalistischer Ethik führen kann, zeigen **Medienskandale**, wie die von der Zeitschrift *Stern* für Millionenbeträge gekauften, gefälschten Hitler-Tagebücher im Jahr 1983 (vgl. Burkhardt 2007) und das mediale Geiseldrama von Gladbeck im Jahr 1988 (vgl. Wilke 2007, Burkhardt 2008). Im Zuge dieser Skandale kam in den 1980er Jahren die Anerkennung der Wichtigkeit von ethischem Verhalten im Journalismus wieder ins Gespräch (vgl. Burkhardt 2006). Der Journalismus befand sich in einer nachhaltigen **Glaubwürdigkeitskrise** und hat aus den Medienskandalen gelernt. Die Studie „Journalismus in Deutschland" attestiert den deutschen Journalistinnen und Journalisten eine bessere Berufsethik. „Auffallend ist die Wertestabilität der deutschen Journalisten auch im Hinblick auf die Berufsethik. Waren sie hier schon vor zwölf Jahren im internationalen Vergleich führend in puncto behaupteter Sensibilität, so sind sie inzwischen noch vorsichtiger geworden. Alle problematischen Methoden – wie zum Beispiel Scheckbuchjournalismus – werden von einer großen Mehrheit abgelehnt" (Weischenberg, Malik et al. 2006, S. 191).

Ausgehend von angloamerikanischen Modellen professioneller Qualität im Journalismus (vgl. Ruß-Mohl 1994) hat sich die Berufsethik auch in Deutschland als ein zentraler Faktor des Qualitätsmanagements in Redaktionen etabliert (vgl. Bucher und Altmeppen 2003; Wyss 2002; Wallisch 1995). Die Berufsethik ist damit – vor allem auch unter dem Aspekt der Abgrenzung gegenüber Kommunikationsformen wie Bloggen – ein wichtiges **Distinktionsmerkmal des Journalismus** und kann strategisch zum **Wettbewerbsvorteil** ausgebaut werden. Vor allem auch vor diesem Hintergrund ist die Auseinandersetzung mit Medienethik für jeden Journalisten zentral (vgl. Kapitel 1.3).

1.3 „Jeder steht alleine vor der Frage: Machst du das oder nicht?" – Expertengespräch mit Fried von Bismarck (Deutscher Presserat)

Interview: Anwen Roberts

Fried von Bismarck

ist Mitglied im Deutschen Presserat und *Spiegel*-Verlagsleiter.

Er begann seine Karriere 1977 als Volljurist in der Rechtsabteilung des Hamburger Verlags. Im Frühjahr 1988 wechselte von Bismarck in die Verlagsleitung. In dieser Funktion ist er für unterschiedliche Bereiche verantwortlich gewesen.

Im Oktober 2002 wurde er zudem Vorstand der *Spiegelnet AG*. Seit Oktober 2002 ist er für *Spiegelnet* verantwortlich, seit März 2007 auch einer von drei Geschäftsführern bei *Spiegel TV*.

Seit 1991 ist er für den Verband der Deutschen Zeitschriftenverleger im Presserat.

Was können Medien, was machen Medien mit den Menschen?
Natürlich machen Medien unterschiedliche Dinge, bei gedruckten Zeitschriften haben wir ein Spektrum von *Praline* bis *Spiegel*. Nehmen Sie *Bravo* oder die Modepresse, da weiß man nicht, wo Fiktion anfängt und der Informationsteil aufhört. Aber dass sie informieren und unterhalten, das gilt für das gesamte Spektrum. Da unterscheiden sich Qualitätsmedien nicht großartig von Boulevardmedien. Eine einheitliche Wirkung würde ein gleiches Menschenbild voraussetzen, eine Vorstellung, wie die Menschen sein sollen, wenn sie den Buchdeckel zu-, das Radio oder den Fernseher ausmachen. Aber jeder ist so, wie er ist. Medien haben nicht den Auftrag, den Menschen zu verbessern – das ist Unfug. Wenn man über die Frage redet, was können Medien, können sie informieren und unterhalten und bis zu einem gewissen Teil auch bilden.

Unterscheidet sich das Spektrum nach Medientyp, sind z. B. audiovisuelle Medien wirkungsstärker als die Presse?
Was wir sehen und hören, halten wir eher für wahr als das, was wir lesen. Das wiederum liegt aber einfach an der Entwicklungsgeschichte des Menschen, wenn die Sinne sagen, das hast du doch gesehen. Das ist kein neues Phänomen, das war schon bei Jesu Auferstehung so, dass die Jünger gesagt haben: Wenn ich den nicht gesehen habe, glaube ich gar nichts. Aber Medienkonsum im Übermaß – Daily Soaps am Nachmittag im Fernsehen, Chatten auf StudiVZ und Muttiweißwas – über die Wirkung kann man stundenlang philosophieren. Dieser übermäßige Konsum ist aber recht weit entfernt von meinem Verständnis von Medien, solche, die rechtliche Privilegien genießen.

1. Das Mediensystem in Deutschland   37

Welche Aspekte der Medien- und Publikumsforschung haben für Sie in der praktischen Arbeit im Presserat überhaupt Relevanz?
Wenige. Wir gucken auf Einzelfälle und nicht auf Phänomene. Allgemein wird der Presserat ohnehin nur dann tätig, wenn er Missstände im Pressewesen aufdecken will oder sich jemand beschwert. Es gibt aber „gefühlte" Probleme, wo die Schwierigkeiten der Presse heute mehr liegen und weniger liegen. Aber die Medienforschung ist für die Arbeit des Presserates schon deswegen kaum relevant, weil es für die Frage „Gibt es eine Ethik in der Presse?" keine Rolle spielt, ob ein Medium wirkt oder nicht wirkt. Nehmen wir an, eine Zeitung würde immer nur die Unwahrheit schreiben, und nehmen wir weiter an, es würde nichts bewirken, also die Leute würden es trotzdem glauben oder nicht glauben, dann wäre der Presserat immer noch der Meinung, dass man bitteschön die Wahrheit schreiben muss. Einfach aus dem Grund, dass die Glaubwürdigkeit der Presse dasjenige ist, was die Sonderstellung der Presse in Deutschland rechtfertigt. Eine unglaubwürdige Presse bräuchte keinen besonderen Schutz im Zeugnisverweigerungsrecht oder Meinungsfreiheit, wenn ihr doch keiner mehr glaubte. Das spiegelt sich auch in den Regeln des Kodex wider. Würde der Presse keiner glauben, wäre es egal, was sie schreibt. Davon sind wir aber noch ein Stück entfernt.

Wie stellt sich denn Glaubwürdigkeit in der Presse her?
Glaubwürdigkeit erhält die Presse nur, wenn sie bestimmte Dinge nicht tut – wenn sie keine Schleichwerbung macht, keine Bilder manipuliert, die Wahrheit erzählt, Meinung und Tatsachenberichterstattung auseinanderhält. Diese Regeln haben nur ein einziges Ziel: das Vertrauen in die Richtigkeit dessen, was der Leser konsumiert, zu erhöhen. Sonst wäre die Presse für die Meinungsbildung völlig unerheblich.

Dennoch wird den Medien, gerade im Negativen, etwa bei Gewaltverherrlichung oder Desensibilisierung, eine starke Wirkung attestiert?
Was diese Wirkungsfrage angeht, das Unempfindlichwerden gegen Gewalt und die Berichterstattung darüber, sind Medien bestimmt nicht in der Lage, solche Trends selbst zu erzeugen. Medien können so etwas aber verstärken, wenn auch unbewusst. Wenn Sie in der Kneipe gegen laute Musik anreden müssen, dann haben Sie den Effekt, dass alle lauter und lauter brüllen. Solche Effekte sind immer auch in den Medien da. Es gibt auch das Phänomen, dass Medien auf einen Zug aufspringen – das haben jetzt alle berichtet, da müssen wir das auch. Dieter Bohlen wäre kein Thema für den *Spiegel*, wenn er nicht schon so in den Köpfen der Leute wäre, dass man daran nicht mehr vorbei kann.

Wenn ich an Schlagwortjournalismus denke, – etwa wenn das Wort Linksruck auftaucht, bevor irgendwer genau sagen kann, was das heißt – dann hauen alle in eine Kerbe, und das ist doch dann sehr bewusst. Und eben doch Dieter Bohlen zu nehmen ist auch eine bewusste Entscheidung...
Die Frage, worüber müssen wir schreiben, ist eine Entscheidung von Individuen. Es gibt Phänomene, wenn Sie die nicht wahrnehmen, sind Sie schnell an der Stelle, an der man sich fragen muss: Schweigt man Herrn Bohlen tot? Gibt es eine Schweigespirale, schweigt man etwas tot, und wenn ja, warum? Auch Phänomene wie Big Brother, da lässt sich schnell sagen, das interessiert uns nicht, das ist unter unserem Niveau, aber ab einem bestimmten

Punkt war das ein Phänomen, das sich Millionen Deutsche angeschaut haben. Aber natürlich gibt es Meinungen. Wenn jemand etwas mit Linksruck bezeichnet, ist das eine Bewertungsfrage. Deswegen gibt es ja die Vielfalt; *Die Welt* und die *FAZ* und die *Süddeutsche Zeitung* – die haben unterschiedliche Schwerpunkte, das kann man lernen und einordnen. Müsste es unser Ziel sein, dass alle die *FAZ* lesen und nicht die *Bild*? Die Menschen sind eben nicht gleich, manche interessieren sich einen Dreck für politische Entwicklungen. Die sind aber nicht alle „politikverdrossen" – viele Menschen haben den Eindruck, dass sie keinen Einfluss darauf haben, was „oben" passiert. Das prägt sich aber in vielerlei Weise aus. Das ist leider weltweit so. Das ist deswegen ein schlechtes Zeichen, weil man daran sieht, dass die Demokratie sich abnutzt. Aber das hat mit der Presse nichts zu tun. Deutsche Tageszeitungen halten die Information des Bürgers, damit er weiß, was er wählen soll, durchaus für eine wichtige Aufgabe ihrer Blätter. Aber es gelingt nicht, die Leute so zu motivieren, dass sie wählen gehen – das hat aber nichts damit zu tun, dass die Presse ihre Aufgabe nicht richtig wahrnimmt. Eher damit, dass Demokratie mittlerweile so selbstverständlich, so sehr als normal verinnerlicht ist, dass sich die Mehrheit sagt: Wieso, das funktioniert doch auch ohne uns.

Walzen die Massenmedien nicht gerade in den Nachrichten oftmals Stereotype aus?
Mit Massenmedien meinen wir häufig die *Bild*-Zeitung, die auch eine Zeitung besonderer Art ist. Man kann damit auch das Fernsehen meinen, aber das wiederum walzt nachrichtlich überhaupt nichts mehr aus, weil es sich, vom öffentlich-rechtlichen abgesehen, aus dem nachrichtlichen Bereich vollständig zurückgezogen hat. Im Privatfernsehen findet Politik nicht mehr statt, weil es keine Quote bringt.

Hat die Zeitung in diesem Szenario noch eine Zukunft?
Was wir im Markt wiederfinden ist, dass (mit wenigen Ausnahmen wie *Zeit* und *Spiegel*) seit 10 bis 15 Jahren die Auflagen einzelner Zeitungen sinken. Das heißt, wir verlieren Leser. Warum? Weil die, die mit dem Lesen von Printprodukten aufgewachsen sind, allmählich aussterben, und die wachsen in dem Umfang nicht mehr nach. Zum einen, weil unsere Bevölkerungsstruktur so ist, wir werden weniger Deutsche. Zum anderen haben wir einen steigenden Migrantenanteil, der kein Deutsch liest. Daher ist es eigentlich kein Wunder, dass wir weniger Zeitungen verkaufen. Ich glaube aber, dass wir immer Zeitungen haben werden, die aber eine andere Rolle spielen.

Werden nicht Print-Leser ganz einfach von Online-Medien abgegraben?
Klar verliert etwa die *Bild* an *Bild Online* Leser. Aber die Leute, die sich täglich die *Bild*-Zeitung kaufen, das ist ein bestimmtes Bildungsniveau, die kaufen die *Bild*, weil sie einfach zu lesen ist. Und häufig haben sie wenig Geld, da sind 80 Cent am Tag viel. Wenn ich wenig Geld habe, eine billige Flatrate kaufen kann und sowieso den Volks-PC der *Bild* habe, dann lese ich das, was ich lesen will, doch kostenlos im Netz. Bei der jüngeren Generation von 25 bis 35, die sind wirklich alle so sozialisiert, dass die sich einen Ast lachen, wenn ich sage, lass uns mal im Lexikon nachgucken. Im ganzen Haus ist W-LAN. Die sagen, warte, bevor du das geholt hast, wissen wir's schon. Dass das die Gewohnheiten vollständig verändert, ist doch klar. Das kriege ich nur dadurch aufgebrochen, dass ich für Print Stoffe reserviere, die nur in Ruhe funktionieren, wenn man nicht gerade am Bildschirm sitzt. Aber natürlich wird eine Online-Reichweite auch da aufgebaut, wo Print an Reichweite verliert.

1. Das Mediensystem in Deutschland

Bildet die Vielfalt der Medien denn tatsächlich die gesellschaftliche Vielfalt ab?
Sowohl Presse als auch Fernsehen und Internet leben ja davon, dass die Leute hingehen. Für Presse muss man auch noch bezahlen und sich entscheiden, ob man diese oder jene oder gar keine Zeitung lesen will. Ich bin also fest davon überzeugt, dass es sich gar nicht anders abbilden kann. Ja, es bildet sich in der Presse tatsächlich das ab, was die Leute denken. Was man um 1968 immer mal geglaubt hat – dass Springer in der Lage ist, in einer Debatte um den Schah von Persien und in der Ermordung von Herrn Ohnesorg dafür zu sorgen, dass jemand umgebracht wird, ein solcher Eindruck kann gelegentlich entstehen. Und natürlich ist das Menschenbild mancher Sendungen und Zeitungen nicht meins. Nehmen wir Sibel Kekilli, da bin ich nicht der Meinung, dass man aus ihr eine Pornodarstellerin machen soll, wenn sie doch sonst Schauspielerin ist. Doch es entspricht vielleicht dem Menschenbild von vielen Menschen, die das genau so sehen. Deswegen kaufen sie genau die Zeitung, bei der sie sich in ihren Vorurteilen bestätigt fühlen. Was nicht funktioniert ist, dass man Menschen durch die Presse umerzieht. Das Feedback von Herrn Diekmann läuft über die Frage: Wie geht die Auflage? Da weiß er sehr gut Bescheid, der weiß genau, wie man auf diesem Klavier spielen muss. Das funktioniert im Privatfernsehen genauso – wenn irgendwas nicht genug Quote bringt, wird es eben abgesetzt und fertig. Klar kann man das bedauern und in Kulturpessimismus verfallen, aber das ist einfach so. Im Internet, wo alles kostenlos ist, haben die Menschen gar kein Preiskriterium, keine Unterscheidung, ob sie sich mit Dingen beschäftigen, die wir für „wertig" halten oder die wir für vollkommen stumpfsinnig und aberwitzig halten. Da kann ich nur sagen, ja, das ist so. Das bildet sich dort ab, weil es von den Leuten so gewollt wird. Was nicht gewollt wird, stirbt ja genauso schnell. Irgendwann wird vielleicht auch Web 2.0 sterbenslangweilig werden, immer zu gucken, mit wem irgendwelche Pseudonyme befreundet sind. Das kann eine Mode sein, die irgendwann wieder tot ist, so wie bei Second Life, wo der Otto-Versand schon eine Filiale eröffnen wollte und wo heute nur noch ein paar Perverse sind.

Der Presserat will seit dem 12. März 2008 seine Kompetenz auch auf Online ausdehnen und neue Richtlinien festlegen. Gelten denn für Online-Medien andere Maßstäbe?
Die Maßstäbe sind exakt die gleichen, aber der Presserat will nur zuständig sein für Produkte, die den Obertitel Information und Nachrichten tragen. Wir stellen fest, dass die Nutzung auch der von Verlegern veranstalteten Internetseiten zunimmt und die Nutzung der gedruckten Zeitung abnimmt. Daher hat es wenig Sinn, wenn ich mich wegen einer gedruckten Geschichte beim Presserat beschweren kann, bei der Online-Geschichte aber nicht. Es geht darum, dass nach unserer Überzeugung Medienethik auch im Internet gelten muss, für journalistische Produkte, die der Information verpflichtet sind. Das haben wir bei Radio und Fernsehen auch gesagt, aber da gibt es eine Gesetzgebung, die das anders sieht. Das wurde damals als Selbstkontrolle geregelt, aber in Wahrheit findet da keine echte Kontrolle statt. Doch da gelten keine unterschiedlichen medienethischen Grundsätze.

Wenn Sie Medienethik als Herstellung von Glaubwürdigkeit betrachten, ist das dann ebenfalls synonym mit Qualität? Ist Qualitätspresse automatisch glaubwürdiger – und wie lässt sich Qualität im Journalismus befördern?
Wie man Glaubwürdigkeit herstellt, damit beschäftigt sich die Forschung komischerweise kaum. Ethische Kriterien gelten für jedes Individuum – das ist der Unterschied zwischen

ethischer Norm und Rechtsnorm. Die Rechtsnorm heißt, du sollst keinen anderen umbringen, und wenn doch, wirst du bestraft. Trotzdem gibt es Leute, die andere umbringen. Die Rechtsnorm richtet sich an die Allgemeinheit, dient dazu, dass allgemeine Spielregeln da sind. Die berufsständischen Regeln bei Journalisten (aber auch bei Anwälten und Ärzten, über deren Regeln man bloß nicht soviel redet, weil die eben nicht die Presse sind, sondern ihren Beruf ausüben) haben einen anderen Sinn. Jeder steht alleine vor der Frage: Machst du das oder nicht, will ich zu diesem Berufsstand gehören? Jemand, der seine Geschichten erfindet, wird vielleicht zuerst nicht erwischt, aber irgendwann ist er raus. Es geht um die Frage: Will ich dazugehören? Wir sind ja alle soziale Wesen. Das geht nur, wenn man bestimmte Spielregeln einzuhalten bereit ist – ein persönlicher Maßstab, was man bereit ist zu tun. Wenn es so wäre, dass Herr Diekmann sagt, jetzt musst du die Geschichte ein bisschen anspitzen, sonst liest die ja keiner, dann ist es die Frage an Sie, ob Sie das machen oder nicht. Das ist immer noch eine Einzelentscheidung. Qualität lässt sich in jeder Berufsgruppe nur dadurch bereitstellen, dass man gute Ausbildung und bestimmte Berufsstandards fördert. Das hat aber nichts damit zu tun, was der Verleger will, das ist genauso persönlich, wie wenn Sie Ihren Partner belügen. Wenn Sie „erwischt" werden, riskieren Sie eben die Partnerschaft – dieses Bewusstsein versucht der Presserat wachzuhalten. Obwohl man darauf hinweisen muss, dass Qualität nichts damit zu tun hat, ob ich bei einer Boulevardzeitung oder einer Modezeitschrift oder der *FAZ* oder *NZZ* arbeite. Die Maßstäbe sind im Grunde gleich, wenn auch auf einem anderen Level.

Aber jede „Strafe" für Verletzungen der Berufsstandards ist ja medienintern. Ist es für die Frauenzeitschriftenleser nicht egal, ob Schleichwerbung geahndet wird oder nicht?
Der Presserat ist nicht dazu da, Druck auszuüben, wir sind nicht die Strafjustiz oder das Finanzamt, sondern eine berufsständische Organisation. Aber Tom Kummer, die Leute, die mit dem Bundesnachrichtendienst zusammengearbeitet haben, die Hitler-Tagebücher – die haben ihren Beruf damit aufgegeben. Eine gut funktionierende Presse wird solche Fälle öffentlich machen, dazu ist ja auch Konkurrenz da. Das ist schwierig auseinanderzuhalten. Steuerhinterziehung ist strafbar, aber Herr Zumwinkel geht nach Liechtenstein und hinterzieht Steuern, der ist kein armes Hascherl, aber er geht und hinterzieht eine lächerliche Summe, zum Totlachen. Für so was den öffentlichen Ruf zu riskieren... aber so sind eben auch Menschen. Und Herr Diekmann ärgert sich über Rügen doch nicht deswegen, weil er sie in der *Bild*-Zeitung abdrucken muss, sondern weil in der gesamten deutschen Tagespresse die Meldungen des Presserats inzwischen reichlich ausgeschlachtet werden. Und wenn da steht, der hat sich schon wieder drei Rügen eingefangen, dann findet der das gar nicht komisch – weil er sagt, eigentlich möchte ich ein guter Journalist sein, ich fühle mich dem vollständig verpflichtet, und außerdem bin ich ganz katholisch und der Papst ist mein Freund... Das zeigt ja Wirkung. Würden wir sagen, lieber Herr Diekmann, bei jeder Rüge müssen Sie was zahlen, das würde der doch aus der Portokasse abwickeln. Aber zu sagen, das ist kein sauberer Journalismus, das ist ihm nicht egal, und ist auch dem Konzern nicht egal. Der lebt ja davon, dass er auch in der Politik wirken kann; dass man ihm diese Wirkung nicht abspricht. Wenn wir heute was vom Bundespräsidenten wollten, wen schicken wir denn dahin? Doch nicht Herrn Bauer; wer da hingehen muss, ist Herr Kilz oder allenfalls Herr Burda, wenn der *Focus* macht. Trotzdem genießt Herr Bauer den Schutz, den er als Verleger genießen muss, selbst wenn vieles auf dem Niveau des Privatfernsehens ist. Natürlich gibt es keine Gewissheit, dass es nicht heute beim *Spiegel* und morgen bei der

FAZ auch einen Tom Kummer gibt. Das macht man mit sich selbst aus: Bin ich einer, der diese Spielregeln einhalten will oder nicht. Das Bewusstsein dafür wach halten, dass es diese Regeln gibt, mehr ist gar nicht nötig. Der Presserat arbeitet so, und ich finde, er tut das insgesamt auch ganz wirkungsvoll. Es ist die Verantwortung des Journalisten, egal wo man tätig ist, zu versuchen, diese wenigen Regeln einzuhalten, um Glaubwürdigkeit und Ansehen der Presse hochzuhalten.

Wird da eine Glaubwürdigkeit hochgehalten, die längst verloren ist?
Natürlich ist die Glaubwürdigkeit der Presse nicht hoch – wenn gefragt wird, was die Menschen für glaubwürdig halten, dann kommt die *Tagesschau*, dann noch mal... *Tagesschau*, dann lange gar nichts – dann irgendwann weit hinten so etwas wie *Spiegel* und *FAZ*. Das hat aber nichts damit zu tun, dass sie selbst aus Erfahrung wüssten, dass die *FAZ* ständig die Unwahrheit schreibt, sondern damit, dass die *Tagesschau* um 20 Uhr das Einzige ist, was sie noch rezipieren. Deswegen halten sie das eben auch für glaubwürdig.

Unterschätzen Medienmacher ihr Publikum?
Das Publikum bestimmt ganz viel, eben durch dessen Entscheidung für oder gegen. Dadurch, dass sie eben diese ARD nicht gucken oder den Deutschlandfunk nicht hören, sondern Oldie 65, Hauptsache es redet keiner. Die Entscheidung wird heute mit den Füßen oder mit dem Portemonnaie oder mit der Tastatur getroffen – ich kann mich frei entscheiden, wo ich mich aufhalte, mich informiere, mich unterhalte. Da gewinnt die Unterhaltung zunehmend die Oberhand. Meine Einschätzung ist, dass es daran liegt, dass die Frage „Regiert die SPD oder die CDU?" heute tatsächlich nicht mehr so einen dramatischen Unterschied macht wie in den 1950er, 1960er Jahren. Fragen von Ostpolitik, vom Eisernen Vorhang, die Frage, was das für Krieg oder Frieden bedeutet, haben ja damals auch die Presse bewegt. Aber diese Leute sind mittlerweile tot, und im Bewusstsein der Mehrheit der Leute spielen diese Fragen heute keine richtige Rolle mehr.

Die stärkste Wirkung der Medien besteht demnach darin, dass sie überhaupt genutzt werden, in welcher Form auch immer.
Genau.

2. Die Medieninstitutionen

Ole Reißman

> **Überblick**
>
> Das zweite Kapitel „Die Medieninstitutionen" vermittelt die wirtschaftlichen Grundlagen von journalistischer Arbeit. Es erklärt die Finanzierung der Arbeit von Journalistinnen und Journalisten und stellt wichtige Print-, Radio-, Fernseh- und Online-Medien in Deutschland vor.
>
> Das Kapitel ist in drei Abschnitte gegliedert:
>
> - **Kapitel 2.1**: Im ersten Abschnitt werden die ökonomischen Besonderheiten der Produkte des praktischen Journalismus und ihres Markts vorgestellt.
> - **Kapitel 2.2**: Der zweite Abschnitt führt in den deutschen Medienmarkt und seine Institutionen ein. Er gibt einen Überblick über die Entwicklung und Strategien von Zeitungs- und Zeitschriftenverlagen, Radio- und Fernsehsendern sowie Anbietern von Internetjournalismus.
> - **Kapitel 2.3**: Im dritten Abschnitt erklärt eine Verlegerin am Beispiel von Europas größtem Druck- und Verlagshaus Gruner + Jahr die Folgen von wirtschaftlichen Veränderungen für die journalistische Arbeit.

Für Journalistinnen und Journalisten ist es nicht nur wichtig zu wissen, wie ein Medienprodukt von der Idee über die Recherche bis hin zur Produktion hergestellt wird, sondern auch, wie der **Wirtschaftsprozess** aussieht, der die Finanzierung der Arbeit von Journalistinnen und Journalisten ermöglicht. Wer gibt den Auftrag? Wie kommt das Produkt zu den Rezipienten? Wie hängt das mit Werbung zusammen? Und vor allem: Wer sind die Arbeitgeber? – All das sind Fragen, mit denen sich die Medienökonomie beschäftigt. Dabei unterscheidet sich der Mediensektor in einigen wesentlichen Punkten von anderen Märkten. Für Journalisten ist es von Vorteil, wenn sie die ökonomischen Rahmenbedingungen der Medienproduktion kennen. Sie bestimmen nicht zuletzt, welche journalistischen Beiträge auf den Markt kommen und dort wirtschaftlich bestehen können.

Zu den größten Medieninstitutionen und damit **wichtigsten Arbeitgebern für Journalistinnen und Journalisten** in Deutschland zählen:

- die Anstalten der **ARD**, der Arbeitsgemeinschaft der öffentlich-rechtlichen Rundfunkanstalten der Bundesrepublik Deutschland (www.ard.de): Bayerischer Rundfunk (www.br-online.de), Deutsche Welle (www.dw-world.de), Hessischer Rundfunk (www.hr-online.de), Mitteldeutscher Rundfunk (www.mdr.de), Norddeutscher Rundfunk (www.ndr.de), Radio Bremen (www.radiobremen.de), Rundfunk Berlin-Brandenburg (www.rbb-online.de), Saarländischer Rundfunk (www.sr-online.de), Südwestrundfunk (www.swr.de), Westdeutscher Rundfunk Köln (www.wdr.de)
- die **Axel Springer** AG (www.axelspringer.de),
- die **Bauer Media Group** der Heinrich Bauer Verlag KG (www.bauerverlag.de),

- die **Bertelsmann** AG (www.bertelsmann.com) mit u. a. Gruner + Jahr (www.guj.de), RTL Group (www.rtlgroup.com),
- die Frankfurter Allgemeine Zeitung GmbH (www.faz.net),
- die Verlagsgruppe **Georg von Holtzbrinck** GmbH (www.holtzbrinck.com),
- die **Hubert Burda Media** Holding GmbH & Co. KG (www.burda.de),
- die Unternehmensgruppe **M. DuMont Schauberg** Geschäftsführungs-Gesellschaft mbH (www.dumont.de),
- die Verlagsgesellschaft **Madsack** GmbH & Co. KG (www.madsack.de),
- die **ProSiebenSat.1 Media** AG (www.prosiebensat1.de),
- die **Spiegel-Gruppe** mit dem Spiegel-Verlag Rudolf Augstein GmbH & Co. KG (www.spiegelgruppe.de),
- die Mediengruppe **Süddeutscher Verlag** GmbH (www.sueddeutscher-verlag.de),
- die **Verlagsgruppe Passau** GmbH (www.vgp.de),
- die **WAZ-Mediengruppe** der Westdeutsche Allgemeine Zeitungsverlagsgesellschaft E. Brost & J. Funke GmbH u. Co. KG (www.waz-mediengruppe.de) und
- das **ZDF** (www.zdf.de)

Die Medieninstitutionen in Deutschland sind über ein **Netzwerk an Beteiligungen** teilweise eng miteinander verflochten.

Eine wichtige Rolle im deutschen Journalismus spielen neben diesen Medieninstitutionen die **Nachrichtenagenturen**. Sie treten vor allem als Dienstleister für Medien auf. Bei der Produktion von Medienprodukten spielen sie eine wichtige Rolle als Zulieferer von Informationen und bereits journalistisch aufbereitetem Text-, Ton- und Videomaterial. In den Standardwerken zur Medienökonomie kommen sie meist nicht explizit vor, sondern nur als einer von vielen Kostenfaktoren bei der Herstellung eines Medienprodukts – trotzdem sind sie wichtige Medienunternehmen und Arbeitgeber für Journalisten.

Mehr als 600 Journalisten und insgesamt 800 Mitarbeiter sind bei der größten Nachrichtenagentur in Deutschland, der **Deutschen Presse-Agentur GmbH**, tätig. Sie gehört 190 Medienunternehmen (Dpa 2008) und liefert ihnen aktuelle Nachrichten aus ganz Deutschland und den meisten Ländern der Welt. Auch wenn diese Zahl im Vergleich zum Axel Springer Verlag, bei dem über 10.000 Menschen beschäftigt sind, klein erscheinen mag, so sind die Nachrichtenagenturen von großer Bedeutung, vor allem für die tagesaktuelle Presse und die Online-Dienste (vgl. Segbers 2007, S. 86ff.). Im Kontext globaler Kommunikation spielen Nachrichtenagenturen eine zentrale Rolle. Das Kapitel „The Roles of Global News Agencies" in Denis McPhails Grundlagenwerk „Global Communication" (McPhail 2006) beschreibt die Arbeit von weltweit agierenden Agenturen wie Reuters, The Associated Press, United Press International, Agence France Press, Bloomberg, Dow Jones & Company, Xinhua und Inter Press Service. Aufgrund des relativ kleinen Marktsegments von Nachrichtenagenturen in Deutschland wird trotz ihrer nachrichtlichen Relevanz in diesem Kapitel zu den Medieninstitutionen nicht näher auf sie eingegangen.

> **Nachschlagewerke: Wie findet man die aktuellen Kontaktdaten von Verlagen, Radio- und Fernsehsendern?**
>
> Aktuelle Nachschlagewerke erleichtern die Kontaktaufnahme zu Ansprechpartnern in Verlagen, Rundfunkstationen und anderen Medieninstitutionen. Umfassende „Glossare der Medienmenschen" werden von den Verlagen Zimpel, Stamm und Kroll publiziert.
>
> Der Verlag Dieter Zimpel editiert die Adressen und Ansprechpartner aller Medien in Form einer Loseblattsammlung, CD-Datenbank und mit Online-Software. Weitere Informationen unter: www.zimpel.de
>
> Der Stamm Verlag beliefert seine Abonnenten mit Medienhandbüchern, CDs oder Datenbanken voll aktueller Kontaktdaten. Weitere Informationen unter: www.stamm.de
>
> Der Kroll-Verlag stellt in seinen unterschiedlichen Presse-Taschenbüchern fachspezifische Adressen und Ansprechpartner zur Verfügung. Weiter Informationen unter: www.kroll.de

2.1 Ökonomische Rahmenbedingungen

> **Literatur zum Verständnis der ökonomischen Grundlagen des Journalismus**
> - Altmeppen, K.-D. und M. Karmasin (2003, 2004, 2006) (Hrsg.). Medien und Ökonomie. Band 1, 2, 3. Wiesbaden, VS Verlag für Sozialwissenschaften.
> - Beck, H. (2006). Medienökonomie. Print, Fernsehen und Multimedia. Berlin, Springer.
> - Gläser, M. (2008). Medienmanagement. München, Hans Vahlen.
> - Heinrich, J. (1994, 1999). Medienökonomie. Band 1, 2. Wiesbaden, Westdeutscher.
> - Herrick, D. F. (2003). Media Management in the Age of GiantS. Business Dynamics of Journalism. Malden, Wiley-Blackwell.
> - Patterson, B. R. und C. E. P. Patterson (2003). The Editor in Chief. A Management Guide for Magazine Editors. Malden, Wiley-Blackwell.
> - Rau, H. (2007). Qualität in einer Ökonomie der Publizistik. Betriebswirtschaftliche Lösungen für die Redaktion. Wiesbaden, VS Verlag für Sozialwissenschaften.
> - Sjurts, I. (2004) (Hrsg.). Gabler Lexikon Medienwirtschaft. Wiesbaden, Gabler.
> - Sjurts, I. (2005). Strategien in der Medienbranche. Grundlagen und Fallbeispiele. Wiesbaden, Gabler.
> - Sylvie. G., J. LeBlanc Wicks, C. A. Hollifield, s. Lacy und A. B. Sohn (2007). Media Management. A Casebook Approach. Philadelphia, Lawrence Erlbaum.
> - Weischenberg, S., W. Loosen und M. Beuthner (2006) (Hrsg.). Medien-Qualitäten. Öffentliche Kommunikation zwischen ökonomischen Kalkül und Sozialverantwortung. Wiesbaden, VS Verlag für Sozialwissenschaften.
> - Wirtz, B. W. (2006). Medien- und Internetmanagement. Wiesbaden, Gabler.

Zunehmende **Ökonomisierung der Medienunternehmen**, **Popularisierung und Kommerzialisierung der Inhalte** und zunehmende **Multi- und Intermedialisierung**: Journalismus sieht sich folgenschweren Trends ausgesetzt (Renger 2006, S. 164; Weischenberg 2004, S.250). Die gesellschaftliche Bedeutung des Journalismus weicht in Medienunternehmen häufig der rein ökonomischen Frage, ob ein Produkt kommerziellen Erfolg hat. Vor diesem Hintergrund ist eine Beschäftigung von Journalisten mit der Ökonomie der Medien zu sehen. Sich mit den ökonomischen Imperativen des Mediensystems auseinanderzusetzen, schafft ein Verständnis für die Bedingungen und Strukturen journalistischer Produktionsprozesse und die Erwartungen, die Medienunternehmen an Journalisten haben. Der Zusammenhang zwischen **Wertschöpfung** innerhalb einer betriebswirtschaftlichen Unternehmung und einer **gesellschaftlichen Aufgabe** wie der **Herstellung von Öffentlichkeit** und letzten Endes der **Konstruktion einer gesellschaftlichen Wirklichkeit** (Altmeppen und Karmasin 2003, S. 19) zeigt das Spannungsfeld der Medienökonomie. Während die Wirtschaftswissenschaften sich am wirtschaftlichen Handeln von Medienunternehmen orientieren, betrachtet die Kommunikationswissenschaft die „Struktur der Medien als Infrastruktur der Öffentlichkeit" (Altmeppen und Karmasin 2003, S. 25). Das folgende Kapitel befasst sich mit der spezifischen Art von Medienprodukten und charakterisiert kurz und einleitend die verschiedenen Märkte, auf denen Medienprodukte gehandelt werden. Dabei wird von einer betriebswirtschaftlichen Perspektive ausgegangen, nicht ohne an geeigneter Stelle auf publizistische Fragestellungen aufmerksam zu machen.

Als Überblick zum Themenkomplex „Medien und Ökonomie" empfiehlt sich die Lektüre der dreiteiligen Reihe gleichen Namens von Klaus-Dieter Altmeppen und Matthias Karmasin, in der die Autoren die Genese des Forschungsfeldes aus den verschiedenen Blickwinkeln der Kommunikations- und Wirtschaftswissenschaft im Detail diskutieren. Für die folgende praxisnahe Einführung in die Mikroökonomie der Medienprodukte sowie der Übersicht über die wichtigsten Medienmärkte für journalistische Inhalte wird auf diese Theoriedebatte der Journalistik verzichtet.

Die **wirtschaftlichen Rahmenbedingungen** journalistischen Arbeitens sind vor allem durch acht Spezifika gekennzeichnet:

- Immaterialität,
- duales Güterwesen,
- Einzelfertigung,
- „economies of scale",
- „economies of scope",
- den Handel mit Vertrauensgütern und
- meritorischen Gütern sowie
- die eingeschränkte Marktfähigkeit journalistischer Produkte.

Immaterialität meint, dass bei Medienprodukten, wie Zeitungen, Radiosendungen oder Videopodcasts, der immaterielle Medieninhalt – Information, Unterhaltung, Werbung – über einen materiellen Träger transportiert werden muss. Somit besteht ein Medienprodukt aus zwei Komponenten, einerseits dem **Inhalt** (*Content*) und andererseits dem **Medium**, über das er transportiert wird (vgl. Sjurts 2005, S. 8). Als Trägermedien journalistischer

Inhalte kommen z. B. Papier, Rundfunkwellen oder das Internet zum Einsatz. Den originären Produktnutzen zieht der Konsument dabei aus dem in seiner Eigenschaft immateriellen Content, wobei ein zusätzlicher Nutzen durch die Gestaltung des materiellen Trägermediums erzielt werden kann (deutlich zu sehen z. B. bei Zeitschriften, die gesammelt werden und später die Regale des Konsumenten repräsentativ schmücken).

Durch die Immaterialität von Informationen ergibt sich das Problem, dass Inhalte ohne Aufwand kopiert werden können. Dies trifft besonders auf Medienprodukte wie Zeitungen und Zeitschriften zu, z. B. durch die Vervielfältigung einer darin abgedruckten Nachrichtenmeldung, während die Kopie von Rundfunkbeiträgen aufwendiger ist.

Journalistische Produkte sind **duale Güter**. Fernsehanstalten sind – ökonomisch betrachtet – nicht im Geschäft, um Fernsehsendungen bereitzustellen, sondern in erster Linie, um Zuschauer-Öffentlichkeiten (*Audiences*) herzustellen und diese an Werbekunden zu verkaufen (vgl. Wirtz 2006, S. 27). Die als ökonomische Güter aufgefassten Medienprodukte bespielen also zwei verschiedene Märkte: den Rezipientenmarkt und den Werbemarkt. Bei Medienprodukten handelt es sich daher um Verbundprodukte. Im Journalismus entstehen gleichzeitig und untrennbar zwei verschiedene Produkte. Der Erfolg eines Medienprodukts kann sich somit unterschiedlich bemessen lassen: Ein Produkt kann eine Zielgruppe überzeugen und somit auf dem Rezipientenmarkt erfolgreich sein. Dies kann, muss aber nicht heißen, dass es auch auf dem Werbemarkt erfolgreich ist. Denkbar ist z. B. ein Magazin für eine bestimmte Gruppe innerhalb der Gesellschaft, die für die werbetreibende Industrie irrelevant ist. Medienunternehmen werden dann Schwierigkeiten haben, dieses Produkt zu finanzieren. Die **Anforderungen zweier Märkte** müssen also in einem Produkt realisiert werden, was z. B. für einen Zeitungsverlag bedeutet, die Anforderungen der Rezipienten nach objektiver und umfassender Berichterstattung mit denen der Werbekunden nach einer werberelevanten Zielgruppe und großer Verbreitung in Einklang bringen zu müssen (vgl. Wirtz 2006, S. 28).

Die Eigenschaft eines Produkts als Werbeträger hängt von verschiedenen Faktoren ab, wie von der **Periodizität**, einer definierbaren **Zielgruppe** und deren Eigenschaften, der Akzeptanz von **Werbung** und der finanziellen Auszahlung für die Werbekunden (vgl. Ludwig 2003, S. 201). Durch die Eigenschaft als Werbeträger findet eine Querfinanzierung statt, wodurch der Preis einer Einheit (der **Copypreis**) die Produktionskosten nicht decken muss.

Da die Eigenschaften als Werbeträger je nach Mediengattung extrem variieren, ist das Modell der Quersubventionierung durch Werbung nicht für alle Typen anwendbar. Während sich z. B. ein Buch allein aus dem Verkaufserlös finanzieren muss, setzt das Privatfernsehen (Free-TV) auf **Werbefinanzierung**. Unterschiede gibt es nicht nur bei verschiedenen Medienformen, sondern auch innerhalb einer Medienform: Die *Tageszeitung* (*taz*) hat traditionell einen sehr geringen Werbeanteil am Finanzierungsmodell, 90 Prozent der Erlöse stammen aus dem Vertrieb, nur 10 Prozent aus dem Werbemarkt. Dadurch wurde die *taz* weitaus weniger von der Anzeigenkrise 2001 und 2002 betroffen (Sjurts 2005, S. 109), als andere Zeitungen, die die Hälfte ihrer Erlöse oder mehr aus Anzeigen und Werbung realisieren.

Neben dieser Finanzierungsstrategie haben sich **Zusatzgeschäfte** herausgebildet (z.B. kostenpflichtige Anrufe in Fernsehsendungen), die mitunter beträchtliche Anteile an der Finanzierung einnehmen (im Beispiel bleibend: beim Fernsehsender *Neun Live* etwa).

Die Herstellungskosten für die erste Kopie eines Medienprodukts – ein Artikel, eine Fernsehsendung – werden als **First Copy Costs** bezeichnet. Dazu zählen die Kosten der Produktion sowie die anteiligen Kosten für Verwaltung und Marketing und branchenspezifisch Kosten für die Akquise von Werbung und für Lizenzierung. Egal, wie viele Zeitungen später verkauft werden, kostet ein Artikel immer die gleiche Summe Geld in der Bereitstellung der ersten Kopie (Urkopie). Diese Kosten fallen unabhängig von der späteren Anzahl an Konsumenten an. Medienprodukte haben somit eine ausgeprägte **Fixkostendominanz**, ein „absolut hohes Fixkostenniveau, ein hoher prozentualer Anteil an den Gesamtkosten" (Ludwig 2003, S. 200). Aufgeschlüsselt auf eine Produkteinheit (etwa eine Ausgabe des Magazins *Der Spiegel*) sind diese Kosten der Fixteil. Dieser Kostenblock aus Redaktion, Verlag und Vertrieb, der unabhängig von der Anzahl der verkauften Produkte immer entsteht, führt zu dem Effekt der Fixkostendegression. Je mehr Produkte abgesetzt werden, desto geringer werden die Stückkosten, da der Fixkostenanteil auf eine größere Anzahl Exemplare aufgeteilt wird. Dieser Effekt fällt bei einem hohen Fixkostenanteil, wie er in der Medienbranche existiert, dramatisch aus. „Der durchschnittliche Anteil der *First Copy Costs* an den Gesamtkosten der Medienproduktion liegt bei 52,9 Prozent, schwankt jedoch zwischen den einzelnen Mediengattungen sehr stark" (Wirtz 2006, S. 75). Bei der Zeitschrift *Der Spiegel* machen beispielsweise die Fixkosten sogar rund 77 Prozent aus.

Da die *First Copy Costs* in jedem Fall entstehen (irreversibel sind), auch wenn das Produkt später keinen Erfolg haben sollte, ist die Medienproduktion mit hohen Risiken behaftet – und die Zuordnung der Kosten auf das Medienprodukt zumindest schwierig. Man spricht deshalb bei den Kosten, die zur Erstellung der Urkopie anfallen, von **Sunk Costs** (Wirtz 2006, S. 35), von versunkenen Kosten.

> **Von der Druckerei an den Kiosk: Die Organisation des Pressevertriebs**
>
> Im Gegensatz zu Radio-, Fernseh- und Internetbeiträgen, die sich senden und empfangen lassen, müssen Zeitungen und Zeitschriften von den Verlagsdruckereien entweder zu ihren Abonnenten oder zu den Verkaufsstellen transportiert werden. Bei der Belieferung der Verkaufsstellen spielt in Deutschland der Pressegroßhandel eine zentrale Rolle. Er bezieht seine Ware von den Verlagen und liefert sie an den Einzelhandel. Mit rund 54 Prozent Marktanteil repräsentiert der Pressegroßhandel den dominierenden Vertriebskanal im Pressevertrieb.
>
> 74 Presse-Grossisten versorgen in Deutschland täglich rund 119.000 Presseverkaufsstellen als stationäre Verkaufsstellen oder ambulante Händler. Die medienpolitischen und wirtschaftlichen Interessen des Pressegroßhandels werden durch den Bundesverband Presse-Grosso mit Sitz in Köln vertreten, dem 60 Unternehmen angeschlossen sind. In 2007 betrug der Branchenumsatz rund 2,69 Milliarden Euro zu Abgabepreisen an den Einzelhandel. Die belieferten Einzelhandelsbetriebe gehören den unterschiedlichsten Geschäftsarten an – vom Kiosk über das Pressefachgeschäft bis hin zu dem Supermarkt und Discounter. Presse-Großvertriebe sind mittelständisch geprägte Unternehmen mit durchschnittlich 140 Beschäftigten. Sie handeln mit einem Sortiment von über 4.000 Titeln, das an einzelnen international geprägten Standorten bis zu 6.000 Titel umfassen kann. Der Pressegroßhandel zeichnet sich in der Ausübung seines aus Artikel 5 des Grundgesetzes abgeleiteten Auftrages, Pressefreiheit und Pressevielfalt zu gewährleisten, durch mehrere Charakteristika aus:

- **Alleinauslieferung:** Die Verlage haben die Vertriebsrechte ihrer Objekte jeweils für ein bestimmtes, von ihnen festgelegtes Territorium in der Regel einem Grossunternehmen in Alleinauslieferung übertragen.
- **Neutralität:** Das Presse-Grosso muss sowohl alle Verlage als auch alle durch ihn belieferten Einzelhändler prinzipiell gleich behandeln. Es stellt den freien Marktzutritt aller Anbieter sicher und sorgt für die Überallerhältlichkeit der Ware.
- **Remissionsrecht/Dispositionsrecht:** Als primärer Träger des Absatzrisikos kommt den Verlagen das originäre Dispositionsrecht zu. Mit der Übertragung der Vertriebsrechte auf den Grossisten entsteht für diesen ein abgeleitetes Dispositionsrecht gegenüber dem Einzelhandel. Korrespondierend damit geht das Rückgaberecht unverkaufter Exemplare gegen Verlagsgutschrift zum Einkaufspreis für beide Handelsstufen einher. Es bewirkt eine ausreichende Bevorratung über verkaufssichere Mengen hinaus, so dass keine Unterversorgung der Bevölkerung mit Informationen entsteht.
- **Preisbindung:** Die preisbindenden Verlage legen sowohl die Abgabepreise vom Groß- zum Einzelhandel fest, als auch die Endverkaufspreise zwischen Einzelhandel und Konsumenten. Die Preisbindung ist vor allem unter kultur- und informationspolitischen Aspekten bedeutsam. Presseprodukte sollen der Preisspekulation entzogen werden.
- **Gebiets- und Verwendungsbindung:** Der Grossist darf nur innerhalb der ihm vom Verlag vorgegebenen Grenzen an Einzelhändler vertreiben. Diese wiederum sind ihrerseits gebietsbezogen tätig und müssen die bundesweit vorgegebenen Erstverkaufstage der Presseerzeugnisse gegenüber den Endverbrauchern einhalten.

Für die bundesweite Belieferung aller Presse-Einzelhändler legen die Grosso-Auslieferungs-Fahrzeuge täglich etwa 357.000 km zurück, d. h. bei durchschnittlich etwa 300 Verkaufstagen rund 107 Millionen gefahrene Kilometer pro Jahr.

Die tägliche Auslieferung von Presseerzeugnissen unterliegt oftmals strengen zeitlichen Restriktionen. Eine Vielzahl von Tageszeitungen und aktueller Zeitschriften muss in hohen Stückzahlen in der Nacht binnen kürzester Zeit zu Sendungen für den Einzelhandel kommissioniert und anschließend noch vor Ladenöffnung zu den Kunden gebracht werden.

(Quelle: www.pressegrosso.de)

Diese hohen Kosten wirken als **Markteintrittsbarriere**, da ein Medienunternehmen einen gewissen Kapitalstock benötigt, um das Risiko einer Fehlkalkulation eingehen zu können (vgl. Grau/Hess 2007). Journalistinnen und Journalisten arbeiten daher insbesondere in Entwicklungsredaktionen unter einem großen ökonomischen Druck.

Wenn die variablen Kosten (oder auch Grenzkosten) bei der Produktion eines Medienprodukts, also z. B. die Kosten für eine zusätzliche Kopie einer Zeitschrift, vergleichsweise gering sind, „lassen sich in der Verwertung (…) umfangreiche **Economies of Scale** realisieren" (Wirtz 2006, S. 34). Je mehr Exemplare verkauft werden, desto geringer ist der Durchschnittspreis, und somit ist es für Medienunternehmen ökonomisch attraktiv, eine große Zielgruppe anzusprechen, um den Effekt der Fixkostendegression nutzen zu können.

Hieraus ergibt sich der Trend in großen Medienunternehmen, mit ihren journalistischen Produkten nicht ausschließlich eine Nische zu bedienen, sondern ein breites Publikum anzusprechen. „Die Angebotsqualität steht an zweiter Stelle" (Sjurts 2005, S. 14). Durch diesen Effekt und durch die weitere Verwertung einmal hergestellter Inhalte lassen sich – im Vergleich zu anderen Gütermärkten – unter Umständen deutlich höhere Gewinne erzielen.

Economies of Scope treten auf, wenn ein Unternehmen mit denselben Ressourcen mehrere verschiedene Produkte herstellt, auf den Medienbereich übertragen z. B. eine Redaktion, die Texte nicht nur für eine Zeitung produziert, sondern gleich für mehrere Zeitungen oder für das Online-Geschäft. Durch den Verbundeffekt lassen sich Kosten einsparen und Synergieeffekte ausnutzen. Journalistinnen und Journalisten müssen daher flexibel Inhalte für unterschiedliche Medien produzieren können.

Ein weiterer Größeneffekt entsteht im Mediensektor, wenn eine steigende Konsumentenzahl zu einem erweiterten Produkt führt. Beispielsweise kann eine Zeitschrift, die durch Leserzuwachs mehr Gewinn macht, in den Ausbau bestimmter Rubriken oder Special Interests investieren und wird so noch attraktiver und kann mehr Leser für sich gewinnen (vgl. Wirtz 2006, S. 37), z. B. *SZ Wissen* und *Focus Money*. Durch diese Netzwerkeffekte kommt es zur Konzentration auf Medienmärkten, die besonders von Werbung abhängig sind wie TV, Zeitschriften und Zeitungen. Dieser **Spiraleffekt** tritt auch zwischen Rezipienten- und Werbemarkt ein, wenn durch hohe Marktanteile auf dem Lesermarkt die Werbeerlöse überproportional steigen (vgl. Wirtz 2006, S. 37) und somit mehr Geld investiert werden kann, das die Leserschaft wiederum erweitert (Produktverbesserungen, Marketing, Abonnenten-Gewinnung). Somit bestärkt der Markt das Bestreben von Medienunternehmen, sich auf relevante Werbezielgruppen zu konzentrieren und dort eine hohe Reichweite zu erzielen.

Gebührenfinanzierung

Ausführliche Informationen zur Gebührenfinanzierung des öffentlich-rechtlichen Rundfunks und der aktuellen Verwendung der Gelder finden sich auf der Homepage der GEZ. Die Gebühreneinzugszentrale der öffentlich-rechtlichen Rundfunkanstalten ist eine Gemeinschaftseinrichtung der ARD-Landesrundfunkanstalten, des Zweiten Deutschen Fernsehen (ZDF) und des Deutschlandradio. Ihre Aufgabe besteht darin, die Rundfunkgebühren einzuziehen: www.gez.de

---

Medienprodukte können von den Rezipienten im Vorfeld nicht auf ihre Qualität hin untersucht werden, eine Bewertung des Nutzens kann erst nach der Rezeption der Informationen erfolgen. Bei Medienprodukten handelt es sich somit entweder um **Erfahrungs- oder Vertrauensgüter**. Der Journalismus muss daher durch schnell erfassbare Informationen in Form von Titelzeilen und Überschriften, Layoutstruktur und Bildauswahl versuchen, das Vertrauen der Käuferinnen und Käufer zu gewinnen. Im Gegensatz zu den Konsumenten ist Werbekunden durch die Bereitstellung von Marktforschungsergebnissen und Werbeträger-Analysen die Qualitätsbewertung von Mediengütern möglich. Für sie sind Medienprodukte daher Inspektionsgüter (vgl. Sjurts 2005, S. 10; Wirtz 2006, S. 32).

Jeder kann die Sendungen im Privatfernsehen einfach einschalten und nutzen. Außerdem nutzen sich die journalistischen Inhalte nicht ab, wenn mehr Rezipienten vor dem Fernsehgerät sitzen. Diese beiden Binsen stellen zwei typische Spezifika der Medienprodukte Fernsehen und Radio dar, die sie von anderen Konsumgütern maßgeblich unterscheiden. Das erste Merkmal ist das Kriterium der **Nichtausschließbarkeit im Konsum** (vgl. Sjurts 2005, S. 10). Bei frei zu empfangenem Rundfunk handelt es damit um ein öffentliches Gut. Da niemand an der Nutzung gehindert werden kann, kann dieses schlecht von einem Nutzungsentgelt abhängig sein und muss sich auf ein Erlösmodell mit Werbefinanzierung konzentrieren (Privatfernsehen), die politische Lösung der kollektiven Zwangsfinanzierung wählen (öffentlich-rechtlicher Rundfunk) oder technische Zugangsbeschränkungen (Verschlüsselung bei *Premiere*) einführen.

Das zweite Merkmal ist die **Nichtrivalität im Konsum**, die Tatsache, dass sich der Content eines Medienprodukts durch Konsum nicht abnutzt. Wie viele Zuschauer auch eine Fernsehsendung ansehen, es ändert nichts an der Sendung. Das Medium weist in der Regel keinen bzw. relativ geringfügige Gebrauchserscheinungen auf. Zeitungen können beispielsweise nur von einer bestimmten Anzahl Personen gleichzeitig gelesen werden, das Trägermedium nutzt sich mit der Zeit ab und nach einer bestimmten Zeit ist die Zeitung einfach nicht mehr aktuell.

Als **meritorische Güter** werden Produkte bezeichnet, deren Bereitstellung politisch und gesellschaftlich gewünscht ist, die aber unter normalen Marktbedingungen in einem zu geringen Maße nachgefragt würden bzw. die keinen der Produktion angemessenen Copypreis bei den Rezipienten erzielen können und die entstehende Lücke nicht über Werbung quer subventionieren können (Wirtz 2005, S. 31). Der Staat greift deswegen regulierend in den Medienmarkt ein und bedient sich verschiedener Instrumente, wie z. B. einer niedrigeren Umsatzsteuer auf Printprodukte. Aus dieser Überlegung heraus wurde auch das System des öffentlich-rechtlichen Rundfunks installiert, um eine Grundversorgung der Bevölkerung mit relevanten Informationen zu gewährleisten. Relevant in dem Sinne, dass das Funktionieren des politischen Systems informierte Staatsbürger voraussetzt.

Genauso greift der Staat regulierend ein, um gesellschaftlich unerwünschte Formen des Medienkonsums, demeritorische Güter, wie bestimmte TV-Sendungen, zu unterbinden (z. B. durch das Verbot jugendgefährdender Gewaltdarstellung) oder um Meinungsvielfalt zu sichern (z. B. durch das kartellrechtliche Verbot von Monopolstrukturen).

2.2 Medienmärkte und ihre Anbieter

Der deutsche Medienmarkt wird im Wesentlichen von wenigen Medieninstitutionen wie Verlagen und Rundfunkanstalten dominiert. Im Folgenden werden die wichtigsten Marktsegmente mit ihren jeweiligen Besonderheiten und ihren Marktführern sowie den aktuellen Strategien von Zeitungen, Zeitschriften, Radio, Fernsehen und Internet vorgestellt. Am Anfang eines jeden Unterkapitels findet sich jeweils ein Literaturüberblick mit Publikationen zu dem vorgestellten Marktsegment. In Ergänzung dazu empfiehlt sich die Lektüre der Gesamtdarstellungen des deutschen Medienmarkts vom Hamburger Hans-Bredow-Institut für Medienforschung (2006), von Wolfram Schrag (2007), Gerd Kopper (2006) und Hermann Meyn (2004).

2.2.1 Zeitungen

> **Literatur zum Verständnis des Zeitungsmarkts**
>
> - Bundesverband Deutscher Zeitungsverleger (2008) (Hrsg.). Zeitungen 2008. Berlin, ZV Zeitungs-Verlag.
> - Haas, M. (2005). „Die geschenkte Zeitung". Bestandsaufnahme und Studien zu einem neuen Pressetyp in Europa. Berlin, LIT.
> - Heinrich, J. (1994). Medienökonomie. Band 1. Mediensystem, Zeitung, Zeitschrift, Anzeigenblatt. Opladen, Westdeutscher.
> - Meyer, P. (2004). The Vanishing Newspaper. Saving Journalism in the Information Age. Columbia, University of Missouri Press.
> - Pürer, H. und J. Raabe (1996). Medien in Deutschland. Band 1. Presse. Konstanz, UVK.
> - Rager, G., K. Graf-Szczuka, G. Hassemer und S. Süper (2006) (Hrsg.). Zeitungsjournalismus. Empirische Leserschaftsforschung. Konstanz, UVK.
> - Schulze, V. (2001). Die Zeitung. Ein medienkundlicher Leitfaden. Aachen, Hahner.
> - Weichert, S. A., L. Kramp und H.-J. Jakobs (2009) (Hrsg.). Wozu noch Zeitungen? Wie das Internet die Presse revolutioniert. Göttingen, Vandenhoeck & Ruprecht.
> - Welke, M. und J. Wilke (2007) (Hrsg.). 400 Jahre Zeitung. Die Geschichte der Tagespresse im internationalen Kontext. Bremen, Edition lumière.

Der Zeitungsmarkt lässt sich hinsichtlich der **Erscheinungsweise** seiner Publikationen (Tageszeitungen, Wochenzeitungen, Sonntagszeitungen), seiner **Verbreitungsgebiete** (lokale, regionale und überregionale Zeitungen) sowie der Unterscheidung der **Distribution** in Straßenverkaufs- und Abonnementzeitungen strukturieren. Die typischen Straßenverkaufszeitungen sind die Boulevardblätter wie *Bild* oder *Kölner Express*. Klassische **Abonnementszeitungen** mit regionaler Verbreitung sind der *Mannheimer Morgen* und die *Stuttgarter Nachrichten*, sowie mit überregionaler Verbreitung die *Frankfurter Allgemeine Zeitung* und die *Süddeutsche Zeitung* (vgl. Wirtz 2005, S. 179).

Nach Angaben des Bundesverbands Deutscher Zeitungsverleger (BDZV 2007) erscheinen in Deutschland **352 Tageszeitungen** mit 1.524 lokalen Ausgaben in einer Gesamtauflage von 20,8 Millionen Exemplaren. Daneben kommen **27 Wochenzeitungen** mit knapp zwei Millionen Exemplaren und **sieben Sonntagszeitungen** mit einer Auflage von 3,7 Millionen heraus. Damit kommen auf je 1.000 Einwohner über 14 Jahre in Deutschland rund 302 Zeitungsexemplare.

Ein umfassender Überblick über die Situation der Tagespresse in Deutschland wird regelmäßig von Walter J. Schütz in der Fachzeitschrift *Media Perspektiven* veröffentlicht. Seine Ergebnisse zu den Veränderungen auf dem Zeitungsmarkt sind auch im Internet abrufbar

2. Die Medieninstitutionen

(www.media-perspektiven.de). Die **auflagenstärksten deutschen Zeitungen** sind *Bild* mit mehr als 3,3 Millionen Käuferinnen und Käufern pro Verkaufstag und *Bild am Sonntag* mit einer verkauften Auflage von rund 1,7 Millionen Exemplaren. Ihnen folgen Titel mit einer verkauften Auflage unterhalb der Million wie die *WAZ*-Mediengruppe, *Hannoversche Allgemeine, Die Zeit, Süddeutsche Zeitung, Welt am Sonntag* und andere *Welt*-Titel, *Rheinische Post* und *Frankfurter Allgemeine Zeitung* (vgl. Tabelle 4).

Der **Marktzutritt** ist im Gegensatz zu Ländern wie z. B. China rein rechtlich gesehen ohne weiteres möglich, Marktzutrittschancen existieren im Marktsegment der Tageszeitungen „jedoch seit mehr als dreißig Jahren fast gar nicht mehr" (Weischenberg 2004, S. 260). Die Gründung einer neuen Zeitung ist selten erfolgreich. Die Anzeigen-Auflagen-Spirale führt zu einem Vorsprung des Erstanbieters auf dem Markt, der den Eintritt eines Konkurrenten zu einem späteren Zeitpunkt extrem schwierig macht, mitunter ist der Vorsprung „uneinholbar" (Weischenberg 2004, S. 261). Entsprechend zeigt sich das Bild der **Lokal- und Regionalpresse** in Deutschland: Die Zeitungsdichte in Deutschland betrug im Jahr 2004 (1985) im Durchschnitt 1,5 (1,7) Zeitungen auf 439 (328) kreisfreie Städte, wobei in 58,3 Prozent (47,9 Prozent) der Städte nur eine Tageszeitung existierte: die sogenannten **Ein-Zeitungs-Kreise** (Sjurts 2005, S. 30).

Rang	Titel	Verkaufte Auflage
1	Bild	3.326.202
2	Bild am Sonntag*	1.680.196
3	WAZ**	874.822
4	Hannoversche Allgemeine	563.846
5	Die Zeit	485.223
6	Süddeutsche Zeitung	450.201
7	Welt am Sonntag*	404.291
8	Rheinische Post	391.071
9	Frankfurter Allgemeine Zeitung	368.671
10	Frankfurter Allgemeine Sonntagszeitung*	325.924

* Erscheint am Sonntag
** Verkaufte Gesamtauflage der WAZ-Mediengruppe (davon ca. 550.000 verkaufte Auflage der Westdeutsche Allgemeine)

Tabelle 4: Top Ten der auflagenstärksten deutschen Zeitungen (Quelle: IVW, verkaufte Auflage im ersten Quartal 2008, Montag bis Samstag)

Weischenberg (2004, S. 260) zählt als Ausnahmen vier nennenswerte **Zeitungsgründungen**: die Boulevardblätter *Express* und *tz*, die von Großverlagen herausgebracht wurden; den regionalen *Maintal-Tagesanzeiger*, der infolge der Umwandlung von drei hessischen Gemeinden zu einer neuen Stadt (Maintal) entstand; sowie die von Initiativgruppen der Alternativbewegung als Antwort auf die etablierte bürgerliche Presse gegründete *Tageszeitung* (siehe Sjurts 2005, S. 103). Die im Jahr 2000 gegründete *Financial Times Deutschland* wird aufgrund ihrer wirtschaftlichen Ausrichtung genau wie das *Handelsblatt* nicht zu den (überregionalen) Tageszeitungen gezählt. Hinzugezählt werden muss hingegen die im

Jahr 2004 gegründete *Welt kompakt*, die ihre Inhalte größtenteils aus der *Welt* bezieht und in verschiedenen Ballungsgebieten im Straßenverkauf oder als Abonnement erhältlich ist.

Die deutschen Tageszeitungen kämpfen damit, junge Leser als Konsumenten zu gewinnen. Dementsprechend ist vor allem bei Abo-Zeitungen die **Auflagenentwicklung** seit 1993 rückläufig (vgl. Abbildung 4) und die **Reichweite** in der erwachsenen Bevölkerung ist von 70 Prozent in den 1970er und 1980er Jahren auf 54 Prozent im Jahr 2000 gesunken (Sjurts 2005, S. 35). Dies führt zu einer weiteren Verschärfung des Wettbewerbs am Rezipientenmarkt und einer weiter sinkenden Auflage (Meyer (2004).

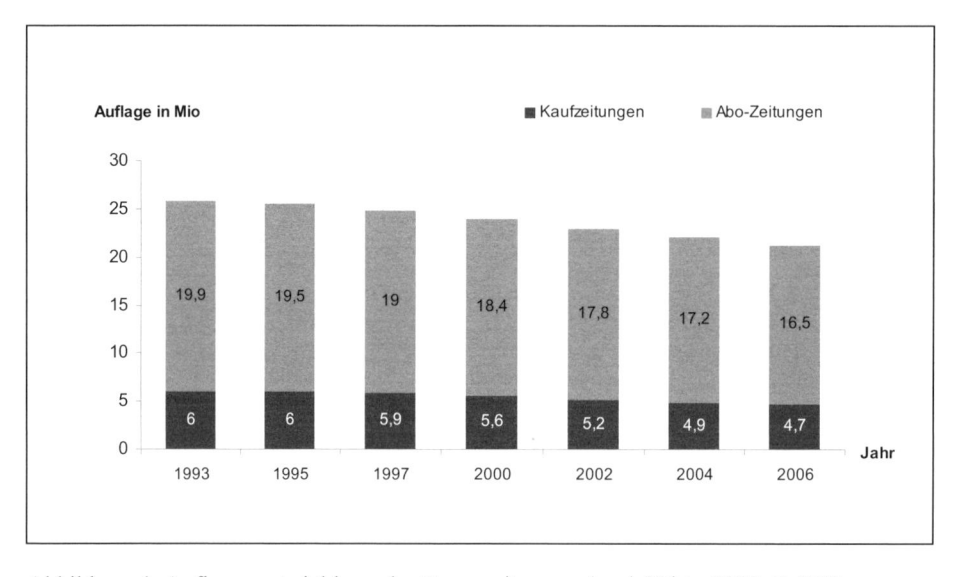

Abbildung 4: Auflagenentwicklung der Tageszeitungen (nach Wirtz 2005, S. 170)

Die Tageszeitungen sind mit **Stagnationstendenzen** am Anzeigenmarkt konfrontiert (Sjurts 2005, S. 36). Gründe hierfür sind eine langsame Verlagerung der Werbegelder ins Internet und das geänderte Nutzungsverhalten junger Zielgruppen, die nur selten Zeitung lesen. Vor allem das Abwandern von Stellen-, Immobilien- und Kfz-Anzeigen ins Internet bereitet den Zeitungen Probleme und lässt die klassische Kalkulation aus einem Drittel Vertriebseinnahmen und zwei Dritteln aus Anzeigeneinnahmen nicht mehr aufgehen (vgl. Weischenberg 2004, S. 253). Während lokale und regionale Werbung noch nicht richtig im Internet funktioniert, müssen gerade die überregionalen Zeitungen mit Verlusten im Bereich Stellen- und Immobilienanzeigen zurechtkommen.

Um die Verluste auf dem Werbe- und Rezipientenmarkt auszugleichen, bemühen sich die Zeitungsverlage um die **Diversifikation** ihres Angebots. Im März 2004 startete die *Süddeutsche Zeitung* eine eigene, damals strittig diskutierte Buchreihe, die *SZ-Bibliothek* (Sjurts 2005, S. 45). Inzwischen haben nahezu alle Verlage der überregionalen Tagespresse diverse Buch-, CD- und DVD-Editionen auf den Markt gebracht, darunter die *Bild* Bestseller Bibliothek, Das große *Welt*-Lexikon, die *FTD*-Bibliothek und die *FAZ*-Edition. Auch die Wochenpublikationen *Der Spiegel* und *Die Zeit* bieten eigene Editionen an. Kritiker werfen den Verlagen vor, mit der Bewerbung der Nebengeschäfte im redaktionellen Teil ihrer Medienprodukte die Reputation ihrer Medienmarken aufs Spiel zu setzen: „Bemerkenswert auch, mit welcher Nonchalance Qualitätstageszeitungen ihre Nebengeschäfte mit CDs und DVDs im redaktionellen Teil bewerben. So wird nicht selten mittelmäßige Ware kulturjournalistisch geadelt" (Weischenberg 2007).

Durch die Weiterentwicklung ihrer klassischen Produktsparten versuchen Verlage, neue Leserkreise zu erschließen. Aktuell ist der Trend zum **Tabloid**, die Umstellung des Zeitungsformats von klassischen Großformaten (wie dem nordischen Format und *Broadsheet*), in dem etwa *Süddeutsche Zeitung* und *Frankfurter Allgemeine Zeitung* erscheinen, auf das handlichere Tabloid-Format. In Großbritannien erregte die Umstellung des *Independent* im Jahr 2003 für Aufsehen. Da die Auflage um 30 Prozent stieg, folgten weitere Zeitungen wie *The Guardian* (Bucher und Schumacher 2007, S. 514; Grimberg 2007). Das *Wall Street Journal* schrumpfte 2006 seine Asien- und Europa-Ausgabe und auch die *New York Times* erscheint seit 2008 in einem kleineren Format. Erste empirische Studien weisen darauf hin, dass das Tabloid-Format leserfreundlicher ist und die journalistische Qualität der Zeitung unter einem kleineren Format nicht leidet (Bucher und Schumacher 2007, S. 528). In Deutschland erscheinen seit 2004 die *Welt kompakt* und der Ableger des *Kölner Stadt-Anzeigers Direct* sowie seit 2007 die *Frankfurter Rundschau* als Tabloid und die *taz* in einer etwas größeren Tabloid-Variante namens Berliner Format.

Eine weitere Produktentwicklung wurde bis auf weiteres aus dem deutschen Zeitungsmarkt verdrängt: die **Gratiszeitung**. Seit dem Start der schwedischen Gratiszeitung *Metro* 1995 haben sich in den Ballungsgebieten zahlreicher europäischer Länder (Schweden, Norwegen, Niederlande, Frankreich, Spanien, Schweiz, Großbritannien, Italien, Russland) Gratis- oder Pendlerzeitungen als gewohntes Bild etabliert. Die kostenlosen Blätter im Tabloid-Format werden üblicherweise an Bahnhöfen und zentralen Knotenpunkten kostenlos ausgelegt. Sie erreichen ein junges Publikum mit hohem weiblichem Anteil, das von den traditionellen Zeitungen selten erreicht wird (Vogel 2001, S. 584). Der Versuch des norwegischen Medienunternehmens Schibsted, Ende 1999 auch in Köln die Gratiszeitung *20 Minuten* zu etablieren, führte zum sogenannten „Kölner Zeitungskrieg" (Vogel 2001). Binnen kurzer Zeit gründeten der Axel-Springer-Verlag *Köln Extra* und das Verlagshaus M. DuMont Schauberg den *Kölner Morgen* als Abwehrblätter, um den Norwegern die Akquise von Anzeigen zu erschweren und die Preise zu drücken. Gleichzeitig wurde versucht, juristisch gegen die Gratiszeitungen vorzugehen, unter dem Hinweis auf unlauteren Wettbewerb. Die juristische Intervention blieb erfolglos, dafür gelang die ökonomische: *20 Minuten* musste 2001 aufgeben, in den darauf folgenden Tagen wurden auch die Abwehrblätter wieder eingestellt.

Aktuelle Daten zum Zeitungsmarkt

Der Bundesverband Deutscher Zeitungsverleger (BDZV) veröffentlicht regelmäßig die aktuellen Daten zum deutschen Zeitungsmarkt auf seiner Internetseite www.bdzv.de.

Weitere Versuche, Gratiszeitungen in Deutschland (u. a. in Hamburg und Berlin) zu etablieren, wurden ebenfalls von den eingesessenen Großverlagen abgewehrt. Da Medienunternehmen in Europa mit Gratiszeitungen gute Erfahrungen machen und diese als eigenständige Werbeträger mit eigenen Qualitäten (reichweitenstarke Direktwerbung bei jungem, mobilem Publikum) begreifen, scheint es fraglich, ob sich der deutsche Pressemarkt dieser Entwicklung dauerhaft entziehen kann (Vogel 2001, S. 584).

Eine weitere wichtige Gewinnmaximierungsstrategie der Zeitungen ist die **Markterweiterung**. Zeitungsverlage setzen verstärkt auf den Sonntag als zusätzlichen Erscheinungstag. Im Gegensatz zu Wochentagen werden die Anzeigen am Sonntag mehr beachtet (Sjurts 2005, S. 42). Mit der *Bild am Sonntag* und der *Welt am Sonntag* besaß der Axel-Springer-Verlag bis zum Herbst 2001 ein Quasimonopol, das durch den Markteintritt der *Frankfurter Allgemeinen Sonntagszeitung* gebrochen wurde. Dazu musste die *FAS* aber zunächst einen eigenen Vertrieb aufbauen (Sjurts 2005, S. 42), was ihr gelang: Die *Welt am Sonntag* hat eine verkaufte Auflage nach IVW (2. Quartal 2007) von 404.343 Exemplaren, die *FAS* kommt auf 322.521 Exemplare. Verschiedene Regionalzeitungen haben mittlerweile auch eine siebte Ausgabe, so etwa der *Tagesspiegel* in Berlin, die *Lübecker Nachrichten* oder die *Dresdner Morgenpost*.

2.2.2 Zeitschriften

Literatur zum Verständnis des Zeitschriftenmarkts

- American Society of Magazine Editors (2008).The Best American Magazine Writing 2008. New York, Columbia University Press.
- Heinrich, J. (1994). Medienökonomie. Band 1. Mediensystem, Zeitung, Zeitschrift, Anzeigenblatt. Opladen, Westdeutscher.
- Johnson, S. und P. Prijatel (2006). The Magazine from Cover to Cover. New York, Oxford University Press USA.
- Klaffke, K. und M. Riedl-Klaffke (2008). VDZ Vertriebslexikon. Know-how für den Zeitschriftenvertrieb. Berlin, VDZ Zeitschriften Akademie.
- Losowsky, E. (2007) (Hrsg.). We love Magazines. Berlin, Die Gestalten Verlag.
- Menhard, E. und T. Treede (2004). Die Zeitschrift. Von der Idee bis zur Vermarktung. Konstanz, UVK.
- Morrish, J. (2003). Magazine Editing. How to Develop and Manage a Successful Publication. London, New York, Routledge.
- Pürer, H. und J. Raabe (1996). Medien in Deutschland. Band 1. Presse. Konstanz, UVK.
- Ruberg, M. (2004) (Hrsg.). Writer's Digest Handbook of Magazine Article Writing. Cincinnati, Writer's Digest Book.
- Wolf, V. (2006). ABC des Zeitungs- und Zeitschriftenjournalismus. Konstanz, UVK.
- Zimmermann, C. und M. Schmeling (2006) (Hrsg.). Die Zeitschrift. Medium der Moderne: Deutschland und Frankreich im Vergleich. Bielefeld, Transcript.

„Als Zeitschriften werden gemeinhin jene periodisch erscheinenden Druckschriften mit kontinuierlicher Stoffdarbietung bezeichnet, die mit der Absicht zeitlich unbegrenzten Erscheinens mindestens viermal jährlich herausgegeben werden" (Sjurts 2005, S. 120). Unterschieden wird zwischen allgemeinen **Publikumszeitschriften** und **Fachzeitschriften**, die sich mit beruflich oder wissenschaftlich relevantem Inhalt befassen und deren Zielgruppe sich professionell für das Thema interessiert: Diese Fachmedien dienen laut Definition des Verbands Deutscher Zeitschriftenverleger (VDZ 2007) „der beruflichen Information und der Fortbildung eindeutig definierbarer, nach fachlichen Kriterien abgrenzbarer B2B-Zielgruppen". Die Publikumszeitschriften hingegen bieten Informationen und Unterhaltung für ein breites Rezipientenpublikum (Sjurts 2005, S. 120). Hier kann wiederum unterschieden werden zwischen **General-Interest-Zeitschriften**, wie z. B. *Stern*, Zielgruppenzeitschriften für die Lesebedürfnisse bestimmter Bevölkerungsgruppen, wie Frauenzeitschriften, Männermagazine oder Sportillustrierte, sowie **Special-Interest-Zeitschriften**, die ein inhaltlich abgegrenztes Sachgebiet behandeln, wie z. B. die Anglerzeitschrift *Fisch & Fang*.

Die reichweitenstärksten deutschen Zeitschriftentitel sind (vgl. Tabelle 5): ADAC Motorwelt, Stern und TV Spielfilm gefolgt von Der Spiegel, TV Movie, tv 14, Bild der Frau, Focus, Hörzu und Computer Bild.

Rang	Angebot	Reichweite in Prozent	Reichweite in Mio. Lesern
1	ADAC Motorwelt	28,8	18,65
2	Stern	11,5	7,42
3	TV Spielfilm	10,1	6,52
4	Der Spiegel	9,4	6,08
5	TV Movie	9,3	6,05
6	tv14	9,0	5,83
7	Bild der Frau	8,8	5,73
8	Focus	8,7	5,62
9	Hörzu	6,8	4,38
10	Computer Bild	6,4	4,14

Tabelle 5: Top Ten der reichweitenstärksten deutschen Zeitschriften Quelle: ma 2008 Pressemedien I

Ausgehend von den Marktanteilen der vier größten Verlage der Publikumspresse lässt sich eine **Konzentration** auf dem Rezipientenmarkt feststellen (Sjurts 2005, S. 122). Der Marktanteil von Gruner + Jahr, Burda, Axel Springer und Bauer betrug im Jahr 2004 58 Prozent. Diese Dominanz spiegelt sich auch im Werbemarkt wider, so dass von einem Angebotsoligopol gesprochen werden kann (Sjurts 2005, S. 122).

Zutrittsbarrieren zum Zeitschriftenmarkt existieren, wie schon bei den Zeitungen, nicht auf institutioneller Ebene, sondern auf struktureller Ebene: Durch hohe **First Copy Costs** und die **Anzeigen-Auflagen-Spirale** haben die etablierten Anbieter einen Wettbewerbsvorteil. Auch versuchen Zeitschriftenverlage den Marktzutritt neuer Konkurrenten zu verhindern, indem sie selber strategisch aktiv werden und mittels **Produktdifferenzierung** und **Imagetransfer** neue Medienprodukte entwickeln. Dadurch ist „im Zeitschriftenmarkt von äußerst hohen Marktzutrittsschranken auszugehen" (Sjurts 2005, S. 125).

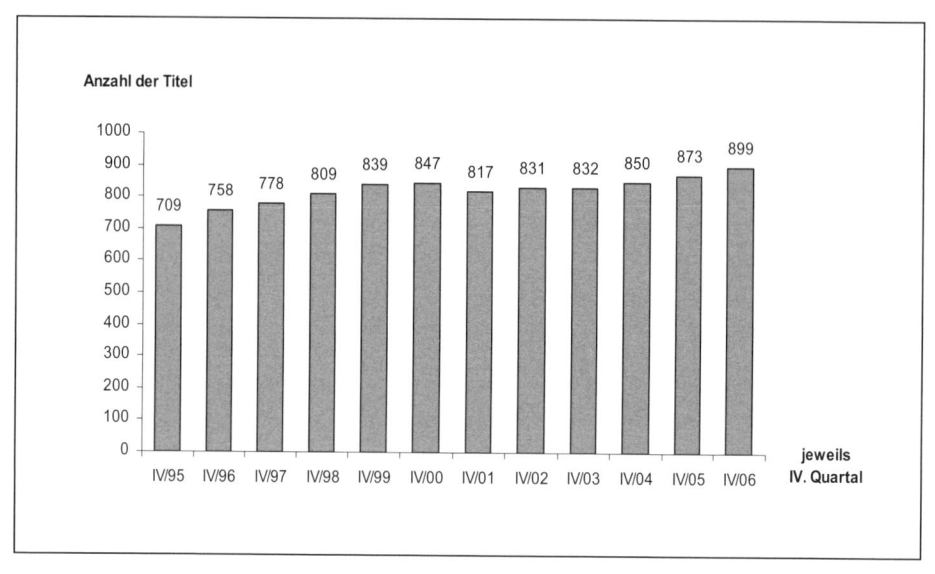

Abbildung 5: Titelentwicklung der IVW angeschlossenen Publikumszeitschriften (VDZ 2006)

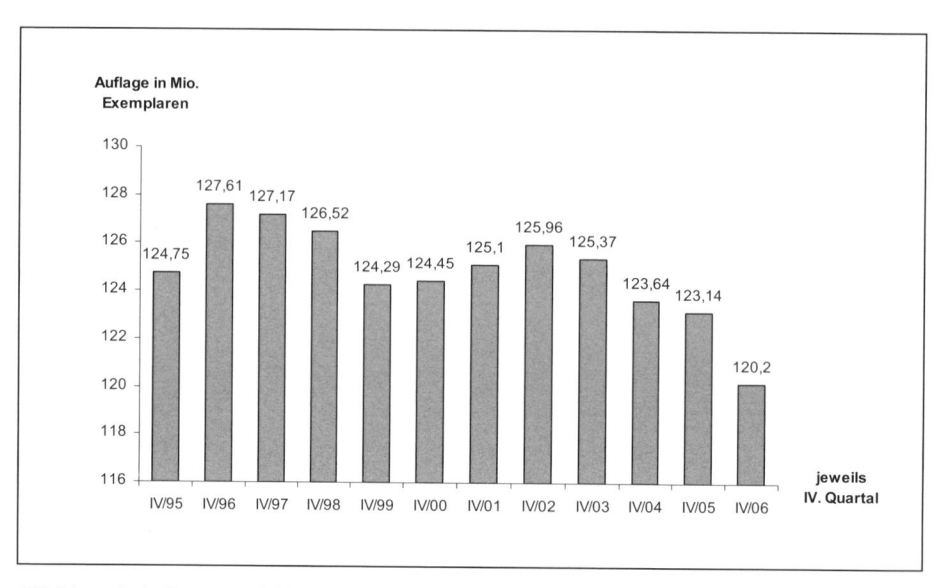

Abbildung 6: Auflagenentwicklung Publikumszeitschriften (VDZ 2006)

Im Vergleich der Abbildungen 5 und 6 lässt sich erkennen, dass die durchschnittliche **Auflage** bei den Publikumszeitschriften kontinuierlich gesunken ist (Sjurts 2005, S. 125), während gleichzeitig die Anzahl der verfügbaren **Titel auf dem Zeitschriftenmarkt** wächst. Die Verlage versuchen, die Auflagenverluste durch Ausdifferenzierung und die Besetzung von Nischen wettzumachen. Die Strategie hierbei liegt auf **Line Extensions** bestehender Titel (z. B. *Stern* und *Stern Gesundheit*), bei denen der Markteintritt mit weniger Risiko behaftet ist als bei einem komplett neuen Titel.

Auf dem Zeitschriftenmarkt haben sich „große Cluster jeweils recht ähnlicher Titel herausgebildet" (Sjurts 2005, S. 134), so z. B. im Markt der Programmzeitschriften mit Titeln wie *TV Today*, *TV Spielfilm* und *TV Movie* sowie im Segment der Frauenmagazine mit Titeln wie *prima*, *Maxi* und *Verena*. Wettbewerb findet hier vor allem über den Preis statt. Seit der Gründung der *Line Extension* von *Geo* 2004 als *Geo Wissen* zogen andere Verlage nach, so dass heute ein **Special-Interest-Cluster** aus verschiedenen Zeitschriften mit ähnlichen Inhalten existiert – von *Geo Wissen*, *Zeit Wissen*, *Süddeutsche Wissen*, *Technology Review* bis hin zu *Galileo* und *Welt der Wunder* (Sjurts 2005, S. 133).

Aktuelle Daten zum Zeitschriftenmarkt

Der Verband Deutscher Zeitschriftenverleger (VDZ) veröffentlicht regelmäßig die aktuellen Daten zum deutschen Zeitschriftenmarkt auf seiner Internetseite www.vdz.de.

2.2.3 Radio

Literatur zum Verständnis des Hörfunkmarkts

- Arnold, B.-P. und H. Verres (1989). Radio. Macher, Mechanismen, Mission. München, TR-Verlagsunion.
- Dammann, C. (2005). Stimme aus dem Äther – Fenster zur Welt. Die Anfänge von Radio und Fernsehen in Deutschland. Wien, Köln, Weimar, Böhlau.
- Hagen, W. (2005). Das Radio. Zur Geschichte und Theorie des Hörfunks – Deutschland/USA. München, Wilhelm Fink.
- Häusermann, J. (1998). Radio. Grundlagen der Medienkommunikation. Tübingen, Niemeyer.
- Heinrich, J. (1999). Medienökonomie. Band 2. Hörfunk und Fernsehen. Wiesbaden, Westdeutscher.
- Ketterer, R. (2003). Funken, Wellen, Radio. Zur Einführung eines technischen Konsumartikel durch die deutsche Rundfunkindustrie 1923-1939. Berlin, Vistas.
- Lersch, E. und H. Schanze (2004) (Hrsg.). Die Idee des Radios. Von den Anfängen in Europa und den USA bis 1933. Konstanz, UVK.
- Marchal, P. (2004). Kultur- und Programmgeschichte des öffentlich-rechtlichen Hörfunks in der Bundesrepublik Deutschland. Ein Handbuch (2 Bände). München, Kopaed.
- Meyer, J.-U. (2007). Radio-Strategie. Konstanz, UVK.
- Müller, D. K. und E. Raff (2007) (Hrsg.). Praxiswissen Radio. Wie Radio gemacht wird – und wie Radiowerbung anmacht. Wiesbaden, VS Verlag für Sozialwissenschaften.

- Paukens, H. und U. Wienken (2004) (Hrsg.). Handbuch Lokalradio. Auf Augenhöhe mit dem Hörer. München, Reinhard Fischer.
- Schramm, H. (2008) (Hrsg.). Musik im Radio. Rahmenbedingungen, Konzeption, Gestaltung. Wiesbaden, VS Verlag für Sozialwissenschaften.
- Stuiber, H.-W. (1998). Medien in Deutschland. Band 2. Rundfunk. Konstanz, UVK.
- Sturm, R. und J. Zirbik (1996). Die Radio-Station. Ein Leitfaden für den privaten Hörfunk. Konstanz, UVK.
- Verband Privater Rundfunk und Telemedien e. V. (2006) (Hrsg.). Hörfunk in Deutschland. Rahmenbedingungen und Wettbewerbssituation. Bestandsaufnahme 2006. Berlin, Vistas.
- Vogel, K. A. und U. Wienken (2009) (Hrsg.). Qualitätsmodelle im Hörfunk. Mehr als Quoten und Formate. Baden-Baden, Nomos.

Der Hörfunkmarkt in Deutschland ist aufgrund der **dualen Rundfunkordnung** durch die Koexistenz von **öffentlich-rechtlichem und privatem Hörfunk** gekennzeichnet (vgl. Wirtz 2006, S. 405). Vor allem institutionelle Markteintrittsbarrieren haben ihn geprägt. Die Sendefrequenzen im gängigen UKW-Band sind begrenzt und voll belegt (ebd., S. 411), neue Sender haben kaum Chancen auf landesweite Frequenzen, die sie für eine Finanzierung über Werbeeinnahmen jedoch dringend benötigen. Die Lizenzierung eines Radioprogramms durch die jeweils zuständige Landesmedienanstalt soll außerdem eine gewisse Produktvielfalt und einen Informationsanteil garantieren.

Die reichweitenstärksten deutschen Radiosender sind Antenne Bayern und SWR3 gefolgt von 1Live, WDR 4, Bayern 1, WDR 2, SWR4 BW, Hit Radio FFH, NDR 2 und Bayern 3 (vgl. Tabelle 6).

Für das Jahr 2004 werden **273 Radiosender** verzeichnet, von denen **64 öffentlich-rechtlich** sind. 61 private Radiosender sind bundes- und landesweit zu empfangen, 148 lokal oder regional (Sjurts 2005, S. 223). Die Konzentration im Radiomarkt kann aber durch diese absoluten Zahlen nicht dargestellt werden, da der Rundfunkmarkt aufgrund der Zuständigkeit der Bundesländer in verschiedene lokale Märkte zerfällt. „Betrachtet man die landesweiten Hörfunkmärkte, so wurden hier 2001 im Durchschnitt fünf öffentlich-rechtliche Programme sowie ein bis drei private Landessender ausgestrahlt" (Wirtz 2006, S. 409). Schon vor der Marktöffnung für private Radiosender Mitte der 1980er Jahre vollzog sich der Wandel von „überwiegend informationsorientierten und wortbasierten Programmen" hin zu mehr Unterhaltung, wodurch das Radio zu einem **Tagesbegleitmedium** wurde (Sjurts 2005, S. 235).

Etwa die Hälfte der erwachsenen Bevölkerung hört vor allem morgens beim Frühstück oder auch bei der Fahrt zur Arbeit Radio (vgl. Abbildung 7). Im Durchschnitt wird Radio **196 Minuten am Tag** genutzt und ist nach wie vor das am meisten in Anspruch genommene Begleitmedium der Deutschen (Wirtz 2006, S. 416).

Rang	Angebot	Reichweite in Mio. Hörer
1	Antenne Bayern	0,956
2	SWR3	0,918
3	1Live	0,782
4	WDR 4	0,781
5	Bayern 1	0,748
6	WDR 2	0,678
7	SWR4 BW	0,628
8	Hit Radio FFH	0,614
9	NDR 2	0,583
10	Bayern 3	0,562

Reichweite netto Durchschnittsstunde 6-18 Uhr, Höreralter 14+;
Anmerkung: Radio NRW kommt auf eine Reichweite von 1,332 Millionen Hörern und ist in der Tabelle nicht aufgeführt, da es sich um den Zusammenschluss von 45 Lokalsendern handelt.

Tabelle 6: Top Ten der reichweitenstärksten deutschen Radiosender (Quelle: ma 2008 Radio I)

Auf dem Werbemarkt hat sich nach einer Phase der Stagnation Mitte der 1990er Jahre und erheblichen Umsatzrückgängen 2002 und 2003 der Abwärtstrend abgeschwächt (Sjurts 2005, S. 233). Der Großteil, 85 Prozent der Radiosender, orientiert sich an einer möglichst großen Zielgruppe von 14- bis 49-Jährigen und sendet ein Mainstream-Format (mit der sogenannten Musikrichtung **Adult Contemporary**).

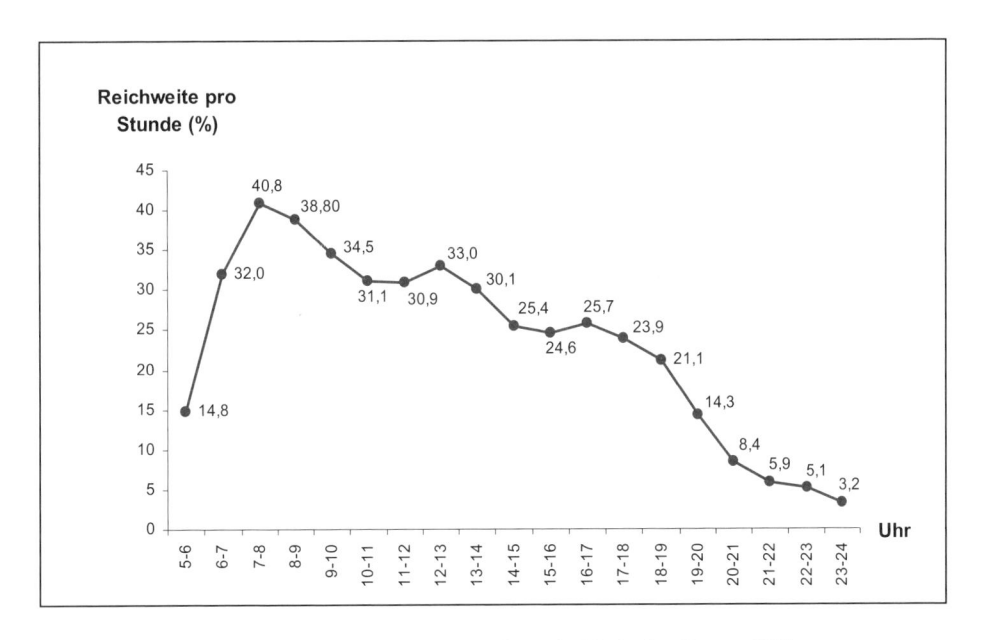

Abbildung 7: Nutzung von Hörfunk im Tagesverlauf (Radio-Marketing-Service 2007, Datenquelle: ma 2007 Radio II Hörer gestern, Radio gesamt, Mo.-Fr., ZG Gesamt)

Marktforschung ergab, dass Zuhörer **Wortbeiträge** im Hörfunk allgemein als störend empfinden, somit richteten sich die Privatsender konsequent auf leichte Hörbarkeit aus, um breite Hörerkreise zu erreichen (Sjurts 2005, S. 237). Damit einher geht die Formatierung des Radios nach amerikanischem Vorbild, die Ausrichtung auf eine bestimmte **Musikfarbe** und die Strukturierung des Programms in **Stundenuhren**, in denen die immer gleiche Abfolge von Musik, Werbung, Wortbeiträgen und Sendererkennungselementen (Jingles, Trailer, Senderkennung, Soundbeds) festgelegt ist (Sjurts 2005, S. 237). Der Musikpool stützt sich dabei auf eine Auswahl regelmäßig mittels Marktforschung getesteter Lieder, die nach einem bestimmten Schema abgespielt werden, so dass die sogenannten aktuellen **Best Tester** am häufigsten gespielt werden. Journalistische Informationsangebote spielen gemessen an den Reichweiten der Sender eine zunehmend untergeordnete Rolle.

Radiosender schließen sich zu **Werbekombinationen** (die großen deutschen Radiovermarkter sind RMS und ASS) zusammen, um im Verbund mit anderen Sendern Werbekunden attraktive Angebote und Reichweiten von entsprechender Größe bieten können. Vermarktet werden dann Pakete, mit denen beispielsweise in ganz Norddeutschland Jugendliche erreicht werden können – das ist für Werbekunden interessanter, als bei einer großen Anzahl Radiosender einzeln entsprechende Werbezeiten zu buchen. Rückgänge im Werbemarkt haben die Radiosender seit Anfang des 21. Jahrhunderts zur Senkung der Produktionskosten gezwungen. Realisiert wurden Einsparungen vor allem auf Kosten des Radiojournalismus – durch das Vorproduzieren von Moderationsstrecken, Einsparung bei Moderatoren und freien Mitarbeitern und dem Zukauf von kostenintensiven Inhalten wie Nachrichten als Mantelteil. Außerdem werden **Zusatzerlöse** durch Call-ins, kostenpflichtige Telefonanrufe, verstärkt als Erlösquelle genutzt (Sjurts 2005, S. 239).

Auch vor dem Radio macht die **Digitalisierung** der Medien nicht halt. Beim Hörfunk findet sie auf zwei verschiedenen Kanälen statt, zum einen über das Internet und zum anderen über neue Standards der herkömmlichen Übertragung über Terrestrik oder Satellit. Das sogenannte **Digital Audio Broadcasting** konnte sich in Deutschland bislang nicht durchsetzen. „Obwohl DAB mittlerweile schon auf 70 Prozent der Fläche Deutschlands zu empfangen ist, haben Hörfunk-Anbieter und Rezipienten bislang (...) eher verhalten reagiert" (Sjurts 2005, S. 240). Für Journalistinnen und Journalisten bedeutet die Digitalisierung unter anderem auch, dass sie zunehmend spezifische Technikkompetenzen im Umgang mit der für den Hörfunk erforderlichen Software vorweisen können müssen.

Im Internet kann unterschieden werden zwischen *Radio on demand* und *Streams*. **Radio on demand** entspricht einem Abruf von bestimmten Programmen in Form von bereitgestellten Dateien. Ein Beispiel hierfür sind Formate, die sich als sogenannte **Podcasts** besonders einfach auf MP3-Player überspielen lassen.

Aktuelle Daten zum Hörfunkmarkt

Aktuelle Hörerzahlen für die werbetragenden Radiosender veröffentlicht die Arbeitsgemeinschaft Media-Analyse e. V. (AG-MA) auf ihrer Internetseite www.ag-ma.de.

Die andere mögliche Übertragungsart, der **Stream**, besteht aus einem live versendeten Datenstrom, in den sich die Nutzer einklinken können. Problematisch am Webradio ist zu Beginn des 21. Jahrhunderts noch die geringe Verbreitung von Endgeräten, so dass die Nutzer noch auf einen PC mit Internetzugang angewiesen sind. Spezielle Geräte, die aussehen wie ein herkömmliches Radio und über einen W-LAN-Zugang Programme aus dem Internet empfangen können, sind verfügbar, aber in Deutschland noch nicht nennenswert verbreitet.

Über das Internet übertragene Programme bedürfen nicht der Lizenzierung durch Landesmedienanstalten, müssen aber Verträge mit den Rechteinhabern der übertragenen Musikstücke und journalistischen Inhalte aushandeln. Der **Radiomarkt im Internet** ist global und für den Rezipienten kaum überschaubar, genau so problematisch für Werbekunden, die es im klassischen Hörfunk mit einem klar definierten Sendegebiet zu tun hatten. Mit einer potentiell globalen Zuhörerschaft entfällt der Vorteil von lokalen Radios, für mittelständische Unternehmen aus der Region Werbeträger zu sein.

Internet-Radiosender werden differenziert nach Erst- und Zweitverwertern (Wirtz 2006, S. 420), wobei die Zweitverwerter bloß ihr ohnehin vorhandenes Programm über eine alternative Übertragungstechnik ausstrahlen. **Erstverwerter (Webradio)** spezialisieren sich ausschließlich auf das Senden im Internet. Kommerzielle Internetradios beschränken sich meist gänzlich auf das Abspielen von Musik (vgl. Barth und Münch 2001, S. 45). Erstverwerter stehen vor dem Problem der Refinanzierung und versuchen, sich über zusätzliche Geschäfte (Songverkauf über die Webseite, Bannerwerbung) zu finanzieren. Neue Angebote wie *Last.fm* und *Deezer* stellen für den Hörer ein individuelles Radioprogramm zusammen, das sich anhand von Musikpräferenzen auf den eigenen Geschmack einstellen lässt. Ein solches Radioprogramm für journalistische Inhalte hat sich in dem noch jungen technisch veränderten Marktsegment noch nicht herausgebildet.

2.2.4 Fernsehen

Literatur zum Verständnis des Fernsehmarkts
- Arbeitsgemeinschaft der ARD-Werbegesellschaften (2006) (Hrsg.). Media Perspektiven Basisdaten. Frankfurt am Main, Vertrieb Media Perspektiven.
- ARD und ZDF (2002) (Hrsg.). Was Sie über Rundfunk wissen sollten: Materialien zum Verständnis eines Mediums. Berlin, Vistas.
- Bleicher, J. K. (1997) (Hrsg.). Programmprofile kommerzieller Anbieter: Analysen zur Entwicklung von Fernsehsendern seit 1984. Opladen, Westdeutscher.
- Bleicher, J. K. (2002). Chronik zur Programmgeschichte des deutschen Fernsehens. Berlin, Edition Sigma.
- Direktorenkonferenz der Landesmedienanstalten (2007) (Hrsg.). ALM Jahrbuch 2006. Landesmedienanstalten und Rundfunk in Deutschland. Berlin, Vistas.
- Dussel, K. (2004). Deutsche Rundfunkgeschichte. Konstanz, UTB.
- Früh, W. (2002). Unterhaltung durch das Fernsehen. Eine molare Theorie. Konstanz, UVK.

- Hans-Bredow-Institut für Medienforschung und Arbeitsgruppe Medienforschung München (2006). Beschäftigte und wirtschaftliche Lage des Rundfunks. Berlin, Vistas.
- Heinrich, J. (1999). Medienökonomie. Band 2. Hörfunk und Fernsehen. Wiesbaden, Westdeutscher.
- Hickethier, K. (1998). Geschichte des deutschen Fernsehens. Stuttgart, Metzler.
- Holly, W. (2004). Fernsehen. Grundlagen der Medienkommunikation. Tübingen, Niemeyer.
- Jäckel, M. und H.-B. Brosius (2005). Nach dem Feuerwerk. 20 Jahre duales Fernsehen in Deutschland. Erwartungen, Erfahrungen und Perspektiven. München, Reinhard Fischer.
- Karstens, E. (2006). Fernsehen digital. Eine Einführung. Wiesbaden, VS Verlag für Sozialwissenschaften.
- Karstens, E. und J. Schütte (2005). Praxishandbuch Fernsehen. Wie TV-Sender arbeiten. Wiesbaden, VS Verlag für Sozialwissenschaften.
- Kaumanns, R., V. Siegenheim und I. Sjurts (2008) (Hrsg.). Auslaufmodell Fernsehen? Perspektiven des TV in der digitalen Medienwelt. Wiesbaden, Gabler.
- Lilienthal, V. (2009). Professionalisierung der Medienaufsicht. Neue Aufgaben für Rundfunkräte – Die Gremiendebatte in epd medien. Wiesbaden, VS Verlag für Sozialwissenschaften.
- Stuiber, H.-W. (1998). Medien in Deutschland. Band 2. Rundfunk. Konstanz, UVK.
- Winterhoff-Spurk, P. (1986). Fernsehen – Psychologische Befunde zur Medienwirkung. Bern, Huber.

Fernsehen, die „Informationsübermittlung, die gleichzeitig in Wort, Bild und Ton erfolgt und sich an ein disperses Publikum richtet" (Sjurts 2005, S. 286), ist mit 220 Minuten durchschnittlicher Nutzungsdauer (Stand 2005, Studie Massenkommunikation) und einer Tagesreichweite von 74 Prozent (2003) (Sjurts 2005, S. 298) das **wichtigste Massenmedium** in Deutschland.

Neben dem **öffentlich-rechtlichen Rundfunk** mit ARD, ZDF, den Dritten Programmen, Kinderkanal, Phoenix, Arte und 3sat gibt es in Deutschland zwei große **private TV-Senderblöcke** (vgl. Tabelle 7): Die RTL Group, zu der RTL, RTL II, Super RTL, VOX und n-tv gehören, sowie ProSiebenSat.1, zu der Pro7, Sat.1, Kabel1, N24 und NeunLive zählen. Auf diese beiden Senderblöcke entfielen im Jahr 2005 rund 90 Prozent der Werbegelder und knapp 50 Prozent der Zuschauer, die öffentlich-rechtlichen Sender kamen auf 40,5 Prozent im Zuschauermarkt und 7,7 Prozent im Werbemarkt (Wirtz 2006, S. 330). Somit befinden sich 90 Prozent des Fernsehzuschauer- und Werbemarktes in der Hand von drei Sendergruppen (Sjurts 2005, S. 289).

Rang	Angebot	Zuschaueranteil in Prozent
	(Dritte Programme)*	(13,0)*
1	ARD	12,9
2	RTL	12,4
3	ZDF	11,6
4	SAT.1	10,8
5	ProSieben	7,2
6	Vox	5,2
7	RTL II	4,3
8	Kabel Eins	3,7
9	Super RTL	2,5
10	3sat	1,1
10	Kika	1,1
10	N24	1,1

*(die 38 Sender werden nur im Paket ausgewiesen, daher nicht gewertet)

Tabelle 7: Top Ten der deutschen TV-Sender mit größten Zuschaueranteilen (Quelle: KEK nach AGF/GfK, durchschnittlicher Anteil im Mai 2008)

Der Fernsehmarkt ist geprägt von der **dualen Struktur** aus öffentlich-rechtlichen Sendern, die zum größten Teil aus den Rundfunkgebühren finanziert werden und einen öffentlichen Programmauftrag erfüllen, und privaten Anbietern, die sich überwiegend durch Werbung finanzieren (Wirtz 2006, S. 319). Gemessen am Werbevolumen hat Deutschland nach den USA den zweitgrößten Fernsehmarkt der Welt (Wirtz 2006, S. 317) und das „größte frei empfangbare Angebot an Fernsehsendern in Europa" (Sjurts 2005, S. 286; Wieten, Murdock und Dahlgren 2000).

Der Marktzutritt ist, ähnlich wie beim Radio, an eine Lizenzierung durch die Landesmedienanstalten geknüpft, die sowohl die Meinungsvielfalt sicherstellen als auch eine weitere Konzentration auf dem Medienmarkt verhindern soll.

Aufgrund von knappen Sendefrequenzen ist eine **Lizenzierung und Zulassung** im analogen Programm äußerst schwierig, durch die Digitalisierung der Übertragung „dürfte sich die Zahl der TV-Programme nochmals deutlich erhöhen" (Sjurts 2005, S. 287). Weitere Markteintrittsbarrieren sind die großen Reichweiten etablierter Sender und das Ausmaß vertikaler Integration im TV-Markt (Eigenproduktionen). Die Werbeumsätze im Fernsehmarkt sind rückgängig, seit den 1990er Jahren stagniert das Branchenwachstum, 2001 bis 2003 wurden bis zu zweistellige Rückgänge verzeichnet (Sjurts 2005, S. 301). Die Sender setzen durch Einkauf von im Ausland erfolgreichen Sendungen und durch billige Eigenproduktion von Quiz- und Talkshows auf Kostenreduktion. Zunehmend wurden Reality-TV-Formate kopiert, so dass der Lebenszyklus von neuen Formaten sich verkürzte (Sjurts 2005, S. 308). Die TV-Sender suchen nach neuen Erlösquellen, wie dem „Mitmach"-Fernsehen, bei dem die Zuschauer zu kostenpflichtigen Anrufen animiert werden, und Provisionen aus Teleshopping, Merchandising-Material und der Vermarktung von Musikstars, die aus den sogenannten Casting-Shows hervorgehen (vgl. Karstens und Schütte 2005).

Für den Rezipienten ist die Anzahl der empfangbaren Sender maßgeblich von der **Empfangsart** abhängig. In Frage kommen freier Empfang über Funkwellen (analog oder zunehmend auch digital), kostenpflichtiger Anschluss an ein Kabelnetz mit analoger oder digitaler Übertragung oder per Satellit. Im Jahr 2005 entfielen 39 Prozent der Nutzung auf Satellit, 56 Prozent auf Kabel und nur 5 Prozent auf Terrestrik (Wirtz 2006, S. 336). Die Digitalisierung der Übertragung eröffnet Platz für zusätzliche Sender um etwa den Faktor 10, so dass etwa 400 Programme in guter Qualität übertragen werden können – die Bundesregierung hat die Umstellung bis 2010 beschlossen (vgl. Sjurts 2005, S. 311).

Fernsehprogramme, die mittels Internettechnologie übertragen werden, lassen sich in zwei Gruppen einteilen: zum einen in Web-TV, das im globalen Netz frei verfügbar ist, und zum anderen in das *Internet Protocol Television*, das **Internet-Protokoll-Fernsehen IPTV**. Zwar ist auch IPTV prinzipiell über das Internet an jedem Ort der Welt zu empfangen, die Anbieter in Deutschland bauen aber in sich geschlossene Netze auf, an die sie Rezipienten mittels Abonnement-Modellen binden – Anbieter sind Telekommunikationsunternehmen, da sie bereits über die entsprechende Technik verfügen. *Alice homeTV* und *T-Home* sind erste Dienste (Breuning 2007, S. 479). Zahlreiche Medienunternehmen, darunter auch die bekannten TV-Sender, bieten im Internet Sendungen zum Download an. So können beispielsweise über die Webseite *RTLnow.de* Programme des Senders im *Pay-per-view*-Verfahren abgerufen werden. Über Werbung finanzieren sollen sich die Angebote von *Joost* und *Zattoo*. *Joost* hält eine Auswahl von Sendungen in verschiedenen Kanälen bereit, die jederzeit abgerufen werden können. *Zattoo* wiederum sendet das Programm existierender TV-Stationen über das Internet und beim Umschalten der Sender wird eigene Werbung eingeblendet, die den Service finanzieren soll. Verfügbar waren bei *Joost* und *Zattoo* jedoch bis 2007 nur Spartenprogramme und -kanäle (Breuning 2007, S. 485).

Die Funktionen von **Fernsehgerät und PC** gleichen sich kontinuierlich an: Fernseher werden durch Spielkonsolen internetfähig oder empfangen über Zusatzgeräte Programme über IPTV, Computer empfangen Fernsehprogramm über Adapter oder gleich über das Internet. Diese Konvergenz wird Auswirkungen auf die Inhalte und die Funktionalität des Fernsehens haben (vgl. Wirtz 2006, S. 346). Fraglich ist, ob TV-Unternehmen, die auf Werbefinanzierung setzen, ihre Geschäftsmodelle in diese neue Ära des Fernsehens hinüberretten können (Karstens und Schütte 2005; Karstens 2006).

Aktuelle Daten zum Fernsehmarkt

Die Arbeitsgemeinschaft Fernsehforschung (AGF) untersucht gemeinsam mit der Gesellschaft für Konsum-, Markt- und Absatzforschung (GfK), einem Marktforschungsunternehmen, den deutschen TV-Markt. Die zentralen Ergebnisse ihrer aktuell durchgeführten Erhebungen finden sich auf den Internetseiten www.agf.de und www.gfk.de.

Das „Jahrbuch Fernsehen" ist eine aktuelle Bestandsaufnahme des deutschen Fernsehmarkts und wird herausgegeben vom Adolf-Grimme-Institut – Gesellschaft für Medien, Bildung und Kultur, der Deutschen Kinemathek – Museum für Film und Fernsehen, der Funkkorrespondenz mit Unterstützung des Rheinischen Merkurs, dem Gemeinschaftswerk der Evangelischen Publizistik und dem Institut für Medien- und Kommunikationspolitik. Weitere Informationen dazu finden sich auf der Internetseite www.jahrbuch-fernsehen.de.

2.2.5 Internet

> **Literatur zum Verständnis des Online-Markts**
> - Arnold, K. und C. Neuberger (2005) (Hrsg.). Alte Medien – neue Medien. Theorieperspektiven, Medienprofile, Einsatzfelder. Wiesbaden, VS Verlag für Sozialwissenschaften.
> - Beck, K. (2005). Computervermittelte Kommunikation im Internet. München, Oldenbourg.
> - Neuberger, C. und J. Tonnemacher (2003) (Hrsg.). Online – Die Zukunft der Zeitung? Das Engagement deutscher Tageszeitungen im Internet. Wiesbaden, VS Verlag für Sozialwissenschaften.
> - Quandt, T. und W. Schweiger (2008) (Hrsg.). Journalismus online – Partizipation oder Profession? Wiesbaden, VS Verlag für Sozialwissenschaften.
> - Wirtz, B. W. (2006). Medien- und Internetmanagement. Wiesbaden, Gabler.

Beim Internet handelt es sich um ein Medium, nicht nur ein Medienprodukt (vgl. Sjurts 2005, S. 338). Kein anderes Medium hat sich in Deutschland so schnell verbreitet wie das Internet (vgl. Abbildung 8): Innerhalb von 10 Jahren stieg der **Anteil der deutschen Internet-Nutzer** von 6,5 Prozent im Jahr 1997 auf 62,7 Prozent im Jahr 2007 (van Eimeren und Frees 2007, S. 363). 40,8 Millionen Deutsche ab 14 Jahren hatten 2007 Zugang zum Internet. Der **Zuwachs** geht vor allem von Frauen und Menschen aus, die älter als 60 Jahre sind. 57 Prozent der weiblichen Bevölkerung (2006: 52,4 Prozent) und 25,1 Prozent der Über-60-Jährigen (2006: 20,3 %) nutzen das Online-Angebot. Bereits 1997 waren mit 5,1 Millionen Über-60-Jährigen mehr „Silver Surfer" im Netz als 14- bis 19-Jährige (4,9 Millionen). Das höchste Wachstum wird auch zukünftig von ihnen ausgehen (ebd.).

Das Internet ist für die Mehrheit der Anwender vor allem ein **Medium der Informationsbeschaffung** und weniger ein Unterhaltungsmedium. Damit steht es eher in **Konkurrenz zu aktuellen Publikationen** und weniger in Konkurrenz zu den unterhaltungsorientierten Angeboten im Fernsehen und Radio. Unter den Informationsangeboten sind aktuelle Nachrichten, Service- und Verbraucherinformationen sowie regionale Inhalte besonders gefragt (van Eimeren und Frees 2007, S. 367).

Top-Aktivitäten im Internet waren im Jahr 2007 die E-Mail-Kommunikation (88,9 Prozent) und die Informationsrecherche (88,0 Prozent), gefolgt vom Lesen von Nachrichten zum Weltgeschehen (64,6 Prozent) (vgl. AGOF internet facts 2008-I). Während **journalistische Informationsangebote** nicht die ersten Spitzenränge im Internet belegen, informieren sich 97,4 Prozent der Nutzer (39,87 Mio.) im Internet über Produkte. Führend bei der Online-Recherche sind Urlaubs- und Last-Minute-Reisen, Bücher, Eintrittskarten, Hotels und Musik-CDs. Der Anteil der Online-Shopper unter den Internetnutzern liegt bei 86,0 Prozent, d. h., im Jahr 2007 haben 35,17 Millionen Menschen Waren im Internet gekauft.

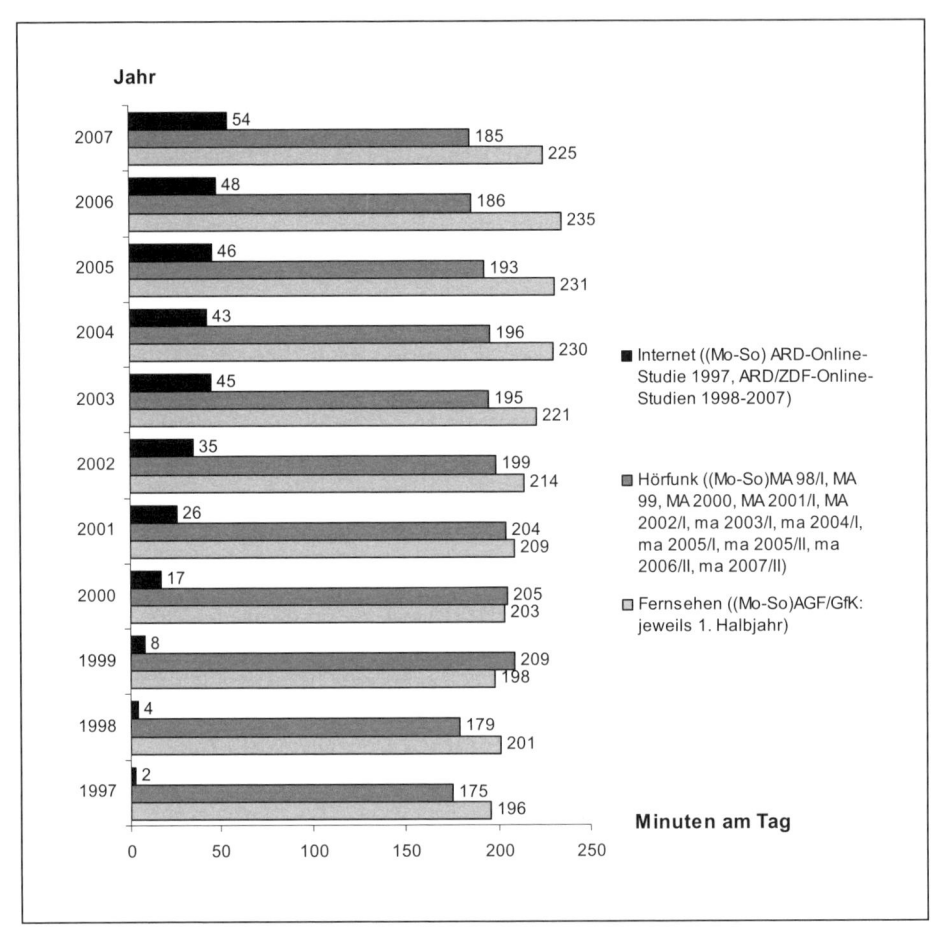

Abbildung 8: Durchschnittliche Nutzungsdauer von Fernsehen, Radio und Internet 1997 bis 2007 (van Eimeren und Frees 2007, S. 377)

Im Vergleich zur täglichen Nutzungsdauer des Fernsehens und Hörfunks ist die des Internets gering. Dennoch haben sich im Netz auch journalistische Formate entwickelt, die intensiv genutzt werden. Unter den reichweitenstärksten Online-Seiten in Deutschland (vgl. Tabelle 8) befinden sich jedoch keine primär journalistischen Angebote. Die größte Reichweite im Internet haben in Deutschland *T-Online, Web.de, Yahoo! Deutschland, Msn.de, GMX, MyVideo, ProSieben.de, MeineStadt.de, RTL.de* und *StudiVZ*.

Die reichweitenstärksten Nachrichtenportale sind in Deutschland Spiegel Online, Bild.de, Welt.de, Focus Online, Sueddeutsche.de, Stern.de, Faz.net, Zeit Online, Abendblatt.de und RP Online (vgl. Tabelle 9).

2. Die Medieninstitutionen

Rang	Angebot	Reichweite in Prozent	Reichweite in Mio. Lesern
1	T-Online	37,0	15,16
2	Web.de	32,5	13,29
3	Yahoo! Deutschland	26,9	11,00
4	Msn.de	21,5	8,81
5	GMX	20,6	8,41
6	MyVideo	16,0	6,56
7	ProSieben.de	15,7	6,40
8	MeineStadt.de	14,4	5,90
9	Rtl.de	14,0	5,74
10	StudiVZ	13,5	5,54

Durchschnitt über drei Monate, Netto-Reichweite in Millionen Unique Visits

Tabelle 8: Top Ten der reichweitenstärksten deutschen Online-Seiten
(Quelle: AGOF internet facts 2008-I)

Rang*	Angebot	Reichweite in Prozent	Reichweite in Mio. Lesern
12	Spiegel Online	12,5	5,13
18	Bild.de	10,9	4,46
24	Welt.de	8,2	3,37
28	Focus Online	7,1	2,91
36	Sueddeutsche.de	6,1	2,51
38	Stern.de	5,9	2,43
48	Faz.net	4,4	1,80
51	Zeit Online	3,9	1,58
68	Abendblatt.de	2,7	1,10
69	RP Online	2,6	1,07

Durchschnitt über drei Monate, Netto-Reichweite in Millionen Unique Visits
*Der Rang bezieht sich auf das Ranking aller (auch nicht nachrichtlicher) Online-Medien

Tabelle 9: Top Ten der reichweitenstärksten deutschen Nachrichtenportale
(Quelle: AGOF internet facts 2008-I)

Die Befunde der Online-Forschung spiegeln ein Grundproblem von Medienunternehmen, die im Internet mit journalistischen Angeboten Geld verdienen möchten: Nur „vier Prozent der Mediennutzungsdauer entfallen auf Tageszeitungen, aber fast ein Viertel der Werbung. Beim Internet ist es umgekehrt: 18 Prozent ihrer Zeit, die sie für Medien investieren, verbringen die Menschen im Web, Tendenz steigend. Der Anteil am Werbeumsatz lag 2006 aber nur bei neun Prozent" (Gehrs 2007). Die Verlage gehen davon aus, dass die Unterkapitalisierung des Internets sich in den nächsten Jahren aufhebt (Gehrs 2007). Eine weitere

Herausforderung für den Journalismus im Internet ist die **zunehmende Komplexität des Werbemarkts**. Die Werbekunden schalten Werbung auf allen erdenklichen Internetseiten, darunter auf erfolgreichen Seiten wie dem Auktionsportal Ebay oder privaten Weblogs, die Nischenzielgruppen ansprechen. Somit hat sich die Anzahl der Werbeträger vervielfacht, aber nur neun Prozent der Werbung im Internet entfallen laut Marktstudien der Verlage auf die Online-Auftritte journalistischer Medienangebote (Gehrs 2007). Journalistisch produzierte Inhalte gehören in diesem Medium am Anfang des 21. Jahrhunderts noch nicht zu den gewinnstarken Segmenten der Medienwirtschaft, obwohl das Netz kontinuierlich stärker genutzt wird.

Aktuelle Daten zur Nutzung von Online-Medien

Seit 1997 publizieren ARD und ZDF eine gemeinsame Online-Studie. Sie dokumentiert, wie Deutsche das Internet nutzen, und ist abrufbar unter www.ard.de/intern/basisdaten.

Die 1949 gegründete Informationsgemeinschaft zur Feststellung der Verbreitung von Werbeträgern e. V. (IVW) publiziert ebenfalls seit 1997 Daten zum Online-Markt. Die IVW ist eine Einrichtung für Deutschland, die von den Medienunternehmen, den Werbungstreibenden sowie den Werbe- und Media-Agenturen getragen wird. Ihr Zweck ist die Bereitstellung valider Daten für die Leistungskontrolle von Werbeträgern. In ihrer Internetanalyse stellt sie die Gesamtanzahl der Seitenabrufe (Page Impressions) und der einzelnen zusammenhängenden Nutzungsvorgänge von Web-Angeboten (Visits) fest. Sie verwendet dazu sogenannte Zählpixel (ivwbox) und publiziert die Auswertung ihrer Daten monatlich. Die zentralen Ergebnisse sind unter www.ivw.eu einsehbar.

Eine weitere Datenbasis für den Online-Werbemarkt ist die quartalsweise erscheinende Markt-Media-Studie „internet facts" der Arbeitsgemeinschaft Online Forschung (AGOF). Die AGOF wurde im Dezember 2002 von den führenden deutschen Online-Vermarktern und -Werbeträgern gegründet. Zentrale Größe der Studie ist der „Unique User". Er drückt aus, wie viele Personen in einem bestimmten Zeitraum Kontakt mit einem Online-Werbeträger haben. Erhoben wird diese Kennzahl mittels technischer Messung von Seitenabrufen (Visits, Page Impressions), einer telefonischen Bevölkerungsumfrage und einer On-Site-Befragung der Internetnutzer. Die durch dieses „Drei-Säulen-Modell" gewonnenen Daten werden fusioniert und zum AGOF-Datensatz aufbereitet. Die Ergebnisse der Studie finden sich auf der Internetseite www.agof.de.

2.3 „Wer nur den Gewinn im Auge hat, läuft Gefahr, das Produkt kaputt zu machen" – Expertengespräch mit Angelika Jahr (Gruner + Jahr)

Interview: Ole Reißmann

Angelika Jahr-Stilcken

ist seit April 2008 als Mitglied des Beirats der Jahr-Holding im Aufsichtsrat von Gruner + Jahr.

Die Tochter von Verlagsgründer John Jahr begann ihre journalistische Laufbahn als Trainee in den USA bei *McCalls, Glamour, Vogue* und dem *Time Magazine*. Anschließend arbeitete sie für Gruner + Jahr in Deutschland.

Sie war langjährige Chefredakteurin und Verlagsgeschäftsführerin der zu Gruner + Jahr gehörenden Verlagsgruppe Living. Dazu zählen neben den Zeitschriften *Schöner Wohnen* und *Häuser* auch zahlreiche von ihr entwickelte Titel, wie *Essen & Trinken* (seit 1972) und *Living at Home* (seit 2000). Angelika Jahr-Stilcken war von 2000 bis 2008 journalistisches Vorstandsmitglied von Europas größtem Zeitschriftenverlag, zu dessen deutschen Titeln *Stern, Geo* und *Brigitte* gehören.

Gruner + Jahr gibt in 24 Ländern mehr als 300 Zeitschriften heraus und beschäftigt über 14.500 Mitarbeiter. Der Verlag gehört zu 74,9 Prozent der Bertelsmann AG und zu 25,1 Prozent der Verlegerfamilie Jahr.

Wie ändert sich derzeit das Berufsbild von Journalisten, wird bald nur noch online gearbeitet?

Es wird nach wie vor reine Print- oder Online-Journalisten geben – und solche, die beides können. Denn so groß ist der Unterschied nicht, Qualität müssen beide liefern. Ich glaube, dass sich *user generated content* mit der Zeit etwas tot läuft. Wir sehen jetzt schon, dass die User Informationen wollen, auf die sie sich verlassen können. Nicht nur die persönliche Meinung von irgendeinem Menschen. Der *Stern*-Chefredakteur Thomas Osterkorn hat das mal „User-generated Schwachsinn" genannt. Gut recherchierter Journalismus wird auch im Internet immer mehr seinen Platz finden. Ich würde empfehlen, sich multimedial ausbilden zu lassen. Man sollte beides können.

Sollten sich angehende Journalisten auch auf Medienmärkten im Ausland umsehen?

Ich finde es wichtig, in andere Länder zu gehen und zu gucken, wie es woanders läuft. Asien ist z. B. wichtig für den Online-Markt. Wir haben uns an einem der größten Verlage in China beteiligt. Dort gibt es auch erfolgreiche Zeitschriften, aber erstaunlich sind die Internetauftritte. Da können wir heute noch eine Menge lernen. Ein Auslandsaufenthalt sollte bei keiner Ausbildung fehlen.

„Geo" erscheint in 20 Ländern – müssen Journalisten und Verlage umdenken und nicht nur ein bestimmtes Publikum bedienen?
Naja, das ist ein einfacher Fall. Was in *Geo* steht, liest man in jedem Land gerne – darum kann es einen Mantelteil geben, der in allen Ländern gleich ist. Nur ein relativ kleiner Innenteil wird von der landeseigenen Redaktion gemacht. Wir sind mit *Geo* natürlich überwiegend in Länder gegangen, die noch relativ unbedarft sind, was Print betrifft. Von Kroatien bis Ich-weiß-nicht-wohin. Die Erfolge sind zwar groß, aber journalistisch ist das nur begrenzt interessant. So eine Zeitschrift wie den *Stern* könnte man nicht internationalisieren, dazu sind das politische Denken und die Mentalitäten zu verschieden.

Wie problematisch ist das Zusammentreffen von verlegerischer und journalistischer Verantwortung?
Bei Gruner + Jahr war das nie ein Problem. Spätestens seit es die Verlagsgeschäftsführer gibt, sind journalistisches und kaufmännisches Interesse gleichermaßen vertreten. Das habe ich von meinem Vater gelernt. Er, der Verleger, hat mit den Chefredakteuren genauso diskutiert, wie mit den Vertriebs- oder den Anzeigenleuten. Wer nur den Gewinn im Auge hat, läuft Gefahr, das Produkt kaputt zu machen. Die Einführung der Verlagsgeschäftsführer bei Gruner + Jahr 1994 war eine exzellente Idee.

Was passiert, wenn ein Modelabel oder ein Möbelhersteller sein Produkt im redaktionellen Teil einer Zeitschrift unterbringen will?
Wenn wir einen Tisch abbilden, wollen die Leser wissen, wer der Hersteller ist, wo man ihn kaufen kann und was der kostet. Aber manchmal fordern Hersteller eine redaktionelle Veröffentlichung. So ein Wunsch muss immer durch die kritische Brille der Redaktion betrachtet werden. Wenn die eine Veröffentlichung mit Rücksicht auf die Leser nicht verantworten kann, muss sie Rückgrat zeigen und ablehnen. Denn die Anzeigenkunden werden immer begehrlicher. Sie glauben, mit einer Anzeige das Recht auf eine redaktionelle Veröffentlichung zu erwirken. So geht das aber nicht. Die Redaktion allein bestimmt, was wir veröffentlichen. Für diese redaktionelle Unabhängigkeit braucht man einen Verlag, der hinter den Redaktionen steht. Der Chefredakteur entscheidet, nicht die Anzeigenkunden oder die Verleger. Das hat sich bewährt, weil Anzeigenkunden wissen, wer bei dem einen nicht käuflich ist, ist es bei den anderen auch nicht.

Sie sitzen im Aufsichtsrat von Nestlé, dem größten Lebensmittelkonzern der Welt, und machen Zeitschriften übers Kochen und Essen ...
Ja – aber da mache ich einen ganz anderen Job! Als Aufsichtsrat muss ich dafür sorgen, dass das Geld auf vernünftige Art und Weise ausgegeben wird – oder besser nicht. Dass ich nebenbei Zeitschriften mache, spielt überhaupt keine Rolle, weil ich als Aufsichtsrat natürlich keinen Einfluss darauf habe, ob Nestlé in unseren Zeitschriften Anzeigen schaltet oder nicht.

2. Die Medieninstitutionen

Im Internet sind Blogger sehr erfolgreich, die subjektiv und mit starkem Ich-Bezug schreiben. Wie wichtig ist der einzelne Autor für ein großes Medienunternehmen?
Autoren, gute Journalisten sind das größte Gut, das wir haben. Ich denke auch, dass das noch eine ganze Weile so bleibt. Der Erfolg von Gruner + Jahr Deutschland ist in erster Linie immer noch Print, dort kommen vier Fünftel des Ergebnisses her. Wir sind sicher, dass sich Online mit der Zeit so entwickelt, dass wir auch damit richtig Ergebnis machen. Aber wie das geht, weiß im Moment niemand und es geht den anderen großen Verlagen, die sich für große Summen im Netz eingekauft haben, auch nicht besser. Springer hat für viel Geld die Seite *auFeminin* gekauft, inzwischen sind sie damit nicht erfolgreicher als wir mit unserer *Brigitte*-Seite. Obwohl wir viel weniger Geld dafür investieren mussten – aber wir haben die Qualität, die von Usern zunehmend gesucht wird.

Noch sind die Webseiten von Gruner + Jahr vor allem eine Plattform für die Printmagazine. Wird sich das ändern?
So würde ich das nicht formulieren. Die Webseiten von Gruner + Jahr sind keine Plattform für die Printmagazine, sondern eine ideale Ergänzung unserer starken Marken. Denn Online kann anderes leisten als Print, und Print hat andere Stärken als Online. Und darüber hinaus beobachten wir natürlich aufmerksam den Markt, um, wenn es uns richtig erscheint, auch eine Website zu kaufen, die nichts mit unseren Marken zu tun hat.

Welche Stärke sehen Sie für Printprodukte?
Die journalistische Tiefe: gut geschriebene Texte, ausführliche Recherche, saubere Information. Print dient der Lust, wirklich lange Texte zu lesen. Eine weitere Stärke ist die Optik: Eine Doppelseite in einer Zeitschrift mit einem wunderschönen Foto ist immer noch ästhetischer und inspirierender als jeder Online-Auftritt.

Wie kommt man auf die Idee, ein Magazin über Hunde zu machen – warum nicht Katzen?
Wir haben den Hunde-Trend nicht erfunden. Wenn sie sich in Hamburg umsehen, überall gibt es Hundeboutiquen und große Märkte mit Hundefutter. Der Hund als Haustier ist in den vergangenen 20 Jahren wichtiger geworden – und es gab keine anständige Hundezeitschrift, die all die Probleme, die man als Hundebesitzer hat, recherchiert, beschreibt und Hilfestellung gibt. Außerdem sehen Hundebesitzer gerne schöne Hunde und *Dogs* ist ein ästhetischer Genuss. Wir verkaufen jetzt bald 70.000 Hefte, das ist für so ein Blatt sehr viel. Das Problem sind nur noch die Anzeigenkunden, denen müssen wir klar machen, dass nicht die Hunde die Zeitschrift lesen, sondern die Besitzer. Eine sehr interessante Zielgruppe, reich, gebildet und jung und erstaunlich groß – drei bis vier Millionen in Deutschland. Das ist für unsere Inserenten schwer zu verstehen, weil es auf der ganzen Welt keine vergleichbare Zeitschrift gibt.

Dogs wurde als Newcomer gefeiert, hat einen Lead-Award gewonnen, ein Branchendienst schrieb von „Pioniergeist" – dabei ist es eine klassische Zeitschrift aus einem etablierten Verlag.
Doch – in diesem Fall hat ein etablierter Verlag Pioniergeist gezeigt. Als der Chefredakteur von *Decoration* die *Dogs* mit einem kleinen Team entwickelt hat, dachte ich, das wird ganz toll, kommt aber nie auf den Markt. Weil all unsere anspruchsvollen Journalisten, z. B. die Chefredakteure von *Geo* und *Stern*, eine Hundezeitschrift nicht akzeptieren würden. Haben sie aber, weil sie etwas ist, das es auf dem ganzen Markt noch nicht gibt – zwar eine klassische Zeitschrift, aber mit völlig neuem Inhalt. Das ist Pioniergeist.

Aber ist das die Zukunft der Zeitschrift, setzt *Dogs* Maßstäbe für die Branche?
Dogs ist natürlich eine Zeitschrift für eine ganz spezielle Zielgruppe. Aber das ist ja nichts Negatives, vor allem weil es immer schwerer wird, General-interest-Titel neu zu erfinden. In Deutschland gibt es *Stern*, *Spiegel* und *Focus*, damit ist das Segment abgedeckt. Und Spezialzeitschriften haben eine größere Chance, die Konkurrenz des Internets auszuhalten.

Was ist Ihre Strategie, jüngere Leser zu erreichen?
Das Internet. Wie wollen Sie junge Leser sonst packen – mit einer Zeitschrift? Wir haben mal so eine Art *Bravo* entwickelt, vor fünfzehn Jahren. Die ist aber nie auf den Markt gekommen, obwohl sie in der Marktforschung sehr gut aussah und im Vertrieb machbar gewesen wäre. Aber so eine Zeitschrift trägt nicht besonders viel zum Image des Hauses bei, denn der Inhalt dieser Hefte ist vor allem Sex und Popmusik. Sie sind leicht schmuddelig und unappetitlich. Außerdem haben die jungen Leute nicht sehr viel Geld in der Tasche – das ist schlecht für den Copypreis und die Anzeigenkunden und bedeutet damit keine großen Gewinne für den Verlag. Also hat der Vorstand abgelehnt.

Wie geht Gruner + Jahr mit neuen Ideen um?
Vorschläge, die bei uns im Verlag landen, kommen in das *Innovation Council*. Es besteht aus Chefredakteuren und den beiden Gesamtchefs der Anzeigenabteilung und des Vertriebes – unter der Leitung von Bernd Buchholz, im Vorstand verantwortlich für Gruner + Jahr Deutschland. Dort wird diskutiert, ob wir an die Idee glauben, ob wir damit eine Marktlücke finden. Derzeit gibt es auch viele neue Online-Konzepte, sowohl von unseren eigenen Mitarbeitern als auch von außen.

Wie viele Ideen werden dann weiterentwickelt?
Etwa ein Drittel. Während der Entwicklung kommen sie regelmäßig zurück in das *Innovation Council* und werden überprüft und diskutiert. Dabei fallen manche Ideen letztendlich durch den Rost. Nur die besten Ideen werden umgesetzt. Sie müssen wirklich neu, *unique*, sein und eine möglichst große Zielgruppe ansprechen.

3. Funktionen des Journalismus

Felix Disselhoff

> **Überblick**
>
> Das dritte Kapitel „Funktionen des Journalismus" erklärt den Zusammenhang von journalistischer Berichterstattung, Öffentlichkeit und Gesellschaft. Im Mittelpunkt steht dabei die Beeinflussung der journalistischen Arbeit durch unterschiedliche Berichterstattungsmuster, Informationsquellen und Referenzgruppen. Sie prägen mitunter auf problematische Weise die Konstruktion von Wirklichkeit im praktischen Journalismus.
>
> Das Kapitel ist in vier Abschnitte gegliedert:
>
> - **Kapitel 3.1**: Im ersten Abschnitt werden die unterschiedlichen Rollenbilder von Journalistinnen und Journalisten und die damit einhergehenden Berichterstattungsmuster vorgestellt.
> - **Kapitel 3.2**: Der zweite Abschnitt problematisiert den journalistischen Anspruch, die Wirklichkeit abzubilden, und erläutert die Fallstricke der Rekonstruktion von Realität.
> - **Kapitel 3.3**: Der dritte Abschnitt beschreibt die zentrale Bedeutung von Objektivität für den gesellschaftlichen Auftrag von Journalistinnen und Journalisten.
> - **Kapitel 3.4**: Im vierten Abschnitt erklärt eine erfahrene Korrespondentin am Beispiel der Kriegs- und Krisenberichterstattung das Problem der Distanz im praktischen Journalismus.

Im Alltag werden häufig drei Begriffe verwechselt: Aufgabe, Funktion und Leistung. Der Journalismus hat eine gesellschaftliche Funktion. Voraussetzung für diese Funktion ist die Verrichtung von Aufgaben und das Erbringen von Leistungen durch Journalistinnen und Journalisten. Manfred Rühl (vgl. Rühl 1990, S. 12) differenziert daher die Begriffe, wenn er zur Definition der Primärfunktion des Journalismus im Funkkolleg „Medien und Kommunikation" schreibt: „Es empfiehlt sich […] für normative Leistungszuweisungen den Begriff ‚Aufgabe' zu reservieren, für allgemeinere empirisch zu bestimmende Leistungen im Systemzusammenhang den Begriff ‚Funktionen'". Die elementare **Funktion des Journalismus** ist, „Themen zur öffentlichen Kommunikation herzustellen und bereitzustellen" (vgl. Rühl 1980, S. 329). Der Journalismus sorgt dafür, dass Themen in den Blickpunkt des öffentlichen Interesses gelangen – durch Aktualisierung und Selektion.

Literatur zum Verständnis der öffentlichen Bedeutung des Journalismus
- Altmeppen, K.-D, (2006). Journalismus und Medien als Organisation. Leistungen, Strukturen und Management. Wiesbaden, VS Verlag für Sozialwissenschaften.
- Blöbaum, B. (1994). Journalismus als soziales System. Geschichte, Ausdifferenzierung und Verselbständigung. Opladen, Westdeutscher.
- Bonfadelli, H., K. Imhof, R. Blum und O. Jarren (2008) (Hrsg.). Seismographische Funktion von Öffentlichkeit im Wandel. Wiesbaden, VS Verlag für Sozialwissenschaften.
- Dahlgren, P. und C. Sparks (1992) (Hrsg.). Journalism and Popular Culture. London, Newbury Park, New Delhi, Sage.
- Donsbach, W. und O. Jandura (2003) (Hrsg.). Chancen und Gefahren der Mediendemokratie. Konstanz, UVK.
- Duchkowitsch, W., F. Hausjell und W. Hömberg (2002). Journalismus als Kultur. Analysen und Essays. Wiesbaden, VS Verlag für Sozialwissenschaften.
- Haas, H. (1999). Empirischer Journalismus. Wien, Köln, Weimar, Böhlau.
- Haas, H. und O. Jarren (2002) (Hrsg.). Mediensysteme im Wandel. Struktur, Organisation und Funktion der Massenmedien. Wien, Braumüller.
- Hug, D. M. (1997). Konflikte und Öffentlichkeit. Zur Rolle des Journalismus in sozialen Konflikten. Opladen, Westdeutscher.
- Imhof, K., R. Blum, H. Bonfadelli und O. Jarren (2004) (Hrsg.). Mediengesellschaft. Strukturen, Merkmale, Entwicklungsdynamiken. Wiesbaden, VS Verlag für Sozialwissenschaften.
- Jarren, O. (2002) (Hrsg.). Journalismus – Medien – Öffentlichkeit. Eine Einführung. Wiesbaden, VS Verlag für Sozialwissenschaften.
- Jarren, O. und P. Donges (2007) (Hrsg.). Ordnung durch Medienpolitik? Konstanz, UVK.
- Langenbucher, W. R. und M. Latzer (2006) (Hrsg.). Europäische Öffentlichkeit und medialer Wandel. Eine transdisziplinäre Perspektive. Wiesbaden, VS Verlag für Sozialwissenschaften.
- Lünenborg, M. (2005). Journalismus als kultureller Prozess. Zur Bedeutung von Journalismus in der Mediengesellschaft. Ein Entwurf. Wiesbaden, VS Verlag für Sozialwissenschaften.
- Müller-Doohm, S. und K. Neumann-Braun (Hrsg.). Öffentlichkeit, Kultur, Massenkommunikation. Beiträge zur Medien- und Kommunikationssoziologie. Oldenburg, BIS.
- Neidhardt, F. (1994) (Hrsg.). Öffentlichkeit, öffentliche Meinung, soziale Bewegungen. Opladen, Westdeutscher.
- Rosen, J. (2001). What Are Journalists For? New Haven, Yale University Press.
- Weischenberg, S. (1995). Journalistik. Theorie und Praxis aktueller Medienkommunikation, Band 2. Medientechnik, Medienfunktionen, Medienakteure. Opladen, Westdeutscher.
- Weischenberg, S. (2004). Journalistik. Theorie und Praxis aktueller Medienkommunikation, Band 1. Mediensysteme, Medienethik, Medieninstitutionen. Wiesbaden, VS Verlag für Sozialwissenschaften.

3. Funktionen des Journalismus 77

> - Weischenberg, S., W. Loosen und M. Beuthner (2006) (Hrsg.). Medien-Qualitäten. Öffentliche Kommunikation zwischen ökonomischen Kalkül und Sozialverantwortung. Wiesbaden, VS Verlag für Sozialwissenschaften.
> - Wilke, J. (1994). Öffentliche Meinung. Theorie, Methoden, Befunde Freiburg, Alber.

Ein System erhält sich durch seine Funktion in Abgrenzungen zu den Funktionen seiner Umwelt. Der Journalismus nimmt Bezug auf die Gesellschaft und ihre Teilsysteme: Er bündelt die Aufmerksamkeit, mit der die Medien für das System Wirtschaft Platz für Anzeigen zur Werbung stellen. Für das System Politik informieren sie über Gesetzesentwürfe. Diese „Arbeit" der Medien für gesellschaftliche Teilsysteme ist als **Leistung der Medien** zu verstehen. Die „Funktion" bezieht sich also in systemtheoretischer Hinsicht auf die gesamte Gesellschaft. Der Leistungsbegriff bezeichnet die Beziehung eines Teilsystems zu einem anderen (vgl. Rühl 1980, S. 327). Heinz Pürer und Johannes Raabe befassen sich in ihrem Buch „Medien in Deutschland" vor allem mit den Funktionen von Massenmedien in Korrelation mit Politik und Gesellschaft. Die Grundfunktion massenmedialer Kommunikation sehen sie in der Produktion und Verbreitung von Information (vgl. Pürer und Raabe 1996). In diesem Zusammenhang wird Information als eine Beseitigung oder Verkleinerung von Ungewissheit verstanden. Das Wesentliche an Information ist die Eigenschaft, Veränderungen im empfangenden System hervorzurufen. Ein Großteil der massenmedialen Funktionen für die Gesellschaft wird dabei durch den Journalismus realisiert. Er bietet **soziale Orientierung**. Durch die Bereitstellung von Informationen schaffen Journalistinnen und Journalisten die Möglichkeit, zu einem Thema oder Ereignis Stellung zu beziehen. Dadurch fördert der Journalismus die Meinungsbildung und stellt eine Öffentlichkeit her (vgl. Pürer und Raabe 1996, S. 23).

Die Landespressegesetze sehen für die journalistische Berufsfunktion einen **erzieherischen Auftrag** vor: Journalisten sollen „Nachrichten beschaffen und verbreiten", ferner „Stellung nehmen und Kritik üben", „an der Meinungsbildung mitwirken" und schließlich „einen Beitrag zur Bildung leisten" (vgl. Rebmann, Ott et al. 1964).

Journalismus hat damit auch den rechtlichen Auftrag, eine **Kritik- und Kontrollfunktion** in der Gesellschaft wahrzunehmen: also Missstände aufdecken, Gegebenheiten hinterfragen und Kritik üben. Auch wenn der Journalismus als sogenannte „vierte Gewalt" im Staat (vgl. Münkel 2005, S. 7) sich im Selbstverständnis eines Journalisten wiederfindet, erstreckt sich die Kontrollfunktion eher auf eine Wächterrolle in modernen Gesellschaften. Oft selbstverherrlichend von Journalisten gebraucht, ist die **Vierte Gewalt** oder **Vierte Macht** ein informeller Begriff für die Funktion des Journalismus. Er soll verbildlichen, dass die Presse die öffentliche Meinung prägt. Grundlage dieser Begriffsbildung ist das Prinzip der Gewaltenteilung auf Legislative, Exekutive und Judikative. Im Zusammenhang mit einem liberaleren Verständnis von Presse wurde die Bezeichnung der Presse als „Vierte Gewalt" erstmals im 19. Jahrhundert gebräuchlich (vgl. Kunczik und Zipfel 2001, S. 73). Der österreichische Publizist René Marcic nahm den Begriff in den 1950er Jahren wieder auf (vgl. Marcic 1955, S. 192). Er fordert von Journalisten vor allem, im Interesse der Demokratie eine **freie Meinungs- und Willensbildung** zu fördern. Das Grundgesetz räumt den Medien zwar keine Staatsgewalt ein, dennoch kommt das Bundesverfassungsgericht in einem Urteil vom 25. April 1972 zu folgendem

Schluss, der die demokratische Bedeutung der Medien unterstreicht: „Die freie geistige Auseinandersetzung ist ein Lebenselement der freiheitlichen demokratischen Ordnung in der Bundesrepublik und für diese Ordnung schlechthin konstituierend. Sie beruht entscheidend auf der Meinungs-, Presse- und Informationsfreiheit, die als gleichwertige Garanten selbständig nebeneinander stehen."

Der Journalismus beobachtet die Gesellschaft. Er übt jedoch keine direkte Kontrolle aus, sondern berichtet vielmehr über die **Einhaltung sozialer Normen**. Bei Verstößen oder sonstigen „Unregelmäßigkeiten" reagiert der Journalismus mit Berichterstattung.

Die Ausübung der **Kritik- und Kontrollfunktion** des Journalismus ist insbesondere durch die Veränderungen des Medienmarks in Gefahr, wie eine aktuelle Studie belegt (Weischenberg, Malik et al. 2006, S. 18): „Die öffentliche Aufgabe, die [Journalismus] nach höchster Rechtsprechung wahrnehmen soll, [ist] inzwischen mit der Lupe [zu] suchen. Im gesamten Journalismus wird zunehmend mehr die Kritikerrolle zur Disposition gestellt. Die Krise des Journalismus [...] erweist sich vor allem als Krise seiner Kritikfunktion; sie wird obsolet, wenn die Distanz fehlt und die Relevanz sowieso. Dies gilt schon traditionell für den strukturell korrupten Motor- und Reisejournalismus sowie einen Teil der Wirtschaftspublizistik. [...]. Bezahlte Journalisten sind, um ihre immer knappere Arbeit zu behalten, tendenziell vorsichtig wie in der PR und schon wegen der Einschaltquoten, Abhängigkeit von Werbung, mehr am Mainstream orientiert. Unabhängiger, unbezahlter hochrangiger Fach-Bürgerjournalismus ist eventuell investigativer."

Der Soziologe Niklas Luhmann sieht die Aufgabe des Journalismus darin, die **Selbstbeobachtung der Gesellschaft** zu dirigieren. Er ist der Meinung, dass dies auch partiell durch andere Subsysteme (z. B. Wissenschaft, Rechtssprechung) realisiert werden kann (vgl. Luhmann 2004, S. 190), jedoch orientiere sich die Gesellschaft nur in Spezialfällen an Wissenschaft und Recht, z. B. bei der Verurteilung von Straftaten oder der Suche nach neuen Energiequellen. Der Auftrag der Massenmedien sei es nun, die Gesellschaft ausreichend mit Informationen über ihre Umwelt und sich selbst zu versorgen, damit die Gesellschaft und solche Subsysteme, wie die Wissenschaft, auf dieser Grundlage Zukunftserwartungen formulieren können und das Individuum mit diesem Wissen sein Leben gestalten kann (vgl. Luhmann 2004, S. 99). Weiterhin vertritt Luhmann einen konflikttheoretischen Ansatz. Gängige sozialwissenschaftliche Meinungen gehen davon aus, dass die **Stabilität einer Gesellschaft auf Konsens** beruhe, auf einem „Gesellschaftsvertrag". Luhmann setzt sich hiervon explizit ab. So sehe sich die moderne, hochkomplexe und intransparent gewordene Gesellschaft tagtäglich Irritationen (Börsencrash, Unwetter, Kriege etc.) ausgesetzt. Das Besondere am Journalismus sei, dass er Informationen hierüber verbreite, ohne dabei die Konsequenzen dieser Handlung abschätzen zu können. Somit sei die Aufgabe der Medien die fortwährende Reproduktion von intransparenten Effekten durch **transparentes Wissen**, was wiederum Effekte (Ereignisse) nach sich zieht, die wieder in Wissen umgewandelt werden können. So entwickle sich die moderne Gesellschaft mit Hilfe des Mediensystems (bzw. des Journalismus) weiter (vgl. Luhmann 2004, S. 123).

Ausgehend von den vor allem angloamerikanischen **Cultural Studies** verbreitete sich ein interdisziplinär angelegter Forschungsrahmen (vgl. Grossberg, Nelson et al. 1992), der die Funktionen des Journalismus weiter fasst als die Vertreter funktionalistischer Sozialtheorien. Die Vertreter der Cultural Studies (vgl. Renger 2003) kritisieren die Reduktion des Journalismus auf seine Informationsfunktion sowie die Vernachlässigung seiner kulturellen Leistungen und seiner Unterhaltungsfunktion. Ihrer Auffassung nach gibt es keine strikte

3. Funktionen des Journalismus

Trennung zwischen Nachrichten und Unterhaltung. Dies lässt sich an **journalistischen Hybriden**, wie z. B. dem **Infotainment** in Form von Doku-Soaps, beobachten. Auch das Publikum teile sich nicht in ein informations- und ein unterhaltungsorientiertes (Klaus und Lünenborg 2000, S. 192). Während sich die Systemtheorie vor allem mit der Ausdifferenzierung des Leistungs- und Funktionsbegriffs auseinandersetzt, liegt der Untersuchungsschwerpunkt der Cultural Studies auf der Kultur des Rezipienten und dessen Bedeutungskonstruktion der Medientexte. Der Cultural-Studies-Ansatz geht davon aus, dass sich der spezifische Beitrag des Journalismus weder aus der Kommunikator- noch aus der Produktperspektive allein zufriedenstellend ermitteln lässt (vgl. Renger 2004), denn letzen Endes bescheinigt das Publikum journalistische Qualitäten wie **Aktualität und Relevanz** (vgl. Lünenborg 2005). Eine isolierte Untersuchung von mediumsspezifischen Merkmalen kann also nicht funktionieren. Die Analyse der Bedingungen, unter denen Medientexte produziert werden, tritt demnach in den Hintergrund. Man sieht Journalismus vielmehr als ein **prozessuales Zusammenwirken** von Kommunikator, Text und Rezipienten, als „diskursive Auseinandersetzung mit der Wirklichkeit" (Klaus und Lünenborg 2000, S. 201).

3.1 Journalistische Rollenbilder

Literatur zum Verständnis von journalistischen Rollenbildern

Konzept der journalistischen Persönlichkeit:
- Duchkowitsch, W., F. Hausjell, H. Pättker und B. Semrad (2009) (Hrsg.). Journalistische Persönlichkeit. Fall und Aufstieg eines Phänomens. Köln, Halem.

Informationsjournalismus/Nachrichtenjournalismus:
- Weischenberg, S. (2001). Nachrichten-Journalismus. Anleitungen und Qualitätsstandards für die Medienpraxis. Wiesbaden, VS Verlag für Sozialwissenschaften.

Interpretativer Journalismus:
- MacDougall, C. und R. D. Reid (1987). Interpretative Reporting. New York, Macmillan.

Investigativer Journalismus:
- de Burgh, H. (2000) (Hrsg.). Investigative Journalism. Context and Practice. London, New York, Routledge.
- Siehe ausführliche Literaturempfehlungen zum Thema in Kapitel 7.1

New Journalism:
- Bleicher, J. K. und B. Pörksen (2004) (Hrsg.). Grenzgänger. Formen des New Journalism. Wiesbaden, VS Verlag für Sozialwissenschaften.
- Boynton, R. (2005). The New New Journalism. Conversations with America's Best Nonfiction Writers on Their Craft. New York, Vintage.

Boulevardjournalismus/Populärer Journalismus
- Hartley, J. (1996). Popular Reality. Journalism, Modernity, Popular Culture. London, New York, Sydney, Auckland, Arnold.

Während viele Jahre die Vorstellung einer publizistischen oder **journalistischen Persönlichkeit** das Rollenverständnis von Journalisten beeinflusste, ist es heute von unterschiedlichen Konzepten mit Leitbildfunktion geprägt. Die journalistischen Rollenbilder sind so unterschiedlich wie die theoretischen Konstrukte, die seine Funktionen und Leistungen spiegeln. Im Wesentlichen gibt es fünf verschiedene Rollenbilder, die in der Journalismusforschung als **Berichterstattungsmuster** bezeichnet werden (vgl. Weischenberg, Kleinsteuber et al. 2005):

- den Informationsjournalismus,
- den Interpretativen Journalismus,
- den Investigativen Journalismus,
- den New Journalism und
- den Boulevardjournalismus bzw. populären Journalismus.

Im **Informationsjournalismus bzw. Nachrichtenjournalismus** nimmt der Journalist die Rolle des Vermittlers ein, vergleichbar mit dem Anchorman, der in der täglichen *Tagesschau* den Zuschauern die Geschehnisse des Tages „vermittelt". Der Journalist fungiert als neutraler, objektiver Vermittler zwischen den Tatsachen und der Gesellschaft (vgl. Janowitz 1975: 618ff.). In Deutschland wurde diese Form der Berichterstattung nicht zuletzt durch die Alliierten nach Ende des Zweiten Weltkriegs eingeführt. Doch gerade in den 1960er Jahren, seit der Berichterstattung über den Vietnamkrieg, geriet sie in starke Kritik. Hintergründe würden ausgeklammert, es fehle der Raum für Interpretationen (vgl. Weischenberg 1995, S. 113). Diese Konzentration auf die „Wer-und-was"-Fragen hat zur Folge, dass die Hintergründe und Motivationen gar nicht erst in die Berichterstattung gelangten. So werden Ereignisse oft nicht öffentlich und bleiben daher „nonevents" (vgl. Fishman 1982).

Im Gegensatz zum Informationsjournalismus liefert der **Interpretative Journalismus** eine Kontextualisierung von Ereignissen. Der Interpretative Journalismus findet seinen Ursprung in den USA (vgl. MacDougall und Reid 1987). Besonders nach der Weltwirtschaftskrise 1929, als viele Menschen über die Hintergründe dieser Krise informiert werden wollten, wurden Magazine mit detaillierten Hintergrundberichten populär. Heute ist dies die dominierende Form des Journalismus. Ab den 1990er Jahren vermischte sich der Interpretative Journalismus im Rahmen des aufkommenden Bürgerjournalismus mit dem Meinungsjournalismus. Die Basis für den Interpretativen Journalismus bildet die Nachricht. Durch das Nennen von Informationen aus verschiedenen Quellen ergibt sich die Interpretation des Journalisten (vgl. Altschull 1990, S. 315ff.). Diese Sichtweise sollte so objektiv wie möglich sein und dem Leser gleichzeitig umfassendes Hintergrundwissen über ein Ereignis bereitstellen.

Als **Investigativen Journalismus** oder Investigativjournalismus (mit dem lateinischem Begriffsursprung *investigare*: genauestens untersuchen) bezeichnet man eine Form des Journalismus, bei der eine detaillierte und intensive Recherche im Mittelpunkt der journalistischen Arbeit steht. Themen sind meist politische oder wirtschaftliche skandalöse Ereignisse. Investigative Journalisten werden in den USA daher umgangssprachlich auch als *Muckraker* (Schmutzaufwühler, Nestbeschmutzer) bezeichnet (vgl. Mott 1959, S. 573ff). Im deutschen Sprachraum spricht man von Enthüllungsjournalisten. Eine Hochphase erlebte der Investigative Journalismus in den 1970er Jahren in den USA, als Reporter großer Zeitungen eine Reihe von politischen Skandalen aufdeckten. Der bekannteste Fall ist wohl die Watergate-Affäre. Berühmt wurde in diesem Zusammenhang die 1973 mit dem Pulitzer-Preis ausgezeichnete Berichterstattung der Washington Post und ihrer zwei Reporter Bob Woodward und Carl Bernstein (vgl. Weischenberg 1995, S. 118).

Der **New Journalism** war ein Reportagestil, der Mitte der 1960er Jahre entstand. Er weicht bewusst von der sonst auf Distanz bedachten journalistischen Praxis ab. Die Autoren schrieben höchst subjektiv und legten starken Wert auf literarische Stilmittel. Den Begriff New Journalism hatte Tom Wolfe geprägt, der als Herausgeber der Anthologie „The New Journalism" in seinem Vorwort Eigenart und Bedeutung des neuen Stils definierte (vgl. Wolfe und Johnson 1973, S. 1ff.). Bekanntester Vertreter ist Truman Capote (vgl. Altschull 1990, S. 319 ff.). Diese „neuen Journalisten" wandten sich Themen zu, die andere Journalisten vernachlässigten: neuen Strömungen in der Popmusik oder der Drogenszene. Schmidt definiert den New Journalism als eine persönliche Art journalistischer Darstellung, die in einer Grauzone zwischen dem System Journalismus und dem Literatursystem angesiedelt ist (vgl. Schmidt 1989). Für Tom Wolfe füllte der New Journalism eine Lücke. Seiner Meinung nach hätten Autoren sich zunehmend auf rein formale Spielereien beschränkt und Alltagsstoffe vernachlässigt. Der Journalismus hingegen habe sich in eine Objektivität zurückgezogen, die unter Fakten jedes Leben begrabe. Als allgemein akzeptierte Kennzeichen gelten der Rückgriff auf literarische Stilmittel und das Profil des Schreibers (vgl. Weischenberg 1995, S. 116).

In der Diskussion zwischen Qualitäts- und Boulevardmedien drängt sich oft die Polarisierung in einen guten, verantwortungsbewussten, aber gleichzeitig unpopulären, und in einen verantwortungslosen Journalismus auf. John Fiske untersuchte hierzu in seinem Werk „Reading the Popular" journalistische Nachrichten und deren Beziehung zur Populärkultur (vgl. Fiske 2000, S. 204). Er kommt zu dem Schluss, dass die reine Faktenvermittlung nicht ausreicht: „Die Hauptfunktion der Rundfunknachrichten sollte also nicht darin bestehen, Information zu verbreiten, die für sozial notwendig erachtet wird, sondern eher darin, solche Informationen populär zu machen – was heißt, sie wichtig zu machen, sie dazu anzuregen, in den Kulturen der Mikroebene aufgegriffen zu werden" (Fiske 2000, S. 212).

Kulturelle Unterschiede

Das Rollenselbstverständnis von Journalisten ist auch kulturell geprägt. So unterscheidet sich z. B. der Informationsjournalismus von Land zu Land. Die international vergleichende Journalismusforschung zeigt Unterschiede im praktischen Journalismus auf. Sie kann Journalisten helfen, die eigene Arbeitspraxis zu hinterfragen und weiterzuentwickeln.

- Donsbach, W. (2005). Rollenselbstverständnis. In: S. Weischenberg, H. J. Kleinsteuber, B. Pörksen (Hrsg.). Handbuch Journalismus und Medien. Konstanz, UVK: 415-420.
- Hallin, D. C. und P. Mancini (2004). Comparing Media Systems. Three Models of Media and Politics. Cambridge, Cambridge University Press.
- Esser, F. (1998). Die Kräfte hinter den Schlagzeilen. Englischer und deutscher Journalismus im Vergleich. Freiburg, Alber.
- Machill, M. (1997) (Hrsg.). Journalistische Kulturen. Rahmenbedingungen im internationalen Vergleich. Wiesbaden, VS Verlag für Sozialwissenschaften.

Renger (2000, S. 21f.) beschreibt das Phänomen **Populärer Journalismus** als ein Subgenre bzw. ein Teilsystem in einem allgemeineren System von unterschiedlichen Journalismen. Die unterschiedlichen Rollenbilder im Journalismus haben Folgen für die Konstruktionen von Wirklichkeit in den Medien. Ein Nachrichtenredakteur im Informationsjournalismus verfolgt mit seiner Berichterstattung andere Interessen als ein Boulevardreporter im Populären Journalismus – dementsprechend unterschiedlich fallen ihre Selektionen und Beschreibungen von Ereignissen aus.

3.2 Konstruktionen von Wirklichkeit

Literatur zum Verständnis des Verhältnisses von Journalismus und Wirklichkeit

- Bennett, W. L., R. G. Lawrence und S. Livingston (2008). When the Press Fails. Political Power and the News Media from Iraq to Katrina. Chicago, University Of Chicago Press.
- Beuthner, M., J. Buttler, S. Fröhlich, I. Neverla und S. Weichert (2003) (Hrsg.). Bilder des Terrors – Terror der Bilder? Krisenberichterstattung am und nach dem 11. September. Köln, Halem.
- Blöbaum, B. (1994). Journalismus als soziales System. Geschichte, Ausdifferenzierung und Verselbständigung. Opladen, Westdeutscher.
- Frerichs, S. (2000). Bausteine einer systemischen Nachrichtentheorie. Konstruktives Chaos und chaotische Konstruktionen. Wiesbaden, Westdeutscher.
- Holtz-Bacha, C., H. Scherer und N. Waldmann (2002) (Hrsg.). Wie die Medien die Welt erschaffen und wie die Menschen darin leben. Wiesbaden, VS Verlag für Sozialwissenschaften.
- Luhmann, N. (1996). Die Realität der Massenmedien. Opladen, Westdeutscher.
- Marcinkowski, F. (1993). Publizistik als autopoietisches System. Politik und Massenmedien. Eine systemtheoretische Analyse. Opladen, Westdeutscher.
- Merten, K., S. J. Schmidt und S. Weischenberg (1994) (Hrsg.). Die Wirklichkeit der Medien. Eine Einführung in die Kommunikationswissenschaft. Opladen, Westdeutscher.
- Pörksen, B. (2006). Die Beobachtung des Beobachters. Eine Erkenntnistheorie der Journalistik. Konstanz, UVK.
- Pörksen, B., W. Loosen und A. Scholl (2008) (Hrsg.). Paradoxien des Journalismus. Theorie – Empirie – Praxis. Wiesbaden, VS Verlag für Sozialwissenschaften.
- Rühl, M. (1980). Journalismus und Gesellschaft, Bestandsaufnahme und Theorieentwurf. Mainz, Hase & Koehler.
- Scholl, A. (Hrsg.). Systemtheorie und Konstruktivismus in der Kommunikationswissenschaft. Konstanz, UVK.
- Scholl, A. und S. Weischenberg (1998). Journalismus in der Gesellschaft. Theorie, Methodologie und Empirie. Opladen, Wiesbaden, Westdeutscher.
- Weber, S. (2000). Was steuert Journalismus? Ein System zwischen Selbstreferenz und Fremdsteuerung. Konstanz, UVK Medien.

3. Funktionen des Journalismus

Ein wesentliches Merkmal der journalistischen Konstruktion von Wirklichkeit ist die **Selbstbezüglichkeit journalistischer Wahrnehmung**. Man kann wie Luhmann (vgl. Luhmann 2004, S. 24) behaupten, dass das System Journalismus schon immer selbstreferenziell gehandelt hat. Die Unterscheidung zwischen **Selbst- und Fremdreferenz** sei für ein soziales System wie die Massenmedien zwingend notwendig. Nur durch diese Unterscheidung, wie „mir etwas erscheint" und wie „anderen etwas erscheint", lasse sich überhaupt **Erkenntnis** gewinnen. Nur so könne man Erkenntnis über die „eigene Realitätskonstruktion" und die „fremde Realitätskonstruktion" gewinnen.

Damit ein System bestehen kann, müsse diese Grenzziehung immer wieder vollzogen werden. Die Systemtheorie nennt diesen Vorgang **Autopoiesis**. Journalismus wird mitunter zunehmend selbstreferenzieller. So nimmt seine Berichterstattung immer öfter Bezug auf vorangegangene Berichterstattung oder Ereignisse innerhalb des Mediensystems. Der Sender RTL berichtete beispielsweise in seinen Nachrichten über Neuigkeiten in seiner Castingshow „Deutschland sucht den Superstar". Dass er diese Neuigkeiten durch die Ausstrahlung der Sendung und die Berichterstattung darüber erst konstruiert, wird oft nicht deutlich.

Mediale Konstruktionen können in **unterschiedlichen Ausprägungen** inszeniert werden – vom journalistischen Qualitätsverstoß in Form von erfundenen Interviews bis hin zur unbewussten Verzerrung von Wirklichkeit durch die stereotypische Bildwahl (Weber 1999, S. 8). Ein gravierendes Problem im Journalismus ist die Wirkung bewusster Konstruktionen von Wirklichkeit im Sinne reiner **Erfindungen**: Anzeichen für diese Art der Konstruktion sind sowohl beim journalistischen *Input* (gefälschte Statistiken, lügende Informanten) als auch beim *Output* (erfundene Interviews und Beiträge) zu finden. Einige „berüchtigte" Beispiele sind das Radio-Hörspiel *War of the Worlds* von Orson Welles aus dem Jahr 1938 sowie die gefälschten Hitlertagebücher von Konrad Kujau im *Stern* aus dem Jahr 1983 (vgl. Kapitel 13). Während die gefälschten Hitlertagebücher „Fakes" ohne direkten Anlass sind, hat der „Filmfälscher" Michael Born für seine fiktiven Geschichten reale Begebenheiten zum Anlass genommen. Born wurde als „Filmfälscher" bekannt, nachdem zahlreiche seiner scheinbaren Dokumentarfilme, die er für *Stern TV, Spiegel TV* Magazin und andere Fernsehsendungen geliefert hatte, als Fälschungen entlarvt worden waren. In seinen Filmen hatte Born beispielsweise angebliche Kindersklaven gezeigt, die in Indien für Ikea Teppiche knüpften, und ein angebliches Ku-Klux-Klan-Treffen in der Eifel inszeniert. Dennoch gibt Born zu, reale Ereignisse mit Schauspielern nachgestellt zu haben, also Realität „inszeniert" zu haben. Er gibt hierfür folgende Erklärung ab: „Kann Fernsehen wirklich einen objektiven Eindruck vermitteln? […] Schon wenn ein Kameramann, was gängige Praxis ist, einen Passanten auffordert, langsam an der Kamera vorbeizugehen, ist dies eine Manipulation der Wirklichkeit" (Born 1997, S. 63ff.). Weber (1999) gelangt zum Schluss, dass zumindest der stetig wachsende Wettbewerb und ökonomische Druck Borns Methoden begünstigt haben. Während in den vorangegangenen Beispielen die Rede von sogenannten „Enten", also Falschmeldungen bzw. von Berichten mit geringer realer Basis, war, gibt es auch Berichte mit realer Basis, die gravierende Fehler aufweisen. Als Beispiel hierfür gibt Weber (vgl. Weber 1999, S. 81) einen CNN-Bericht vom 7. Juni 1998 an, in dem über den angeblichen Einsatz von Nervengas während des Vietnamkrieges berichtet wurde. Es stellte sich jedoch heraus, dass Tränengas anstelle von Nervengas verwendet worden war, und eine Falschmeldung lediglich durch **Suggestiv-Fragen**, die **selektive Wiedergabe von Daten** und **mehrere Fehlzitate** von Beteiligten produziert wurde. Weber (1999), der selbst journalistisch tätig war, ist der Ansicht, dass diese Form der Falschmeldung eine der häufigsten und alltäglichsten im journalistischen Alltag ist.

Aus dem Kontext gerissene Zitate oder zusammengeschnittene Interviews fallen unter bewusste Kompositionen mit Realitätsproblem. Hier werde nicht direkt „erfunden", sondern vielmehr **dekontextualisiert** und dadurch eine **Realität „komponiert"**, vergleichbar mit Noten oder Partituren eines Musikstückes, die zu einem Neuen zusammengesetzt werden. Anders sieht es bei bewussten Kompositionen ohne Realitätsproblem aus. In diesem Fall sei für alle Beteiligten, also Medienproduzenten, Medienkonsumenten und die jeweiligen Betroffenen (Politiker, Prominente etc.), klar, dass diese Art der Komposition einen rein illustrativen Charakter hat (vgl. Weber 1999). Die dargestellten Inhalte dienen als Symbole oder Metaphern, seien jedoch keine direkten Realitätsabbildungen. Vor allem im Zuge der wachsenden Möglichkeiten der Bildbearbeitung können hierzu Fotomontagen gerechnet werden.

Als **naiv-realistische Realitätsbehauptungen** beschreibt Weber (1999) eine mittlerweile etablierte journalistische Rhetorik. So werden in Berichten Wortgruppen wie „in Wirklichkeit", „tatsächlich" oder „wahrlich" benutzt, um Objektivität zu vermitteln. Laut Mitterer (Mitterer 1988, S. 23ff.) werden derlei Formulierungen verwendet, wenn man seine eigene subjektive Aussage depersonalisieren und als objektiv darstellen möchte. Deswegen sollte man solche Formulierungen eher als Indikatoren für Subjektivität bzw. ungesicherte Aussagen betrachten.

Plurale Wirklichkeiten sind als Form der Wirklichkeitskonstruktion besonders weit verbreitet, da sie sich mit sehr vielen Ursachen, Wirkungen und Standpunkten befassen. Hierunter fallen hochkomplexe Themen, die in der Berichterstattung reduziert dargestellt werden müssen, offene Themen, über die man auf verschiedene Arten berichten könnte (Problem der Beliebigkeit) und Themen, die mehrere Betrachterebenen (Betroffene, Experten, Politiker etc.) berücksichtigen müssen. Natürlich wäre es medienethisch mehr als korrekt, all diese Faktoren zu berücksichtigen. Dennoch sehen sich Medienkonzerne, Redaktionen und Journalisten auch hier den Wettbewerbszwängen und dem Zeitdruck ausgesetzt. Zeitlich kurz bemessene Formate erfordern Plakativität und die Einnahme eines bestimmten Standpunktes. Damit entscheidet man sich aber auch für eine Wirklichkeit von vielen.

Augenblickswirklichkeiten bezeichnen eine Realität, die sich schlagartig ändern kann. Das bei weitem, auch medial vermittelte, schlimmste Beispiel ist der Sturz zweier Flugzeuge in das World Trade Center am 11. September 2001. Während der in Sichtweite vor den beiden Towern stehende RTL-Reporter erklärte, dass soeben ein Flugzeug in einen der beiden Tower geflogen sei und die Ursache bisher ungeklärt sei, flog ein zweites Flugzeug in den zweiten Tower und schloss damit weitestgehend einen Zufall aus (vgl. Weichert 2006; Weber 2001). Anzeichen für die Berichterstattung solcher Augenblickswirklichkeiten sind Formulierungen wie „der letzte Stand der Dinge" oder „bis jetzt". Problematischer wird es, wenn von „falschen Tatsachen" berichtet wird, die sich erst später als falsch herausstellen. Allein durch die Auswahl bestimmter Schlagwörter konstruieren Journalistinnen und Journalisten Wirklichkeit. Am 11. September 2001 evozierten sie die Wirklichkeit eines potentiell bevorstehenden Krieges und eines soeben geschehenen Kriegsaktes einer terroristischen Organisation, dem ein Vergeltungsschlag zu folgen habe. Weber fasst dies treffend zusammen: „Dass das Ereignis real war und in das Mark der materiell-realen Realität traf, steht ebenso außer Zweifel wie die Tatsache, dass Symbole der wirtschaftlichen, der militärischen und der politischen Macht zerstört wurden bzw. zerstört werden hätten sollen. Es handelte sich also um einen Anschlag auf die materielle Realität mit ungemein destruktiver realer wie symbolischer Sprengkraft. Doch die Medienbilder, die wir aus realem Anlass empfangen haben und an die alleine wir kommunikativ und meinungsbildend anschließen können, sind Konstruktionen. Mit zunehmendem zeitlichen Abstand zum Ereignis steigt zudem der Konstruktivitäts-Grad der Berichterstattung" (Weber 2001, S. 7).

Durch die Präsentation von Darstellung und Gegendarstellung, Meinung und Gegenmeinung sowie Vorwurf und Dementi verfolgt der Journalismus das Ziel einer **objektiven Berichterstattung**. Entscheidend dabei ist jedoch die Gewichtung der Aussagen. Diese obliegt wiederum dem Journalisten, der für die Überschrift eines Artikels oder für den Aufmacher eines Sendebeitrages einer Meinung mehr Raum lassen muss – auch dann, wenn diese Meinung innerhalb des Beitrages wieder dementiert wird.

Auch **Übertreibungen, Zahlenspiele und Unschärfen** haben Einfluss auf die Art und Weise der Konstruktion von Wirklichkeit in den Medien. Unter Übertreibungen und Zahlenspiele fallen vor allem die oft unterschiedlichen Interpretationen von Daten und Fakten aus Statistiken, um aus ihnen Entwicklungen, Tatsachen oder Prognosen abzuleiten. Oft wird innerhalb der Berichterstattung von Dunkelziffern gesprochen. Da diese aber eben nicht bekannt sind, wird auch hier durch die bloße Nennung einer nicht bestätigten Zahl Wirklichkeit konstruiert. Der Konstruktivist würde schon bei der Auswahl der Zahlen eine Interpretation feststellen, während der Realist strikt zwischen subjektiven und objektiven Lesarten unterscheiden würde. Als Unschärfen sind Ungenauigkeiten in der täglichen Arbeit eines Journalisten gemeint, wie z. B. Zahlendreher oder falsch geschriebene Namen. Aus diesem Grund gilt beim Redigieren eines Textes für Redakteure der *Deutschen Presse-Agentur dpa* das Vier-Augen-Prinzip (vgl. Gross 1982). So kann die Fehlerquote zumindest verringert werden.

Weber (1999) leitet den „Schweregrad" unbewusster Konstruktivität im Journalismus vom **Grad der technischen Zwischenschaltung** ab: Je höher diese ist, desto konstruierter sei das Gespräch oder die Interaktion zwischen dem Journalisten und dem Befragtem. Während sich bei schriftlichen Befragungen (z. B. Fragebögen) die Konstruktivität auf die Formulierung der Fragestellungen sowie deren Abfolge beschränke, weise das Fernsehinterview mit Kameras, Moderator, Studioatmosphäre, (meist) Publikum sowie der Möglichkeit der Kürzungen der Aussagen durch Schnitt den höchsten Grad an Konstruktivität aus. Zudem müsse Konstruktivität auch intramedial differenziert werden. Hier hänge sie vom jeweiligen Medientyp (Qualitäts- und Boulevardzeitung), dessen Verbreitungsgrad (lokal bis international) und vom Ressort (Politik, Wirtschaft, Kultur etc.) ab. Auch Alter und Ausbildung eines Journalisten sind Faktoren für die journalistische Wirklichkeit, die er schafft.

Systemtheoretische sowie konstruktivistische Journalismustheorien funktionieren nur mit **Umwelteinflüssen**. Von Interesse sind vor allem die wechselseitigen Beziehungen und gegenseitigen Beeinflussungen zwischen Informanten (Umwelt) und Journalisten (Mediensystem bzw. Journalismussystem). Hinter vielen vermeintlichen „Enthüllungsskandalen" stecken oft Informanten mit bestimmten Absichten. Zu beachten ist, dass durch gezielte Informationsfreigabe gezielt „Wirklichkeiten" konstruiert werden können. Die Berichterstattung könne so beeinflusst werden und wiederum Auswirkungen auf die Meinungsbildung der Rezipienten haben. Dem sogenannten *Spin Doctor* (vgl. Mihr 2003, S. 134) geht es beispielsweise nicht um die Vermittlung einer bestimmten politischen Ideologie, sondern darum, seinen Auftraggeber, dessen Politik oder andere Personen oder Ereignisse in einem möglichst positiven (oder auch negativen) Licht in den Medien darzustellen.

> **Literatur zum Verständnis des Einflusses von PR- und Öffentlichkeitsarbeit auf den Journalismus**
>
> - Altmeppen, K.-D. U. Röttger und G. Bentele (2004) (Hrsg.). Schwierige Verhältnisse. Interdependenzen zwischen Journalismus und PR. Wiesbaden, VS Verlag für Sozialwissenschaften.
> - Baerns, B. (1985). Öffentlichkeitsarbeit oder Journalismus? Zum Einfluss im Mediensystem. Köln, Verlag Wissenschaft und Politik.
> - Bentele, G., T. Liebert und S. Seeling (1997). Von der Determination zur Intereffikation. Ein integriertes Modell zum Verhältnis von Public Relations und Journalismus. In: G. Bentele und M. Haller (Hrsg.). Aktuelle Entstehung von Öffentlichkeit. Akteure – Strukturen – Veränderungen. Konstanz, UVK: 225-250.
> - Hoffjann, O. (2001). Journalismus und Public Relations. Ein Theorieentwurf der Intersystembeziehungen in sozialen Konflikten. Wiesbaden, VS Verlag für Sozialwissenschaften.
> - Löffelholz, M. (2004). Ein privilegiertes Verhältnis. Theorien zur Analyse der Interrelationen von Journalismus und Öffentlichkeitsarbeit. In: Ders. (Hrsg.). Theorien des Journalismus. Ein diskursives Handbuch. Wiesbaden, VS Verlag für Sozialwissenschaften: 471-486.
> - Röttger, U. (2008) (Hrsg.). Theorien der Public Relations. Grundlagen und Perspektiven der PR-Forschung. Wiesbaden, VS Verlag für Sozialwissenschaften
> - Röttger, U. (2009) (Hrsg.). PR-Kampagnen. Über die Inszenierung von Öffentlichkeit. Wiesbaden, VS Verlag für Sozialwissenschaften.

Ähnliches gilt für die zunehmend stärkere **Einflussnahme der Public Relations** auf den Journalismus (vgl. Altmeppen, Röttger et al. 2004, S. 64). So werden Themen oft nur gesetzt, weil in den Redaktionen Informationen vorliegen, die von einer Presseagentur versendet wurden. Auch hier nimmt ein anderes Teilsystem der Medien bzw. der Wirtschaft Einfluss auf den Journalismus. Die Beziehung der Public Relations zum System Journalismus wird weitgehend als einseitige bzw. wechselseitige Einflussnahme zwischen zwei Systemen beschrieben (vgl. Scholl und Weischenberg 1998, S. 132). Aus der Perspektive der Public Relations kann man mit Medienresonanzanalysen den Erfolg von öffentlicher Kommunikation messen. Der Einfluss auf journalistische Auswahlmuster kann mit Input-Output-Analysen ermittelt werden (vgl. Baerns 1985). Scholl und Weischenberg fanden in der Studie „Journalismus in Deutschland" heraus, dass deutsche Journalisten ihre eigene Beeinflussung durch PR als eher gering einschätzen (vgl. Scholl und Weischenberg 1998, S. 137). Bei der Wiederholung der Studie im Jahr 2005 wurde deutlich, dass nur jeder sechste Journalist (17 Prozent) einen sehr großen oder eher großen Einfluss von Öffentlichkeitsarbeit empfindet.

Diese Zahl hat sich im Vergleich zur ersten Erhebung kaum verändert (16 Prozent) (vgl. Weischenberg, Malik et al. 2006, S. 123). Dennoch ist der Kontakt zu PR-Stellen erheblich gewachsen: von 28 auf 50 Prozent (vgl. Weischenberg, Malik et al. 2006, S. 125). Problematisch für den praktischen Journalismus ist, wenn die PR-Informationen nicht kritisch betrachtet werden, sondern ungefiltert zum Rezipienten gelangen. Gleiches gilt für die **Eigen-PR** für das eigene journalistische Medium: Auch hier liegt Konstruktivität vor, wenn ein Medium nicht nur über seine Umwelt, sondern auch über sich selbst berichtet. Objektivität ist dadurch nicht mehr gewährleistet.

Durch zunehmende Konkurrenz und fallende Auflagen bzw. Quoten orientiere man sich, so Weber (1999), zunehmend an der Konkurrenz. Doch schon durch die Überlegung, ähnlich oder konträr zum Konkurrenzmedium zu berichten, liege Konstruktivität vor, da nicht mehr nur Fakten gefiltert, verarbeitet und weitergegeben werden, sondern all diesen Prozessen der **Konkurrenz-Filter** aufgesetzt wird.

Wie sollten Journalisten mit PR und Werbung umgehen?

Der Deutsche Journalisten-Verband hat 2007 einen Leitfaden für den Umgang mit PR-Informationen und Werbeangeboten in Form von zwölf journalistischen Tugenden entwickelt. Ziel ist die Verringerung des Manipulationsrisikos im Journalismus.

Die zwölf Tugenden im Umgang mit Werbung und PR sind:

1. **Unabhängigkeit:** Journalisten sind allein der Allgemeinheit verpflichtet.
2. **Professionalität**: Journalisten beherrschen Handwerk, Regeln und Standards.
3. **Relevanzprüfung:** Journalisten entscheiden nach öffentlichem Interesse.
4. **Neutralität**: Journalisten erweisen keine Freundschaftsdienste im Beruf.
5. **Recherche**: Journalisten übernehmen keine Pressemitteilung ungeprüft.
6. **Transparenz**: Journalisten nennen bei Zitaten aus Pressemitteilungen die Quelle.
7. **Rückgrat**: Journalisten widerstehen sachfremden Einflüssen.
8. **Konfliktfähigkeit**: Journalisten streiten für ihre Unabhängigkeit.
9. **Geradlinigkeit**: Journalisten handeln stets nach den gleichen Maßstäben.
10. **Fairness**: Journalisten behandeln Werbekunden und Nichtkunden gleich.
11. **Aufklärung**: Journalisten machen Interessenskonflikte bekannt – zumindest intern.
12. **Qualitätssicherung**: Journalisten setzen sich für interne Regeln ein.

Quelle: www.djv.de

3.3 Objektive Berichterstattung

Literatur zum Verständnis journalistischer Objektivität

- Bentele, G., S. Wehmeier, H. Nothhaft und R. Seidenglanz (2008) (Hrsg.). Objektivität und Glaubwürdigkeit. Medienrealität rekonstruiert. Wiesbaden, VS Verlag für Sozialwissenschaften.
- Goldstein, T. (2007). Journalism and Truth. Strange Bedfellows. Evanston, Northwestern University Press.
- Hackett, R. A. und Y. Zhao (1998). Sustaining Democracy? Journalism and the Politics of Objectivity. Aurora, Garamond Press.
- Kaplan, R. L. (2002). Politics and the American Press. The Rise of Objectivity, 1865-1920. Cambridge, Cambridge University Press.
- Mindich, D. T. Z. (2000). Just the Facts. How "Objectivity" Came to Define American Journalism. New York, NYU Press.
- Tuchman, G. (1978). Making News. A Study in the Construction of Reality. New York, Free Press.
- Ward, S. J. A. (2006). The Invention of Journalism Ethics. The Path to Objectivity and Beyond. Montreal, McGill-Queen's University Press.

Objektivität in der Berichterstattung gilt als wichtiges und **grundlegendes Merkmal** des Journalismus. Spricht man über Journalismus und seine Aufgabe in der Gesellschaft, gilt Objektivität als höchstes Gut. Im Fall der Beschreibung bezeichnet Objektivität die Übereinstimmung mit einer Sache oder einem Ereignis ohne eine Wertung oder subjektive Verzerrung. Im Fall des Beobachtens ist es das erfolgreiche Bemühen um eine solche Übereinstimmung. Wie in dem vorherigen Abschnitt über die Konstruktion von Wirklichkeit erklärt wurde, kann es Objektivität nicht im Sinne einer journalistischen Abbildung von Realität geben. Objektivität kann vielmehr als **strategisches Ritual** verstanden werden (vgl. Tuchman 1972, S. 660ff.), da Journalistinnen und Journalisten mit ihrer Berichterstattung bewusst oder unbewusst Partei ergreifen und Objektivität strategisch eingesetzt wird (z. B. durch die Präsentation sich widersprechender Aussagen). Alexander Görke (2001) weist dem Anspruch auf Objektivität eine **Abgrenzungsfunktion** zu. Er interessiert sich dafür, warum sich Objektivität als journalistische Norm überhaupt durchgesetzt hat und kommt zur Erkenntnis, dass der Journalismus sich in seiner Entwicklung von bloßer fiktionaler, unterhaltender Literatur abgrenzen musste. Deswegen hat er sich wissenschaftlichen Methoden angenähert. Die Objektivität der Forschung beispielsweise bezeichnet ein Prinzip der wissenschaftlichen Forschung, das darauf ausgerichtet ist, in den von ihr abgebildeten Aussagen, Theorien und Thesen die Realität objektiv widerzuspiegeln.

Um möglichst objektiv zu arbeiten, müssen Journalisten jeden Tag Entscheidungen treffen – vor allem Selektionsentscheidungen, für die es anders als bei einem wissenschaftlichen Experiment **keine verbindlichen oder rationalen Handlungskriterien** gibt. Journalisten müssen unterscheiden, was erzählt werden soll und was als unwichtig gilt. Dies geschieht unter Wettbewerbs- und Zeitdruck. Auch wenn die Journalismusforschung das Publikum dem System Journalismus zuordnet (vgl. Blöbaum 1994, S. 308ff.), bleiben den Journalisten die Bedürfnisse und Rezeptionsgewohnheiten ihres Publikums in der Regel verborgen. Sie wissen nie genau, mit wem sie gerade kommunizieren: Gehören die Rezipienten zum Stammpublikum oder zappen sie nur zufällig durch die Kanäle? Andererseits wissen Journalisten auch, dass ihre Selektionsentscheidungen im Fernsehen, in Zeitungen, Magazinen sowie Radio- und Internetformaten öffentlich verfügbar sind. Dieser Druck sorgt dafür, dass sie in diesen „unbestimmten Situationen" das Bedürfnis haben, sich abzusichern und ihre Selektion zu objektivieren.

Zu diesem Zweck beziehen sie sich auf verschiedene **Referenzgruppen** (Donsbach 2002, S. 114f.). Die Journalisten nehmen folglich sehr häufig Reaktionen von Publikum, Kollegen, Freunden, Bekannten und Politikern bei ihrer Arbeit in Anspruch (vgl. Scholl und Weischenberg 1998, S. 108). Journalisten brauchen Reaktionen auf ihre Arbeit, um sie im Spektrum verschiedener Ansichten über Inhalt und Qualität selbst beurteilen zu können (vgl. Donsbach 1981, S. 131). Empirische Befunde (vgl. Weischenberg, Altmeppen et al. 1994, S. 162ff.) zeigen, dass sich Journalisten in erster Linie an ihren Kollegen orientieren, da sie die meisten Reaktionen auf ihre Arbeit von ihnen erhalten (vgl. Scholl und Weischenberg 1998, S. 108). An die Stelle des anonymen Publikums treten demnach die Kollegen. Die **Kollegenorientierung** drückt sich z. B. im freiwilligen Gegenlesen der journalistischen Produkte von Kollegen aus (Schulz 1979, S. 174). Das Gegenlesen ist eine Art „kollegiale Entscheidungshilfe" zur Reduktion der Unsicherheit bei den Redakteuren während des Produktionsprozesses (vgl. Donsbach 1993, S. 151). Siegfried Weischenberg, Maja Malik und Achim Scholl (2006, S. 133) stellen fest, dass das **Gegenlesen** mit dem Hauptmotiv der Qualitätssicherung eine gängige Praxis unter den deutschen Journalisten ist. Journalisten gehören zu den intensivsten Medienkonsumenten. Sie nutzen andere Medien, um sich über die Nachrichtenlage zu informieren und zur Inspiration für potentielle Themen. Andere Medien nutzen sie vor allem aber dann, wenn sie eine Themenauswahl treffen sollen. Die Journalistik kritisiert eine solch starke Kollegenorientierung. Die Berichterstattung bekomme dadurch einen einseitigen Blick auf die Welt (Weischenberg, Malik et al. 2006, S. 144). Die Themenauswahl erfolgt oft auch aufgrund täglicher **Redaktionskonferenzen**. Zum einen sind sie ein sinnvolles Instrument zum Informationsaustausch, zum anderen nutzen Chefredakteure sie, um die Entscheidungen zu kommunizieren, die größtenteils durch sie getroffen werden. Die Konferenz hat bei den aktuellen Medien drei Schwerpunkte:

- die Kritik an den letzten Produktionen,
- die Klärung von Organisationsfragen und
- die Themenplanung für kommende Produktionen (vgl. Schulz 1976, S. 159; Hienzsch 1990, S. 146).

Die Selbstreferenz bedient aber auch die **Eitelkeit der Medienakteure**, wie Kurt Kister, stellvertretender Chefredakteur der *Süddeutschen Zeitung*, beschreibt: „Wir alle sagen natürlich, wenn man uns fragt, wir schreiben für den Leser. Aber selbstverständlich schreiben wir auch häufig um die Anerkennung der Kollegen – oder auch der Politiker. Und nicht zuletzt schreiben wir für uns selber. Wie gesagt ist der Journalismus ein Beruf von eitlen Menschen, und den eigenen Namen groß in einer auflagenstarken Tageszeitung zu lesen, befriedigt die Eitelkeit […]" (Koelbl 2001, S. 14). Nicht zuletzt sind auch Journalisten Individuen, die um Anerkennung und Akzeptanz in sozialen Strukturen ringen, sei es das Lob innerhalb des Bekanntenkreises oder das Image innerhalb der eigenen Redaktion.

3.4 „Das Ziel von Journalismus ist nicht, immer distanziert zu sein" – Expertengespräch mit Bettina Gaus (Tageszeitung)

Interview: Felix Disselhoff

Bettina Gaus

ist seit 1996 parlamentarische Korrespondentin der taz, seit 1999 in Berlin.

Sie besuchte die Deutsche Journalistenschule und studierte parallel Politologie an der Universität München. Von 1983 bis 1989 arbeitete sie als politische Redakteurin bei der Deutschen Welle. 1990 ging sie für sechs Jahre nach Nairobi und berichtete von dort aus – zunächst als freie Korrespondentin, später dann für die taz – aus den Krisengebieten in Ost- und Zentralafrika.

Eine Grundfrage vorweg: Wozu braucht es die Kriegs- und Krisenberichterstattung?

Die Frage, wofür es Kriegsberichterstattung gibt, ist die Frage danach, wofür es Journalismus gibt. Es gibt einen Anspruch der Öffentlichkeit, informiert zu werden. Es gibt aber auch einen Anspruch der Opfer, dass über sie berichtet wird. Den Vorwurf, das sei Sensationsgier, ein Sich-Berauschen am Elend anderer Leute, halte ich für zutiefst ungerecht. Ich finde, dass die Opfer eines Völkermords zumindest einen Anspruch darauf haben, dass der Rest der Welt zur Kenntnis nimmt, was mit ihnen passiert.

Wie kann man jetzt als deutsche Korrespondentin in einer fremden Kultur überhaupt angemessen berichten?

Die Frage, was angemessen ist, ist natürlich schwer zu beantworten. Berichterstattung ist immer nur, auch für Feuilletonredakteure oder Lokalreporter, eine Annäherung an das Wünschenswerte. Das gilt natürlich auch für Krisenberichterstattung. Ich weiß nicht, ob die Frage nach unterschiedlichen Kulturen solch eine große Rolle spielt. Vieles von dem, was sich im Jugoslawienkrieg abgespielt hat, ist mir mindestens so unbegreiflich wie das, was in den Krisengebieten Afrikas passierte, über die ich berichtet habe. Natürlich hat man besonders viel Anlass bei Krisenberichterstattung, seinen Quellen zu misstrauen. Dass es ein Interesse daran gibt, die Siege und Erfolge der eigenen Seite und die Niederlagen der anderen groß herauszustreichen, hat sich seit Cäsar nicht geändert. Man ist gut beraten, zu versuchen, mit möglichst vielen Zivilisten zu reden. Eine Bäuerin, die mir erzählt, dass Soldaten ihr Vieh geraubt haben, erzählt mir dadurch mehr über den Stand des Krieges. Wenn reguläre Soldaten beispielsweise anfangen zu plündern, ist das ein Hinweis auf Auflösungserscheinungen innerhalb der Armee. Ein deutlich größeres Problem als die kulturellen Differenzen ist die Sprachbarriere. In den Ländern, in denen eine vergleichsweise gute Schulbildung herrscht, werden im Regelfall auch die Sprachen der ehemaligen Kolonialherren gesprochen: Englisch oder Französisch. Das gilt aber in vielen Ländern nicht. Man kann sich leider auch nicht immer auf die Dolmetscher verlassen, die häufig von interessierter Seite beigestellt werden. Und wenn beispielsweise ein Dolmetscher die einsilbige Antwort einer Interviewpartnerin damit übersetzt, dass sie in Begeisterungsstürme ausgebrochen sei, ob der fabelhaften Leistung und der Fürsorge ihrer Regierung, dann ist Misstrauen angebracht. Leider aber auch in Fällen, die weniger offensichtlich sind.

Mangelt es Korrespondenten zwangsläufig an Distanz?
Ich glaube nicht, dass es ein Ziel von Journalismus sein muss, immer distanziert zu sein. Ich weiß nicht, ob ich gerne mit Leuten arbeiten oder ihre Berichte lesen würde, die völlig distanziert einem Völkermord zuschauen. Die Grenze ist da zu ziehen, wo man Informationen unterdrückt oder auch nur einfärbt, weil sie nicht ins eigene Weltbild passen. Aber kein Mitgefühl mit hungernden Kleinkindern zu haben, zeugt nicht von journalistischer Qualität.

Gibt es gravierende Unterschiede zwischen Print- und Fernsehkorrespondenten?
Ich bin sehr froh, dass ich Printjournalistin gewesen bin. Ich hab relativ oft mit Fernsehteams gearbeitet und sie sehr bewundert. Sie brauchen nun mal die Bilder und müssen viel dichter an das Geschehen. Das Risiko ist viel höher. Meine Entscheidungsfreiheit war da viel größer. Ich glaube allerdings, dass man vorsichtig sein muss mit dem üblichen „Bashing" gegen das Fernsehen. Das Fernsehen ist ein Medium, das vorwiegend auf den Bauch zielt und nicht auf den Kopf. Das sage ich mit großem Respekt für die Kollegen, die dort arbeiten. Die Kenntnisse und Informationen, die die Kollegen vom Fernsehen haben, sind genauso groß wie meine. Wenn nicht noch besser. Ein Beispiel: Ich habe einen befreundeten Fernsehkollegen während des Völkermords in Ruanda gebeten, mir Rohschnittmaterial zu zeigen, weil ich etwa drei Wochen nicht im Land gewesen war. Ich wollte ein Gefühl für die Situation bekommen. So konnte ich mir anschauen, ob Geschäfte geöffnet waren und Autos fahren. Das hätte ich ihn natürlich auch fragen können. Aber es war mir wichtig, einen sinnlichen Eindruck vom Land zu bekommen. Ich glaube, dass auch die sinnliche Wahrnehmung ein wesentlicher Bestandteil von Information ist. In der Zeitung kann ich natürlich vertiefend etwas schildern. Ohne die Bilder, an die wir uns im Fernsehzeitalter gewöhnt haben, könnten wir aber niemanden erreichen. Wenn Journalismus verantwortungsvoll gemacht wird, ergänzen wir uns einander.

Sorgt der Printkorrespondent dann vor allem für Hintergrundberichte?
Ich glaube, dass sich die Funktion von Tageszeitungen ändert. In dem Ausmaß, in dem Fernsehnachrichten und Onlinenachrichtendienste immer mehr genutzt werden, suchen Leser von Tageszeitungen verstärkt Hintergrundinformationen. Trotzdem reicht es nicht aus, dass die Kollegen vom Fernsehen berichten. Die Leser wollen schon wissen, wie die Korrespondentin ihrer Zeitung ein Ereignis gesehen hat, wahrnimmt und einschätzt, das weltweit Schlagzeilen macht.

Hat sich im Laufe der Jahre die Krisenberichterstattung geändert?
Der Zwang, schnell zu berichten und fünf Minuten nach der Landung zu wissen, welchen Hintergrundbericht man schreibt, ist größer geworden. Das bekommt der Berichterstattung nicht gut. Damit, dass man in immer kürzeren Abständen immer mehr Berichte liefern muss, gleichen sich die Berichte zwangsläufig auch immer stärker weltweit aneinander an. Die Zeit für eine Recherche wird einfach kürzer. Gerade für aktuell arbeitende Kollegen. Das heißt, wenn man ankommt, dann fragt man eben die Kollegen und lässt sich von ihnen erzählen, was los ist. Dieser Zwang zum Tempo führt nicht zu einer besseren Information der Öffentlichkeit. Im Gegenteil. Sie bekommt uniforme Nachrichten. Nicht nachrecherchierte, sondern übernommene Nachrichten. Deswegen können wir auch feststellen, dass es einige Grundeinschätzungen gibt, die zum einen falsch sind, zum anderen aber einige Monate Konjunktur haben in den Medien. Es gab beispielsweise eine völlige Überein-

stimmung in der Weltpresse, dass die Militärintervention in Somalia eine richtig gute Idee war. Ich hab mich mit Somalia sehr intensiv befasst und hielt das von Anfang an für eine richtig schlechte Idee. War damit aber allein auf weiter Flur. Als sie dann gründlich schiefging, waren alle überrascht. Das lag daran, dass diese Fallschirmjournalisten, die in die Gebiete fliegen, sich einen Tag umschauen und dann Hintergrundberichte schreiben, plötzlich vor Ort waren. Natürlich fehlte ihnen die Zeit für die Recherche, natürlich waren sie entsetzt. Das Ergebnis war, dass sie die hochkomplexe Bürgerkriegssituation nicht durchschaut haben. Achten Sie auf Meldungen über Somalia. Wenn es heißt: „Regierungstruppen haben gemeinsam mit äthiopischen Verbündeten Aufständische bekämpft" stimmt davon nichts. Es gibt keine Regierung in Somalia, weder eine gewählte noch eine, die die faktische Kontrolle über das Land hat. Dort findet ein vollkommen chaotischer, aber durchaus interessengeleiteter Bürgerkrieg statt. So eine Meldung hat also mit der Realität absolut nichts zu tun.

Sind die Konflikte in Afrika überhaupt noch überschaubar?
Wenn man meint, dass ein Krieg völlig undurchschaubar ist, dann hat man irgendwas noch nicht verstanden. Letztlich lassen sich alle Krisen und Kriege, die ich aus der Nähe verfolgt habe, auf sehr nachvollziehbare ökonomische Motive zurückführen. Was bei uns oft als Stammesfehden in den Nachrichten auftaucht, bedeutet zwar, dass bestimmte interessierte Kreise die Animositäten zwischen Volksgruppen schüren, aber es ist nie die wirkliche Ursache eines Konflikts. Wenn Sie danach suchen, ist es immer nützlich zu schauen: Was ist mit Landverteilung passiert in den letzten Jahrzehnten, wie hat sich das Bruttoinlandsprodukt vor Ausbruch des Krieges entwickelt, wie groß ist die Armee, wie hoch ist die Arbeitslosigkeit?

Was müsste sich im Bereich der Krisenberichterstattung ändern?
Einen Wunsch hätte ich. Das Problem liegt ja nicht bei den Medien, sondern in erster Linie bei den Konsumenten. Solang es keinen nennenswerten Teil der Öffentlichkeit gibt, der sagt: „Wir fühlen uns schlecht informiert", solang die Öffentlichkeit nicht sagt, dass möglicherweise mit der Berichterstattung etwas nicht stimmt, solange wird sich an der Berichterstattung nichts ändern. Tatsache ist, dass viele Medien Korrespondentennetze ausgedünnt haben, gerade Zeitungen. Das nenne ich auch Mut zur Lücke. Aber die Öffentlichkeit nimmt es hin. Die Öffentlichkeit nimmt es hin, dass Dreiviertel der Welt einfach weiße Flecken sind in der Berichterstattung der deutschen Tagespresse. Insgesamt ist das außenpolitische Interesse der deutschen Öffentlichkeit verschwindend gering.

4. Journalistinnen und Journalisten

Sophie Wehofsich

Überblick

Das Kapitel „Journalistinnen und Journalisten" vermittelt Wissen über die Arbeitssituation journalistischer Medienakteure in Deutschland. Es skizziert die demografische Entwicklung mit Fokus auf Gender-Aspekten. Ziel dieses Kapitels ist neben der Spiegelung der Arbeitssituation im Journalismus vor allem die Schärfung des Bewusstseins für die Bevorzugung von Männern bei der Besetzung von Führungspositionen im Mediensystem.

Das Kapitel ist in zwei Lernabschnitte gegliedert:

- **Abschnitt 4.1**: Im ersten Lernabschnitt dieses Kapitels wird die demografische Situation von Journalistinnen und Journalisten erläutert.
- **Abschnitt 4.2**: Im zweiten Lernabschnitt berichtet eine erfolgreiche deutsche Journalistin von ihren Erfahrungen beim Meistern von Karrierehürden.

4.1 Demografische Entwicklung

Literatur zum Verständnis der demografischen Entwicklung des Journalismus

- Kaltenbrunner, A., M. Karmasin, D. Kraus und A. Zimmermann (2007) Der Journalisten-Report. Österreichs Medien und ihre Macher. Eine empirische Erhebung. Wien, Facultas Universitätsverlag.
- Marr, M., V. Wyss, R. Blum und H. Bonfadelli (2008). Journalisten in der Schweiz. Eigenschaften, Einstellungen, Einflüsse. Konstanz, UVK.
- Weischenberg, S., M. Malik und A.Scholl (2006). Die Souffleure der Mediengesellschaft. Report über die Journalisten in Deutschland. Konstanz, UVK

Journalismus ist ein **offener Beruf**. Jeder darf sich als Journalist oder Journalistin bezeichnen. Trotz dieser geringen formalen Barriere üben zunehmend weniger Menschen journalistische Tätigkeiten aus. Wie viele Journalistinnen und Journalisten arbeiten für welche Medien? Und wie entwickelt sich ihre Arbeitssituation?

Die **demografische Entwicklung** der Journalistinnen und Journalisten im Jahr 2005 beschreiben Siegfried Weischenberg, Maja Malik und Armin Scholl (2006, S. 187ff.) in sechs Kategorien:

- Quantitative Reduzierung
- Partielle Deprofessionalisierung
- Funktionale Stabilisierung

- Qualitative Differenzierung
- Forcierte Selbstorientierung
- Horizontale Feminisierung

Quantitative Reduzierung meint die abnehmende Zahl der Medienakteure im Journalismus. Die Zahl der Journalisten ist von 54.000 im Jahr 1993 auf **48.000 im Jahr 2005** gesunken, das bedeutet ein Minus von 11 Prozent. Insgesamt wurde bei den Zeitungen und Nachrichtenagenturen am meisten Personal eingespart. Demgegenüber hat sich ein neuer Arbeitsmarkt für Onlinejournalisten entwickelt (vgl. Weischenberg, Malik et al. 2006, S. 38ff.).

Von den Medienakteuren, die 2005 hauptberuflich als Journalisten arbeiteten, sind **17.100 bei Zeitungen** beschäftigt (vgl. Abbildung 9). Davon sind 16.600 bei Tageszeitungen beschäftigt – das Gros der deutschen Printjournalisten. Für Sonntags- und Wochenzeitungen arbeiten lediglich rund 500 Journalisten. Fast zwei Drittel aller Zeitungsjournalisten sind bei den etwa 80 größten Zeitungen der BRD mit einer Auflage von über 100.000 Exemplaren beschäftigt. Das restliche Drittel ist für die etwa 300 mittleren und kleineren Zeitungsverlage tätig.

Von den rund **15.200 deutschen Journalisten im Rundfunk** haben 8.000 einen Arbeitsplatz im Hörfunk und 7.200 beim Fernsehen.

Die dritte große Gruppe arbeitet für **Zeitschriftenverlage: rund 9.400** hauptberufliche Journalisten.

Rund 2.900 journalistische Mitarbeiter zählen die Anzeigenblätter. 2.300 Journalisten sind in Online- bzw. Multimediaredaktionen tätig und 1.400 bei Agenturen und Mediendiensten.

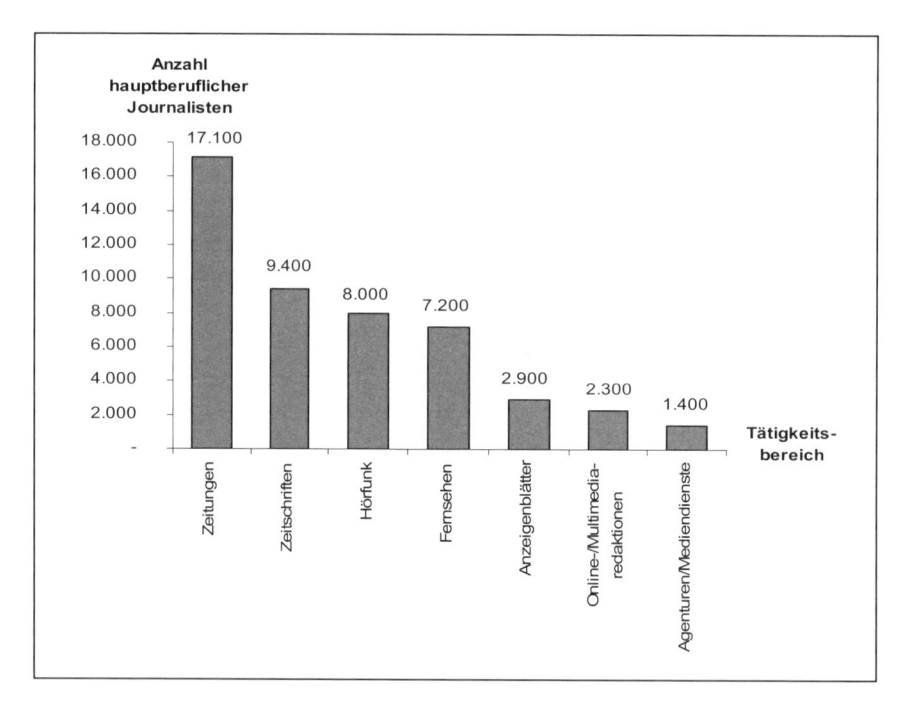

Abbildung 9: Tätigkeitsbereiche deutscher Journalistinnen und Journalisten (Quelle: Weischenberg, Malik und Scholl 2006, S. 257)

Partielle Deprofessionalisierung heißt, dass immer weniger freie Journalisten in der Lage sind, ihren Lebensunterhalt nur mit journalistischem Arbeiten zu erwirtschaften. Sie bestreiten ihren Lebensunterhalt in journalismusnahen Bereichen wie Werbung und Öffentlichkeitsarbeit. (vgl. Weischenberg/Malik 2006, S. 189)

Funktionale Stabilisierung beschreibt die Einstellung der meisten Journalisten zu ihrem Beruf: nämlich eine objektive Berichterstattung (vgl. Kapitel 1, Medienethik). Sie umfasst eine korrekte, faire Darstellung von Ereignissen und Entwicklungen, da das Informieren und sachgerechte Vermitteln zentrale Aufgaben des Journalismus sind (vgl. Weischenberg/Malik 2006, S. 191).

Der Trend der **qualitativen Differenzierung** zeigt sich zum einen an der großen Zahl der Ressorts und Rubriken, in denen Journalisten beschäftigt sind, zum anderen an der Herausbildung unterschiedlicher Redaktionen und Medien. Zudem zeigt sich eine Differenzierung in den Gehaltsklassen in drei Klassen: Gehälter über 10.000 €, Durchschnittsgehälter sowie Menschen, die nicht vom Journalismus allein leben können (vgl. Weischenberg/Malik 2006, S. 193).

Forcierte Selbstorientierung meint, dass sich Journalisten gerne mit Journalisten über Journalismus unterhalten und der Journalismus so selbst zum Thema der Berichterstattung wird (vgl. Weischenberg/Malik 2006, S. 194f.).

Horizontale Feminisierung: Der Frauenanteil ist im Jahr 2005 im Vergleich zum Jahr 2003 um 20 Prozent gestiegen. Er liegt im Jahr 2005 im Journalismus bei 37 Prozent. Im internationalen Vergleich ist das ein sehr hoher Wert. In den meisten anderen Ländern stagniert der Frauenanteil bei etwa einem Drittel oder liegt darunter (vgl. Weischenberg/Malik 2006, S. 194). Fast 70 Prozent aller befragten Journalistinnen und Journalisten weisen ein **Hochschulstudium** auf (Schwenk 2006, S. 164). Betrachtet man ihre Ausbildung geschlechtsspezifisch, so erkennt man, dass Journalistinnen formal besser ausgebildet sind als ihre männlichen Kollegen. 76 Prozent der Journalistinnen haben ein Hochschulstudium abgeschlossen; bei Männern ist dieser Anteil mit 64 Prozent niedriger. Sechs Prozent der Journalistinnen haben promoviert; das sind zwei Prozent mehr als bei ihren männlichen Kollegen (Schwenk 2006, S. 163).

Literatur zum Verständnis von Gender-Aspekten im Journalismus

- Chambers, D., L. Steiner und C. Fleming (2004). Women and Journalism. London, New York, Routledge.
- Klaus, E. (2005). Kommunikationswissenschaftliche Geschlechterforschung. Zur Bedeutung der Frauen in den Massenmedien und im Journalismus. Wien, LIT.
- Klaus, E., J. Röser und U. Wischermann (2001) (Hrsg.). Kommunikationswissenschaft und Gender Studies. Wiesbaden, Westdeutscher.
- Lünenborg, M. (1997). Journalistinnen in Europa. Eine international vergleichende Analyse zum Gendering im sozialen System Journalismus. Opladen, Westdeutscher.
- Schwenk, J. (2006). Berufsfeld Journalismus. Aktuelle Befunde zur beruflichen Situation und Karriere von Frauen und Männern im Journalismus. München, Reinhard Fischer.

Obwohl der Anteil von Frauen im Journalismus zugenommen hat, sind **Frauen in Führungspositionen** noch unterrepräsentiert. Je höher eine Position in der betrieblichen Hierarchie angesiedelt ist, desto seltener wird sie von einer Frau ausgefüllt. Volontärsstellen werden zu 60 Prozent von Frauen besetzt. Die Gruppe der freien Journalisten setzt sich je zur Hälfte aus Männern und Frauen zusammen. Schon in der Hierarchiestufe Redakteur finden sich weniger Frauen als Männer: 48 Prozent dieser Posten werden von Frauen besetzt (Schwenk 2006, S. 155). Chefredakteurinnen sind selten: Nur 31 Prozent der Chefredakteure sind weiblich. Eine Ausnahme stellt hier die Position der „stellvertretenden Chefredakteurin" dar. Diese Position füllen zu 64 Prozent Frauen aus (Schwenk 2006, S. 196).

Um jedoch genaue Aussagen über Frauen in Führungspositionen zu treffen, müssen die einzelnen Medientypen getrennt voneinander betrachtet werden (**vertikale Segmentation**):

- Bei Tageszeitungen scheint es für Frauen besonders schwer zu sein, in Führungspositionen aufzusteigen. Der Frauenanteil liegt hier nur bei rund zwölf Prozent (Schwenk 2006, S. 198).
- Im öffentlich-rechtlichen Rundfunk hat sich die Situation in den letzten Jahren geändert. Hier liegt der Frauenanteil bei 39 Prozent, was auf das Engagement der Sender durch Gleichstellungsbeauftragte zurückzuführen sein kann (Fröhlich, Holtz-Bacha und Velte 1995).
- Im Zeitschriftensektor werden rund vierzig Prozent der Chefredaktionsposten mit Frauen besetzt.

Ebenfalls muss zwischen den Redaktionen unterschieden werden, um „typisch männliche" und **„typisch weibliche" Arbeitsfelder** auszumachen. Die meisten Frauen lassen sich in den Ressorts Soziales/Familie, Ratgeber/Service und Unterhaltung/Lifestyle sowie im Feuilleton finden. Das Ressort Politik liegt bei der Beschäftigung von Journalistinnen an letzter Stelle (Schwenk 2005: 200). Im Journalismus existiert eine „gläserne Decke" (Schwenk 2006, S. 269), die Frauen bislang in der Regel den Weg zu höherem Einkommen und höheren Positionen verwehrt. Das Bild der **gläsernen Decke** meint, dass viele Frauen zwar in höhere Positionen aufsteigen, ab einem gewissen Punkt jedoch nur noch zur „Macht" aufschauen können, ohne den Durchbruch zu schaffen.

Führende deutsche Journalistinnen und Journalisten im Porträt

- Weichert, S. und C. Zabel (2007) (Hrsg.). Die Alpha-Journalisten. Deutschlands Wortführer im Porträt. Köln, Halem.
- Weichert, S. und C. Zabel (2009) (Hrsg.). Die Alpha-Journalisten 2.0. Deutschlands neue Wortführer im Porträt. Köln, Halem.

Im Journalismus ist eines der zentralen Problemfelder die **schwere Vereinbarkeit von Beruf und Familie** aufgrund einer tendenziell mangelhaften Flexibilität der Redaktionen: Ähnlich wie in vielen anderen Berufen mit hohen Qualifikationsanforderungen ist es im Journalismus schwierig, bei Festanstellungen in Teilzeit zu arbeiten. So müssen sich Frauen (und auch Männer) oft für den Beruf oder für die Familie entscheiden. Die gängige Vorstellung, Journalismus sei ein idealer Frauenberuf, weil hier die Vereinbarkeit von Beruf und Familie besonders leicht falle, „erweist sich bei näherem Hinsehen als Illusion" (Ne-

4. Journalistinnen und Journalisten

verla und Kanzleiter 1984, S. 209). Daran hat sich auch 20 Jahre später wenig geändert: Wenn man den Gesamtarbeitsmarkt betrachtet, so ist Teilzeitarbeit die gängige Form für arbeitende Mütter. Im Journalismus arbeiten jedoch nur 12 Prozent der Frauen 20 Stunden oder weniger pro Woche, auf dem Gesamtarbeitsmarkt hingegen 29 Prozent der Frauen (vgl. Schwenk 2006, S. 271f.). Die durchschnittliche Arbeitszeit von Journalisten beträgt 42,2 Stunden pro Woche. Zudem sind die Arbeitszeiten für Journalisten schwer zu kalkulieren, da im Journalismus häufig die „Berufsideologie vom ständig verfügbaren und einsetzbaren ‚Vollblut'-Journalisten" herrscht (Neverla und Kanzleiter 1984, S. 100).

Netzwerk für Journalistinnen

Ein wichtiges Netzwerk für Frauen, die im Journalismus arbeiten, ist der Journalistinnenbund. Er wurde 1987 gegründet und zählt heute 500 Mitglieder. Der Bund setzt sich für Frauenförderung im Journalismus ein und kämpft für Gleichberechtigung auf allen Hierarchieebenen. Zudem bietet er Mentoringprogramme an, in denen erfahrene Journalistinnen Berufseinsteigerinnen unterstützen. Der Journalistinnenbund fordert Geschlechterdemokratie in der Berichterstattung und betreibt eine kontinuierliche und kritische Medienbeobachtung. Er ist in neun Regionalgruppen organisiert: Berlin, Düsseldorf, Frankfurt am Main, Nord, Köln/Bonn, Ruhrgebiet, München, Stuttgart und Baden-Elsass. Dort treffen sich die Mitglieder und andere Interessierte regelmäßig zu offenen Netzwerk- und Themenabenden. Weitere Informationen finden sich im Internet unter www.journalistinnen.de.

4.2 „Ich halte nichts von der These, man solle sich nicht verbünden" – Expertengespräch mit Maria von Welser (Norddeutscher Rundfunk)

Interview: Sophie Wehofisch

Maria von Welser

ist Direktorin des NDR-Landesfunkhauses Hamburg und engagierte Vertreterin der Anliegen von Frauen im deutschen Fernsehen.

Nach dem Besuch der Münchner Journalistenschule absolvierte sie ein Volontariat beim *Münchner Merkur* und arbeitete als freie Journalistin. 1973 wurde sie verantwortliche Redakteurin des Ressorts „Wirtschaft/Immobilien/Sonderseiten" bei der *Abendzeitung* in München. 1979 kam sie zum Bayerischen Rundfunk, zunächst als freie Mitarbeiterin, ab 1981 als festangestellte Redakteurin bei Bayern 3. Sie moderierte im BR-Fernsehen die *Rundschau* und den *Bayern-Report* und war zuletzt im Hörfunk Leiterin des *Musikjournals* auf Bayern 1. 1988 wechselte sie als Redaktionsleiterin und Moderatorin des Frauenjournals *ML Mona Lisa* zum ZDF. Ab 1997 leitete und moderierte sie die Sendung *Mit mir nicht! Welsers Fälle*. 2001 ging sie als Studioleiterin nach London.

Maria von Welser ist seit 2003 Direktorin des NDR-Landesfunkhauses Hamburg und unter anderem Trägerin der Theodor-Heuss-Medaille, des Hans-Joachim-Friedrichs-Preises für Fernsehjournalismus und des Bundesverdienstkreuzes.

Frau von Welser, warum sind Sie Journalistin geworden?
Schon als kleines Mädchen habe ich mich für viele Dinge interessiert und habe immer nachgefragt. Manchmal hieß es dann: Frag doch nicht so viel. Als Journalistin kann man alles fragen und ich glaube bis heute, dass keine Fragen verboten sind. Wenn man sich richtig anstellt, kann alles nachgefragt werden.

Wie stellen Sie Ihre Fragen, um alles fragen zu können?
Man muss natürlich höflich sein und dem anderen eine möglichst angenehme Situation verschaffen. Der Gesprächspartner muss sich wohlfühlen und sich respektiert fühlen. Niemand darf verachtet oder unter Druck gesetzt werden.

War es für Sie als Frau besonders schwer in hohe Positionen aufzurücken?
Es ist für jeden schwer, in eine höhere Position aufzurücken – egal ob Mann oder Frau. Frauen haben natürlich mit ganz anderen Hürden zu kämpfen, unter anderem damit, dass die Führungspositionen überwiegend ja schon mal mit Männern besetzt sind. Noch bis vor kurzem waren 92,3 Prozent aller Leitungspositionen im öffentlich-rechtlichen und privaten Rundfunk, also Radio und Fernsehen, von Männern besetzt. Auch wenn Frauen auf dem Schirm sichtbar sind, haben sie ja deswegen noch nicht Einfluss und Macht und können über Inhalte entscheiden. Ich persönlich habe deswegen auch Glück gehabt, weil ich sehr früh Mentoren gefunden haben, die mich gefördert haben. Das war so beim Bayerischen Rundfunk, wo ich Hörfunk und Fernsehen gemacht habe, das war später beim ZDF so, wo der Intendant Dieter Stolte mir den Rücken freigehalten hat und mich unterstützt hat und das ist hier im NDR so, wo mich der vorhergehende Intendant Prof. Jobst Plog geholt und mich immer positiv motiviert hat. Dadurch, dass mehr Männer in den Leitungspositionen sind, haben sie auch mehr Mentoren und es dadurch sicherlich auch leichter, auf der Leiter hochzusteigen.

Hatten Sie während Ihrer Ausbildung Vorbilder?
Ja, Vorbilder hatte und habe ich. Da ist Marion Gräfin Dönhoff, die Herausgeberin der *Zeit*. Die habe ich für ihre politischen Kommentare bewundert. Zudem fand ich Anneliese Friedmann immer gut. Sie hat in den 1960er und 1970er Jahren eine brillante politische und zeitkritische Kolumne unter dem Pseudonym Sibylle im *Stern* geschrieben.

Sind Ihnen Vorbilder wichtig?
Ich würde nicht sagen, dass ich unbedingt Vorbilder gebraucht habe. Aber zur Orientierung und zur Motivation ist es schon ganz gut zu schauen, was andere machen. Ich habe allerdings nie geschaut, wie diese Frauen ihre Karriere vorangetrieben haben. Ich bin ja jemand Eigenständiges und vieles ist einfach nicht vergleichbar.

Sie haben zahlreiche Auszeichnungen für Ihre journalistische Arbeit erhalten. So zum Beispiel den Hanns-Joachim-Friedrichs-Preis. Sind Preise ein beruflicher Anreiz?
Preise sind natürlich immer motivierend, gerade auch für das Team. Das stärkt allen den Rücken und zeigt, dass sich unsere Arbeit besonders lohnt. Und manchmal bemerkt man durch Preise erst Anerkennung und Reputation durch andere Menschen.

Wie halten Sie es mit der Maxime von Hanns Joachim Friedrichs: „Einen guten Journalisten erkennt man daran, dass er sich nicht gemein macht mit einer Sache, auch nicht mit einer guten Sache; dass er überall dabei ist, aber nirgendwo dazu gehört."?
Ich halte nichts von der These, man solle sich nicht verbünden. Gerade wir als Journalisten sollen uns interessieren, für die die sonst nicht gehört werden. Für Menschen, die ausgenutzt und betrogen werden. Für die, die missbraucht und getötet werden. Das ist eine sehr wichtige Aufgabe, die wir erfüllen müssen. Als Anne Will im letzten Jahr diesen Preis gewonnen hat, fand ich es ganz toll, dass sie sich in ihrer Dankesrede von diesem Motto distanziert und einen reflektierten Blick auf diese Aussage geworfen hat.

Welche Voraussetzungen sollte ein angehender Journalist mitbringen?
Wer Journalist werden will, muss immer Interesse an den Menschen mitbringen. Und zwar ehrliches Interesse am Menschen. Und vor allen Dingen auch Mut haben, alles zu fragen. Siehe meine erste Antwort.

Was raten Sie jungen Menschen, die Journalist werden wollen?
Das Wichtigste ist das Handwerkszeug, also das Schreiben. Am besten ist es, wenn man sich diese Fähigkeit bei einer kleinen Regionalzeitung erarbeitet, sich als Praktikant oder Volontär ausnutzen lässt, alles mitmacht, mit kleinen unspektakulär scheinenden Geschichten aus dem Regionalem anfängt, aber dabei unglaublich viel lernt. Und zwar das Schreiben. Zuallererst kommt das Schreiben.

Wie beschreiben Sie Ihren Führungsstil?
Nichts aufschieben und Probleme immer direkt ansprechen und lösen. Am besten im Zweiergespräch. Bei größeren Problemen auch mal zu dritt. Aber immer schnell.

Wie gehen Sie mit beruflichen Niederlagen um?
Bei Rückschlägen hilft es manchmal, eine Nacht darüber zu schlafen. Aber niemals zurückziehen. Immer weiter machen.

Journalistische Berufsverbände

Mit der Etablierung von Arbeitnehmerstrukturen im Mediensystem haben sich auch Journalistinnen und Journalisten in Interessenverbänden zusammengeschlossen. Redakteure oder freie Journalisten, die in die Gewerkschaften eintreten, profitieren nicht nur von einem Presseausweis, der ihre Arbeitsbedingungen optimieren kann. Sie nehmen auch andere Serviceleistungen wie Beratung bei juristischen Problemen (z. B. bei arbeitsrechtlichen Auseinandersetzungen) oder Gruppenrabatte bei der Krankenversicherung in Anspruch.

Der 1949 gegründete **Deutsche Journalistenverband (DJV)** ist eine Kombination aus Berufsverband und Gewerkschaft. In seinen 15 Landesverbänden sind rund 40.000 Journalistinnen und Journalisten zusammengeschlossen. Der Deutsche Journalisten-Verband bietet seinen Mitgliedern neben dem kostenlosen Bezug der Zeitschrift „journalist" Rechtsschutz in allen beruflichen Angelegenheiten.

Darüber hinaus gehört der DJV zum Kreis derjenigen Verbände, die den Presseausweis ausstellen dürfen. Alle hauptberuflich im Journalismus Tätigen können Mitglieder werden. Volontären und Journalismusstudenten steht die Mitgliedschaft zu einem ermäßigten Tarif offen. Weitere Informationen unter: www.djv.de

Die **Deutsche Journalistinnen- und Journalisten-Union (dju)** ist eine gewerkschaftliche Organisation mit 21.000 Mitgliedern. Sie gehörte zur 1948 gegründeten IG Druck und Papier und ab 1989 zur IG Medien, die sich mit anderen Gewerkschaften im Jahr 2000 zur Vereinten Dienstleistungsgewerkschaft zusammenschloss. Als Untergruppe der Dienstleistungsgewerkschaft ver.di vertritt sie die Interessen von Medienschaffenden. Die Aufnahmebedingungen entsprechen denen des DJV und der Mitgliedsbeitrag beträgt ein Prozent des Bruttotarifgehalts. Weitere Informationen unter: www.dju.verdi.de

Der 1997 gegründete und seit 2006 als Aktiengesellschaft organisierte **Deutsche Fachjournalisten-Verband (DFJV)** versteht sich als Dienstleistungsunternehmen für derzeit rund 6.800 Fachjournalistinnen und -journalisten. Er vergibt ebenfalls Presseausweise und betreibt Lobby-Arbeit. Weitere Informationen unter: ww.dfjv.de.

TEIL II: Journalistisches Arbeiten

5. Redaktionen und Ressorts

Timo Nowack

> **Überblick**
>
> Das fünfte Kapitel „Redaktionen und Ressorts" erklärt die journalistische Arbeitsorganisation. Es stellt den Aufbau von Redaktionen und Ressorts vor und beschreibt die zentralen Themenfelder, mit denen sich Journalistinnen und Journalisten auseinandersetzen.
>
> Das Kapitel ist in vier Abschnitte gegliedert:
>
> - **Kapitel 5.1**: Der erste Abschnitt skizziert die Entstehungsgeschichte von Ressorts und erläutert die redaktionelle Arbeitsteilung, ihre Akteure und Arbeitsabläufe.
> - **Kapitel 5.2**: Im zweiten Abschnitt werden die Besonderheiten des praktischen Journalismus in den fünf klassischen Ressorts Politik, Wirtschaft, Kultur, Sport und Lokales vorgestellt.
> - **Kapitel 5.3**: Der dritte Abschnitt beschäftigt sich mit den aktuellen Trends in Ressorts und Redaktionen vor dem Hintergrund der crossmedialen Entwicklung des Journalismus.
> - **Kapitel 5.4**: Im vierten Abschnitt erklärt ein Pionier des crossmedialen Journalismus die Zusammenarbeit von Online- und Printredaktionen.

Die alltägliche Arbeit eines Journalisten besteht darin, gesellschaftliche Teilsysteme zu beobachten und zu beschreiben. Um dies in einer Flut von Eindrücken erfolgreich zu tun, bedient er sich bestimmter Muster und Institutionalisierungen, um die Informationsflut sinnvoll erfassen, strukturieren und verarbeiten zu können – dies sind **Themenfelder und Ressorts**. Entsprechend einer inhaltlichen Unterteilung der Informationswelt ergeben sich die Themenfelder, deren Bearbeitung sich organisatorisch und institutionell in den Ressorts der Redaktionen niederschlägt. Im historischen Prozess haben sich von einer ursprünglich politischen Berichterstattung andere Themenfelder abgegrenzt und schließlich in den Zeitungen entsprechende organisatorische Einheiten gebildet, die Ressorts. So entstanden fünf Kernthemenfelder und damit **fünf klassische Ressorts**: Politik, Wirtschaft, Kultur, Sport und Lokales. Diese Ressorts prägen die Redaktionen der deutschen Medienlandschaft bis heute, am besten zu erkennen in ihrem ursprünglichen Medium, der Zeitung, aber auch in Zeitschriften, Onlinemagazinen, im Radio und Fernsehen. Auf der einen Seite bieten die Ressorts und Themenfelder dem Journalisten eine **Grundstruktur und Orientierung** für die tägliche Arbeit. Auf der anderen Seite wird diese Struktur heute oft als einengend empfunden und als inadäquat, um die Komplexität der Welt zu erfassen und abzubilden. So fassen vermehrt neue, ressortüberwindende Organisationsmodelle in den Redaktionen Fuß.

> **Literatur zum Verständnis von Redaktionen und Ressorts**
> - Alkan, S. R. (2003). Handbuch Online-Redaktion. Bonn, Galileo Press.
> - Altmeppen, K.-D. (1999). Redaktionen als Koordinationszentren. Beobachtungen journalistischen Handelns. Opladen/Wiesbaden, Westdeutscher.
> - Hienzsch, U. (1990). Journalismus als Restgröße. Redaktionelle Rationalisierung und publizistischer Leistungsverlust. Wiesbaden, DUV.
> - Meckel, M. (1999). Redaktionsmanagement. Ansätze aus Theorie und Praxis. Opladen, VS Verlag für Sozialwissenschaften.
> - Meier, K. (2002). Ressort, Sparte, Team. Wahrnehmungsstrukturen und Redaktionsorganisation im Zeitungsjournalismus. Konstanz, UVK.
> - Möhring, W. und B. Schneider (2006) (Hrsg.). Praxis des Zeitungsmanagements. Ein Kompendium. München, Reinhard Fischer.
> - Rühl, M. (1979). Die Zeitungsredaktion als organisiertes soziales System. Freiburg (Schweiz), Universitätsverlag.
> - Weichler, K. (2003). Redaktionsmanagement. Konstanz, UVK.
> - Wyss, V. (2002). Redaktionelles Qualitätsmanagement. Ziele, Normen, Ressourcen. Konstanz, UVK.

Dieses Kapitel zu den Themenfeldern und Ressorts des Journalismus beantwortet die Fragen, mit welchen Themen sich der Journalismus beschäftigt, in welchen Ressortstrukturen er organisiert ist und welche neuen alternativen Trends in der thematischen Organisation von Redaktionen zu erkennen sind. Dazu klärt das Kapitel zuerst ausführlich die Grundlagen zu Ressorts und Themenfeldern, stellt die Redaktions- und Ressortorganisation vor und analysiert dann die fünf klassischen Ressorts, zeigt einzeln ihre Charakteristika, Probleme und Chancen auf. Schließlich untersucht das Kapitel aktuelle Trends in Ressorts und Redaktionen und wirft schließlich einen Blick auf die Ressorts und Themenfelder in den Onlineangeboten deutscher Tageszeitungen.

5.1 Grundlagen der redaktionellen Arbeitsorganisation

Das Wort **Ressort** hat zwei Bedeutungen: Es bezeichnet auf der einen Seite ein Sachgebiet, wie etwa Sport. Auf der anderen Seite definiert es die Organisationsform in der Redaktion, ein Team von Redakteuren, die diesem Sachgebiet zugeordnet sind (vgl. von La Roche 2006, S. 40). Meier (2002b, S. 56) unterscheidet die organisatorische und inhaltliche Kontextbedeutung des Begriffs. Von einem Ressort kann man demnach organisatorisch dann sprechen, wenn mindestens ein eigener Redakteur inhaltlich für die Sparte zuständig ist (vgl. ebd., S. 120). In die Praxis hat der Begriff der Sparte jedoch keinen Eingang gefunden (vgl. ebd., S. 56). Im Grundsatz war die journalistische Berichterstattung zu Beginn an der Politik als Nachrichtensparte (vgl. Blum 2005, S. 346f.) ausgerichtet, wovon sich im 19. Jahrhundert dann die anderen Themenfelder absetzten und sich als eigene Sparten etablierten. Im ersten so bezeichneten Feuilleton wurden etwa im Jahr 1812 die literarischen von den politischen Themen getrennt (vgl. Todorwo 1996, S. 10). Es folgten Wirtschafts- und Handelssparten

5. Redaktionen und Ressorts

(Röper 1977, S. 48-52). Die entsprechende **redaktionelle Arbeitsteilung** und Aufteilung in autonome Ressorts hat sich im deutschsprachigen Raum am Ende des 19. und Anfang des 20. Jahrhunderts herausgebildet, hatte jedoch bis Mitte des 20. Jahrhunderts oft noch sehr durchlässige Grenzen (vgl. Meier 2002b, S. 134). Zuerst bildeten sich das Wirtschafts- und das Lokalressort (vgl. Meier 2005, S. 395). Auch Redaktionskonferenzen wurden erstmals gegen Ende des 19. Jahrhunderts abgehalten (vgl. Meier 2002b, S. 129).

So entstanden die fünf klassischen Ressorts der Zeitung: **Politik, Wirtschaft, Kultur, Sport und Lokales.** Das Lokale ist geografisch definiert, die anderen vier klassischen Ressorts bilden die großen Themenfelder der deutschen Berichterstattung (vgl. von La Roche 2006, S. 40). Diese Aufteilung und Institutionalisierung in klassische Ressorts erfolgt, um bei einem breitgefächerten Themenanspruch ein Raster zu haben, nach dem gesellschaftliche Teilsysteme kontinuierlich beobachtet und beschrieben werden können (Meier 2002b, S. 424; Meier 2004, S. 96). Auch wenn es in den Redaktionen heute eine immer stärkere Differenzierung gibt, richten sich alle Nachrichtenmedien bis heute an der klassischen Ressortstruktur aus (vgl. Meier 2002b, S. 135; vgl. Meier 2005, S. 395). Im Detail wird diese Ausrichtung durch die publizistische Strategie und Zielgruppe des Mediums bestimmt (vgl. Meier 2005, S. 395).

Die Kernressorts grenzen sich meist nach thematischen Gesichtspunkten ab (Meier 2002b, S. 149; vgl. Abbildung 10). Neben den fünf Kernressorts gibt es heute viele weitere, wie etwa Wissenschaft, Medien, Panorama, Hochschule, Auto, Reise und andere (vgl. zur ausführlichen Erörterung der anderen Ressorts Meier 2002b, S. 153-187; vgl. von La Roche 2006, S. 40). Leiter eines jeden Ressorts ist der Ressortchef (vgl. von La Roche 2006, S. 40). In Fernseh- und Hörfunkredaktionen finden sich diese Bereiche oft ähnlich wieder (vgl. von La Roche 2006, S. 40). Sowohl Rundfunkanstalten als auch Printmagazine verwenden allerdings oft die Bezeichnung Abteilung oder Redaktion (vgl. Mast 2004, S. 405).

Für den praktisch arbeitenden Journalisten bedeutet die Arbeit in Ressorts zuerst einmal eine **Filterung der Themen im Sinne der Sparte**. So kann er im riesigen Strom der Neuigkeiten auswählen und hat dabei einen Orientierungspunkt.

Kriterien der Ressortabgrenzung	Ressort
Sachliche Kriterien	Politik, Wirtschaft, Sport, Kultur, Gesellschaft, Medien, Wissenschaft
	Auto, Reise, Mode
Funktionale Kriterien	Service, Ratgeber, Unterhaltung
Geografische Kriterien	Lokales, Ausland
Personale Kriterien	Jugend, Senioren

Abbildung 10: Kriterien der Ressortabgrenzung (vgl. Meier 2002, S. 170)

Allerdings verengt dies auch seine Wahrnehmung. So kann er heute zunehmend davon profitieren, wenn er über den Tellerrand seines eigenen Ressorts hinausschaut und Themen nicht nur nach den Ressortschemata selektiert. Denn Ressortgrenzen werden in einer komplexen Gesellschaft zunehmend als beengend und unzureichend empfunden, werden durchlässiger und teilweise bewusst durch Teamarbeit und andere Modelle überwunden (vgl. Kapitel 5).

Nicht unterschätzen sollte der Journalist die **Arbeitsplatzchancen** in den Nebenressorts gegenüber den Kernressorts, die sich nach unterschiedlichen Kriterien abgrenzen lassen (vgl. Abbildung 10). Nur noch etwa 24 Prozent der Tageszeitungsjournalisten arbeiten in den Ressorts Politik, Wirtschaft, Kultur und Sport (vgl. Meier 2002b, S. 276ff.).

Je größer eine Redaktion ist, desto spezialisierter sind die Redakteure sowie Ressorts, die möglicherweise auch in sich noch einmal in Fachgebiete aufgeteilt sind (z. B. im Ressort Wirtschaft in „Finanzen und Börse", „Wirtschaftspolitik" und „Unternehmen" etc.). Je kleiner eine Redaktion ist, desto mehr muss der Redakteur Generalist sein, der fachlich mehrere Ressorts bedienen kann (vgl. Meckel 1999, S. 73; vgl. Meier 2004, S. 97). Dabei ist die Aufteilung der Redaktion in Deutschland eine **thematische Spartenorganisation**, im angloamerikanischen Raum dagegen eine an den Tätigkeiten ausgerichtete **funktionale Organisation**. Dort übernimmt der *Reporter* das Schreiben, während der *Editor* auswählt, redigiert und plant. In Deutschland dagegen recherchieren und schreiben auch die Redakteure. Innerhalb der Redaktion werden sie nach fachlich-thematischen Gesichtspunkten eingesetzt. Diese landesspezifischen Rollen- und Aufgabenteilungen werden sich allerdings zunehmend ähnlicher: In den USA stimmen sich Reporter und Redakteure intensiver ab, in Deutschland wird das Schreiben und Blattmachen zunehmend getrennt (vgl. Meckel 1999, S. 70; Meier 2002b, S. 239ff.; Meier 2005, S. 396).

Allen Redaktionen gemein ist die **Redaktionskonferenz**, in der sich Ressortleiter und Redakteure mit dem Chefredakteur oder Chef vom Dienst sowie der Bildredaktion abstimmen. Sind Redaktion und Ressorts groß genug, gehen der Redaktionskonferenz oft Ressortkonferenzen voraus, in denen Redakteure mit ihrem Ressortleiter die relevanten Themen des Tages im eigenen Ressort besprechen. In den Funkmedien hängt es von Größe, Organisationsform, Veranstalter, Sendezeit und Programmkonzept ab, wie die Redaktions- und Ressortorganisation aussieht. Im Hörfunk gibt es zum Beispiel des Öfteren eine Unterteilung in Musik und Wort. In der Wortabteilung wird dann wiederum nach Politik, Kultur, Nachrichten und Unterhaltung unterschieden (vgl. Mast 2004, S. 406).

Die ökonomischen Gesichtspunkte der Ressort- und Redaktionsorganisation sowie die daraus resultierenden, von Kosten- und Leistungsgesichtspunkten bestimmten Varianten der Organisationskultur sind weitere Faktoren, die eine Rolle spielen (vgl. Moss 1998).

5.2 Die fünf klassischen Ressorts

5.2.1 Politik

Literatur zum Verständnis des Ressorts Politik

- Blum, R., P. Meier und N. Gysin (2006). Wes Land ich bin, des Lied ich sing? Medien und politische Kultur. Bern, Haupt.
- Esser, F. und B. Pfetsch (2004) (Hrsg.). Comparing Political Communication. Theories, Cases, and Challenges. Cambridge, Cambridge University Press.
- Fengler, S. und B. Vestring (2008). Politikjournalismus. Wiesbaden, VS Verlag für Sozialwissenschaften.
- Filzmeier, P., M. Karmasin und C. Klepp (2006) (Hrsg.). Politik und Medien – Medien und Politik. Wien, Facultas Universitätsverlag.
- Jarren, O. und P. Donges (2006). Politische Kommunikation in der Mediengesellschaft. Eine Einführung. Wiesbaden, Westdeutscher.
- Kuhn, R. (2007). Political Journalism. New Challenges, New Practices. London, New York, Routledge.
- Lesmeister, C. (2008). Informelle politische Kommunikationskultur. Hinter den Kulissen politisch-medialer Kommunikation. Wiesbaden, VS Verlag für Sozialwissenschaften.
- Marx, S. (2008). Die Legende vom Spin Doctor. Regierungskommunikation unter Schröder und Blair. Wiesbaden, VS Verlag für Sozialwissenschaften.
- Matthes, J. (2007). Framing-Effekte. Zum Einfluss der Politikberichterstattung auf die Einstellungen der Rezipienten. München, Reinhard Fischer.
- Meyer, T. (2004). Mediokratie. Die Kolonisierung der Politik durch die Medien. Frankfurt am Main, Suhrkamp.
- Paukens, H. (2000). Politikvermittlung zwischen Information und Unterhaltung. München, Reinhard Fischer.
- Reinemann, C. (2003). Medienmacher als Mediennutzer. Kommunikations- und Einflussstrukturen im politischen Journalismus der Gegenwart. Wien, Köln, Weimar, Böhlau.
- Saxer, U. (2006). Politik als Unterhaltung. Zum Wandel politischer Öffentlichkeit in der Mediengesellschaft. Konstanz, UVK.
- Schmitt-Beck, R. (2000). Politische Kommunikation und Wählerverhalten. Ein internationaler Vergleich. Wiesbaden, VS Verlag für Sozialwissenschaften.
- Weisbrod, B. (1999) (Hrsg.). Die Politik der Öffentlichkeit – Die Öffentlichkeit der Politik. Politische Medialisierung in der Geschichte der Bundesrepublik. Göttingen, Wallstein.
- Wied, K. (2007). Der Wahlabend im deutschen Fernsehen. Wandel und Stabilität der Wahlberichterstattung. Wiesbaden, VS Verlag für Sozialwissenschaften.

Der **Politikjournalismus** ist nicht nur die Urform des Journalismus und schon seit der frühen Neuzeit bekannt (vgl. Blum 2005, S. 346f.). Er nimmt auch heute in der Zeitung eine **prominente Position** ein. Während praktische Lehrbücher zum politischen Journalismus weitgehend fehlen (Blum 2005, S. 347), ist er jedoch Forschungsgegenstand vieler wissenschaftlicher Werke, vor allem im Rahmen der Forschung zur „Politischen Kommunikation" (vgl. Sarcinelli 1998; Jarren und Donges 2002; Sarcinelli und Tenscher 2003).

Politikjournalismus soll **Informationen aus und über das politische System** öffentlich machen, den Meinungsaustausch darüber anregen und das politische Geschehen kommentieren (vgl. Mast 2004, S. 407). Er ist meist vorne im ersten Buch der Zeitung angesiedelt und auf Seite 1 breit vertreten. Besonders für die Abonnentenzeitung ist er von großer Bedeutung. Allerdings wächst auf Seite 1 die Konkurrenz: Lokale und regionale sowie Wirtschaftsthemen können sich dort neben den politischen immer besser positionieren (vgl. Mast 2004, S. 407).

In Frankreich bezeichnet der Ressortname *Politique* bzw. *Politiques* ausschließlich eine nationale Ebene. Internationale politische Themen laufen unter *Monde* bzw. *International*. Ebenso verhält es sich in Italien. In Deutschland dagegen beinhaltet das Ressort Politik in der Regel **nationale und internationale Politik**, eine Untergliederung in Innen- und Außenpolitik folgt auf der zweiten Ebene (vgl. Blum 2005, S. 346). Die Berichterstattung über Außenpolitik kann in großen Redaktionen dann weiter aufgeteilt sein, zum Beispiel geografisch nach Weltregionen. In der innenpolitischen Berichterstattung wird nach Politikfeldern, etwa Gesundheits-, Sicherheits- oder Kulturpolitik unterschieden. Gerade im innenpolitischen Teil sind die Grenzen zu anderen Ressorts oft fließend, zum Beispiel zum Lokalem (vgl. Mast 2004, S. 407).

Im innenpolitischen Teil des Politikressorts befassen sich die Redakteure mit **Themen des politischen Systems**, wie beispielsweise der Regierung, den Parteien und Verbänden (vgl. Blum 2005, S. 346), aber auch etwa mit politischem Extremismus, politisch motivierten rassistischen Übergriffen, generell Themen der inneren Sicherheit und anderer Politikfelder. Dabei ist die reine Parlamentsberichterstattung jedoch zugunsten einer an den zentralen Konflikten orientierten Berichterstattung zurückgegangen. Dafür haben sich bestimmte TV-Sender – in Deutschland Phoenix – auf eben diese Parlamentsberichterstattung spezialisiert (vgl. Blum 2005, S. 348). Innenpolitische Topthemen sind in Deutschland langfristig gesehen die Wirtschaftspolitik, danach Innere Sicherheit und Sozialpolitik. Bildungs-, Kultur- und Medienpolitik finden dagegen weniger Beachtung (vgl. Maurer und Reinemann 2006, S. 116).

Internationale Berichterstattung behandelt oft Diplomatisches, Kriege und Konflikte und allgemeine internationale politische Entwicklungen (vgl. Blum 2005, S. 346). Da ein weltweites Korrespondentennetzwerk für viele Medien nicht finanzierbar ist, nutzen gerade kleine Zeitungen häufig viel Material der Presseagenturen (vgl. Mast 2004, S. 407).

Generell herrscht in Deutschland heute ein am **Nachrichtenwert orientierter Politikjournalismus** vor (vgl. Blum 2005, S. 347). Die Themenauswahl erfolgt im Rahmen eines großen Auswahlprozesses aus einer riesigen Menge möglicher Nachrichten, die etwa über Presseagenturen oder politische Akteure angeboten werden (vgl. Mast 2004, S. 407). In der Regel versenden die großen deutschen Nachrichtenagenturen mehr Meldungen aus dem Themenfeld Politik als aus irgendeinem anderen (Schneider und Raue 2006, S. 27ff.).

Besonders in den Politikressorts von Wochen- und Monatsmagazinen erschwert der hohe aktuelle Takt von Ereignissen und Nachrichtenfluss die Arbeit – wohl mehr als in allen anderen Ressorts (vgl. Pieper 2004, S. 411). „Kleine Änderungen im politischen Geschehen können ganze Ideengebäude von Texten umwerfen oder überholt erscheinen lassen" (Pieper 2004, S. 411). Die Politikredakteure der Magazine sind noch mehr als in anderen Ressorts darauf angewiesen, sich durch hintergründige Analysen und aufwendig recherchierte exklusive Geschichten von den Kollegen der Tagesberichterstattung abzusetzen (vgl. Pieper 2004, S. 412f.).

Redakteure im Politikressort müssen dem Leser oft **komplexe Themen** nahe bringen und verständlich und interessant machen – ein Paradebeispiel und eine harte Nuss für viele Journalisten ist das Thema Gesundheitsreform, das in den Jahren 2003 bis 2007 immer wieder für Aufsehen sorgte. Eine Gefahr für den Journalisten bei solchen komplexen Themen liegt darin, in einen rein nachrichtlichen Stil zu verfallen, lediglich Bericht zu erstatten und nicht zu erklären, fernab der Lebenswirklichkeit der Leser zu berichten und sie mit komplizierter Sprache abzuschrecken (vgl. Bonhorst 2004, S. 408ff.). Neben dem Problem, eine angemessene Schreibe zu finden, drohen weitere Schwierigkeiten: Gerade innenpolitischer Journalismus „pendelt zwischen Machtverliebtheit und ‚vierter Gewalt'" (Blum 2005, S. 347), denn es besteht eine enge Beziehung und **Nähe zu den mächtigen Akteuren des politischen Systems** – die der Journalist aber auch öffentlich kritisch hinterfragen muss. Mancher Journalist neigt über diesen Zwiespalt hinaus dazu, mehr für den politischen Akteur als für den Leser zu berichten. Weiterhin besteht die Gefahr, mehr über Personen als über Themen zu schreiben, vor allem bei Wahlen (vgl. Blum 2005, S. 347f.). Der außenpolitische Journalist sollte außerdem bedenken, dass er und seine Beiträge in Zeiten des Internets auch in dem geografischen Raum, über den er berichtet, wahrgenommen werden und Wirkungen entfalten (vgl. Mast 2004, S. 407).

Höchpunkte der politischen Berichterstattung sind **investigative Geschichten**, die Fehler oder Übergriffe des politischen Systems aufdecken, wie etwa die *Spiegel*-Affäre, Watergate oder die Parteispendenaffäre im Jahr 2000. Gute Kontakte und Beziehungsnetze sind für Politikredakteure dabei noch wichtiger als für Journalisten generell. Dafür genießen sie oft aber auch ein hohes Ansehen (vgl. Blum 2005, S. 346f.).

5.2.2 Wirtschaft

Literatur zum Verständnis des Ressorts Wirtschaft
- Dommermuth, S. (2003). Publizistische Sorgfaltspflichten und haftungsfreies Ermessen bei redaktionellen Presseäußerungen im Rahmen der Wirtschaftsberichterstattung. Berlin, Berliner Wissenschafts-Verlag.
- Freedman, R. und S. Roll (2006) (Hrsg.). Journalism That Matters. How Business-to-Business Editors Change the Industries They Cover. Oak Park, Marion Street Press.
- Frühbrodt, L. (2007). Wirtschafts-Journalismus. Ein Handbuch für Ausbildung und Praxis. Berlin, Econ.
- Hagen, L. M. (2005). Konjunkturnachrichten, Konjunkturklima und Konjunktur. Köln, Halem.

- Heinrich, J. und C. Moss (2006). Wirtschaftsjournalistik. Grundlagen und Praxis. Wiesbaden, VS Verlag für Sozialwissenschaften.
- Kjar, P. und T. Slaatta (2007). Mediating Business. The Expansion of Business Journalism. Copenhagen, Copenhagen Business School Press.
- Knödler, T. (2005). Public Relations und Wirtschaftsjournalismus. Erfolgs- und Risikofaktoren für einen win-win. Wiesbaden, VS Verlag für Sozialwissenschaften.
- Mast, C. (1999). Wirtschaftsjournalismus. Grundlagen und neue Konzepte für die Presse. Opladen, Wiesbaden, Westdeutscher
- Quiring, O. (2004). Wirtschaftsberichterstattung und Wahlen. Konstanz, UVK.
- Roush, C. (2004). Show Me the Money. Writing Business and Economics Stories for Mass Communication. Philadelphia, Lawrence Erlbaum.
- Roush, C. (2006). Profits and Losses. Business Journalism and Its Role in Society. Oak Park, Marion Street Press.
- Schenk, M. und P. Rössler (1999). Wirtschaftsberichterstattung in Zeitschriften. Literaturbericht und Inhaltsanalyse. München, Reinhard Fischer.
- Spachmann, K. (2005). Wirtschaftsjournalismus in der Presse. Theorie und Empirie. Konstanz, UVK.
- Thompson, T (2001) (Hrsg.). Writing About Business. The New Columbia Knight-Bagehot Guide to Economics & Business Journalism. New York, Columbia University Press.
- Viehöver, U. (2003). Ressort Wirtschaft. Konstanz, UVK.

Das **Wirtschaftsressort** beschäftigt sich mit der Wirtschaft als einem Teilsystem der Gesellschaft. Ökonomisch bedeutende Lebensbereiche des Einzelnen wie Energiepreise, Arbeit, Einkommen und Konsum sind hier angesiedelt, aber auch wichtige abstraktere Themen wie etwa die Konjunktur. Da häufig viele komplexe ökonomische Variablen miteinander verbunden sind, ist eine wesentliche Aufgabe des Redakteurs im Wirtschaftsressort die Komplexitätsreduktion (vgl. Goderbauer-Marchner und Blümlein 2002). Schon seit Anfang des 19. Jahrhunderts war die Wirtschaftsberichterstattung als Thema gebündelt, jedoch noch nicht organisatorisch und personell. Erste Wirtschaftsressorts entstanden dann an der Wende vom 19. zum 20. Jahrhundert (vgl. Röper 1977, S. 48-52; vgl. Meier 2002b, S. 120ff.; Spachmann 2005, S. 62f.). Der Umfang der Wirtschaftsberichterstattung in Tageszeitungen hat sich von 1990 bis 2004 fast verdoppelt (vgl. Heinrich und Moss 2006, S. 24). Mit der *Financial Times Deutschland* und dem *Handelsblatt* gibt es in Deutschland auch zwei überregionale Tageszeitungen, die am Thema Wirtschaft ihr Gesamtkonzept ausrichten.

Die **Angebotsformen von Wirtschaftsjournalismus** (vgl. Abbildung 11) lassen sich in verschiedene Schwerpunkte unterteilen (Mast 2008, S. 410): „Wichtige Kriterien sind die Reichweite und die Spezialisierung der redaktionellen Arbeit: Je kleiner das Publikum und je spezialisierter die Themen sind, desto mehr ist neben journalistischen Fertigkeiten auch ökonomisches Fachwissen der Redakteure gefragt."

5. Redaktionen und Ressorts

In der **Tagespresse** existiert eine große Kluft zwischen den überregionalen und regionalen Wirtschaftsteilen. Überregionale Themen haben hohe Bedeutung für kompetente Leser und bieten detaillierte Informationen. Im Regionalen spielt die Wirtschaftsberichterstattung eine wesentlich geringere Rolle, ist kleiner vom Umfang, schlechter in der Qualität und in der Personaldecke nicht so gut ausgestattet (vgl. Spachmann 2005, S. 258f.).

Auf dem **Magazinmarkt** existieren neben den Wirtschaftsressorts in den großen Wochenmagazinen, wie *Spiegel*, *Stern* und *Focus*, auch spezialisierte Wirtschaftsmagazine, wie *Wirtschaftswoche*, *Manager-Magazin*, *Impulse* oder *Brand eins*, das sich durch ein puristisches Layout und Reportagestücke von der Konkurrenz abhebt (Mast 2004, S. 418). Im Fernsehen werden Wirtschaftsthemen in spezialisierten Info- und Magazinsendungen wie *Wiso* (ZDF), aber auch in kritischen Nachrichtenmagazinen wie *Monitor* (ARD) behandelt. Im Hörfunk haben die Wirtschaftsredakteure das Problem, komplexe Sachverhalte und Zahlenwerke nicht mit Grafiken veranschaulichen zu können (Mast 2004, S. 418f.).

Mögliche **Untereinheiten** des Wirtschaftsressorts sind etwa Unternehmens- und Verbraucherberichterstattung, Börse und Finanzen, wesentliche Themenfelder stellen etwa Ressourcenverteilung, Waren- und Finanzmärkte, Tarifverhandlungen und Wirtschaftspolitik dar (vgl. Mast 1999, S. 23).

Abbildung 11: Angebotsformen im Wirtschaftsjournalismus (Mast und Spachmann 2005, S. 55)

Bis in die 1990er Jahre stand das Ressort für seine **fachjournalistische Herangehensweise** in der Kritik (vgl. Spachmann 2005, S. 259). Heute geht der Trend, wie auch in anderen Teilen der Zeitung, hin zu **Verbraucherthemen**, die lange Zeit nur in geringem Maße abgebildet wurden (vgl. Mast 1999, S. 77f.; vgl. Wolff 2005, S. 484). Ein wichtiger Schritt zu mehr Leserorientierung war der Börsenboom Mitte der 1990er Jahre. Laienanleger rückten hier zunehmend in den Blickpunkt der Wirtschaftsredakteure, was einen neuen, teils leserfreundlicheren Einschlag, gerade auch in die Unternehmensberichterstattung, brachte (vgl. Spachmann 2005, S. 259). Jedoch sahen sich die Journalisten auch hier der Kritik ausgesetzt. Nach dem Börsenboom wurde den Wirtschaftsjournalisten Distanzlosigkeit vorgeworfen – sie standen im Verdacht, sich zu Handlangern der Banken haben machen zu lassen (vgl. Wolff 2005, S. 483). Die Regional- und Lokalzeitungen, der Hörfunk und das Fernsehen stehen darüber hinaus generell in der Kritik, in der Wirtschaftsberichterstattung nicht den Leser- bzw. Hörer- oder Zuschauererwartungen gerecht zu werden. Der Vorwurf gegenüber den Regionalen und Lokalen ist, dass sie in verfehlter Weise wie für ein überregionales Fachpublikum schreiben würden, bloß kürzer (vgl. Wolff 2005, S. 484). So geht der Wirtschaftsjournalismus trotz Fortschritten oft noch an den Bedürfnissen der Leser vorbei und ist unverständlich (vgl. Viehöver 2003, S. 8).

Eines der größten **Probleme der Wirtschaftsressorts** ist der steigende Einfluss der Public Relations. Die hochprofessionalisierten Abteilungen der Wirtschaftsunternehmen stellen mehr Personal ein, stellen sich zunehmend auf das journalistische Arbeiten ein und bombardieren die Redaktionen mit eigenen Berichterstattungsvorlagen. So ist davon auszugehen, dass sich Zeitungsjournalisten heute schon oft an Material aus den Unternehmen orientieren, was teilweise auch an den dazwischenliegenden Nachrichtenagenturen liegen mag (vgl. Wolff 2005, S. 484f.). Manche PR-Abteilungen bezahlen aber auch freie Autoren dafür, ihre Texte in der Presse unterzubringen (vgl. Wolff 2005, S. 484f.). Bedenkt man gleichzeitig die zunehmende PR-Beeinflussung und das Anwachsen der Verbraucherthemen, entsteht für Wirtschaftsressorts schnell die Gefahr, beim Leser Vertrauen zu verspielen (vgl. Wolff 2005, S. 484f.). Die Wechselwirkung zwischen Journalismus und PR ist ein Problem des gesamten Journalismus, in der Wirtschaft mit finanzstarken Unternehmen und entsprechend professionellen und gut ausgestatteten PR-Abteilungen oft jedoch ein besonders schwieriges (zum spezifischen Verhältnis zwischen PR und Wirtschaftsjournalismus vgl. Altmeppen, Röttger et al. 2004)

Für **Berufsanfänger im Journalismus** ist das Wirtschaftsressort wohl eines der schwierigsten Ressorts, da es sehr komplex ist und neben journalistischem **Fachwissen** detailliertes wirtschaftliches **Sachwissen** verlangt (vgl. Schneider und Raue 2006, S. 246). Potentielle Fehler in der Berichterstattung zum Beispiel über börsennotierte Unternehmen können unmittelbar dramatische Folgen haben, die im Zweifelsfall Klagen gegen die Redaktion oder den Redakteur nach sich ziehen können (vgl. Schneider und Raue 2006, S. 246).

5.2.3 Kultur

Literatur zum Verständnis des Ressorts Kultur
- Heß, D. (1997) (Hrsg.). Kulturjournalismus. Ein Handbuch für Ausbildung und Praxis. München, List.
- Jones, S. (2002) (Hrsg.). Pop Music and the Press. Philadelphia, Temple University Press.
- Matthiesen, S. (2002). Weiberkram. Wie der Kulturjournalismus mit der Mode umgeht. Wiesbaden, VS Verlag für Sozialwissenschaften.
- Overbeck, P. (2007) (Hrsg.). Musik und Kultur im Rundfunk. Wandel und Chancen. Münster, Hamburg, Berlin, LIT.
- Reus, G. (1999). Ressort Feuilleton. Kulturjournalismus für Massenmedien. Konstanz, UVK.

- Stegert, G. (1998). Feuilleton für alle. Strategien im Kulturjournalismus der Presse. Tübingen, Niemeyer.
- Tschapke, R. (2000). Zur Praxis des Kulturjournalismus. Oldenburg, BIS.
- Vollberg, S. (1998). Kultur im europäischen Fernsehen. Wiesbaden, Deutscher Universitäts-Verlag.

Das **Feuilleton** genannte Kulturressort widmet sich der Berichterstattung über **kulturelle Ausdrucksformen**. Da damit oft das Problem einer Allzuständigkeit einhergeht, gibt es, um dem entgegenzuwirken, in den meisten Kulturredaktionen eine starke Fokussierung auf Kunst und Bildung, besonders die Phänomene der sogenannten Hochkultur (vgl. Reus 2005, S. 194f.). Nicht selten gilt: „Wo Kultur drauf steht, ist Kunst drin" (Reus 1999, S. 27). Es finden in Zeitungen aber auch andere Themen, wie Literatur, Architektur, Theater, Kino, Filme, Musik und häufig auch Medien, ihren Platz im Feuilleton (vgl. Reus 2005, S. 194f.). In Zeitschriften sowie in Magazinsendungen im TV und Radio werden diese Aspekte häufig in eigenen Formaten behandelt, zum Beispiel in Formaten wie Literaturbeilagen oder -sendungen, Kino- oder Musikmagazinen und Ähnlichem.

Der Kulturteil der **Tagespresse** hat auch aufgrund seiner täglichen Erscheinungsweise als Ressort eine besondere Bedeutung im Kulturjournalismus (vgl. Reus 2005, S. 194f.). Er spricht ein gebildetes Publikum an, ist geprägt durch anspruchsvolle Sprache und einen hohen Abstraktionsgrad (vgl. Reus 2005, S. 197f.). So wird der Redakteur im überregionalen Feuilleton oft als „weltfremder Paradiesvogel" (Mast 2004, S. 435) angesehen, während der Kulturredakteur der Lokalzeitung oft „Mädchen für alles" (Mast 2004, S. 435) ist. Die häufigsten journalistischen **Darstellungsformen des Kulturjournalismus** sind die Nachricht und die Rezension (vgl. Reus 1999, S. 30), während zum Beispiel Reportagen und Kommentare seltener genutzt werden (vgl. Reus 1999, S. 31). In der wissenschaftlichen Literatur finden sich etliche Titel, die sich dem Kulturjournalismus und dem Feuilleton widmen (etwa Heß 1997; Stegert 1998; Reus 1999; Kauffmann und Schütz 2000; Tschapke 2000).

Die Themenschwerpunkte **im Fernsehen und im Hörfunk** ähneln denen der Zeitungen, allerdings ist die Fixierung auf hochkulturelle Themen nicht ganz so stark ausgeprägt wie in der Tagespresse (vgl. Reus 1999, S. 27f.). So findet etwa das Kino öfter Erwähnung (vgl. Reus 1999: 27ff.). Bei den Stilformen liegt im Radio der Schwerpunkt ebenfalls auf Berichten und Rezensionen (vgl. Reus 1999, S. 31). Dabei nimmt die Kultur im Fernsehen wie im Hörfunk nur geringen Anteil am Gesamtprogramm ein, bei den öffentlich-rechtlichen jedoch mehr als bei privaten Sendern. Weiterhin existieren kulturorientierte Spartenprogramme (vgl. Löffelholz 1997, S. 30), wie die Radiosender NDR Kultur oder der deutsch-französische Fernsehsender ARTE.

Auch in den Kulturteilen der großen **Publikumszeitschriften** stehen Kunst und Bildung oft im Vordergrund, doch hier spielen Unterhaltungsthemen ebenso wie in Hörfunk und TV eine wichtigere Rolle als in der Tageszeitung (vgl. Reus 1999). Neben den General-Interest-Zeitschriften mit Kulturteil gibt es weiterhin Zeitgeist-, Stadt-, Frauen-, Programm- und Kulturfachmagazine (vgl. Löffelholz 1997, S. 28).

In seiner geschichtlichen Entwicklung besteht der Kulturjournalismus von Anfang an aus **zwei Polen**: gelehrte und diskursive Betrachtungen sowie Unterhaltsames und Klatsch (vgl. Reus 2005, S. 195). Mit den gelehrten Artikeln wurden zum ersten Mal literarische Themen von den dominierenden politischen getrennt (vgl. Meier 2002b, S. 114ff.). So bestimmten im 18. Jahrhundert Buch- und Theaterkritiken den Kulturjournalismus, während er heute umfassender angelegt ist (vgl. Mast 2004, S. 434).

Das deutsche Feuilleton ist **seit der deutsch-deutschen Wiedervereinigung** wieder zunehmend von politischen und auch wissenschaftlichen Diskursen geprägt: Nach dem Fall der Mauer zwischen Ost- und Westdeutschland 1989 öffnete die Stasi-Verwicklung von DDR-Schriftstellern wie Christa Wolf den Feuilletonisten die Augen (vgl. Jessen 2002, S. 35). „Die Literaturkritik musste erkennen, dass sie aus der Literatur nichts über die politische Wirklichkeit, aus der politischen Wirklichkeit aber viel über die Literatur lernen konnte" (Jessen 2000, S. 35). Seitdem geht es im sogenannten politischen Feuilleton darum, dass „Politik aus einem anderem Fundus illustriert" wird (Prantel 2000, S. 36). Einer der ersten Triumphe dieser neuen Feuilletonkultur war die Meinungsführerschaft in der Hauptstadtdebatte zugunsten Berlins. Schnell wurde dem politischen Feuilleton jedoch ein universeller Welterklärungsbedarf zugeschrieben, und viele Kulturteile wandelten sich zu „Ressorts für das Prinzipielle" (Jessen 2000, S. 37), das Feuilleton wurde „ein weltanschauliches Universalmedium" (Jessen 2000, S. 38) als „Antwort auf die Zersplitterung des Wissens und der Lebensbereiche" (Jessen 2000, S. 38).

FAZ-Feuilleton-Chef Frank Schirrmacher versuchte schließlich, das Feuilleton in Richtung eines **Debatten- und Wissenschaftsfeuilletons** zu prägen, und konnte – wenn er auch nicht nur Zustimmung fand – tatsächlich etliche gesellschaftliche Debatten anstoßen (Jessen 2000, S. 37; Mast 2004, S. 437; Reus 2005, S. 197). Obwohl das politische und das Debattenfeuilleton an Bedeutung gewonnen haben, bilden die Künste immer noch die Hälfte der Anlässe zur Berichterstattung (vgl. Reus 2005, S. 197). Rezensionen sind bis heute mit die wichtigste Beitragsform, während etwa Alltagskultur nur am Rande Erwähnung findet (vgl. Reus 2005, S. 197).

Kritiker des Kulturjournalismus werfen dem Ressort vor, in Sprache und Themenauswahl abgehoben, unverständlich und weit entfernt vom Alltag der Leser zu sein (Reus 1999, S. 33f., 40, 82; vgl. Jessen 2002, S. 34-37) – teilweise sogar bewusst (vgl. Reus 1999, S. 67). Selbst kleine Zeitungen betreiben oft eine Art Terminjournalismus und schreiben oft mehr über hochkulturelle, weit entfernte Themen, als über lokale Kleinkunst (vgl. Reus 1999, S. 14). Damit verschrecken die Kulturjournalisten oft nicht nur Laienleser, sondern auch an breiter Berichterstattung interessierte Kenner (vgl. Reus 1999, S. 69). Der deutsche Kulturjournalismus hat vielfältige **Chancen**, sich weiterzuentwickeln. Dazu müssen Kulturjournalisten sich bemühen, sprachlich stets verständlich und lebensnah zu schreiben, und vernachlässigte Stilformen, wie etwa die Reportage, wiederzuentdecken. Zugleich müssen sie aufhören, sich in der Auswahl der Themen auf Hochkultur, Kunst und Bildung zu fixieren, sondern breit aufgestellt und offen für neue Themen sein. Kulturjournalismus soll „nicht um jeden Preis selbst Kunst sein, sondern hinter sie zurücktreten, sie zum Leuchten bringen oder doch wenigstens so weit beleuchten, dass sich Nicht-Fachleute ein Bild machen können" (Heß 1997, S. 11).

5.2.4 Sport

> **Literatur zum Verständnis des Ressorts Sport**
>
> - Aamidor, A. (2003) (Hrsg.). Real Sports Reporting. Bloomington, Indiana University Press.
> - Andrews, P. (2005). Sports Journalism. A Practical Introduction. London, Sage.
> - Boyle, R. (2008). Sports Journalism. Context and Issues. London, Sage.
> - Hackforth, J. und C. Fischer (1994) (Hrsg.). ABC des Sportjournalismus. Konstanz, UVK.
> - Loosen, W. (1998). Die Medienrealität des Sports. Evaluation und Analyse der Printberichterstattung. Wiesbaden, DUV.
> - Schaffrath, M.(2007) (Hrsg.). Traumberuf Sportjournalismus. Ausbildungswege und Anforderungsprofile in der Sportmedienbranche. Münster, Hamburg, Berlin, LIT.
> - Schauerte, T. und J. Schwier (2004) (Hrsg.). Ökonomie des Sports in den Medien. Köln, Halem.
> - Steen, R. (2007). Sports Journalism. A Multimedia Primer. London, New York, Routledge.
> - Walsh, C. J. (2006). No Time Outs. What It's Really Like to Be a Sportswriter Today. Lanham, Taylor.
> - Weischenberg, S. (1976). Die Außenseiter der Redaktion. Struktur, Funktion und Bedingungen des Sportjournalismus. Theorie und Analyse im Rahmen eines allgemeinen Konzepts komplexer Kommunikatorforschung. Bochum, Brockmeyer.

Fußballmagazine gab es schon früher, aber der Tag an dem **das erste Sportressor** in einer deutschen Zeitung gegründet wurde, ist der 23. Mai 1886: Hier erschienen die *Münchener Neuesten Nachrichten* (1848–1945) zum ersten Mal mit der Rubrik Sport (Fischer 2005, S. 433). Die *Frankfurter Zeitung* (1866–1943) verfügte zwar schon vorher über eine Sportrubrik, die jedoch von einem Redakteur gefüllt wurde, der auch etliche Politikrubriken betreute (vgl. Meier 2002b, S. 127). Wichtig war immer der **Unterhaltungswert der Berichterstattung**. Der Boulevardjournalismus hatte stets großen Einfluss (vgl. Fischer 2005, S. 434).

Sportberichten kommt eine **Unterhaltungs- und Entspannungsfunktion** im sonst informationslastigen Nachrichtenumfeld zu (vgl. Mast 2004, S. 466). Stützpfeiler für die Auflage ist der Sportteil aber besonders bei kleinen und regionalen Publikationen. Im Lokalteil der Zeitungen ist der Sport besonders beliebt, weil viele Menschen selbst Mitglieder der Vereine sind, über die berichtet wird. Oft ist das Sportressort im Lokalen trotzdem nur von einem Redakteur besetzt, der mit vielen freien Mitarbeitern zusammenarbeitet. Manchmal wird es sogar nur von einem Redakteur aus einem anderen Ressort betreut (vgl. Mast 2004, S. 464).

Die Kommunikationswissenschaft hat in den letzten zehn Jahren am Sportjournalismus mehr Interesse gewonnen, da der Sport eine relativ **große soziale Wirkung** hat: Siege oder Niederlagen der Fußballnationalmannschaft beeinflussen etwa die Stimmung in der Bevölkerung so stark, dass sich beispielsweise Meinungen über Politiker und Wahlabsicht ändern können (vgl. Maurer und Reinemann 2006, S. 210). Die Kommunikationswissenschaftlerin Christina Holtz-Bacha schreibt dazu: „Medienereignisse sind die Antwort auf die integrativen Bedürfnisse der Nationen. Gerade die internationalen Wettbewerbe des Sports gehören zu den Medienereignissen. Sie erlangen politische Bedeutung durch ihren Beitrag zur kollektiven Identität der Nation" (Holtz-Bacha 1997).

In **Magazinen** lebt der Sportjournalismus von Hintergründigkeit und exklusiv recherchierten Geschichten, mit denen er sich von der aktuellen Ereignisberichterstattung von Fernsehsendern und manchen Tageszeitungen abheben kann (Mast 2004, S. 474).

Im **Rundfunk** decken ARD, ZDF und die Privatsender die nationale und internationale Berichterstattung ab, Dritte Programme berichten auch über Regionalsport (Mast 2004, S. 464). Das Radio und besonders das Fernsehen profitieren dabei gerade von der Möglichkeit der Live-Berichterstattung (Ullrich 2004, S. 476-480). Zwischen den privaten und den öffentlich-rechtlichen Fernsehsendern (Mast 2004, S. 464) – und auch unter den verschiedenen Privaten – gibt es einen harten Wettbewerb um die Übertragungsrechte, etwa bei der Live-Berichterstattung aus der Fußball-Bundesliga (Mast 2004, S. 464).

Der Anteil der Sportberichterstattung am Umfang der **Zeitung** liegt bei überregionalen Zeitungen bei etwa fünf Prozent, bei regionalen Zeitungen und im Lokalteil etwa zwischen zehn und 15 Prozent (vgl. Maurer und Reinemann 2006, S. 212). Dominierendes Thema im Sportressort ist die Sportart Fußball, überregional gefolgt von der Formel 1 (Mast 2004, S. 468; Fischer 2005, S. 435). In den 1980er Jahren nahm der Fußball im Lokalen etwa 25 Prozent der Sportberichterstattung ein, gefolgt vom Handball (zehn Prozent), Leichtathletik, Volleyball und Tischtennis (je etwa fünf Prozent) (vgl. Maurer und Reinemann 2006, S. 212). Bei Internetangeboten ist die Verteilung etwa wie folgt: 32 Prozent Fußball, sechs Prozent Formel1, vier Prozent Handball (Maurer und Reinemann 2006, S. 213). Die Berichterstattung in den überregionalen Sportressorts ist vor allem an deutschen Sportveranstaltungen oder deutscher Beteiligung orientiert (vgl. Maurer und Reinemann 2006, S. 212). Weiterhin dominieren wenige, populäre Sportarten, Leistungs- und Profisport – vor allem mit männlichen Akteuren – die Berichterstattung. Breitensport findet kaum Beachtung. Selbst in der Lokalzeitung nimmt der Leistungssport 90 Prozent der Berichterstattung ein (vgl. Maurer und Reinemann 2006, S. 214). Sportpolitische, -kulturelle und -wissenschaftliche Themen finden kaum Erwähnung (vgl. Fischer 2005, S. 435).

Kritik am Sportjournalismus gibt es reichlich, und die Vorwürfe sind oft kaum von der Hand zu weisen: Er ist sehr ergebnisorientiert. Unterhaltung und Personalisierung ersetzen kritische Hintergrundgeschichten. Negatives blenden die Redakteure der Sportressorts in ihren Texten oft aus, da die Nähe zu Sportlern und das Interesse an guten Zitatgebern im Sinne von Auflagen und Quoten groß sind und sie in dieser Hinsicht unter Druck setzen. „So etwas passiert leicht, wenn der Chefredakteur einer Zeitung zusammen mit seinem Sportchef auf der Pressetribüne des heimischen Fußballstadions sitzt und bei Toren der eigenen Mannschaft jubelnd aufspringt", schreibt Olaf Sundermeyer (vgl. Sundermeyer 2007, S. 14). Selbst die Auseinandersetzung mit Ursachen von Sieg oder Niederlage findet oft kaum statt (vgl. Fischer 2005, S. 434f.; Maurer und Reinemann 2006, S. 215). Zumindest teilweisen Widerspruch findet diese Kritik in der breiten Dopingberichterstattung im Rahmen und der Folge der Tour de France 2007, die in deutschen Medien kritisch und oft auch selbstkritisch betrieben wurde. „ZDF-Chefredakteur Nikolaus Brender gibt in der Rückschau zu, dass ARD und ZDF ‚Teil des Medien- und Wirtschaftsbetriebs Tour de France' waren" (Sundermeyer 2007, S. 14). Der WDR richtete eine eigene Doping-Redaktion ein und etablierte die kritische Sendung *Sport Inside* (vgl. Sundermeyer 2007, S. 16).

Trotzdem geht der Trend neben einer **zunehmenden Emotionalisierung** in der Berichterstattung auch in Richtung einer Boulevardisierung und kann sich der Kritik, zu unkritisch und ergebnisorientiert zu sein, nicht ganz erwehren (vgl. Maurer und Reinemann 2006, S. 216). Gerade im lokalen und regionalen Sportressort gibt es hier großen Spielraum, die journalistische Qualität zu steigern (vgl. Fischer 2005, S. 435).

Denkt man über Sportberichterstattung nach, fällt aber noch etwas auf: die gegenseitige **Abhängigkeit von Sport und Medien** (vgl. Fischer 2005, S. 434). Zuerst einmal entscheiden die finanziellen Möglichkeiten eines Senders im TV und Radio oft über Berichts- und Übertragungsmöglichkeiten (vgl. Maurer und Reinemann 2006, S. 210). Manche Sportereignisse werden aber auch erst über diese Finanzierung, etwa durch eine TV-Übertragung, möglich – eine **Fremdbestimmung des Sports**, und damit des Medieninhaltes, durch die Medien (vgl. Fischer 2005, S. 434). Ein Beispiel aus der 1. Fußballbundesliga im Jahr 2007: Der Hamburger SV musste nur 43 Stunden nach dem Uefa-Cup-Spiel gegen Stade Rennes in der Bundesliga am Samstag gegen Werder Bremen antreten. HSV-Trainer Stevens kritisierte die in seinen Augen zu kurze Regenerationszeit. Es sei ein Unding, dass in Deutschland nur zwei Sonntagsspiele stattfinden dürfen. „Daran sind die DFL und das Fernsehen schuld", so Stevens (Hellmann 2007). Hier werden im Hintergrund auch schon die wirtschaftlichen Interessen und Einflüsse sichtbar, denen wir uns hier nicht ausführlicher widmen können. Eine tiefergehende Untersuchung zur Verflechtung von Sport, Massenmedien und werbetreibender Wirtschaft bietet Schauerte in seinem Buch „Ökonomie des Sports in den Medien" (vgl. Schauerte und Schwier 2004).

1976 hat Siegfried Weischenberg in seiner Pionierstudie Sportjournalisten auf Basis empirischer Befunde **Außenseiter der Redaktionen** genannt (vgl. Weischenberg 1976). 1994 bilanziert er in einer „Annäherung an die ‚Außenseiter'", dass sie „[inzwischen] dazugehören" (Weischenberg 1994, S. 445). Ihr Ressort bietet für **Berufseinsteiger** gute Chancen, gerade auf lokaler und regionaler Ebene (vgl. Schneider und Raue 2003, S. 244). Dazu kommt, dass es, was die Tätigkeiten betrifft, im Sportressort sehr vielfältig zugeht. Sportjournalisten sind so viel wie in keinem anderen Ressort mit fast allen journalistischen Tätigkeiten (Recherchieren, Redigieren, Schreiben, Verwalten, Produzieren) beschäftigt (vgl. Weischenberg 1994, S. 439f.). Praktische Tipps für junge und angehende Sportjournalisten finden sich bei Schaffrath (vgl. Schaffrath 2007) und eine umfassende Erörterung gibt es im „ABC des Sportjournalismus" (vgl. Hackforth und Fischer 1994).

5.2.5 Lokales

Literatur zum Verständnis des Ressorts Lokales
- Franklin, B. (2006) (Hrsg.). Local Media. Local Journalism in Context. London, New York, Routledge.
- Hemmingway, E. (2007). Into the Newsroom. Exploring the Digital Production of Regional Television News. London, New York, Routledge.
- Jonscher, N. (1995). Lokale Publizistik – Theorie und Praxis der örtlichen Berichterstattung. Opladen, VS Verlag für Sozialwissenschaften.
- Kaniss, P. (1997). Making Local News. Chicago, University Of Chicago Press.

- Kretzschmar, S., W. Möhring und L. Timmermann (2008). Lokaljournalismus. Wiesbaden, VS Verlag für Sozialwissenschaften.
- Lauterer, J. (2006). Community Journalism. Relentlessly Local. Chapel Hill, The University of North Carolina Press.
- Möhring, W. (2001). Die Lokalberichterstattung in den neuen Bundesländern. München, Reinhard Fischer.
- Pätzold, U., H. Röper und H. Volpers (2003) (Hrsg.). Strukturen und Angebote lokaler Medien in Nordrhein-Westfalen. Opladen, Leske & Budrich.
- Paukens, H. und U. Wienken (2004) (Hrsg.). Handbuch Lokalradio. Auf Augenhöhe mit dem Hörer. München, Reinhard Fischer.
- Projektteam-Lokaljournalisten (1998) (Hrsg.). Lokaljournalismus. Themen und Management. München, List.
- Roth, J. (2005). Internetstrategien von Lokal- und Regionalzeitungen. Wiesbaden, VS Verlag für Sozialwissenschaften.

Im Gegensatz zu allen anderen klassischen Ressorts deckt das Lokale **kein Fachgebiet** ab, sondern einen **geografisch begrenzten Ereignisraum**. In diesem Nahbereich der menschlichen Lebenswelt soll das Ressort im demokratischen Sinne Artikulations-, Integrations-, Informations- und Orientierungsfunktion bieten und lokale Öffentlichkeit herstellen (vgl. Mast 2004, S. 480; Rager und Hassemer 2005, S. 202ff.). Im Lokalen sind alle anderen Ressorts im Kleinen abgebildet. Der Redakteur benötigt dementsprechend Ressortgrenzen überschreitendes Sachwissen (vgl. Rager und Hassemer 2005, S. 204).

Beim Publikum ist das Lokale beliebt wie kein anderes Ressort: 80 Prozent der Leser lesen regelmäßig den Lokalteil (Mast 2004, S. 480). So ist der Lokalteil entscheidend für die **Nutzung der Regionalzeitung**: 83 Prozent der Personen, die von Tageszeitungen erreicht werden, lesen Lokales im Allgemeinen immer (AWA 2003) (vgl. Rager und Hassemer 2005, S. 206). Lokale und regionale Geschichten drängen auch zunehmend auf die Titelseiten, das Prestige des Lokalen wächst (vgl. Mast 2004, S. 406). Im Vergleich mit anderen Medien liegt der Vorteil im Nahbereich klar beim Print: Zwar ist die Zeitung seit den 1980er Jahren nicht mehr das einzige Medium auf lokaler Ebene, aber immer noch das Wichtigste. Lokales Fernsehen ist nur selten erfolgreich, Lokalradio nicht flächendeckend, außerdem haben die Zeitungen einen großen Erfahrungsvorsprung (vgl. Mast 2004, S. 480; Rager und Hassemer 2005, S. 203).

In den etwa **1500 deutschen Lokalredaktionen** (vgl. Schneider und Raue 2006, S. 241) arbeiten etwa zwei Drittel aller Tageszeitungsredakteure in Deutschland (vgl. Rager und Hassemer 2005, S. 204), dazu kommen viele freie Mitarbeiter, die im Lokaljournalismus traditionell stark vertreten sind. Außerdem ist der Altersschnitt im Lokalen niedriger, da es als das klassische Ressort für den Karrierestart gilt (vgl. Rager und Hassemer 2005, S. 204). Die Lokalredaktionen sind mit dem Rest der Zeitung verbunden, indem sie zum Beispiel in der Konferenz der Zentralredaktion Themen vorschlagen, die es wert sind, auch im Mantelteil gedruckt zu werden. Ebenfalls arbeiten bei manchen Medien Mitglieder der Lokalredaktion auch für andere Ressorts, im Gegenzug arbeiten die Redakteure aus den thematischen Fachgebieten gelegentlich auch fürs Lokale (vgl. Mast 2004, S. 484f.; zur Verspartung und Spezialisierung im Lokalen vgl. auch Meier 2002b, S. 149-153).

Ausgiebig erforscht wurde die lokale Printpresse vor allem bis in die 1990er Jahre. Daher sind es in erster Linie ältere Inhaltsanalysen (etwa Kurp 1994 oder Jonscher 1995), die zeigen, dass im Lokalen wenig Politisches, sondern vor allem das Vereinswesen und lokale Veranstaltungen im Mittelpunkt stehen (vgl. Rager und Hassemer 2005, S. 203ff.). Themen sind eher einfach als komplex und aufwendig. **Journalistische Darstellungsformen** wie Reportage, Glosse und Kommentar sind unterrepräsentiert, an kritischem Journalismus fehlt es vielerorts. Die kritische Kontrollfunktion des Journalismus wird hier nur unzureichend erfüllt (vgl. Rager und Hassemer 2005, S. 203ff.). Vor allem auch aus der jüngeren amerikanischen Journalismusforschung kommen anwendungsorientierte Impulse zur Weiterentwicklung des Lokalressorts (vgl. Franklin 2006; Lauterer 2006).

Die große **Nähe zu lokalen Eliten**, auf deren Werbegelder die Zeitungen angewiesen sind, ist eines der großen Probleme der Lokalressorts. Redakteure laufen Gefahr, ihre Kontroll- und Kritikfunktion in den Hintergrund treten zu lassen (vgl. Rager und Hassemer 2005, S. 202). Ein weiteres Problem ist die oft dünne Personaldecke: Rationalisierung und Outsourcing sind Trends im Lokalen – auf dem vorläufigen Höhepunkt, 2001, wurden zehn bis 15 Prozent der Belegschaft entlassen (vgl. Rager und Hassemer 2005, S. 205). In Lokalsport und -wirtschaft bestehen die Ressorts oft bloß aus einer Person (vgl. Mast 2004, S. 483). Die lokalen Zeitungen mussten außerdem Reichweitenverluste hinnehmen, was sich jedoch immer mehr Verlage zu Herzen genommen haben (vgl. Rager und Hassemer 2005, S. 205f.): Sie haben Layouts überarbeitet, versuchen mit Schulprojekten junge Leser zu gewinnen und das Publikum mit Mitmachaktionen zu binden. Auch kritische Kommentare finden sich wieder öfter im Lokalen (vgl. Rager und Hassemer 2005, S. 205f.). Ressortgrenzen sind vielerorts in Auflösung begriffen (vgl. Rager und Hassemer 2005, S. 205f.).

Potential hat das Lokalressort dort, wo es ihm gelingt, über den Tellerrand hinauszuschauen, zu vergleichen und kritisch zu hinterfragen (vgl. Mast 2004, S. 482). Für den jungen Journalisten bietet es gute Möglichkeiten für den Berufseinstieg. Durch die vielen Lokalredaktionen und traditionell vielen freien Mitarbeiter ist es in keinem anderen Ressort so leicht, seine Artikel im Blatt unterzubringen und Aufträge zu ergattern (vgl. Schneider und Raue 2006, S. 241; zu Praktischem für den Einsteiger vgl. auch Projektteam Lokaljournalisten, 1998).

5.3 Trends in Ressorts und Redaktionen

Literatur zum Verständnis des Newsroom Managements
- Patterson, B. R. und C. E. P. Patterson (2003). The Editor in Chief. A Management Guide for Magazine Editors. Malden, Wiley-Blackwell.
- McLellan, M. und T. Porter (2007). News, Improved. How America's Newsrooms Are Learning to Change. Oxford, CQ Press.
- Stepp, C. S. (2008). Editing for Today's Newsroom. A Guide for Success in a Changing Profession. London, New York, Routledge.

Die Einteilung in die fünf klassischen Ressorts schafft in Redaktionen eine Wahrnehmungsstruktur entsprechend der Ressortaufteilung. In diese Struktur werden dann alle Ereignisse gezwängt, auch wenn dies oft willkürlich und am Thema gemessen unflexibel geschieht. Dies wiederum beeinflusst, wie über ein Thema berichtet wird (vgl. Mast 2004, S. 539f.). Moderne gesellschaftliche Entwicklungen bedürfen jedoch oft interdisziplinärer Bearbeitung, so etwa die Auseinandersetzung mit der Globalisierung. Ein bedeutender Trend in vielen Redaktionen stellt die **Überwindung von Ressortgrenzen** in Newsrooms mit zunehmenden inhaltlichen Synergien und redaktioneller Differenzierung (vgl. Meier 2002b, S. 304) dar. Ziel ist es, bei ressortüberschreitenden Themen besser aufgestellt zu sein, gerade bei Hintergrundgeschichten. Ressortübergreifendes Arbeiten bietet die Möglichkeit, einen Ressort-Egoismus zu bekämpfen, durch den jedes Ressort vor allem versucht, die eigenen Themen im Medium gut zu platzieren (Moss 1998, S. 101, 203-206; vgl. Meckel 1999, S. 73; Meier 2004, S. 103; von La Roche 2006, S. 41). Der Blick für das Gesamtprodukt (vgl. Meckel 1999, S. 73; Meier 2004, S. 103; von La Roche 2006, S. 41) und ein Autorenjournalismus fern von reiner Agentur-Nachrichten-Berichterstattung sollen gestärkt werden (vgl. Meier 2002b, S. 304f.).

Zur Umsetzung übernehmen in der täglichen Arbeitspraxis einzelne Redakteure beispielsweise Positionen in zwei Ressorts oder die Redakteure rotieren durch verschiedene Ressorts. Bei großen aktuellen Themen werden aus Mitgliedern verschiedener Ressorts auch Teams gebildet. Diese Recherche- oder Reportergruppen können kurzfristig oder dauerhaft bestehen (vgl. Meier 2002b, S. 135, 216, 217-223; Meier 2004, S. 103ff.; von La Roche 2006, S. 41).

In vielen Redaktionen sind in den vergangenen Jahren Teams oder sogar **neue Ressorts** entstanden, wie etwa die **thematisch abgrenzbaren Ressorts** Medien, Lifestyle und Wissenschaft und die **funktional definierten Ressorts** Ratgeber und Service (vgl. Mast 2004, S. 405). Darüber hinaus sind an spezifischen **Zielgruppen orientierte Ressorts** wie etwa Jugendseiten und Hochschulseiten etabliert worden (vgl. Mast 2004, S. 540f.). Nicht immer entsteht allerdings gleich ein neues Ressort. So werden Ratgeberseiten zum Beispiel oft vom Wirtschaftsressort mitbetreut (vgl. Mast 2004, S. 542). Laut einer Umfrage unter Chefredakteuren hatten im Jahr 2002 drei Viertel der befragten Redaktionen bereits ressortüberwindende Modelle eingeführt. Ganz vorne stand dabei die Bildung von Teams, mit denen schon über 50 Prozent gearbeitet hatten (vgl. Meier 2002b, S. 303ff.).

Ein wichtiger Trend ist die zunehmende **crossmediale Vernetzung** zum Beispiel in der Verzahnung von Print und Online. Eine Möglichkeit sind die sogenannten **Newsdesks oder Newsrooms** (vgl. Abbildung 12): Hier arbeiten Redakteure aller Ressorts und Produktionsabteilungen zusammen, koordinieren die Nachrichtenberichterstattung und treffen die wichtigen blattmacherischen Entscheidungen für verschiedene Medien, Lokalredaktionen oder Multimediastufen. Die Definition von Newsroom/Newsdesk ist in Deutschland allerdings nicht einheitlich und wird teilweise mit einer anderen Organisation als oben beschrieben befüllt (vgl. Meier 2005, S. 389). Eine Redaktion mit Newsroom/Newsdesk ist etwa die des *Handelsblatts*. Der Axel Springer Verlag produziert an einem Newsdesk sogar *Die Welt, Welt Kompakt, Berliner Morgenpost* und *Welt am Sonntag* (Meier 2007, S. 47). Auch der Bayrische Rundfunk und die *Tagesschau* beim NDR experimentieren mit Newsroom- und Newsdesk-Konzepten (vgl. Meier 2007, S. 46). Das dänische Medienhaus Nordjyske Medier zeigt, wie umfassend in einem Newsroom gearbeitet werden kann: Hier erstellen die Redakteure in einer integrierten Redaktion Inhalte für Tageszeitung, Internet,

Gratiszeitung sowie Lokalradio und -fernsehen (Meier 2007, S. 47). Ein Problem dabei ist es, den unterschiedlichen Arbeitsrhythmus und das unterschiedliche Arbeitstempo, das zum Beispiel eine Online- und eine Printredaktion haben, zu koordinieren (vgl. Meier 2004, S. 101; Meier 2005, S. 397f.).

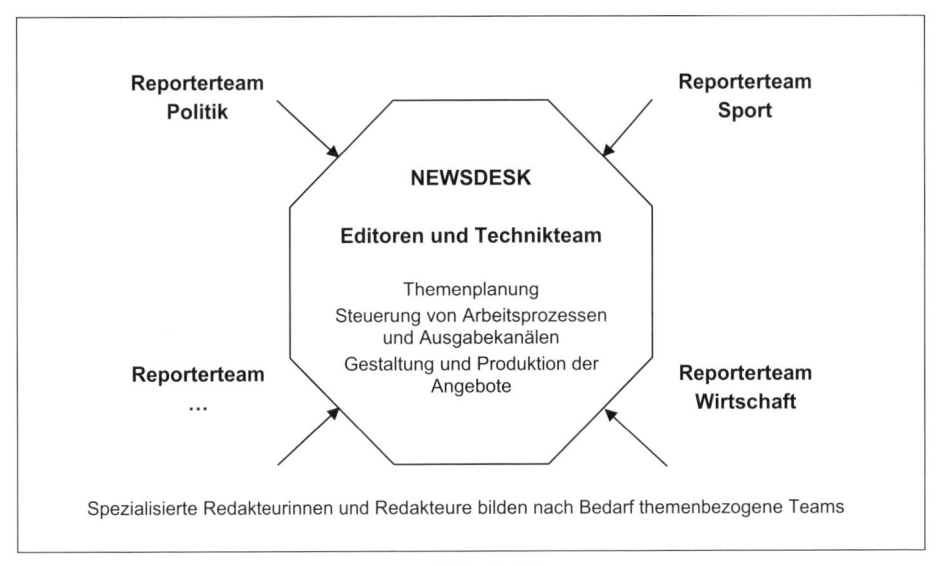

```
        Reporterteam                              Reporterteam
          Politik                                    Sport
                    ↘                          ↙
                         NEWSDESK
                    Editoren und Technikteam
                        Themenplanung
                    Steuerung von Arbeitsprozessen
                        und Ausgabekanälen
        Reporterteam    Gestaltung und Produktion der    Reporterteam
             ...              Angebote                    Wirtschaft
                    ↗                          ↖

   Spezialisierte Redakteurinnen und Redakteure bilden nach Bedarf themenbezogene Teams
```

Abbildung 12: Newsroom-Prinzip (nach: Mast 2008, S. 497)

Trotz des Trends zur Ressortüberwindung und zum Newsdesk orientieren sich die meisten Redaktionen noch an den klassischen Sparten (vgl. Meier 2002b, S. 306; vgl. Mast 2004, S. 405). Wolf Schneider schreibt dazu: „Die meisten Zeitungen, die sich neu organisieren, wählen den Newsdesk – meist einen im Mantel und einen in jeder Lokalredaktion. Die Ressorts sind in der Regel nicht aufgelöst, sondern recherchieren weiter die Themen der Wirtschaft oder Kultur; aber sie können sich nicht mehr wie Fürstentümer aufspielen, die nach Belieben ihre Zugbrücke hochziehen" (Schneider und Raue 2006, S. 249). Die Redaktionen tragen somit auch der Gefahr Rechnung, mit einem allzu vollständigen Verzicht auf die Sparten- und Ressortorientierung die eigene Themenstruktur und Fähigkeit zur Spezialisierung zu schwächen (Meier 2002b, S. 330f.). So zeigt sich, dass der Trend weder zur rein funktionalen noch zur reinen Spartenorganisation geht, sondern meist eine angepasste **Kombination** ist (vgl. Mast 2004, S. 534f.). Ebenso ist die **Ein-Linien-Organisation** (der Redakteur ist einem Ressort zugeteilt) die häufigste Struktur, und nicht die Mehrlinien-Organisation (der Redakteur kann mehreren Ressorts zugeteilt sein) (zu den verschiedenen Linien-Modellen vgl. auch Moss 1998, S. 102-107; vgl. Mast 2004, S. 536).

Klaus Meier fordert ein Spezialistentum in **Cross Media Teams** – separate Print- und Online-Redaktionen bei Tageszeitungen hält er für „absurd" (Meier 2004, S. 105f.). Doch wie sieht die **crossmediale Vernetzung in deutschen Redaktionen** genau aus?

Die Tageszeitungen sind seit Mitte der 1990er Jahre im Internet mit eigenen Angeboten vertreten. Im Oktober 1994 war es mit dem *Spiegel* jedoch ein Wochenmagazin, das mit *Spiegel Online* zuerst ein Internetangebot auf den Markt brachte (Pürer und Raabe 2007, S. 432f.). 1995 folgten mit *Schweriner Volkszeitung*, *Tagesspiegel*, *Die Welt* und *taz* die ersten Tageszeitungen (Pürer und Raabe 2007, S. 432f.). Im Jahr 2007 führte der Bundesverband Deutscher Zeitungsverleger (BDZ 2007) **630 Onlineangebote deutscher Tageszeitungen** auf.

Wie am Beispiel *Spiegel Online* zu sehen ist, zieht es nicht nur die Tageszeitungen ins Netz, sondern auch die Magazine. *Stern.de* und *Focus.de* sind hier nur zwei weitere Web-Präsenzen. Die **Print-Wochenmagazine** greifen online so in die **tagesaktuelle Nachrichtenberichterstattung** ein. Die Gründe, sich mit einem starken Online-Auftritt zu präsentieren, sind bei Tageszeitung und Magazinen meist identisch: Man will sich Einnahmen auf dem Anzeigenmarkt nicht entgehen lassen, sein Image stärken, neue Möglichkeiten im Leser- wie im Werbemarkt nutzen und Leser erreichen, die bisher vielleicht nicht in die Zielgruppe des Printtitels gefallen sind, besonders junge Leser (vgl. Mast 2004, S. 23f.). Doch zwingt das Internet die Medien auch in Hinsicht auf Ressorts und Themenfelder, sich neu auszurichten? Claudia Mast schreibt: „Auf Ebene des gesamten Internet-Auftritts bietet sich bei journalistischen Angeboten eine Organisation nach Themen an, zum Beispiel die Aufteilung nach den klassischen Ressorts einer Zeitung" (Mast 2004, S. 665). Kommt die Tageszeitung also auch im Internet nicht um ihre klassische Ressortaufteilung herum, obwohl sie im Print schon teilweise überholt scheint?

Ein Blick auf die Websites von drei wichtigen überregionalen Tageszeitungen, *Faz.net*, *Sueddeutsche.de* und *Welt.de,* gibt Aufschluss: Dabei ist zuerst anzumerken, dass der Internetauftritt alle Hauptbereiche, die er anbietet, permanent anzeigen wird, und nicht etwa nur einmal pro Woche, wie etwa ein Reiseteil, der einer Printausgabe wöchentlich beiliegt. Zuerst soll hier die inhaltlich-fachliche Komponente des Ressortbegriffes in Augenschein genommen werden:

Faz.net listet seine Sparten in zwei übereinander liegenden Zeilen. In der oberen finden sich vier der fünf Klassiker: Politik, Wirtschaft, Feuilleton, Sport, die jeweils weitere Unterkategorien enthalten. In der zweiten Zeile folgen acht weitere Sparten, wie etwa Finanzen, Reise, Computer und Wissen, darunter, wenn auch als letztes, das Regionalangebot Rhein-Main.

Welt.de listet untereinander Politik, Wirtschaft, Finanzen, Sport und Vermischtes als erste fünf Einträge. Es folgen neun weitere, darunter Kultur, Webwelt, Meinung und Satire. In der gleichen Leiste, aber optisch leicht getrennt, folgen die regionalen Angebote Berlin, Hamburg, München. Auch bei *Welt.de* ergibt sich nicht automatisch ein Untermenü, wenn man mit dem Cursor darüberfährt.

Auf *Sueddeutsche.de* sind die insgesamt 15 Sparten in einer Spalte von links nach rechts zu lesen. Die ersten fünf sind Politik, Wirtschaft, Finanzen, Kultur und Sport. Neben anderen Fachsektionen, wie Auto, Wissen, Digitalwelt, folgen auch das Lokal- und Regionalangebot in Form von München und Bayern. Unterbereiche klappen hier nicht auf.

Allen Auftritten gemein ist, dass die fünf klassischen Ressorts immer vertreten sind. Politik und Wirtschaft nehmen dabei immer die ersten Plätze ein, während das Lokale und Regionale weiter hinten angesiedelt ist, bei *Faz.net* sogar in einer anderen Spalte als die anderen klassischen Ressorts. Ebenfalls führen alle drei Angebote ein neues Ressort, das sich mit dem System des Trägermediums Internet beschäftigt. Aber auch einige andere Gebiete tauchen auf, die sich in den gedruckten Tageszeitungen seltener als eigene Einheiten gebündelt finden, so etwa Satire bei *Welt.de*. Es zeigt sich also, dass in den Internetangeboten der Tageszeitungen zwar dem inhaltlichen Ressortbegriff entsprechend Neues entsteht, die Struktur sich aber weiterhin wesentlich an den klassischen Ressorts ausrichtet.

Wie sieht jedoch die genaue organisatorische Ressortstruktur hinter den Sparten aus? Diese Frage ist schwer zu beantworten, besonders da es Überschneidungen zwischen den Arbeitsbereichen der Online- und Printredakteure gibt, die nicht immer klar geregelt sind. Denn auch eigenständige Online-Redaktionen arbeiten fast immer mit der Redaktion des Muttertitels zusammen (Meier 2002a, S. 182). Es ist zu erkennen, dass die großen Angebote sowohl **eigene Inhalte produzieren** als auch **Printinhalte übernehmen** und auch Printautoren sporadisch exklusiv für den Online-Auftritt schreiben.

Bei den Tageszeitungen arbeiteten 2002 etwa 40 Prozent aller Online-Redakteure auch regelmäßig fürs Muttermedium, bei Publikumszeitschriften etwa 26 Prozent und bei Rundfunkanbietern etwa 18 Prozent (vgl. Meier 2002a, S. 181). Grundsätzlich waren demnach im Jahr 2002 70 Prozent der Online-Redakteure bei Tageszeitungen Generalisten, die alle Themen bearbeiteten (Meier 2002a, S. 182).

Eine flächendeckende aktuelle Analyse über Abstimmungsmechanismen und Arbeitsteilung zwischen Print- und Online-Redakteuren ist so bisher nicht zu finden. Viele Medienhäuser feilen noch an der Abstimmung und den Strukturen zwischen Print und Online, besonders solange die Online-Medien expandieren. Klaus Meier spricht vom „Status von Prototypen", den viele Redaktionen noch haben, und der sich voraussichtlich weiter rasch verändern wird (Meier 2002a, S. 173). Bei den drei oben vorgestellten Online-Auftritten verrät ein Blick ins Impressum nur Grundlegendes: Die Ressorts, besonders die klassischen, gibt es auch organisatorisch. Wie fließend diese Grenzen sind, lässt sich nicht ablesen. Da jedoch fast keine Doppelungen von Redakteuren in mehreren Ressorts zu erkennen ist, lässt sich folgern, dass die Online-Redaktionen ebenfalls größtenteils auf eine Ein-Linien-Organisation setzen. Doch zeigt das Impressum auch Analyseprobleme auf. Ein Beispiel: Vergleicht man das Impressum von *Suedeutsche.de* mit dem der Printausgabe der *Süddeutschen Zeitung*, sieht man, dass es auf beiden Seiten Ressorts gibt, die im anderen Medium nicht vorkommen. Print hat im Gegensatz zu Online die Ressorts Außenpolitik, Innenpolitik, Seite Drei, Bayern, Region, Wissen, Gesellschaft und Panorama. Online hat im Gegensatz zu Print die Ressorts Aktuelles, Job & Karriere, Leben & Stil, Gesundheit, Wissenschaft.

Die Themenfelder und Ressortstrukturen bieten im Online-Journalismus Chancen für Neues: „Insgesamt scheint der Online-Journalismus noch nicht über verfestigte Strukturen zu verfügen und ist daher durchlässig für Berufs- und Quereinsteiger", stellt Quandt (2005, S. 340) fest. Die journalistischen Möglichkeiten sind hier also bezogen auf **Gestaltungsspielräume für den Nachwuchs** relativ gut: Onlinejournalisten sind oft jünger als die Kollegen bei den Printausgaben und übernehmen oft vielfältige Aufgaben.

Literatur zu anderen wichtigen Ressorts

Ressort Wissenschaft

- Göpfert, W. (2006) (Hrsg.). Wissenschaftsjournalismus. Ein Handbuch für Ausbildung und Praxis. Berlin List.
- Kienzlen, G. J. Lublinski und V. Stollorz (2007) (Hrsg.). Fakt, Fiktion, Fälschung. Trends im Wissenschaftsjournalismus. Konstanz, UVK.
- Kohring, M. (2006). Wissenschaftsjournalismus. Forschungsüberblick und Theorieentwurf. Konstanz, UVK.

- Trepte, S., S. Burkhardt und W. Weidner (2008). Wissenschaft in den Medien präsentieren. Frankfurt am Main, Campus.

Ressort Medien

- Beuthner, M. und S. Weichert (2005) (Hrsg.). Die Selbstbeobachtungsfalle. Grenzen und Grenzgänge des Medienjournalismus. Wiesbaden, VS Verlag für Sozialwissenschaften.
- Fengler, S. (2002). Medienjournalismus in den USA. Konstanz, UVK.
- Malik, M. (2004). Journalismusjournalismus. Funktionen, Strukturen und Strategien der journalistischen Selbstthematisierung. Wiesbaden, VS Verlag für Sozialwissenschaften.
- Ruß-Mohl, S. und S. Fengler (2000) (Hrsg.). Medien auf der Bühne der Medien – Zur Zukunft von Medienjournalismus und Medien-PR. Berlin, Dahlem Univ. Press.

Ressort Reise

- Crouch, D., R. Jackson und F. Thompson (2005). The Media and the Tourist Imagination. Convergent Cultures. London, New York, Routledge.
- Cropp, F., C. M. Frisby und D. Mills (2003). Journalism Across Cultures. Malden, Wiley-Blackwell.
- Kleinsteuber, H. J. und T. Thimm (2008). Reisejournalismus. Eine Einführung. Wiesbaden, VS Verlag für Sozialwissenschaften.

Ressort Ausland

- Crook, T. (1998). International Radio Journalism. London, New York, Routledge.
- Hafez, K. (2005). Mythos Globalisierung. Warum die Medien nicht grenzenlos sind. Wiesbaden, VS Verlag für Sozialwissenschaften.
- Hannerz, U. (2004). Foreign News. Exploring the World of Foreign Correspondents. Chicago, University of Chicago Press.
- Hepp, A., F. Krotz und C. Winter (2005) (Hrsg.). Globalisierung der Medienkommunikation. Eine Einführung in Medien im globalen Kontext. Wiesbaden, VS Verlag für Sozialwissenschaften.
- Löffelholz, M. (2004) (Hrsg.). Krieg als Medienereignis II. Krisenkommunikation im 21. Jahrhundert. Wiesbaden, VS Verlag für Sozialwissenschaften.
- Paul, U. (2006). Augenzeugen. Kriegsberichterstattung vom 18. zum 21. Jahrhundert. Göttingen, Vandenhoeck & Ruprecht.

Service & Ratgeber

- Fasel, C. (2004). Nutzwertjournalismus. Konstanz, UVK

Bildredaktion

- Grittmann, E. (2007). Das politische Bild. Fotojournalismus und Pressefotografie in Theorie und Empirie. Köln, Halem.
- Grittmann, E., I. Neverla und I. Ammann (2007) (Hrsg.). Global, lokal, digital. Fotojournalismus heute. Köln, Halem.

5.4 „Man braucht Ressortverantwortlichkeit" – Expertengespräch mit Henry Lübberstedt (Stern.de)

Interview: Timo Nowack

> **Henry Lübberstedt**
>
> ist Geschäftsführender Redakteur bei *Stern.de* und ein Pionier des deutschen Online-Journalismus.
>
> Bereits von 1998 bis 2000 betreute der Journalist die Multimedia-Seiten der *Welt am Sonntag* und war ab 2000 bei der *Financial Times Deutschland*, zuletzt als stellvertretender Redaktionsleiter, für die Onlineausgabe tätig. 2004 kam er zu der eigenständigen Internetvariante des *Stern*, deren Entwicklung er maßgeblich geprägt hat.

Ein Nachwuchsjournalist denkt darüber nach, ob und wie er sich spezialisieren soll. Was würden Sie ihm raten?
Wenn er Geld verdienen will, sollte er sich auf Wirtschaft spezialisieren. Wissenschaftsjournalismus wird auch gerne genommen. Im Reise- und Autoressort ist es ebenfalls schwierig, gute Leute zu finden – zumindest, wenn man den Anspruch hat, mehr als nur Reise- und Autovorstellungen zu machen. Sucht man dagegen gute Politikredakteure, und die meisten wollen ja ins Politikressort, ist die Auswahl riesengroß.

Was ist wichtiger für einen jungen Journalisten, der bei einem Nachrichtenmedium arbeiten möchte: Fachwissen im Sinne eines Ressorts zu haben, oder ein guter Schreiber zu sein?
Ein Nachrichtenmedium ist ein Medium, das zügig aktuelle Informationen verbreitet, und das in recht knapper Form. Dazu bedarf es zwar guter, aber nicht unbedingt ausgezeichneter Schreiber. Im Endeffekt kommt es ganz darauf an, wo man sich bewirbt.

Nehmen wir an, bei *Stern.de*.
Ich glaube, ich hätte fast lieber jemanden, der gut schreiben kann und bereit ist, sich in Themen einzuarbeiten. Der muss dann die Fachleute anrufen und sich möglichst zügig eine eigene Meinung bilden. Eine Ausnahme ist allerdings die Wissenschaft: Da liefert uns jemand mit einem tiefen Fachwissen wahrscheinlich die besseren Geschichten als jemand, der schön schreiben kann.

Was sind in Ihren Augen die Ressorts und Themenfelder, die im Journalismus an Bedeutung gewinnen werden?
Ich glaube, da sind wir wahnsinnig konservativ. Als ich vor 23 Jahren bei der *Welt* anfragte, sagten die mir: Junge, werd' Wirtschaftsjournalist. Seither hat sich nicht viel geändert, und ich glaube, es wird auch ganz klassisch so weitergehen. Es gibt ja keine neuen Themenbereiche. Außer man wird Videojournalist, aber dann ist man in einem anderen Medium und bedient sich anderer Elemente.

Verändert die Globalisierung die Arbeit in oder zwischen den Ressorts? Beispielsweise bei einem Thema, das auf globalisierter Ebene viel breiter wird?
Sie zwingt einen eher, die Ressorts zusammenzufassen. Die Vogelgrippe beispielsweise ist für uns ein Wissenschaftsthema, aber genauso ein politisches Thema, und sie kann auch ein Reisethema sein. Ein sehr gutes Beispiel sind die Olympischen Spiele. Die kann man aus jedem Ressort beleuchten. Und ich glaube, dass es in Zukunft noch viel mehr solcher Themen geben wird. Wenn man dann in der Not ist, den Leser schnell und umfassend zu informieren, kann das nur heißen, dass sich jedes Ressort schon morgens in der Konferenz überlegt, wie es das Thema für sich angehen würde.

Was macht ein Thema aus, das sich für die Bearbeitung durch mehrere Ressorts anbietet?
Das entscheidet sich von Fall zu Fall. Aber eigentlich lohnt es sich bei fast jedem Thema von größerer Bedeutung, in die Diskussion mit den anderen Ressorts zu gehen.

Was halten Sie von Überlegungen, Ressortgrenzen zu überwinden, aufzulösen oder anders zu strukturieren?
Wir haben hier am Anfang auch darüber nachgedacht. Die Überlegung war, ob wir so etwas wie einen Pool von etwa 20 Schreibern schaffen, die alle keine Fachleute sind, sondern sich jeden Tag schnell in Themengebiete einarbeiten. Da heißt es dann morgens in der Konferenz: Das sind die großen Themen A, B und C – auf Thema A verwenden wir vier Schreiber, auf Thema B drei, auf Thema C zwei und noch mal vier, um den morgigen Tag vorzubereiten. Einige Fernseh- und Radiosender arbeiten so.

Und warum haben Sie es doch nicht gemacht?
Weil man Ressortverantwortlichkeit braucht. Gerade wenn es um die Themenplanung geht, muss es jemanden geben, der sagt: In meinem Ressort bin ich für die Themenplanung für das nächste halbe Jahr verantwortlich. Wir sind daher bei der klassischen Ressortaufteilung geblieben. Allerdings gibt es in unserem jungen Unternehmen ganz flache Hierarchien und es finden kaum Grabenkämpfe statt.

Die Redakteure von *Stern.de* können nicht nur das Nachbarressort ansprechen, sondern auch das eigene Ressort aus der Printausgabe des Stern. Gibt es bei Ihnen feste Strukturen in der Zusammenarbeit zwischen Print und Online?
Noch nicht, aber wir versuchen, sie zu schaffen. Neuerdings haben wir Online-Redakteure in den Printressorts sitzen. Die sollen den Kollegen die Angst vor dem Medium nehmen: Immer wenn ein Printredakteur ein Thema andenkt, sollen sie mit ihm zusammen überlegen, wie man es online noch erweitern kann. Es gibt auch einige *Stern*-Kollegen, die feste Kolumnen auf *Stern.de* haben. Das sind in der Regel Auslandskorrespondenten, die im Heft relativ selten vorkommen und ihren Informanten so zeigen können: Ich rede nicht nur mit euch, ich schreibe auch darüber. Ansonsten heißt es immer noch, von Fall zu Fall anzurufen und nachzufragen. Das klappt auch immer besser. Wir glauben deshalb aber nicht, dass es eines Tages nur noch eine Redaktion geben wird. Es sind zwei unterschiedliche Medien, die unterschiedliche Zielgruppen bedienen, und das in ganz unterschiedlicher Taktung.

Was ist die Qualifikation, die solch ein Onlineverbindungsredakteur im Printressort braucht?
Die Qualifikation ist eigentlich ein dickes Fell, Nervenstärke und eine gehörige Portion Diplomatie. Denn viele Printkollegen – nicht nur bei uns, sondern auch bei anderen Zeitungen – halten sich in Anführungsstrichen für etwas Besseres, für die wahren Journalisten. Da gilt es, diese Leute abzuholen und zu sagen: Wir sind an eurem Fachwissen und Können interessiert, bloß für ein neues Medium. Das hat etwas mit Bauchpinseln zu tun, aber auch damit, selber eine Meinung zu haben, zu zeigen, ich bin auch Journalist, ich spreche eure Sprache, ich verstehe das Spielfeld und die Regeln.

Gibt es auch *Stern.de*-Redakteure, die gelegentlich für das Heft schreiben?
Ja, der Überwachungsskandal bei Lidl wurde zum Beispiel von einem *stern.de*-Redakteur aufgedeckt. Wir haben das Thema dann anrecherchiert und festgestellt, wir hätten alleine gar nicht die Kapazitäten, diesem Fall bis in den letzten Winkel nachzugehen. Dann haben wir das Heft dazu geholt und auch die Kollegen von *Stern TV*. Auch davor hat schon der eine oder andere mal für das Heft geschrieben, aber das ist die Ausnahme. Allerdings ist die Qualität unserer Einstellungen mittlerweile so hoch, dass die ersten beiden *stern.de*-Redakteure jetzt zum Heft wechseln. Ich glaube, eine größere Auszeichnung kann man sich kaum vorstellen.

Inwieweit ist es für einen Nachwuchsjournalisten wichtig, Print und Online zu beherrschen?
Der Nachwuchsjournalist sollte in erster Linie Journalist sein. Ihm sollte es egal sein, für welches Medium er gerade schreibt, aber er sollte Online nicht ablehnend gegenüber stehen, denn das wäre dumm. Ich würde jedem empfehlen, am Anfang der Karriere verschiedene Medien auszuprobieren, und sich dann zu entscheiden, welches Medium einem am besten gefällt. Und die größte Bandbreite wird es auch in Zukunft online geben, denn nur hier kann man neben dem Schreiben etwa auch eigene Videoformate präsentieren oder einen Podcast pflegen.

Gibt es besondere Kompetenzen, die man im Online-Journalismus braucht?
Man sollte wirklich zügig sein, und man sollte Mut zur Hässlichkeit haben. Denn die erste Version einer Geschichte kann online naturgemäß nur hässlich sein. Wenn die schnelle Nachricht dann auf der Seite ist, überlege ich mir zusammen mit Kollegen innerhalb von 30 Minuten, welcher Weiterdreh möglich ist, welche Bilderstrecken dazugehören, welche O-Töne ich brauche und ob ich die TV-Kollegen dazuholen muss. Wer es richtig gut machen will, muss in mehreren Formaten denken. Eine heruntergeschriebene Geschichte mit einem Bild – das wird online bald nicht mehr ausreichen. Das muss man auch den Journalisten nahe bringen, die aus Printredaktionen kommen. Aber Online ist noch dabei, seine Formate zu finden: Ein Format – so erzählt Online Geschichten – gibt es noch gar nicht. Im Moment werden ein Video und ein Foto in den Text gehängt und dann ist die Kiste zu. Ich glaube, da ist online noch sehr viel mehr möglich in den nächsten Jahren.

6. Themenwahl

Ilka Kreutzträger

> **Überblick**
>
> Das sechste Kapitel „Themenwahl" erklärt, wie Journalistinnen und Journalisten Informationen für ihre Nachrichten auswählen. Dieser Selektionsprozess ist eine Basisqualifikation des Journalismus. Es bildet darüber hinaus eine wichtige Voraussetzung für das Verständnis der Themensuche durch gezieltes Recherchieren (siehe Kapitel 7).
>
> Das Kapitel ist in drei Abschnitte gegliedert:
>
> - **Kapitel 6.1**: Im ersten Abschnitt werden anhand von Nachrichtenfaktoren die Auswahlkriterien von Ereignissen für die journalistische Berichterstattung vorgestellt.
> - **Kapitel 6.2**: Der zweite Abschnitt schildert, wie Journalisten Ereignisse durch „News Frames" in thematischen Zusammenhang bringen.
> - **Kapitel 6.3**: Im dritten Abschnitt beschreibt eine erfahrene Nachrichtenjournalistin den täglichen Auswahlprozess von Themen aus der großen Menge an Agenturmeldungen, Korrespondentenberichten und anderen Quellen.

Die Ereignisse eines Tages sind unzählbar und Journalistinnen und Journalisten können nicht über alles berichten. Sie müssen aus den Ereignissen, von denen sie erfahren, die auswählen, über die berichtet werden soll oder über die sie berichten wollen. Sie müssen eine **sinnvolle Themenwahl** treffen und die **Komplexität der Welt** für den Rezipienten auf ein verständliches Maß reduzieren. Die Frage ist, wie ein Journalist aus der Masse der Ereignisse ein Thema generiert. Wie wird ein Ereignis zu einer Nachricht? Nach welchen Kriterien wird ein Ereignis zu einem publikationswürdigen Thema? Oder kurz gesagt: Wie finden Journalisten ein Thema? Die Nachrichtenwertforschung (vgl. Staab 1990) beschäftigt sich seit den 1920er Jahren mit dieser Frage. Nachrichten- und Narrationsfaktoren sind eine Erklärung dafür, warum ein Ereignis aus der Masse der Ereignisse heraussticht und vom Journalisten zur Publikation ausgewählt wird.

6.1 Nachrichtenfaktoren

> **Literatur zum Verständnis von Nachrichtenfaktoren**
> - Boetzkes, C.-E. (2007). Organisation als Nachrichtenfaktor. Wiesbaden, VS Verlag für Sozialwissenschaften.
> - Eilders, C. (1997). Nachrichtenfaktoren und Rezeption. Wiesbaden, VS Verlag für Sozialwissenschaften.
> - Kästner, E. (2008). Ein Bild sagt mehr als tausend Worte. Der Nachrichtenfaktor Visualität in deutschen Fernsehnachrichten. Saarbrücken, VDM.

- Ruhrmann, G. und R. Göbbel (2007). Veränderungen der Nachrichtenfaktoren und Auswirkungen auf die journalistische Praxis in Deutschland. Broschüre des Netzwerks Recherche, Wiesbaden.
- Ruhrmann, G., J. Woelke, M. Maier und N. Diehlmann (2003). Der Wert von Nachrichten im deutschen Fernsehen. Ein Modell zur Validierung von Nachrichtenfaktoren. Opladen, Leske & Budrich.
- Staab, J. F. (1990). Nachrichtenwert-Theorie. Formale Struktur und empirischer Gehalt. Freiburg, München, Alber.
- Tumber, H. (2000) (Hrsg.). News – A Reader. Oxford, Oxford University Press.
- Weischenberg, S. (2001). Nachrichten-Journalismus. Anleitungen und Qualitätsstandards für die Medienpraxis. Wiesbaden, VS Verlag für Sozialwissenschaften.

Oberster Grundsatz bei der journalistischen Arbeit ist die **Reduktion von Komplexität**. Es kann nicht über jedes Ereignis berichtet werden, also muss der Journalist Themen auswählen bzw. aus dem komplexen Geschehen Relevantes herausfiltern. In diesem Kapitel wird anhand der **Nachrichtenfaktoren** erläutert, wie die Themenwahl im Journalismus erfolgt. Es gibt nach wie vor keine wissenschaftliche Theorie, die zu einer exakten empirischen Erforschung und damit zur Beantwortung der Frage geführt hat, welche Ereignisse für Journalisten nachrichtenrelevant sind. Als gesichert kann angenommen werden, dass es bestimmte Nachrichtenfaktoren gibt, die den publizierten Ereignissen zugewiesen werden können, und dass die Nachrichtenfaktoren das **Navigationssystem der Redaktionen** und der **Code für Relevanz oder Ignoranz** sind (vgl. Ruhrmann und Göbbel 2007, S. 3). Die Nachrichtenwertforschung ist darum bemüht, zu erklären, welche Faktoren dazu führen, dass aus einem Ereignis eine Nachricht wird. Welche Eigenschaften muss ein Ereignis haben, damit es zu einem publikationswürdigen Thema wird? In der Nachrichtenwertforschung wird davon ausgegangen, dass die Ereignisse, über die in der Zeitung, in Zeitschriften, im Fernsehen, Radio oder Internet berichtet wird, bestimmte selektions- und rezeptionssteuernde Faktoren haben müssen, ohne die ein Journalist nicht auf sie aufmerksam werden würde.

Walter Lippmann (1922) war der erste Forscher, der das Grundkonzept der heutigen **Nachrichtenwerttheorie** formuliert hat. Seine zentrale und für die journalistische Arbeitspraxis entscheidende Erkenntnis war, dass Nachrichten nicht einfach die Realität widerspiegeln, sondern dass sie sowohl was ihre Inhalte als auch was ihre formale Gestaltung angeht, das Ergebnis von Selektionsentscheidungen der Journalisten sind. Diese Entscheidungen beruhen laut Lippmann nicht auf objektiv feststellbaren Regeln, sondern auf ausgehandelten Konventionen. Nachrichten können demnach nur eine Reihe spezifischer und stereotyper Realitätsausschnitte vermitteln (vgl. Lippmann 1922, S. 338ff.).

Unterschiedliche Interpretationen eines Ereignisses basieren demnach auf unterschiedlichen individuellen, kulturellen und sozialen Erfahrungshintergründen. Jede Wahrnehmung, auch wenn sich der Beobachter um noch so akribische Feststellung der „Tatsachen" bemüht, ist immer schon Interpretation der Realität. Es ist unmöglich, das Geschehen auf der Welt in allen Ausprägungen abzubilden, darum wird es für die Journalisten notwendig, Realität zu interpretieren, oder anders ausgedrückt: Die Aufgabe der Journalisten ist es, die

Komplexität zu reduzieren, auf ein für die Rezipienten verständliches und greifbares Maß herunterzubrechen. Lippmann bezeichnet diesen Vorgang der Komplexitätsreduktion als „Stereotypisierung".

Die **Stereotype** sind nach Lippmann vom „(Vor-)Urteil bestimmte Vereinfachungen der Weltsicht, gängige Modelle und Schemata mit oft emotivem Gehalt, die der raschen Orientierung dienen und als Abwehrmechanismen gegen ungewisse, ungewohnte und unangenehme Informationen wirken" (zitiert nach Schulz 1976, S.9). Ohne Standardisierung, Stereotype und Routineurteile kann ein Journalist nicht arbeiten. Ein Beispiel: Ein Journalist arbeitet für eine Tageszeitung und ist dafür zuständig, den *dpa*-Ticker zu sichten und mögliche Themen für die Ausgabe am Folgetag herauszufiltern. Allein der Basisdienst der *Deutschen Presse-Agentur* umfasst täglich rund 800 Meldungen – das sind mehr als 500 eng beschriebene DINA 4-Seiten. Dazu kommen noch die Landesdienste mit 70 bis 120 Meldungen am Tag (vgl. dpa 2007). Wenn der Journalist nicht auf sein Vorwissen über bestimmte Themen, auf bestimmte routinierte **Deutungsmuster von Ereignistypen** zurückgreifen könnte, wäre es nicht möglich, einen *dpa*-Ticker nach publikationswürdigen Ereignissen zu durchsuchen. Der Journalist müsste ohne diese Stereotype jede eingehende Meldung nachrecherchieren, um sich ein Bild davon zu machen, worum es eigentlich geht. Das ist bei der großen Anzahl von gemeldeten Ereignissen undenkbar. Je routinierter ein Journalist ist, je länger er für ein Medium arbeitet, desto schneller werden die Arbeitsabläufe, weil sich die Stereotype festigen. Aber genau hier liegt auch die **Gefahr**. Denn routinierte Abläufe und festgefahrene Deutungsmuster können dazu führen, dass Themen übersehen werden, dass ein neuer Themenaspekt nicht erkannt wird oder über Themen nicht mehr berichtet wird, weil das vermeintlich schon zu oft getan wurde.

Lippmann führt erstmals den Begriff „news value" ein – Nachrichtenwerte (Lippmann 1922, S. 384). Unter Nachrichtenwert versteht Lippmann die **Publikationswürdigkeit eines Ereignisses**, die sich aus der **Kombination von Merkmalen** ergibt. Je mehr der folgenden Merkmale auf ein Ereignis zutreffen, desto größer ist die Wahrscheinlichkeit, dass es zu einem Thema wird:

- Ungewöhnlichkeit, Sensationalismus
- Bezug zu bereits eingeführten Themen
- Entfernung zwischen Ereignisort und Verbreitungsgebiet des Mediums
- Relevanz
- Eindeutigkeit, zeitliche Begrenzung
- Faktizität
- Einfachheit
- Konsequenzen
- Beteiligung bekannter oder einflussreicher Personen

Die Anschläge am 11. September 2001, der Tsunami im Indischen Ozean 2004 oder die Geiselnahme von Beslan 2004 sind Ereignisse mit hohem Nachrichtenwert, weil viele Nachrichtenfaktoren zutreffen. Sie sind ungewöhnlich, zeitlich begrenzt, relevant, einfach, faktisch. Daher musste darüber berichtet werden. Je nachdem, für welches Medium gearbeitet wird und in welchem Kulturkreis der Journalist tätig ist, werden diese Faktoren mit anderen Inhalten gefüllt. Entscheidend für die Publikation eines Ereignisses ist laut Lippmann jedoch letztlich nicht der Journalist, der nur ausführendes Organ ist, sondern die Beschaffenheit des Ereignisses selbst. Lippmann folgend ist die Arbeit eines Nachrichtenjournalisten demnach eine Art Verwaltungstätigkeit ohne großen eigenen Spielraum bei der Themenauswahl. Der Journalist sitzt mit der Liste der Nachrichtenfaktoren vor dem Nachrichtenticker und sucht nach Ereignissen, die möglichst viele Faktoren erfüllen und über die somit zwangsläufig berichtet werden muss. Diesem Ansatz folgend findet nicht der Journalist das Thema, sondern das Thema findet den Journalisten.

In der Nachrichtenwertforschung in den USA (vgl. Überblick bei Clayman/Reisner 1998, Masterton 1991) ist die Analyse der Nachrichtenauswahl stärker als in Deutschland in eine mediensoziologische, kommunikatorzentrierte Forschung und in die praxisorientierte Journalistik eingebettet. Die **Entscheidung des Journalisten** steht im Mittelpunkt. Seit den 1930er Jahren gilt in den Redaktionen der Grundsatz „Wir berichten nur". Es wird angenommen, dass Medieninhalte die soziale Wirklichkeit widerspiegeln und sie mehr oder weniger unverzerrt wiedergeben. Eine Ansicht, die unter den Lesern, Radiohörern und Fernsehzuschauern – aber auch unter Journalisten – auch heute noch verbreitet ist, nicht nur in den USA, sondern auch im deutschen Sprach- und Kulturraum. Dessen sollte man sich bei der Themenauswahl und bei der Aufarbeitung einer Geschichte bewusst sein und sich immer ausreichend vom geschriebenen Text distanzieren und sorgfältig Quellen nennen.

Bei aller ausgewogenen und gründlichen Recherche wird es keine objektive Berichterstattung, keine wahrhaftige Nacherzählung eines Ereignisses geben, denn trotz Nachrichtenfaktoren und möglicherweise gleicher Quellenlage werden zwei Journalisten nie die gleiche Geschichte von demselben Ereignis erzählen. Immer kommt es auf den **Kontext** an, in den das Ereignis gesetzt wird, und auf den Schwerpunkt, über den berichtet wird. Die Gegenargumentation lautete darum auch schon in den 1930er Jahren: Nachrichten verzerren die Wirklichkeit in Richtung dominanter Werte bzw. Stereotype (vgl. Staab 1990; Greenberg und Brand 1993, Geschke et al. 2007). Nachrichten gelten im Gegensatz zu Reportagen oder Essays als objektive journalistische Darstellungsform, aber die eigenen Wertungen und Schwerpunktsetzungen und die der Redaktion werden immer in die Aufbereitung der Informationen einfließen. Die Journalisten entscheiden, welcher Aspekt eines Ereignisses wichtig und darum der Aufmacher der Nachricht ist und prägen so die Sicht der Rezipienten auf das Ereignis, über das berichtet wird.

Seit den 1980er Jahren wird auch in den USA von der Konstruktion von Wirklichkeit gesprochen, bei der man die sozial, medial und individuell rekonstruierte Wirklichkeit unterscheidet (vgl. Schulz 1989). Medien- und Nachrichteninhalte werden wesentlich von ökonomischen, technischen und politischen Prozessen determiniert. Der Journalist als **Gatekeeper** moderiert die Nachrichtenauswahl nach politischen Interessen (vgl. Shoemaker 2006, S. 108f.). Die jeweilige Interpretation der Probleme und Lösungsmöglichkeiten beeinflussten dabei mehr die Nachrichteninhalte und damit die Themen als den Betrachtungsgrad der Meldung (vgl. Shoemaker und Cohen 2006). Das ist der Grund, warum die vier großen deutschen Nachrichtensendungen, wie bereits angesprochen, ihre Themen so unterschiedlich gewichten. Nichtpolitische Themen aus den Bereichen Unfall und Katastrophe, Kriminalität sowie *Human Interest* und Buntes haben bei den Nachrichten der Privatsender, *RTL-aktuell* und *SAT.1-News* mit zusammen 25 bzw. 22 Prozent fast das gleiche Gewicht wie die politischen Themen. Zum Vergleich: Bei *Tagesschau* und *heute* machten diese Themenbereiche sechs bzw. zwölf Prozent der Sendezeit aus (vgl.

www.poliexa-portal.de). Alle vier Redaktionen greifen auf die gleiche Quellenlage, auf die gleichen Agenturen zurück. Sie interpretieren die ihnen berichteten Ereignisse nur anders und gewichten sie auf unterschiedliche Weise.

Ein Journalist muss sich dieser **unterschiedlichen Redaktionsrichtlinien** bewusst sein, um die richtigen Themen für die richtige Sendung aussuchen zu können. Gleiches gilt natürlich nicht nur für TV-Sendungen, sondern auch für politisch konträr orientierte Zeitungen wie z. B. die *Tageszeitung* und die *Frankfurter Allgemeine Zeitung*. Die Journalisten in den Redaktionen wählen im Zweifel dieselben Themen aus, setzen sie völlig unterschiedlich, je nach Redaktionsrichtlinie und politischer Ausrichtung, um. Für den Journalisten sind die Nachrichtenfaktoren als Auswahlkriterien zwar von großer Bedeutung, aber mindestens genau so wichtig ist die **Interpretation des Ereignisses.** Diese kommunikatorzentrierten Ansätze führten zu einer Reihe theoretischer und empirischer Studien zur Nachrichtenproduktion. Für Deutschland hat Siegfried Weischenberg entsprechende Studien für die journalistische Aussagenproduktion vorgelegt (vgl. Scholl und Weischenberg 1998).

Die europäische Forschungstradition zur Nachrichtenwertforschung wird aufbauend auf Lippmanns Nachrichtenwertforschung vom Norweger Einar Östgaard (1965) begründet. Er wollte die Ursachen für die Verzerrung im Nachrichtenfluss aufdecken. Östgaard geht, anders als Lippmann, davon aus, dass es **interne und externe Nachrichtenfaktoren** sowie **Tendenzen der Beeinflussung des Nachrichtenflusses** gibt, und mischt damit gewissermaßen die in den beiden vorangegangenen Kapiteln skizzierten Ansätze:

- Verarbeitung von Nachrichten (Einfluss von außen)
- Selektionskriterien (Einfluss von innen)

Mit externen Nachrichtenfaktoren ist die **Verarbeitung von Nachrichten** gemeint. Der Journalist entscheidet, was, wann, wie veröffentlicht wird, aber er ist dabei immer auf seine Quellen angewiesen. Korrespondenten müssen sich auf ihre Informationsquellen verlassen, müssen mögliche Einflussnahme durch Staat und Regierung mit einbeziehen. Problematisch wird es bei politischen, ökonomischen und militärischen Angelegenheiten: Zensur und Propaganda sind die Feinde von Wissen und Verstehen und behindern den Nachrichtenfluss. So wie sich der Korrespondent auf seine Quellen verlassen muss, muss sich der Journalist in der Heimatredaktion auf den Korrespondenten und die Agenturen verlassen und muss wissen, dass bei jedem einzelnen Schritt der Nachrichtenverbreitung die Wirklichkeit interpretiert und damit verzerrt wird. Jede Agentur berichtet auch aus ökonomischem Interesse heraus aus der **Perspektive** des Heimatlandes, um ihre Nachrichten verkaufen und Kunden zufriedenstellen zu können. Die etablierten Nachrichtenagenturen haben weltweit Dependancen und viele, gut zahlende Kunden, sie können daher über viele Ereignisse berichten und haben großen Nachrichtenauswurf. Der deutsche Basisdienst der Nachrichtenagentur Reuters verschickt pro Jahr 127.750 Meldungen (vgl. www.agenturjournalismus.de).

Zu den ökonomischen Interessen kommt hinzu, dass die großen Agenturen wie die *Deutsche Presse-Agentur dpa*, *Reuters* oder *Associated Press* ihre Dependancen weltweit ungleichgewichtig verteilen. So gibt es eine dpa-Dependance in Johannesburg, die das gesamte südliche Afrika abdecken soll, ein Büro in Moskau für ganz Russland und gar keine *dpa*-Niederlassung in Kanada (vgl. dpa 2008). Diese **Verteilung der journalistischen Ressourcen** wirkt sich natürlich auch auf den in Deutschland arbeitenden Journalisten aus, der auf die Zulieferung angewiesen ist. Der Nachrichten-Weltatlas vom Online-Auftritt der *Tagesschau* (www.tagesschau.de) zeigt, was gemeint ist. Auf einer Weltkarte kann man sich die Nachrichten der letzten zwölf oder 24 Stunden oder auch des letzten Monats anzeigen lassen. Afrika und weite Teile Asiens sind oft weiße Flecken, was natürlich nicht bedeutet, dass hier nichts geschieht, was nicht nach den reinen Nachrichtenfaktoren publikationswürdig wäre. Es ist eine Frage der **Selektionsentscheidung der Verantwortlichen** in den Redaktionen, der Herausgeber und Verleger, die auch an der Themengenerierung beteiligt sind.

Als **interne Nachrichtenfaktoren** bzw. Selektionskriterien bezeichnet Östgaard einzelne Aspekte von Ereignissen, die diese für den Rezipienten interessant und beachtenswert machen. Wieder geht es vor allem um den Grundsatz: „making less complex". Östgaard (1965) unterscheidet drei Faktorenkomplexe, die ein Ereignis zu einem übersichtlichen, leicht verständlichen und damit publikationswürdigen Ereignis machen: Simplifikation, Identifikation und Sensationalismus.

Simplifikation bedeutet, dass die Ereignisse möglichst einfach strukturierbare Inhalte haben müssen, um zum Thema zu werden. Mit **Identifikation** ist bereits Bekanntes, Nähe, Prominenz, Aufmerksamkeit gemeint. Was geografisch, kulturell und zeitlich nah ist, ist für den Rezipienten relevant. Vertraute und bekannte Personen und Sachverhalte werden eher zur Nachricht als unbekannte. Was den Menschen immer interessiert ist der Mensch, je größer der Name, desto größer das Interesse. **Sensationalismen** sind schließlich möglichst dramatische und emotional erregende Sachverhalte. Nachrichten sollen Emotionen wecken und daher bezieht sich der Faktor Sensationalismus insbesondere auf Meldungen über Konflikte, Katastrophen und Unfälle. Über Konflikte, Streit, Kämpfe, Unglücke, Verbrechen, Gesellschaftsklatsch, Kuriositäten wird berichtet. Schlechte Nachrichten sind in der Regel interessanter als gute, daher der etwas makabere Grundsatz: „Bad news are good news." Ereignisse werden in diesem Sinne dramatisiert, personifiziert und sentimentalisiert (vgl. Östgaard 1965, S. 37ff.).

Jedes Ereignis muss laut Östgaard (1965) außerdem eine **Nachrichtenbarriere oder Nachrichtenschwelle** überwinden, die besagt, dass abgeschlossene und mit natürlichem Spannungsbogen ausgestattete Ereignisse, wie eine Landtagswahl in Bayern, eine Überschwemmung in Malaysia oder die Entführung eines Kindes, mehr Chancen auf eine vollständige Berichterstattung haben, als lang andauernde Ereignisse, wie die Krise in Darfur, der Klimawandel oder die Bildungsmisere in Deutschland. Hat ein Ereignis aber einmal die Barriere übersprungen, folgen weitere Nachrichten zum Thema leicht und es gibt so etwas wie eine Chronistenpflicht (vgl. Östgaard 1965, S. 50).

Östgaard beschreibt einen weiteren Aspekt der Nachrichtenbarriere: Je weniger vorher über das Ereignis, den Ort des Geschehens oder die beteiligten Akteure bekannt ist, desto schlechter ist der Nachrichtenfluss. Oder wie *dpa*-Korrespondent Ralf Krüger, in Johannesburg zuständig für das südliche Afrika, es formuliert: „Tiere gehen immer." Das bedeutet nicht, dass im kompletten Südafrika nicht auch anderes geschieht als kuriose Tiergeschichten, im Gegenteil. Aber in den deutschen Medien ist das Interesse an Südafrika nicht sehr ausgeprägt, es sei denn, es geht um Tiere oder es gibt einen direkten Bezug für die deutschen Rezipienten. Die Fußball-WM 2010 in Südafrika war ein solcher direkter Bezug, der das Interesse auf das afrikanische Land lenkte und auch das Interesse an dem afrikanischen Kontinent verstärkte, weil das Thema durch das sportliche Ereignis ohnehin schon im Mittelpunkt der Berichterstattung stand. Im Zuge des sportlichen Großereignisses wurden auch andere Themen auf die Agenda der Medien gesetzt. Die Annahme von Redaktionsleitern, Programmverantwortlichen und der Verlagsspitze, die Rezipienten interessierten sich nicht für ein Thema, das weit von ihrer Lebenswelt entfernt ist, wird häufig mit dem vermeintlich unwissenden und uninteressierten Leser begründet.

Je mehr ein Ereignis die genannten Nachrichtenkriterien erfüllt, desto eher wird es aus der unüberschaubaren Masse der täglichen Ereignisse herausgehoben und zum Thema gemacht. Die Konsequenz dieser Art der Konstruktion von Realität in den Massenmedien hat für Östgaard (1965) folgende Tendenzen: **Nachrichten festigen den Status Quo** bereits etablierter Nationen, Führungsfiguren und Großmächte und verstärken die Bedeutung individueller Handlungen der Führungsfiguren von Großmächten. Die Welt wird konflikthaltiger dargestellt, als sie ist, um das Verständnis für den Einsatz von Gewalt zur Konfliktlösung gegenüber friedlichen Methoden zu wecken und die bestehende Teilung der Welt zwischen Nationen mit hohem und niedrigem Status, zwischen arm und reich wird verstärkt oder zumindest aufrecht erhalten (vgl. Östgaard 1965, S. 61). Östgaard geht davon aus, dass das Mediensystem unser soziales System reflektiert.

Nach der Analyse von vier norwegischen Tageszeitungen und der Berichterstattung über drei internationale Krisen (Kongo 1960, Kuba 1960, Zypern 1964), legten die norwegischen Forscher Johan Galtung und Marie Holmboe Ruge (1965) ein erstes umfangreiches theoretisches Konzept vor, das sich explizit mit der Bedeutung von Nachrichtenfaktoren im Nachrichtenauswahlprozess auseinandersetzt. Diese Studie bildet bis heute den Ausgangspunkt für eine Reihe empirischer Untersuchungen. Dieses Konzept ging weit über Östgaard hinaus, indem die Wissenschaftler sein Konzept systematisierten und differenzierten. Die Nachrichtenfaktoren lenken demnach in einem ersten Schritt als Selektionskriterien die Wahrnehmung des Journalisten und prägen auf diese Weise das Nachrichtenbild. Im zweiten Schritt wählen Rezipienten aus dem medialen Informationsangebot bestimmte Inhalte aus und werden bei der Auswahl ebenfalls von den Nachrichtenfaktoren beeinflusst. Die Autoren unterscheiden in ihrem Nachrichtenfaktorenkatalog zwölf Nachrichtenfaktoren, die sich nach zwei Grundannahmen unterscheiden lassen: Es passiert immer etwas, darum müssen wir auswählen, was wir wahrnehmen, und kulturelle Grenzen beeinflussen den Prozess vom Ereignis zur Nachricht. Diesen zwei Annahmen folgend entwickeln Galtung/Ruge **kulturabhängige und kulturunabhängige Nachrichtenfaktoren**, die bei der journalistischen Themensuche eine große Rolle spielen.

Im Prozess der Generierung von Themen zeigt sich, dass ein Ereignis umso stärker registriert wird, je mehr Faktoren erfüllt sind (**Selektivität**), und dass das Merkmal, welches das Ereignis zur Nachricht machte, akzentuiert wird (**Verzerrung oder Distortion**). Dieser Prozess von Selektivität und Verzerrung findet auf allen Stufen des Nachrichtenflusses statt, von der ersten Beobachtung, über die Veröffentlichung bis hin zum Rezipienten. Diese verzerrende Wirkung verstärkt sich, je mehr Übermittlungsstadien durchlaufen werden (**Replikation**):

- **Additivitätshypothese**: Nachrichtenfaktoren wirken additiv und komplementär. Je mehr Nachrichtenfaktoren auf ein Ereignis zutreffen, desto größer ist seine Chance, zur Nachricht zu werden.

- **Komplementaritätshypothese**: Wenn ein Ereignis eines oder mehrere der Kriterien nicht oder nur in geringem Maße erfüllt, müssen andere in umso stärkerem Maß zutreffen, damit das Ereignis zur Nachricht wird.

- Davon lässt sich die **Exklusionshypothese** ableiten: Wenn auf das Ereignis zu wenige oder gar keine Nachrichtenfaktoren zutreffen, dann wird nicht darüber berichtet.

Wittwen (1995) stieß in seiner Untersuchung zum Infotainmentgehalt von Fernsehnachrichten auf eine bestimmte Kombination von Einzelfaktoren, die ein Ereignis zu einem Thema werden lassen. Die „**Spot News**" über Katastrophen und Kriminalität vereinen die Nachrichtenfaktoren Konflikt, Dramatik, Folgenschwere, Gefühl und Nähe und bei den „**Soft News**" über *human-interest*-Themen kommt noch Prominenz und Kuriosität dazu (vgl. Wittwen 1995, S. 46). Je nachdem, für welches Medium und in welchem Kontext berichtet wird, können die Nachrichtenfaktoren demnach unterschiedlich bewertet und wahrgenommen werden.

In der deutschsprachigen Forschung hat sich mittlerweile die begriffliche **Unterscheidung von Nachrichtenfaktoren und Nachrichtenwert** etabliert. Ein Ereignis erhält erst durch seine spezifische Ausprägung von Nachrichtenfaktoren einen Nachrichtenwert: „Der Begriff Nachrichtenwert ist demnach auf der Konstruktionsebene angesiedelt, die Nachrichtenfaktoren stellen die Indikatoren dar" (Eilders 1997, S. 26). Heute besteht ein weitgehender Konsens darüber, dass die Nachrichtenfaktoren keine objektiven Eigenschaften von Ereignissen sind, sondern, dass sie vielmehr „journalistische Hypothesen der Realität" sind (Dulinski 2003, S. 260). Das bedeutet, dass ein Journalist auf der Suche nach einem Thema die Nachrichtenfaktoren gewissermaßen als Suchmaske benutzen und sie bei der Aufbereitung des Themas ziel- und zweckgerichtet zur Aufmerksamkeitssteigerung einsetzen kann.

Die von Galtung und Ruge entwickelten Nachrichtenfaktoren sind damit nicht obsolet, sondern können vom Journalisten gewissermaßen als **Erzählrichtlinien** genutzt werden. Nicht das Ereignis hat bestimmte Merkmale, die es zu einem Thema machen, sondern der Journalist nutzt die Nachrichtenfaktoren, um ein Ereignis als Thema zu platzieren. Winfried Schulz (1976) führt in den 1970er Jahren die erkenntnistheoretische Wende in der Nachrichtenwertforschung ein, überarbeitete den Nachrichtenfaktorenkatalog von Galtung und Ruge und zeigte, dass die reinen Nachrichtenfaktoren wie **Nähe, Relevanz oder Überraschungsmoment nur einen geringen Einfluss** auf die Selektionsentscheidungen der Journalisten haben. Nachrichtenfaktoren sind zwar unerlässlich für die Auswahl der Journalisten, erklären die Entscheidung aber nicht, denn es gibt immer viele Meldungen mit denselben Eigenschaften und doch werden nicht alle publiziert. Will ein Journalist, dass das von ihm ausgewählte Ereignis von den Rezipienten besondere Beachtung bekommt, dann kann er sich der entsprechenden Nachrichtenfaktoren bedienen, um das Thema aufzuarbeiten. Über die Nachrichtenfaktoren kann gewissermaßen ein **Anlass konstruiert** werden. Soll beispielsweise über das Dauerthema HIV berichtet werden, kann die Geschichte einer deutschen Praktikantin, die das erste Mal im Waisenhaus in Soweto auf infizierte Kinder trifft, die geografische und kulturelle Distanz überbrücken und so das Thema für den deutschen Zuschauer oder Leser dargestellt werden. Die Nachrichtenfaktoren entscheiden also nicht über die Relevanz eines Ereignisses, sondern sind gewissermaßen ein **Baukasten** für Journalistinnen und Journalisten. Sie können sich seiner bedienen, um ein Thema zu generieren und so aufzuarbeiten, dass es auch auf das Interesse der Leser stößt. Eine zentrale Rolle spielen das antizipierte Publikumsinteresse und die Kenntnis wahrnehmungspsychologischer Grundprinzipien der **Aktivierung und Aufmerksamkeitslenkung** (vgl. Dulinski 2003, S. 260).

In seiner „Einführung in den praktischen Journalismus" zählt von La Roche (2006) eine Reihe von Nachrichtenfaktoren auf, die er eine „Bestandsaufnahme menschlicher Neigungen und Interessen" nennt: **Prominenz, Nähe, Gefühl, Fortschritt, Folgenschwere, Konflikt, Kampf, Dramatik, Kuriosität und Sex**. Eine ähnliche Sammlung findet sich auch bei Weischenberg (1988) unter dem Oberbegriff *human-interest*-Elemente. Das bedeutet nicht, dass ein Thema ohne diese Faktoren nicht auskommt, aber sie können für die Aufbereitung eines Themas genutzt werden, um die Aufmerksamkeit der Rezipienten auf ein Thema zu lenken, das an sich nicht so viel Nachrichtenwert hat. Stürzt ein Flugzeug über den Anden ab, wird mit dem einen deutschen Passagier an Bord aufgemacht, auch wenn 400 weitere Insassen in der verunglückten Maschine saßen. Der eine deutsche Passagier bringt den deutschen Rezipienten das Unglück näher. Ist dieser Deutsche auch noch prominent, wird es noch spannender. Die potentiell publikationswürdigen Ereignisse können durch diese *human-interest*-Elemente für die Rezipienten interessanter werden, was natürlich nicht bedeutet, dass keine Meldung ohne sie auskommt. Aber je mehr Elemente enthalten sind, desto größer ist das angenommene Leserinteresse und desto größer damit die Chance, dass über ein Ereignis berichtet wird.

Nachrichtenfaktoren (zusammengestellt nach Galtung und Holmboe 1965)

Kulturfreie Nachrichtenfaktoren

1. Frequenz: kurze bzw. kurzfristig abgeschlossene Ereignisse
2. Schwellenfaktor: Das Ereignis muss die Schwelle der Aufmerksamkeit überwinden, sich in seiner Intensität von ähnlichen Ereignissen abheben.
3. Eindeutigkeit: Je einfacher, konsistenter, gradliniger, desto höher ist der Nachrichtenwert.
4. Bedeutsamkeit: Ein hoher Nachrichtenwert liegt vor, wenn das Ereignis die Lebensumstände des Rezipienten beeinflusst.
5. Konsonanz: Entspricht ein Ereignis den Erwartungen des Rezipienten, wird es eher zur Nachricht, als eines, das den Wünschen/Erfahrungen zuwiderläuft.
6. Überraschung: Überraschende Ereignisse haben einen hohen Nachrichtenwert innerhalb des bekannten, vertrauten Geschehens.
7. Kontinuität: Ist ein Ereignis einmal zur Nachricht geworden, wird kontinuierlich berichtet, auch wenn sein Nachrichtenwert unter den vergleichbarer Ereignisse sinkt.
8. Variation: Wird Nachrichtengeschehen von einem Ereignistyp (Innenpolitik) dominiert, haben komplementäre Ereignisse (Außenpolitik) die große Chance, publiziert zu werden, auch wenn die übrigen Nachrichtenfaktoren gering ausgeprägt sind.

Kulturabhängige Nachrichtenfaktoren

9. Bezug auf Elitenationen (im Sinne von Macht, z. B. G8-Staaten)
10. Bezug auf Elitepersonen: Nachrichten über als wichtig definierte Nationen/Personen sind eher von Interesse.
11. Personalisierung: Ereignisse mit Menschen als handelnde Subjekte werden bevorzugt, abstraktes, strukturelles Geschehen hat kaum einen Nachrichtenwert.
12. Negativismus: Ereignisse mit negativem Charakter (Unglücke, Krieg, Verbrechen) haben einen generell hohen Nachrichtenwert.

Winfried Schulz (1976) nennt diese Aufbereitung eines Themas mit den Nachrichtenfaktoren eine „Frage der Operationalisierbarkeit" (ebd.: S. 32) eines Ereignisses. Er unterscheidet die sechs Dimensionen **Zeit, Nähe, Status, Dynamik, Valenz und Identifikation**. Mit Hilfe der Nachrichtenfaktoren kann der Journalist die faktische Realität erfassen, denn in gewisser Weise spiegeln sich in den Nachrichtenfaktoren die sogenannten W-Fragen wider. Sie sind das Grundgerüst der Nachricht und, bevor sie nicht alle durch gründliche Recherche beantwortet worden sind, kann die Geschichte nicht erzählt werden. Gerhard Roth, bei der *dpa* für die Aus- und Weiterbildung verantwortlich, nennt diese W-Fragen auch die Sesamstraßenfragen. Einmal die Erkennungsmelodie gesummt und schon wird deutlich, welche Fragen sich auch der Journalist stellen muss, um einen Bericht zu schreiben: Was ist geschehen? Wer ist beteiligt? Wo und wann ist es geschehen? Wie ist es geschehen? Warum ist es geschehen? Und woher kommen die Informationen? Diese Fragen müssen nicht in einer bestimmten Reihenfolge beantwortet werden, aber es darf keine übergangen werden, denn jede Antwort auf eine der W-Fragen kann ein Detail liefern und das Ereignis in ein völlig neues Licht stellen. Außerdem helfen die Nachrichtenfaktoren, über die Publikationswürdigkeit des Ereignisses zu entscheiden.

Schulz (1976) zeigt **Zusammenhänge zwischen den einzelnen Nachrichtenfaktoren** sowie Platzierung und Umfang der Beiträge. Soll ein Beitrag möglichst viel öffentliche Resonanz bekommen, ist es sinnvoll, viele der Nachrichtenfaktoren zu berücksichtigen und die entscheidenden in der Geschichte zu betonen. Es kann also von einer Doppelbedeutung der Nachrichtenfaktoren gesprochen werden: Nachrichtenfaktoren werden einerseits als kognitiv wirksame Auswahlkriterien diskutiert, die die Aufmerksamkeit von Individuen lenken (Lippmann 1922; vgl. Galtung und Holmboe 1965; Östgaard 1965). Andererseits sind sie Merkmale von berichteten Ereignissen (vgl. Ruhrmann und Göbbel 2007, S. 19). In Anlehnung an Schulz entwickelt Joachim Friedrich Staab (1990) ein Finalmodell der Nachrichtenauswahl. Hier werden die Nachrichtenfaktoren weniger als Ursache für journalistische Auswahlentscheidungen, sondern als Folgen verstanden. Was Schulz schon andeutet, wird bei Staab endgültig deutlich: Der Journalist weiß dank der Nachrichtenfaktoren um das Publikumsinteresse. Je näher am Geschehen, je mehr Prominenz, je mehr Überraschung oder Sensationen die Nachricht beinhaltet, desto größer ist das Interesse des Rezipienten an dem ausgewählten Thema. Journalisten wählen also auch aufgrund des zu **erwartenden Publikationserfolgs** bestimmte Ereignisse oder Themenaspekte aus (vgl. Staab 1990, S. 173ff.).

Christiane Eilders (1997) schätzt nach einer umfangreichen Zeitungsanalyse die Nachrichtenfaktoren **Etablierung, Reichweite, Prominenz und Kontroverse** als besonders wichtig für den **Beachtungsgrad einer Meldung** ein: „Das heißt, Journalisten weisen Beiträgen über lang eingeführte Themen und prominente Personen, mit hoher Reichweite, vielen Betroffenen und kontroversen Inhalten hohe Bedeutsamkeit zu, während sie überraschenden und stark ereignishaften Beiträgen nur geringe Bedeutung zuweisen" (Eilders 1997, S. 91).

Auch Hans Mathias Kepplinger (1998) argumentiert in seinem **Zwei-Komponenten-Modell** mit abhängigen und unabhängigen Variablen, die die Nachrichtenauswahl steuern. Für die Erklärung journalistischer Selektion muss es nach Kepplinger zwei Dinge geben:

- Nachrichtenfaktoren, Merkmale der aktuellen Ereignisse und Themen, die für eine Publikation in Frage kommen und

- journalistische Selektionskriterien, die diesen Merkmalen erst Bedeutung für die Publikationsentscheidung geben.

Ändert sich die themenspezifische Relevanz, erklären Selektionskriterien in Verbindung mit Themen die Nachrichtenauswahl und nicht mehr Nachrichtenfaktoren in Verbindung mit Selektionskriterien (vgl. Kepplinger 1998, S. 20). Zum Beispiel lässt sich die seit den 1980er Jahren zunehmende Berichterstattung über Umweltschäden nicht mit der gestiegenen Relevanz des Nachrichtenfaktors „Schaden" erklären; andere Schäden wurden nicht berichtenswerter. Durch die Selektionsentscheidungen der Journalisten kann es zu Themenkarrieren und Themenzyklen kommen, die nichts an den eigentlichen Nachrichtenfaktoren ändern, nur an deren Bedeutung, die ihnen der Journalist zuweist.

Allerdings wird den Nachrichtenfaktoren je nach Mediengattungen und Einzelmedien eine andere Bedeutung zugeschrieben. Die individuellen Selektionskriterien der Journalisten variieren. Wäre dem nicht so, gäbe es keine Themenentscheidung und keine unterschiedliche Berichterstattung und alle Medien würden gleich berichten. Der Nachrichtenfaktor Prominenz hat für Redakteure von *Brisant* eine größere Bedeutung als für die Redakteure der *Tagesschau*. Das erklärt, warum über Ereignisse, an denen Prominente beteiligt sind, mit höherer Wahrscheinlichkeit in einem Boulevardmagazin berichtet wird. Dass es neben großen Gemeinsamkeiten **medienspezifische Aufmerksamkeits- und Selektionskriterien** gibt, zeigen verschiedene Inhaltsanalysen. Dabei ergeben sich Unterschiede für die Anzahl der einflussreichen Faktoren und für die Bedeutung der Faktoren, die eine Bedeutung für die Publikationsentscheidung haben (vgl. Maurer und Reinemann 2006).

6.2 News Frames

Literatur zum Verständnis von News Frames

- Dahinden, U. (2006). Framing. Eine integrative Theorie der Massenkommunikation. Konstanz, UVK.
- Matthes, J. (2007). Framing-Effekte. Zum Einfluss der Politikberichterstattung auf die Einstellungen der Rezipienten. München, Reinhard Fischer.
- Scheufele, B. (2003). Frames – Framing – Framing-Effekte. Theoretische und methodische Grundlegung des Framing-Ansatzes sowie empirische Befunde zur Nachrichtenproduktion. Wiesbaden, Westdeutscher.

Ein weiterer zentraler Ansatz zum Verständnis der journalistischen Themenwahl sind die sogenannten **News Frames**, also die Rahmen und Routineregeln von journalistischer Themenfindung für Nachrichten (vgl. Shoemaker 1993). Das bedeutet, der Journalist sammelt unterschiedliche Informationen von unterschiedlichen Quellen und setzt diese in einen größeren, jeweils **typischen zeitlichen, sachlichen und sozialen Kontext** (vgl. Liebes 2000, Miller/Parnell Riechert 2001). Rein formal betrachtet ist ein Frame die Definition eines Ereignisses oder eines Problems und der daran beteiligten Akteure. Mithilfe von Frames kann der Journalist Gründe, Problemursachen und eine moralische Bewertung der Problemlösung erkennen. Laut Robert Entman (1993) kann ein Journalist beispielsweise eine vorliegende Agenturmeldung über ein Ereignis mithilfe von Frames schnell für sein jeweiliges Medium als publikationswürdig identifizieren und beschreiben (vgl. Entman 1993, S. 57). Je nach Komplexität des gewählten Kontextes lassen sich **zwei Formen** des

Nachrichtenrahmens unterscheiden: Es gibt den kurzfristigen, episodisch angelegten und den eher langfristig, thematisch angelegten News Frame.

Episodische Frames beziehen sich noch am meisten auf einzelne Nachrichtenfaktoren, wie Nähe, Relevanz oder Prominenz. Außerdem beziehen sie sich auf konkrete Ereignisse und die Rezipienten von episodischen Frames rechnen Verantwortlichkeiten für politisches Handeln individualistisch zu. Der Bundestagswahlkampf ist somit ein klassischer episodischer Frame, denn die Bundestagswahl wiederholt sich in regelmäßigen Abständen. Episodische Frames, wie eine Wahlberichterstattung, beeinflussen die Wahrnehmung politischer Informationen. Sie brechen öffentlich relevantes Zeitgeschehen auf die Person des jeweiligen Spitzenkandidaten herunter, konkrete Handlungen finden an bestimmten Orten mit isolierbaren Ursachen und Wirkungen statt. Aus diesen Gründen kommt bei der Wahlberichterstattung ein ereignisbetonter Bericht heraus (Staab 1990; vgl. Eilders 1997).

Thematische Frames stellen nicht konkrete Nachrichtenfaktoren in den Mittelpunkt, sondern bündeln ein Thema in einem abstrakteren Zusammenhang. Das sind beispielsweise Hintergrundberichte über Bedingungen und Folgen von Ereignissen. Um bei dem Beispiel der Bundestagswahl zu bleiben: Es wird nicht einfach berichtet, wer die Wahl gewonnen hat und wie die Sitzverteilung im nächsten Bundestag sein wird, sondern gezeigt werden die komplexen Zusammenhänge zum Beispiel in Form von Rede und Gegenrede (vgl. Ruhrmann, Woelke et al. 2003, S. 18). Bei der Themenfindung sollte man sich vorab im Klaren darüber sein, welche Art von Ereignis man wie aufarbeiten möchte, denn aus einem Ereignis können diverse Themen gezogen werden, je nachdem, in welchen Kontext sie gesetzt werden, welcher Aspekt betont oder weggelassen wird.

Am Beispiel der **elementaren narrativen Schemata** im Boulevardjournalismus lässt sich gut zeigen, wie die Narrationsstruktur eines Textes ist bzw. wie sie sein sollte. Und die Erzählstruktur lässt auch Rückschlüsse darauf zu, wie sich ein Journalist einem Thema nähern sollte. Narrativität ist durch einen **Dreischritt** gekennzeichnet: Darstellung der **Ausgangslage**, konfliktreiche und dramatische **Veränderung**, positive oder negative **Abschlusssituation** (vgl. Voss 1999). Einfach erzählt ist ein Ereignis, wenn sich schon in der Geschichte selbst eine Entwicklung abzeichnet. Am Beispiel der Bundestagswahl wäre das die Geschichte von einem absoluten Außenseiter, der aus kleinen Verhältnissen kommt, sich hart an die Spitze gearbeitet hat und nun einen Überraschungssieg feiern kann. Eine solche Geschichte bringt den narrativen Dreischritt schon mit. Aber auch bei weniger dynamischen Themen, wie beispielsweise einem Bericht über die Entwicklung der Mitgliederzahlen deutscher Gewerkschaften, sollte sich der Journalist dieses Erzählschema und die Nachrichtenfaktoren vor Augen halten, um über ein vermeintlich trockenes Thema eine interessante Geschichte zu schreiben.

Literatur mit praktischen Tipps für die Themenfindung
- Meyer, J.-U. (2008). Journalistische Kreativität. Konstanz, UVK.
- Scheiter, B. (2009). Themen finden. Konstanz, UVK.
- Siehe auch Literaturempfehlungen Kapitel 7

6.3 „Die Themen liegen buchstäblich auf der Straße" – Expertengespräch mit Hedwig Göbel (Tagesschau.de)

Interview: Ilka Kreutzträger

Hedwig Göbel

ist seit 2002 Chefin vom Dienst der Nachrichtenseite *Tagesschau.de*. Sie muss täglich aus einer Flut von Ereignissen relevante Themen für das zentrale Onlinenachrichtenangebot der ARD suchen und auswählen.

Während *Tagesschau.de* früher vorwiegend programmbegleitende Hintergrundinformationen zu den Fernsehsendungen von *ARD-aktuell* bot, ist sie mittlerweile ein eigenständiges Nachrichten- und Informationsportal. Wie die Nachrichtensendungen ist auch *Tagesschau.de* eine ARD-Gemeinschaftseinrichtung mit Sitz beim Norddeutschen Rundfunk in Hamburg. Sie liefert Inhalte für die Internetseiten der anderen ARD-Anstalten zu, bei denen dann oft der Hinweis „Nachrichten von Tagesschau.de" erscheint. Die Nachrichteninhalte werden rund um die Uhr aktualisiert und aktuelle Meldungen sind oftmals schon vor der Fernsehausstrahlung zu sehen oder auch dann, wenn sie gar nicht in den Fernsehnachrichten ausgestrahlt werden. Daneben gibt es ein umfangreiches Archiv mit der Möglichkeit, vergangene Fernsehausstrahlungen von *Tagesschau*, *Tagesthemen* oder anderen Nachrichtensendungen herunterzuladen.

Frau Göbel, seit Jahren wird in deutschen Nachrichtensendungen immer weniger über Politik berichtet. Richard von Weizsäcker hat dieses Phänomen mal die Umkehr von Wichtigkeiten genannt. Haben Sie eine Erklärung dafür?

Ich glaube nicht, dass sich die Leute generell weniger für Politik interessieren als vor einigen Jahren. Politik ist immer noch wichtig, aber immer schwerer zu verstehen. Es ist zu einfach, zu sagen, die Leser interessieren sich nicht mehr für Politik und deswegen berichten wir mehr über seichte Themen. Unser Job als Journalisten ist es doch, Politik verständlich zu machen, komplexe politische Entscheidungen zu erklären, Wichtiges von Unwichtigem zu unterscheiden. Interessieren sich die Leute weniger für Politik, haben einerseits vielleicht auch wir unseren Job nicht richtig gemacht. Andererseits führt die allgegenwärtige Reizüberflutung im Alltag, die tägliche Unmenge an Informationen, dazu, dass sich viele auch mal über eher bunte und unterhaltsamere Themen freuen.

Auf *Tagesschau.de* gibt es einen Nachrichten-Weltatlas, der die Nachrichtenlage der vergangenen Stunden, Tage und Monate dokumentiert. Wieso gibt es auf dieser Weltkarte so viele blinde Flecken?

Zum Thema kann nur werden, worüber wir etwas in Erfahrung bringen: über die Nachrichtenagenturen, von unseren Korrespondenten oder aus anderen Quellen. Die ARD verfügt zwar zum Glück über ein großes Korrespondentennetz, trotzdem sitzt natürlich nicht an jedem abgelegenen Ort jemand. Außerdem interessieren sich die meisten Leser eher für Themen, die sie direkt betreffen und die ihnen nahe sind, Themen wie eine Steuerreform oder der Präsidentschaftswahlkampf in den USA. Der Korrespondent in Südamerika kommt darum in der Regel seltener im Programm vor, als der aus Washington oder Moskau, der über Weltgeschehen berichtet, das im Fokus des Interesses steht.

Aber wie entscheiden Sie, was aus der riesigen Menge an Agenturmeldungen relevant ist?
Zum einen sind Erfahrung, Routine und Fingerspitzengefühl wichtig. Im Laufe der Zeit entwickelt man als Nachrichtenredakteurin auch ein Gefühl für die Themen und auch für die richtige Mischung des Nachrichtenprogramms. Zum anderen sind Nachrichtenfaktoren wie zum Beispiel Krise, Konflikt oder Nähe nach wie vor wichtig. Sie sind ein Gerüst, an dem wir uns orientieren können. Der Nachrichtenwert richtet sich schließlich auch danach, wie stark sich der Leser mit einer Nachricht identifizieren kann. Aber bei der Themenwahl spielen eben nicht nur die Nachrichtenfaktoren eine Rolle, sondern auch die jeweilige Nachrichtenlage. Es gibt Tage, an denen nachrichtlich gesehen eher „wenig los ist". An solchen Tagen schaffen es manchmal auch eher bunte und unpolitischere Themen auf die Seite. Eine allgemeinverbindliche Gebrauchsanweisung für guten Nachrichtenjournalismus gibt es allerdings leider nicht.

Das klingt, als würde bei Tagesschau.de hart um Themen gerungen werden.
Gerungen würde ich nicht sagen, aber wir diskutieren in den Konferenzen oder am CvD-Tisch viel über die Themen, die Mischung und Gewichtung auf der Seite. Es gibt einen Grundkonsens, welche Themen unbedingt ins Programm gehören, aber bei B- und C-Themen können auch unterschiedliche Schwerpunkte gesetzt werden. Am Ende entscheidet im Zweifelsfall der CvD oder der Redaktionsleiter.

Nachrichten gelten als objektiv. Stimmt das?
Da sprechen Sie zwei verschiedene Ebenen an. Die Nachricht ist zunächst einmal eine kurze objektive Darstellungsform, die sich auf aktuelle Ereignisse oder Äußerungen bezieht. Wir trennen daher scharf zwischen der reinen Nachricht und zum Beispiel einem Kommentar, der natürlich subjektiv ist. Persönliche Sichtweisen und Wertungen dürfen in die Nachricht nicht einfließen.

Und die zweite Ebene?
Wir treffen eine Auswahl aus der Flut von Nachrichten: Letztlich ist auch diese Auswahl subjektiv, immer nur ein Ausschnitt aus all dem, was täglich passiert auf der Welt. Wir müssen die Nachrichten natürlich bewerten, sind die sogenannten Gatekeeper, also die Schrankenwärter, an denen eine Nachricht erst einmal vorbei muss. Es ist unser Job, die Bedeutung von Nachrichten einzuschätzen und zielgruppengerecht aufzubereiten. Nach der Nachrichtenpyramide bedeutet das, dass die wichtigste Meldung des Tages bei uns in der Regel der Aufmacher ist. Da kann es auch mal sein, dass dasselbe Thema mehrere Stunden die Topmeldung ist, die Themen rotieren auf der Homepage nicht ständig um der Bewegung willen. Unsere Nutzer schätzen unsere Seriosität und sollen sich bei uns darauf verlassen können, über die wichtigsten Themen informiert zu werden.

Sie arbeiten jetzt seit sechs Jahren als Chefin vom Dienst bei *Tagesschau.de*. Stumpft man nach unzähligen Meldungen über beispielsweise Dutzende Tote in Bagdad ab?
Nachrichtenredakteure legen sich sicherlich als Selbstschutz eine gesunde Prise Berufszynismus zu. Das hilft aber nicht immer dabei, vor allem die Fotos, die uns täglich ungefiltert erreichen, zu ertragen. Das hat mit Abstumpfen nichts zu tun. Wichtig ist es, sich die Neugier zu bewahren, ohne die geht es nicht in diesem Beruf.

6. Themenwahl

Neugier ist also die Grundvoraussetzung für Journalisten. Aber wie findet man die spannenden Themen?
Auch wenn das banal klingt: Man muss informiert sein, Zeitung lesen, die wichtigen Nachrichtenseiten im Netz lesen und miteinander vergleichen. Wer schreibt wie, wer bereitet welches wie Thema auf und wie unterschiedlich werden die Themenschwerpunkte gesetzt? Das muss ich alles wissen und mir meine eigene Meinung bilden. Und ich muss mit offenen Augen und Ohren durch die Welt gehen, dann liegen die Themen buchstäblich auf der Straße.

Zum Beispiel?
In einer Redaktion wie unserer sind die Themenschwerpunkte recht klar definiert. Aber zum Beispiel für eine Lokalzeitung sind ganz andere Themenvorschläge denkbar, zum Beispiel eine Alltagssituation: Unterwegs in der U-Bahn fällt eine alte Frau auf, die nur schwerlich aussteigen kann, weil die Schwelle zu hoch ist. Man kann mit jemandem von der Hochbahn, vom Bezirk und mit der Betroffenen sprechen, den Kernpunkt der Geschichte herausfinden und daraus ein Thema entwickeln.

Sollte man sich früh auf ein Themengebiet spezialisieren?
Anfängern rate ich dringend von Spezialthemen ab. Es ist viel besser, sich zunächst eine breite Themenbasis zu schaffen und Kontakte zu knüpfen, auf denen man aufbauen kann. Nachrichtenredakteure sind erstmal Allrounder, die alles können müssen. Später kann man sich immer noch auf ein Themengebiet spezialisieren. Aber erstmal sollte man sich ausprobieren. Einfach drauflosschreiben, um herauszufinden, welche Themen einem liegen. Der Beruf soll ja schließlich Spaß machen!

7. Recherche

Annika Stenzel

Überblick

Das siebte Kapitel „Recherche" vermittelt die Grundlagen und Methoden der journalistischen Informationsbeschaffung. Es erklärt die Rechercheinstrumente und -techniken, beschreibt die Informationsbeschaffung im Internet und erläutert die Rechte und Pflichten investigativ arbeitender Journalistinnen und Journalisten.

Das Kapitel ist in fünf Abschnitte gegliedert:

- **Kapitel 7.1**: Im ersten Abschnitt wird das Vorgehen bei der journalistischen Informationsbeschaffung erklärt. Es erläutert die Entwicklung einer Ausgangsthese, die sinnvolle Konzeption eines Rechercheplans, die Archivierung von Informationen und technische Ausstattung für die Informationsbeschaffung.
- **Kapitel 7.2**: Der zweite Abschnitt stellt die zentralen Instrumente und Techniken des investigativen Recherchierens am Telefon, vor Ort und im Umgang mit Informanten vor.
- **Kapitel 7.3**: Der dritte Abschnitt erklärt die Besonderheiten der Recherche im Internet und gibt anwendungsorientierte Hinweise für den Umgang mit Suchmaschinen, Katalogen, Verzeichnissen, Wikis, Blogs und Foren sowie dem Invisible Web.
- **Kapitel 7.4**: Der vierte Abschnitt stellt die Rechtslage der Recherche aus Informationsfreiheitsgesetz, Zutrittsrechten, Zeugnisverweigerungsrecht und Beschlagnahmeverbot vor und skizziert die journalistischen Pflichten bei der Informationsbeschaffung.
- **Kapitel 7.5**: Im fünften Abschnitt erläutert eine preisgekrönte Investigativjournalistin die Bedeutung des Recherchierens für die Qualität publizistischer Beiträge.

Ist Recherche etwa ein publizistisches Luxusgut? Ist Recherche in Deutschland Mangelware, oder gehört Recherche zum Journalismus wie die Butter aufs Brot? Zwar sagen die meisten Journalisten, dass Recherche für sie wichtig und ein wesentlicher Bestandteil ihrer täglichen Arbeit sei, doch viele journalistische Produkte zeichnen ein anderes Bild. Meldungen von Presseagenturen erscheinen oft in Originalform oder mit einem kleinen Meinungszusatz und ohne das Ergebnis einer eigenen Recherche. Artikel werden abgekupfert, Quellen nicht überprüft und Texte in kürzester Zeit produziert, für Recherche ist oft kein Platz. Unter ökonomischem Druck wird meist zuerst bei der Recherchezeit gespart. Das Credo, „was schneller und billiger geht, wird gekürzt", gilt leider mittlerweile in vielen Redaktionen.

Mit der zunehmenden Verbreitung des Internets hat sich die journalistische Recherche verändert. Viele Informationen sind schneller und komfortabler zugänglich. In einem Online-Journalismus Seminar an der Hamburg Media School erklärte ein Dozent von *Spiegel Online*: „Ihr habt zwei Stunden für Netzrecherche und Schreiben – normale Arbeitsbedingungen." Das bedeutet nicht, dass alle Artikel bei *Spiegel Online* schlecht recherchiert und unter Zeitdruck geschrieben werden, aber es zeigt, wie sehr sich die **journalistische Praxis** verändert hat. Auch Weischenberg, Malik und Scholl (2006, S. 82) bemängeln auf Basis ihrer Studie „Journalismus in Deutschland", dass viele Reportagen das Ergebnis von Recherchen in Google sind. Journalisten verbringen **immer weniger Zeit mit Recherche**. 1993 waren es noch 140 Minuten pro Tag, waren es 2005 schon 23 Minuten pro Tag weniger. Durchschnittlich 122 Minuten verbringen die Journalisten im Internet, 66 Minuten davon dienen ausschließlich der Recherche (Weischenberg, Malik et al. 2006, S. 117).

Recherche ist mehr als eine Google-Suche oder das Finden einer Telefonnummer. Brendel bezeichnet Recherche gar als das „mühselige Beschaffen von Wissen" (Brendel, Brendel et al. 2004, S. 11). Die Rechercheforschung der Autoren Haller (2004), Ludwig (2003) und Brendel (2004) kommt zu dem Ergebnis, dass Recherche in erster Linie ein Handwerk ist. Das klingt, als sei Recherche eine einfache Sache, ein schlicht erlernbares Handwerk. Doch dieser Trugschluss führt dazu, dass viele Journalisten die Recherche nicht ernst genug nehmen, denn schlussendlich kann Recherche alles sein, was mit dem Herausfinden oder -suchen von Informationen zu tun hat. Ludwig präzisiert deswegen: Recherche ist ein **nachträgliches Rekonstruieren von Ereignissen und Zusammenhängen** (vgl. Ludwig 2003, S. 21).

Redelfs unterscheidet „die alltägliche Ergänzungs- und Überprüfungsrecherche von umfangreichen Projekten, bei denen durch die Arbeit des Reporters bisher unbekannte Sachverhalte von öffentlicher Relevanz aufgedeckt werden – und zwar gegen den Widerstand von Betroffenen, häufig mit Hilfe von Insider-Informationen oder bisher unveröffentlichten Dokumenten" (Leif 2003, S. 18). Auch Haller definiert **verschiedene Recherchetypen**: Wie Redelfs unterscheidet er die **Überprüfungs- und Vervollständigungsrecherche** von der **Themenrecherche** (meist Thesen- und Trendrecherche) und der Enthüllungsrecherche, also der **investigativen Recherche** oder der Insiderenthüllung (vgl. Haller 2004, S. 39). Da es verschiedene Arten zu Recherchieren gibt, muss es auch verschiedene Methoden geben, um seine Rechercheziele zu erreichen. Diese Recherchemethoden oder -werkzeuge werden im Folgenden vorgestellt.

7.1 Grundlagen

Literatur zum Verständnis journalistischer Recherche
- Blittkowsky, R. (2002). Online-Recherche für Journalisten. Konstanz, UVK.
- Brendel, M., F. Brendel, C. Schetz und H. Schreiber (2004). Richtig recherchieren. Wie Profis Informationen suchen und sich besorgen. Ein Handbuch für Journalisten, Rechercheure und Öffentlichkeitsarbeiter. Frankfurt am Main, Frankfurter Allgemeine Buch.
- Cario, I. (2006). Die Deutschland-Ermittler. Investigativer Journalismus und die Methoden der Macher. Berlin, LIT
- de Burgh, H. (2000) (Hrsg.). Investigative Journalism. Context and Practice. London, New York, Routledge.
- Leif, T., (2003) (Hrsg.). Mehr Leidenschaft Recherche. Opladen, Wiesbaden, Westdeutscher.

7. Recherche

> - Ludwig, J. (2002). Investigativer Journalismus – Recherchestrategien, Quellen, Informanten. Konstanz, UVK.
> - Netzwerk-Recherche (2003) (Hrsg.). Trainingshandbuch Recherche. Wiesbaden, Westdeutscher.
> - Redelfs, M. (1996). Investigative Reporting in den USA. Strukturen eines Journalismus der Machtkontrolle. Opladen, Westdeutscher.
> - Schöfthaler, E. (2006). Die Recherche. Ein Handbuch für Ausbildung und Praxis. Berlin, Econ.

Keine Recherche ist wie die andere. Es gibt Journalisten, die bei ihren Recherchen keiner speziellen Methodik folgen, sondern sich auf ihren Instinkt verlassen (vgl. Haller 2004, S. 53). Allerdings wurden die meisten Enthüllungsgeschichten durch eine Mischung aus Intuition und methodischem Vorgehen zutage gefördert (vgl. Wendler 2003, S. 60ff.). Recherche ist deswegen trotzdem nicht starren Regeln unterworfen. Eine wichtige Frage lässt sich nicht beantworten, wenn der Rechercheur sich nicht tief in eine Thematik einarbeitet, seine Recherche im Vorfeld gründlich analysiert und sich passende **Recherchewerkzeuge** auswählt (vgl. Brendel, Brendel et al. 2004, S. 100). Das Auswählen der passenden Werkzeuge ist Trainingssache und Erfahrung. Die sieben „W s" (Wer? Was? Wann? Wo? Wie? Warum? Welche Quelle?) sind dabei wichtige Bausteine für das journalistische Handwerk. Der Rechercheur sollte sich diese Fragen folglich bei jeder Recherche stellen.

Das **Ziel einer Recherche** besteht darin, Geschehnisse möglichst genau und umfassend in Erfahrung zu bringen und die dabei gewonnen Informationen in einen Sinnzusammenhang zu stellen. Dabei sollten die Informationen drei Kriterien erfüllen (vgl. Haller 2004, S. 51):

- Relevanz
- Gültigkeit
- Verständlichkeit

Diese drei Kriterien sollte sich der Recherchierende immer vor Augen halten. Auch Mast (2004, S. 205) bedient sich dieser drei Begriffe. Für sie bedeutet **Relevanz**, dass ein Thema von allgemeiner Bedeutung ist, wenn die beschafften Informationen die wichtigen Aspekte des Ereignisses zum Vorschein bringen und die Sachverhalte wenigstens für einen Teil der Rezipienten von Interesse sind. **Gültigkeit** beziehe sich auf die Frage, ob die Informationen, meist Aussagen von Informanten, tatsächlich zutreffend sind. **Verständlichkeit** heißt, dass Informationen hinreichend abgesichert und umfassend sein müssen, um das Ereignis und seine Zusammenhänge sowie die Bedeutung verstehen zu können.

Es passiert äußerst selten, dass eine Recherche damit beginnt, dass ein anonymer Informant mit einem Dokumentenstapel auf den Journalisten zukommt und ihm über fragwürdige Vorgänge in der Firma oder Institution berichtet. Eine Recherche beginnt deswegen zunächst mit der **Themenfindung oder Themenrecherche**. Dies kann das aufmerksame Beobachten des eigenen Umfeldes sein, das Nachgehen von Gerüchten oder die aufmerksame Zeitungslektüre, bei der Unstimmigkeiten auffallen. Recherche beginnt da, wo aktuelle Berichterstattung aufhört.

Es kann sich lohnen, einfache Vorgänge zum Beispiel in Politik, Wirtschaft und Gesellschaft zu hinterfragen (vgl. Ludwig 2002, S. 29):
- Wo entstehen zum Beispiel Interessenskonflikte und Widersprüche?
- Welche Vorgänge, die für Außenstehende nur schwer nachvollziehbar sind, können für Geschäfte genutzt werden?

Wenn ein Journalist dies hinterfragt, sich überlegt, wer von welchen Vorgängen profitiert, ergeben sich **schnell spannende Recherchethemen** (vgl. Reutter 2003, S. 159ff.). Auch lohnt es sich, in den Köpfen der Menschen verwurzelten Themen einen „neuen Dreh" zu geben, Punkte zu finden, die nicht ausrecherchiert sind oder eine Recherche unter dem Motto „Was wurde eigentlich aus?" zu beginnen. Dies kann zum Beispiel so aussehen: In der Stadt XY ist im vergangenen Jahr ein verwahrlostes Kind umgekommen. Hier kann der Journalist verschiedene Rechercheansätze verfolgen: Sind die Eltern des Kindes mittlerweile in Haft? Hat sich etwas in Stadt XY verändert? Hat sich die Arbeit des Jugendamtes verändert? Gibt es dort nun mehr ausgebildetes Personal? Sind weitere ähnliche Fälle in der Bundesrepublik bekannt? Gibt es Parallelen? Welche?

Wird der oder die Recherchierende fündig, sollte die Recherche vertieft werden. Denn manchmal werden nach aufdeckenden Recherchen Missstände wirklich beseitigt.

7.1.1 Die Ausgangsthese

Ist ein Thema gefunden, ist es wichtig, schnell eine **Recherchethese** zu bilden. Diese Annahme sollte auf den Punkt gebracht, klar formuliert werden und den Rahmen einer machbaren Recherche nicht überstrapazieren. Diese Anfangsthese kann sich im Laufe der Recherchen ändern, sie hilft dem Recherchierenden jedoch immer, das Ziel nicht aus den Augen zu verlieren (vgl. Haller 2004, S. 100). Ist eine These gebildet, lohnt es sich, ein sogenanntes **Mind Mapping** zu machen. Das Mind Mapping steht für assoziatives Denken um eine These. Gedanken zum Thema sollten aufgeschrieben und bestenfalls visualisiert werden (vgl. Ludwig 2002, S. 84). Nach einer Vorrecherche, die das Thema breit aber kurz recherchiert, sollte ein Zeit- oder Rechercheplan aufgestellt werden.

Auch bei Recherchen mit vielen Akteuren ist ein Mind Mapping oder eine **Personengrafik** sinnvoll. Schnell passiert es, dass einzelne Recherchestränge vergessen werden, ein Blick auf eine Mind Mapping-Grafik kann dem vorbeugen.

7.1.2 Der Rechercheplan

Der Rechercheplan beinhaltet mögliche **Ansprechpartner**, die kontaktiert werden müssen, erste **Ziele** (z. B. die Hierarchiestruktur einer Firma oder das Organigramm in einer Behörde), die zu ermitteln sind und eine Festlegung der **Struktur der Recherche**. Für besonders schwer zu recherchierende Fragen sollte der Journalist genug Zeit einplanen, denn vor allem das Einholen von Informationen aus Ämtern und Behörden dauert. Manche Akteure sind weder „morgen" noch „übermorgen" zu erreichen und sollten früh genug um **Termine** gebeten werden. „Als Instrument zur Dokumentation und Strukturierung der eigenen Arbeit spielt [der Rechercheplan] eine Schlüsselrolle in der Recherche. Er zeigt Widersprüche und Lücken in den eigenen Informationen auf und hält Zwischen- und Schlussergebnisse fest, die sich aus der Gesamtheit der recherchierten Informationen ergeben" (vgl. Rinsdorf, Weber et al. 2003).

> **Checkliste zur Rechercheplanung**
> 1. „Was sind Recherchegegenstand und Aufgabenstellung, welche Fragen sind zu beantworten?
> 2. Worin besteht das Rechercheziel?
> 3. Welche Informationen von wem und wo brauche ich?
> 4. Sind die bereits eingeholten Informationen richtig, welche Aspekte müssen nochmals überprüft oder verifiziert werden?
> 5. Sind die bereits eingeholten Informationen vollständig oder fehlen Elemente, die für das Verständnis des zu berichtenden Sachverhalts bzw. Ereignisses notwendig sind? Was ist zu ergänzen? Wo muss nachgesetzt werden?
> 6. Sind die eingeholten Informationen klar und eindeutig? Gibt es Unklarheiten, Widersprüche oder Mehrdeutigkeiten?
> 7. Aus welcher Quelle stammen die Informationen? Sind die Informanten repräsentativ, glaubwürdig und zuverlässig?
> 8. Sind die eingeholten Informationen korrekt zu Stande gekommen? Wird nirgends das Medienrecht verletzt und wird die Fairness gegenüber Betroffenen oder Informanten eingehalten?
> 9. Sind die vorliegenden bzw. eingeholten Informationen relevant? Führen Sie zum Rechercheziel (oder gar von diesem Ziel weg)?
> 10. Habe ich alles zum Schreiben meiner Story? Wenn nein, bitte zurück an den Start!"
>
> Quelle: Ambros Kindel „Recherchieren" (2004, S. 113 f.)

Ein Zeit- oder Rechercheplan wird so gut wie nie eingehalten, hilft dem Recherchierenden jedoch, sich selbst zu organisieren. **Selbstorganisation** schützt vor Verzettelung. Bei umfangreichen Recherchen im Umfeld von großen Unternehmen ist es weiterhin sinnvoll, sich **Organigramme** zu zeichnen. Hierarchiestrukturen können so besser durchschaut werden, Firmenverstrickungen werden klarer. Verbindungen zwischen Personen können einfach nachgezeichnet werden (vgl. Ludwig 2002, S. 79ff.). Der Vorteil von Zeichnungen und Organigrammen ist, dass man sich die Verbindungen meist leichter merken kann, wenn man sie grafisch vor sich liegen hat.

7.1.3 Die Aneignung von Expertenwissen

Eines der größten Probleme im Journalismus ist das trügerische Halbwissen. Viele Journalistinnen und Journalisten glauben, dass sie – sofern sie das aktuelle Geschehen verfolgen – eigentlich über alles gut informiert sind. Man sollte jedoch bedenken, dass man nur über das stolpern kann, was man auch als Stolperstein wahrnimmt. Erst die Kenntnis von **milieu- oder branchenspezifischen Codes** ermöglicht das Recherchieren und Interpretieren von Informationen. Daher ist es wichtig, sich selbst durch die **Aneignung von Spezialwissen** zum Experten zu machen. Weitere Vorteile des Expertentums ergeben sich auch im Umgang mit Informanten, die den Journalisten ernster nehmen und sich ebenso lieber einem Experten oder einer bekannten Person als Informanten anbieten als einem Unbekannten oder Halbwissenden (vgl. Ludwig 2003, S. 169).

Wer sich in einem Thema wirklich gut auskennt, sitzt nicht so schnell **Falsch- oder Fehlinformationen** auf. Deswegen sollte man sich zuerst in **Bibliotheken und Datenbanken** anlesen, was andere zu diesem Thema veröffentlicht haben, damit erspart man sich Zeit und dem Gesprächspartner unsinnige Fragen. Gerade bei Befragungen ergibt sich durch das Expertentum ein weiterer Vorteil: Der Journalist kann „pendeln" (vgl. Brendel, Brendel et al. 2004, S. 119), d. h., er kann versuchen, durch gezieltes Fragen und geschicktes Ausspielen seiner „Joker" Gesprächspartner in die Enge zu treiben und sie dazu zu bringen, Dinge zu sagen, die sie eigentlich für sich behalten wollten. Wenn der Journalist sich Expertenwissen angeeignet hat („Aber Firma XY benutzt dieses Reinigungsmittel doch auch für ihre Maschinen..."), kann es passieren, dass er einem Gesprächspartner Informationen entlocken kann, die dieser nicht preisgeben wollte.

7.1.4 Von Außen nach Innen

Die große Gefahr bei umfangreichen Recherchen ist das Sich-Verzetteln. Gerade bei Recherchen im Internet passiert es schnell, dass sich der recherchierende Journalist auf Abwege begibt, die zwar interessant scheinen, ihn jedoch von seiner eigentlichen These ablenken. Deswegen lautet einer der wichtigsten Grundsätze der Recherche: von außen nach innen, von unten nach oben oder **in die Tiefe und nicht in die Breite** zu recherchieren (vgl. Haller 2004, S. 53). Erstens ist es meist einfacher, sich „hoch zu fragen", als ganz oben anzufangen und meistens ermittelt der Journalist gegen „die Oberen", deswegen sollten diese auch am Schluss befragt werden und vorher am besten noch nichts von der Recherche mitbekommen haben. Bildlich stellt man sich das am besten in Form einer **Spirale** vor, in der man sich von außen nach innen dem Objekt der Recherche nähert (vgl. Ludwig 2002, S. 84), oder in der Form eines Dreiecks, das unten eine große Fläche bietet und oben in der Spitze die relevanten Informationen stehen. Wie schon beschrieben wurde, ist es nötig, sich bei der Recherche die **Relevanz der Informationen** vor Augen zu halten und sein Thema einzugrenzen, um eine zu breite und vielleicht sinnlose Recherche zu Nebenthemen zu vermeiden.

7.1.5 Der Küchenzuruf

Der Begriff „Küchenzuruf" stammt vom *Stern*-Gründer Henri Nannen (vgl. Fasel 2004, S. 54). Mit dem Küchenzuruf („Hallo, weißt du, was heute passiert ist...") wird das **Rechercheergebnis auf den Punkt** gebracht, einfach formuliert und das Wichtigste gesagt. Vor dem Schreiben hilft es also, sich einen Küchenzuruf zu überlegen oder bestenfalls wirklich zu benutzen. Damit versichert man sich selbst, dass das Recherchierte für den Zuhörenden verständlich ist. Weiterhin ist es absolut sinnvoll, sich mit jemandem zu unterhalten, der mit der Recherche gar nichts zu tun hat. Durch Nachfragen oder Verständnisprobleme des Gesprächspartners ergeben sich für den Journalisten meist neue Ansätze, da **Unbeteiligte** einen anderen ungeschulteren, uninformierteren Blick auf das Recherchethema haben und nicht „betriebsblind" sind.

7.1.6 Das eigene Archiv

Sowohl für die **Strukturierung der Recherche** als auch aus **presserechtlichen Gründen** ist es unabdingbar, die gewonnenen Informationen strukturiert abzulegen, also zu archivieren. Fast jeder Journalist hat sein eigenes Ordnungssystem. Das Archiv kann zum Beispiel aus einer Zettelkiste, einer elektronischen Datenbank, einem Notizbuch oder auch Textdokumenten bestehen. Wichtig ist, dass man seine eigenen Rechercheergebnisse so ablegt, dass man sie wiederfindet und sie bestenfalls mit **Querverweisen, Schlag- oder Stichwörtern** versehen hat, um sie auch zu einem späteren Zeitpunkt wieder ein- und zuordnen zu können. Besonders wichtig ist die **Pflege des eigenen Adressbuchs.** Hier gehören nicht nur Name, Telefonnummer und E-Mail-Adresse der Kontakte hinein, sondern vor allem **Informationen über die Personen.** Das können sowohl Fakten als auch Eindrücke und Annahmen über den Kontakt sein, aber auch Querverweise zu anderen Kontakten. Die Pflege des eigenen Archivs gehört zu den wichtigsten Aufgaben eines Journalisten.

Es gibt wenige Themen, die ausrecherchiert sind, deshalb macht es Sinn, das Archiv mit aktuellen Informationen zu füllen. Es gibt etliche **Instrumente im Internet**, die zur einfachen Archivierung benutzt werden können, wie beispielsweise **Wikis** oder einfache **Webseiten-Tools.** Diese Archive haben außerdem den Vorteil, dass sie ortsunabhängig sind. Ein gutes Webseitenarchiv kann man sich sehr einfach und komfortabel über Lesezeichen (**Bookmarks**) einrichten und sich so besonders interessante oder relevante Internetseiten merken.

7.1.7 Technische Ausstattung

Der Journalist, der nur mit Notizbuch und Bleistift arbeitet, ist selten geworden. Die meisten Redaktionen arbeiten mit **Content Management Systemen** (CMS), in die Journalisten ihre digitalen Artikel einspeisen oder einspeisen lassen. Die Abgabe eines auf Papier handgeschriebenen Artikels würde vermutlich für Erstaunen sorgen. Auch **mobile Kommunikationsmittel** machen es dem Journalisten leicht, ortsunabhängig zu sein. Theoretisch muss sich ein Journalist heutzutage überhaupt nicht mehr in der Redaktion aufhalten. Ohne Computer kommt ein Rechercheur, der über das Weltgeschehen informiert sein will, jedoch nicht mehr aus. Praktischer als ein Computer ist ein Laptop, am besten mit Wechselakku, das bei Recherchereisen mitgenommen werden kann. Ein besonderer Luxus ist die UMTS-Karte, die es möglich macht, immer online zu sein. Weiterhin braucht der Journalist ein Telefon und Handy, einen Anrufbeantworter und eine Mailbox, um seine Informanten nicht zu verpassen. Für Interviews eignen sich am besten digitale Aufnahmegeräte, die mit dem Computer gekoppelt werden können (vgl. Brendel, Brendel et al. 2004, S. 64).

7.2 Rechercheinstrumente und -techniken

Nicht mit allen Rechercheinstrumenten kommt ein investigativ arbeitender Journalist zum gewünschten Ergebnis. Die Kombination mehrerer Instrumente und Techniken wird den Recherchierenden jedoch ans Ziel bringen. Die Geläufigsten werden hier vorgestellt.

7.2.1 Am Telefon

Telefonieren ist wichtig, nicht nur, um Kontakt zu halten, sondern vor allem um Informationen zu bekommen. Der ehemalige *Spiegel*-Chefredakteur Stefan Aust sagt: „Die besten Leute, die ich kenne, sitzen den ganzen Tag am Telefon und sprechen mit Gott und der Welt [...]. Denn nur wenn man Kontakte hält, kommt man gelegentlich an eine Geschichte" (zit. n. Gaub und Korff 2003, S. 13). Da am Telefon der visuelle Kontakt fehlt und Gespräche schneller abgewimmelt werden, ist es notwendig, sich auf Telefonate (wie auf Interviews allgemein) gut vorzubereiten. Vor dem Gespräch sollte geklärt werden, ob das Gespräch aufgezeichnet werden soll, dafür braucht man die Zustimmung des Befragten. Eine weitere Möglichkeit ist das Mitschreiben, dies fällt jedoch gerade Anfängern schwer, da sie sich nun auf das Schreiben und das Verstehen konzentrieren müssen. Vorteil des Mitschreibens ist, dass man keine aufgezeichneten Gespräche transkribieren muss, was viel Zeit in Anspruch nimmt.

Nicht alle gewünschten Gesprächspartner sind einfach zu erreichen. Oft erreicht man zuerst eine Sekretärin, die Informationen über das Gesprächsvorhaben fordert. Es kann passieren, dass Gesprächspartner den Journalisten auffordern, die Fragen vorab per E-Mail zu schicken. Hierbei sollte der Journalist natürlich nicht alle Fragen aufschreiben, sondern besser knapp das Thema umreißen und einfache, im besten Fall keine konfrontativen Fragen aufschreiben.

Auch der **Zeitpunkt eines Telefonates** sollte gut gewählt werden. Am besten vereinbart man einen festen Termin, damit der Gesprächspartner wirklich Zeit für die Fragen des Journalisten hat. Es gilt zu bedenken, dass sich der Gesprächspartner möglicherweise, genauso wie der Journalist, auf das Gespräch vorbereitet hat. Fragen sollten also vorher aufgeschrieben und während des Gesprächs abgehakt werden, um nicht noch einmal nachfragen zu müssen. Im Gesprächsverlauf sollte selbstverständlich gut zugehört werden, außerdem sollte man immer offene Fragen stellen.

Wer versuchen möchte, das Sekretariat zu umgehen, kann in den Abendstunden anrufen. Da ist die Sekretärin oder der Sekretär vielleicht schon zuhause, der gewünschte Gesprächspartner ist aber eventuell noch im Büro und nimmt Telefonate häufig selbst entgegen.

Wenn der Befragte Informationen hat, darf man nicht vergessen, ihn nach Belegen zu fragen (vgl. Leif 2003, S. 83). Die Darstellung der Informanten muss gründlich geprüft werden, zum Gegencheck müssen schriftliche Belege gesucht werden (vgl. Cario 2006). Wenn keine Belege vorhanden sind, kann der Recherchierende nach einer eidesstattlichen Erklärung fragen. Sollte der Journalist dem Wahrheitsgehalt der Aussage des Befragten trotzdem misstrauen, muss die Information als Vermutung oder Zitat gekennzeichnet sein. Nach einem Gespräch bedankt man sich höflich und bittet den Befragten, ihn bei weiteren Fragen wieder anrufen zu dürfen.

7.2.2 Vor Ort

Recherche mit Telefon und Internet ist einfach und komfortabel, das darf den Journalisten trotzdem nicht davon abhalten, vor Ort zu recherchieren, sofern das möglich ist. Gerade vor Ort ergeben sich **neue Ideen und Rechercheansätze**, möglicherweise auch neue Gesprächspartner (vgl. Ludwig 2002, S. 76). Gerade für Reportagen, bei denen das Szenische eine wichtige Rolle spielt, ist ein Besuch vor Ort unumgänglich. Das Erlebte macht journalistische Texte für den Leser lebensnaher und plastischer. Dabei sollte der Zeitpunkt des Besuches vor Ort gut ausgewählt werden. Es macht zum Beispiel wenig Sinn, wenn man etwas über die Polizeiarbeit auf der Reeperbahn herausfinden möchte, die Polizeiwache dort am Montagnachmittag zu beobachten.

7.2.3 Informanten

Das Wort Informant klingt nach Heimlichkeit und Spionage. Für Journalisten kann jedoch (fast) jeder ein Informant sein, der eine Information jeglicher Art, also mündlich oder in Dokumentenform, liefert. Ein geheimer Informant wie in der Watergate-Affäre (vgl. Bernstein und Woodward 1982) ist für Journalisten ein absoluter Glücksstreffer. Ein solcher ist aber schwer zu finden. Am einfachsten ist die Suche nach Informanten im eigenen Netzwerk. Je größer das **Netzwerk des recherchierenden Journalisten** ist, desto größer ist die Chance, dass er jemanden kennt (der jemanden kennt), der bei der Firma XY arbeitet oder in der Behörde XZ tätig ist. An solche Informanten kommt man verhältnismäßig leicht heran, schwerer ist es, einen Akteur, der im Laufe einer Recherche auftaucht, zu überzeugen, Informationen zu liefern. Jeder Informant hat ein **Motiv** und dieses Motiv muss der Journalist unbedingt hinterfragen. Sind verletze Gefühle oder Eitelkeiten im Spiel? Will Unternehmer XY seinen Konkurrenten anschwärzen? Will sich jemand nur aufspielen? Hier gilt, immer nach **Belegen für das Gesagte** zu fragen und nach einer weiteren Person, die das Gesagte bestätigen kann.

Wichtige Informanten

Staatliche Stellen: In Redaktionen ist das „Taschenbuch des Öffentlichen Lebens" von Albert Oeckl ein Standardwerk, das nur „Der Oeckl" genannt wird. Es enthält aktuelle Adressen und Telefonnummern staatlicher Stellen und hilft beim Finden der richtigen Ansprechpartner.

Wirtschaft: Wenn Journalisten Kontaktadressen und Telefonnummern für Ansprechpartner in Unternehmen und Banken benötigen, greifen sie in der Regel zum „Taschenbuch Wirtschaftspresse" des Kroll-Verlags oder rufen dessen Internetseite Pressguide (www.pressguide. de) auf.

Experten aus der Wissenschaft: Fachlich versierte Forscher können über das Forschungsportal der Bundesregierung (www.forschungsportal.net) und den Informationsdienst Wissenschaft (www.idw-online.de) gefunden werden.

Es ist immer gefährlich, nur einer Quelle zu trauen. Bei Markus Grill, Journalist beim *Stern*, meldete sich ein Informant, der Informationen über einen möglichen Medizinskandal liefern wollte (vgl. Grill 2007, S. 68). Grill hinterfragte die Motive des Informanten, recherchierte gründlich und fand heraus, dass sein Informant ein Pharma-PR-Agent war und Werbung in eigener Sache machen wollte. Im Zweifel kann der Journalist auf eine **eidesstattliche Erklärung** bestehen, um sich rechtlich abzusichern. Viele Informanten unterliegen einer Schweigepflicht (durch Verträge mit Firmen und Behörden) und müssen deswegen anonym bleiben, da ihnen sonst eine Strafe drohen kann. Bei diesen Informanten muss der Journalist besonders vorsichtig sein und sich – optimalerweise in Rücksprache mit Medienjuristen – Maßnahmen überlegen, um die **Anonymität des Informanten** garantieren zu können.

7.2.4 Die investigative Recherche

Das Wort „investigativ" stammt vom Lateinischen *investigare* und bedeutet „untersuchen". Mittlerweile hat es sich als Form des **recherchierenden bzw. investigativen Journalismus** weltweit etabliert. Laut Haller (2004, S. 128) versteht man unter investigativem Journalismus in Deutschland die „hart an der Grenze des Erlaubten verfahrende, gegen den Geheimhaltungswillen Beteiligter gerichtete, aufdeckende Recherche, die [...] vor allem gegen staatliche bzw. behördliche Institutionen sowie gegen Träger öffentlicher Macht ermittelt". Investigative Journalisten decken Missstände in der Gesellschaft auf und ihre Recherchen ziehen sich in der Regel über Monate, manchmal auch über Jahre hin. Um so recherchieren zu können, ist es sehr hilfreich, eine Redaktion im Rücken zu haben, die die Recherchen unterstützt, die nötigen Finanzmittel bereitstellt und die dem Journalisten bestenfalls einen Justiziar oder Rechtsanwalt beiseitestellt, der dazu beiträgt, die Story rechtlich abzusichern (Wendler 2003, S. 62). Dies ist besonders wichtig, da die Beteiligten in den meisten Fällen versuchen, sich gegen eine Recherche bzw. Berichterstattung zu wehren. Investigatives Recherchieren ist also **Recherchieren gegen Barrieren**, oft in rechtlichen Grauzonen. Gerade bei investigativen Recherchen sind Informanten besonders wichtig. Ohne sie kommt man nur selten an prekäre Informationen (vgl. Cario 2006, S. 31).

Kollegen helfen: Das Netzwerk Recherche

Um das Recherchieren im deutschen Journalismus zu fördern, haben namhafte Reporterinnen und Reporter 2001 das „Netzwerk Recherche" gegründet. Der Verein organisiert dafür Konferenzen, Workshops, die Veröffentlichung von Rechercheprotokollen und die Lobby- und Bildungsarbeit für Recherchierende. Er bietet Recherchestipendien an und zeichnet besondere publizistische Leistungen mit einem Medienpreis aus. Informationen zu diesem Netzwerk finden sich im Internet unter www.netzwerkrecherche.de.

7.3 Recherche im Internet

Literatur zum Verständnis der journalistischen Online-Recherche

- Blittkowsky, R. (2002). Online-Recherche für Journalisten. Konstanz, UVK.
- Machill, M., M. Beiler und M. Zenker (2008). Journalistische Recherche im Internet. Bestandsaufnahme journalistischer Arbeitsweisen in Zeitungen, Hörfunk, Fernsehen und Online. Berlin, Vistas.

Viele Recherchen haben heute ihren Anfang im Internet (Bönisch 2006). Das liegt daran, dass der Zugang zum Internet mittlerweile (fast) überall gewährleistet ist, und dass die Internetrecherche einfach und schnell geht. Aber **Internetrecherche ist nicht alles**: „Die Suche im Netz ist eine unverzichtbare Komponente des Recherchierens. Sie ist oft billig und meistens schnell. Sie muss stattfinden, darf aber andere Arten der Recherche nicht ersetzen." (Ude 2003, S. 257). Im Folgenden wird erklärt, was Recherche im Internet leisten kann. Hierbei werden einige **ausgewählte Werkzeuge** beschrieben.

Die Online-Recherche hat etliche **Vorteile**. Sie ist orts- und öffnungszeitenunabhängig und kann deswegen von überall aus und zu jeder Zeit durchgeführt werden. Journalisten können diesen Teil ihrer Recherche in die Abendstunden legen oder zwischen Terminen einschieben. Internetrecherche ist allerdings meist nur eine Basisrecherche und kann „vor allem in jener Phase anfallen, die zunächst „außen" beginnt, um sich dann immer weiter nach innen voran zu arbeiten" (Ude zit. n. Ludwig 2002, S. 195). Ansprechpartner inklusive Telefonnummern und E-Mail-Adressen können gefunden werden. Webseiten von Institutionen können angesehen werden. Man findet zu bestimmten Themen Übersichten und kann kostengünstig internationale Suchen durchführen. Wo man früher Bibliotheken für Basisinformationen aufsuchen musste, reicht heute meist eine Suche in Datenbanken. Wer eine bestimmte Person sucht, kann sie mit einer Suchmaschine finden, anstatt ihr mühevoll hinterhertelefonieren zu müssen. Es gibt Telefonbücher im Internet, die Inverssuche anbieten. Mit Google-Earth (www.earth.google.com) kann sich der Journalist einen ersten Überblick über Schauplätze verschaffen usw.

Naives Recherchieren, also das Herumsurfen ohne Ziel, kostet den Journalisten nur Zeit und bringt ihn nicht weiter. Der Recherchierende sollte aufpassen und nicht in die **Google-Falle** tappen, also nicht vom eigenen Thema abkommen. Bei Recherchen im Internet muss man mehrere Dinge bedenken: „Was sich in Datenbanken oder Internet befindet, wurde vorher schon von jemandem eingegeben. Und dieser jene hat nicht einfach aus Lust und Laune irgendwelche Geheimnisse in die Tastatur gehämmert, sondern sich höchstwahrscheinlich ziemlich gründlich Gedanken darüber gemacht, was er eingibt und was nicht" (Brendel, Brendel et al. 2004, S. 14). Die Absicht hinter der Eingabe sollte der Recherchierende durchschauen, denn sonst läuft er Gefahr, einer PR-Meldung oder Interessensgemeinschaft aufzusitzen. „Internet-Recherche verführt [...] zur schnellen, unkritischen Übernahme von Informationen aus dem Netz" (Meier 2002a, S. 300). Es ist relativ einfach, eine Internetseite zu bauen, die seriös aussieht oder der Homepage eines seriösen Anbieters ähnelt. Bevor Inhalte aus dem Internet genutzt werden, sollte der recherchierende Journalist immer herausfinden, wem die Webseite gehört.

„Eine umfassende Suche im Internet ist nicht möglich" sagt Ude (2003, S. 259). Das liegt auch daran, dass das Internet quasi eine „Informationsmüllhalde" (Meier 2002a, S. 300) ist, die Informationen aus dem Netz aber nur zur Kenntnis genommen und schwer hinterfragt werden können (vgl. Brendel, Brendel et al. 2004, S. 56). Das Internet reicht also für eine reine **Informationsrecherche**, doch „die herkömmlichen Quellen haben nicht ausgedient" (Meier 2002a, S. 302). Stimmungen vor Ort und persönlicher Kontakt sind für die meisten Recherchen unerlässlich. In seinem Buch „Internetjournalismus" schreibt Meier (2002, S. 327): „Stimmen zwei oder drei Quellen im Internet überein, scheint die Forderung nach Gegencheck erfüllt". Dem ist vehement zu widersprechen, denn nirgendwo wird soviel abgekupfert wie im Internet. Meier (ebd.) sagt jedoch auch, dass der **Gegencheck** von Mensch zu Mensch selbstverständlich sein sollte. Das ist im Internet oft nicht möglich, weil man die Autoren der Texte nicht ermitteln kann.

> **Werkzeuge der Online-Recherche**
>
> *Betreiber:* Um die Qualität einer Webseite beurteilen zu können, ist es hilfreich zu wissen, wer sie betreibt und wer für ihre Inhalte verantwortlich ist. Dies kann man zum einen über das Impressum herausfinden, zum anderen über Whois-Dienste. Das sind Datenbanken, bei denen nachgesehen werden kann, wer für eine Webseite verantwortlich ist. Für Internetseiten mit dem Länderkürzel „de" ist das die Webseite Denic (www.denic.de), für Seiten aus anderen Ländern kann man diese Informationen unter Dmoz (www.dmoz.org) abfragen.
>
> *Alte Inhalte von Webseiten*, die mittlerweile mitunter offline sind, wie zum Beispiel die Berichterstattung von Spiegel Online am 21. Januar 2005, können teilweise mit der Wayback Maschine noch heute abgefragt werden. Diese findet man unter www.archive.org.
>
> *Datenbanken:* Eine aktuelle Übersicht wichtiger Datenbanken bietet die Webseite www.infohelfer.de an. Das Angebot listet in Kategorien sortiert Datenbanken zu verschiedenen Fachrichtungen auf.
>
> *Für Wirtschaftinformationen* bietet sich die Datenbank Genios (www.genios.de) an. Hier findet man auch Pressedokumente, Branchenberichte und kann Einträge des Handelsregisters abfragen. Genios ist ein kostenpflichtiger Informationsdienstleister, der laut eigenen Informationen rund 800 Datenbanken und 60 Millionen Unternehmensinformationen umfasst. Mitunter haben große öffentliche Bibliotheken einen Zugang zu Genios oder anderen Meta-Datenbanken.
>
> *Recherchetipps:* Praktische Informationen zur Recherche im Internet finden sich auf der Internetseite www.recherchetipps.de.

Noch weniger als Zeitungen und Zeitschriften ist das Internet vor Falschmeldungen gefeit. Diese können sich im Internet vor allem viel schneller und weiter verbreiten, als das bei anderen Medien üblich ist. Ein Beispiel hierfür ist die Falschmeldung über die Honigbienen aus dem Jahr 1999, die angeblich die unglaubliche Fähigkeit hatten, Landminen aufzuspüren (vgl. Brendel, Brendel et al. 2004, S. 56). Die Geschichte ging auf eine Information der Sandia National Laboratories zurück. Sie gehören zum Rüstungskonzern Lockheed Martin und hatten eine Pressemeldung mit dem Titel „Sandia, University of Montana researchers try training bees to find buried landmines" veröffentlicht. In der Meldung ging es um den Versuch, Bienen so zu trainieren, dass sie Duftstoffe wie TNT aufspüren können. Sollte das gelingen, wären die Bienen in der Lage, Landminen aufzuspüren. Kaum war die Meldung im Internet zu finden, verbreitete sie sich und alle schrieben ab. Allerdings wurde die eventuelle Möglichkeit, Bienen zu trainieren, von den Medien so dargestellt als wäre der Versuch mit den Honigbienen erfolgreich gewesen. *Die Welt*, die *Bild*, der *Stern*, der *Spiegel* und andere Medien schrieben über die talentierten Honigbienen. Bis heute kursiert die Meldung im Internet und kurz nach dem 11. September 2001 war sie erneut in einigen Zeitungen zu lesen. An diesem Beispiel sieht man, wie sehr die **journalistische Sorgfaltspflicht im Internet** vernachlässigt wird. Es wäre einfach gewesen, zu überprüfen, ob es die Minen aufspürenden Bienen wirklich gibt. Dieser Sorgfaltspflicht ist jedoch keines der berichtenden Medien nachgekommen.

7. Recherche

Um sich im Internet effektiv zu bewegen, braucht es einige Tools. Gerade bei Marktführern wie Google glauben viele Rechercheure, dass diese Suchmaschine alles findet. Das ist jedoch nicht der Fall, und selbst wenn es so wäre, würde eine andere Suchmaschine die gesuchte Information vielleicht als relevanter bewerten und diese somit in der Trefferliste weiter oben erscheinen, was dem Rechercheur wiederum Zeit sparen würde. Die **Kombination von Suchdiensten** ist für eine umfangreichere und bessere Recherche wichtig. Aus diesem Grund werden im Folgenden einige ausgewählte Suchdienste vorgestellt.

7.3.1 Suchmaschinen

> **Literatur zur Problematik der Recherche mit Suchmaschinen**
> - Machill, M. und M. Beiler (2007) (Hrsg.). Die Macht der Suchmaschinen – The Power of Search Engines. Köln, Halem.
> - Schneider, N. und M. Machill (2005) (Hrsg.). Suchmaschinen. Neue Herausforderungen für die Medienpolitik. Berlin, Vistas.

„Eine gute Recherche darf mit Google beginnen, aufhören darf sie dort nicht" (Ude 2003, S. 137). Google ist eine der bekanntesten Suchmaschinen der Welt. Etliche Recherchen im Netz beginnen dort mit einer Anfrage. Meist lesen Google-User nur die erste Seite der gefundenen Treffer. Dass dies nicht immer die relevantesten Informationen sein können, ist unbestritten. Es kann also nicht schaden, wenn der Recherchierende weiß, wie eine Suchmaschine arbeitet. Google arbeitet mit dem sogenannten **Page Ranking**; das bedeutet, dass die Relevanz einer Webseite unter anderem durch die **Anzahl von Verlinkungen** definiert wird. Je mehr andere Webseiten auf eine Seite verweisen, desto weiter oben wird die Seite in den Google-Suchergebnissen auftauchen. Durch **Suchmaschinenoptimierung** kann erreicht werden, dass Webseiten in der Ergebnishierarchie weit oben stehen. Im Umgang mit Suchmaschinen ist also Vorsicht geboten. Weiterhin sollten dem Rechercheur, der Suchmaschinen benutzt, **Boolesche Operatoren** bekannt sein. George Boole entwickelte im 19. Jahrhundert die Operatoren als logische Verknüpfung von Begriffen. Heute sind mit Booleschen Operatoren Verknüpfungen von Suchanfragen (wie AND, OR, „...") gemeint. Nicht alle Operatoren können bei jeder Suchmaschine angewendet werden. Welche Operatoren funktionieren, lässt sich meist bei der „erweiterten Suche" herausfinden. Mit diesen Booleschen Operatoren kann die Suche im Internet präzisiert werden, was Zeit und sinnloses Herumsuchen verhindert.

> **Die richtige Suchmaschine finden**
> Auf der Seite Suchfibel (www.suchfibel.de) werden eine Vielzahl spezieller Suchdienste vorgestellt. Im Suchmaschinenfinder (www.suchmaschinenfinder.de) kann thematisch sortiert gesucht werden.

7.3.2 Kataloge und Verzeichnisse

Kataloge sind **Sammlungen von Internetseiten in hierarchischer Struktur**. In Katalogen ist oft keine Volltextsuche möglich, doch kann sich der Recherchierende ein Bild davon machen, wie viele Webseiten zum gesuchten Thema existieren. Der Vorteil von Katalogen ist, dass eine Redaktion die **Linksammlungen** pflegt und erweitert (vgl. Brendel, Brendel et al. 2004, S. 293). Gerade bei einer breiten Suche eignen sich Kataloge besser als Suchmaschinen, da die Suchbegriffe meist von den Redaktionen der Kataloge verschlagwortet wurden und somit weniger „Datenmüll" in den Suchergebnissen auftaucht. Ein von menschlicher Hand gepflegter Katalog oder ein Verzeichnis hat im Vergleich zu Suchmaschinen aber auch Nachteile. Menschen können nicht so schnell arbeiten wie Maschinen. Deswegen werden bei Katalogen sehr viel weniger Seiten pro Tag eingepflegt. „Dem steht aber als unbestreitbarer Vorteil gegenüber, dass eine Vorprüfung und Bewertung aller Einträge durch das menschliche Auge bereits stattgefunden hat" (Ude 2003, S. 264).

Kataloge und Verzeichnisse im Internet

Beispiele für Kataloge sind Yahoo (www.yahoo.de) und Lycos (www.lycos.de). Auch Verzeichnisse wie Dino-Online (www.dino-online.de) und das Open Directory Project (www.dmoz.org) werden redaktionell gepflegt und erweitert.

7.3.3 Wikis, Blogs und Foren

Wikis, Blogs und Foren bilden weitere Instrumente der Online-Recherche. Ein **Wiki** ist eine **Sammlung von Webseiten**, an denen meist viele verschiedene Menschen Inhalte online stellen und diese auch verändern können. Der Begriff „wiki" kommt aus dem Hawaiianischen und bedeutet „schnell". Wikipedia, das wohl bekannteste Wiki, umfasste Anfang 2008 eigenen Angaben zufolge (www.wikipedia.de) rund 673.000 deutsche Artikel; im Englischen sind es über zwei Millionen. Bei journalistischen Recherchen dürfen Informationen aus Wikis keinesfalls ungeprüft übernommen werden. Zu groß ist die Gefahr, **Fehlinformationen oder beschönigten Artikeln** aufzusitzen, denn jeder kann die Einträge bei Wikipedia verändern. So veränderten unter anderem schon Angehörige des US-Parlaments Wikipedia-Seiten, um sich und ihre Arbeitgeber in besserem Licht erscheinen zu lassen. Wikipedia mag gut sein, um sich einen ersten Überblick über ein Recherchegebiet zu verschaffen, keineswegs aber als zitierbare Quelle. Der *Stern* prüfte (Heft 50/2007) Wikipedia und stellte der Enzyklopädie ein gutes Zeugnis aus, doch problematisierten die Autoren auch die Konflikte der Wikipedia-Autoren. „Angestellte von Pharmakonzernen verherrlichen die eigenen Medikamente und von einem RWE-Rechner ausgeschrieben wurde, ein Störfall im AKW Biblis habe ‚wieder einmal bewiesen, dass das Kraftwerk sehr sicher ist und hervorragend arbeitet'" (Güntheroth und Schönert 2007, S. 30).

Blog ist die Abkürzung von Weblog und bedeutet Online-Tagebuch. Auf nahezu allen Webseiten führender Medien in Deutschland sind Blogs vertreten. Dabei ist zu beachten, dass Blogs die **Meinung und Einstellung des Autors** zu einem bestimmten Thema wiedergeben und nicht auf Fakten geprüft werden. Blogs sind ein wunderbares Instrument, um Stimmungsbilder aus fremden Ländern zu zeigen. Viele Blogger sind untereinander vernetzt und bilden die sogenannte **Blogosphäre**, ein riesiges Netzwerk. Auch das kann der Journalist nutzen. Blogger sehen sich selbst als die Gegenöffentlichkeit im Internet. Viele kontrollieren Webseiten und decken Falschmeldungen auf. Als Musterbeispiel für Blogs seien hier die beiden Blogs des Journalisten Stefan Niggemeier genannt: www.stefan-niggemeier.de und www.bildblog.de. Der *Bildblog* ist mittlerweile ein wichtiges Instrument und eine Gegenoffensive zur Berichterstattung der *Bild*-Zeitung geworden.

Weblogs durchsuchen

Eine Suchmaschine, die nur Blogs durchsucht, ist Technorati (www.technorati.com). Technorati durchsucht nach eigenen Angaben etwa 25 Millionen Weblogs und verwendet einen ähnlichen Suchalgorithmus wie Google (siehe 5.4.1). Mehr über Blogs lässt sich im Buch „Die neuen Meinungsmacher" von Ansgar Zerfaß und Dietrich Boelter (2005) nachlesen (siehe auch Literaturempfehlungen Kapitel 12.2.2).

Foren eignen sich bei der Recherche gut, um Betroffene zu finden und deren Meinung zu hören. In Foren wird gestritten, diskutiert und sich ausgetauscht. Weiterhin eignen sich bestimmte Foren dafür, um **Protagonisten oder Informanten** zu suchen, die man sonst nicht findet, weil sie beispielsweise seltene Krankheiten haben, über die Ärzte wegen der Schweigepflicht keine Auskünfte geben dürfen. Hier eignet sich das Forum jedoch nur zur Kontaktaufnahme, denn jeder kann sich in einem Forum als ein anderer oder eine erfundene Person ausgeben. Der Gegencheck, ob persönlich oder am Telefon, ist unabdingbar. Viele Foren sind voller **versteckter PR-Informationen**. Bei der Benutzung von Foren ist also Vorsicht geboten. Eine zu empfehlende spezielle Suchmaschine für Foren gibt es nicht, eine Suche kann deswegen über Suchmaschinen erfolgen.

RSS-Feeds (Really Simple Syndication) sind Abonnements von Webseiten. Sobald eine Webseite aktualisiert wird, bekommt der User des RSS-Feeds eine Meldung an die von ihm hinterlassene E-Mail-Adresse, ähnlich wie bei einem Nachrichtenticker. Dann kann er, wenn gewünscht, über die Meldung auf die „fütternde" Webseite zugreifen. RSS-Feeds eignen sich vor allem, wenn man sich thematisch informieren will und sich die relevanten Begriffe abonniert (vgl. Jörg Kantels Buch „RSS und Atom" 2007).

Besonders hoher Nutzerzahlen erfreuen sich mittlerweile **Social Networks** wie Xing, Facebook, Myspace und StudiVZ. Bei diesen Netzwerken legt der User ein eigenes Profil an, das von anderen Mitgliedern eingesehen werden kann. Xing verzeichnet mittlerweile laut eigenen Angaben 4,25 Millionen Mitglieder, bei Facebook sind es mehr als 18 Millionen User. Für Journalisten ist dies besonders praktisch, weil sie sich Personen und deren Umfeld, also Kollegen, Freunde und Interessen ansehen können. So kann man herausfinden, wen das Objekt der Recherche kennt und ob es vielleicht im selben Golfclub wie eine weitere für die Recherche wichtige Person spielt. Wenn man also beispielsweise gegen ein Unternehmen recherchiert, kann man über Social Networks mögliche Informanten finden oder **Verbindungen zwischen Personen** durchleuchten. Zur Benutzung solcher Networks ist es meist nötig, sich selbst ein Profil anzulegen. Ein erfundenes „Alias-Profil" anzulegen, verstößt gegen den Pressekodex, weil bei der Beschaffung von Informationen keine unlauteren Methoden angewandt werden dürfen.

7.3.4 Invisible Web

Das sogenannte unsichtbare Netz, auch **Invisible Web** oder **Deep Web** genannt, sind die Internetseiten, die nicht von Suchmaschinen erfasst werden (vgl. Ude 2003, S. 267). Das sind private Webseiten, die nicht verlinkt sind und die Unterseiten von Datenbanken. Datenbanken sind leider fast immer kostenpflichtig. Trotzdem lohnt es sich gerade bei **wissenschaftlichen Recherchen** und bei der **Hintergrundrecherche** Datenbanken zu benutzen, denn Datenbanken werden gepflegt und auf Relevantes vorsortiert. Einige Redaktionen stellen Zugang zu Datenbanken zur Verfügung, in denen Presseartikel, Länder- und Personeninformationen angesehen und heruntergeladen werden können. Bevor man sich beispielsweise Informationen über einen Politiker aus Einzelquellen zusammenstellt, lohnt sich ein Blick in die **Personendatenbank** Munzinger (www.munzinger.de). Wer für die Benutzung von Datenbanken nicht bezahlen will, kann diese **kostenlos in Universitätsbibliotheken** nutzen. Nicht alle Bibliotheken bieten Zugang zu allen Datenbanken an, deswegen ist es sinnvoll, sich vorher auf den Webseiten der Universitäten zu informieren.

7.4 Rechtslage bei der Recherche

Literatur zum Verständnis der Rechtslage bei der Recherche
- Bauer, H. G., C. Detjen, F. Müller-Römer und W. Posewang (1985). Die neuen Medien. Das aktuelle Praktiker-Handbuch. Recht, Technik, Anwendung, Marketing. Loseblattsammlung. Ulm, Neue Mediengesellschaft Ulm.
- Bölke, D. (2004). Presserecht für Journalisten. München, dtv.
- Deutscher Journalisten-Verband (1998) (Hrsg.). Journalisten und ihre Rechte. Hinweise für die redaktionelle Praxis. Bonn, DJV-Verlag.
- Deutscher Journalisten-Verband (2007) (Hrsg.). DJV-Handbuch für Freie. Bonn, DJV-Verlag.
- Gerhardt, R. und E. Steffen (2001). Kleiner Knigge des Presserechts. Frankfurt am Main, Frankfurter Allgemeine Buch.
- Löffler, M. und R. Ricker (2005). Handbuch des Presserechts. München, Beck Juristischer Verlag.
- Möhl, H.-P. und U. Scharlack (1997). Dpa – Juristischer Leitfaden für Journalisten. Starnberg, R. S. Schulz.
- Schaffeld, B. und U. Hörle (2007). Das Arbeitsrecht der Presse. Köln,
- von Olenhusen, A. G. (2004). Medienarbeitsrecht für Hörfunk und Fernsehen. Konstanz, UVK.
- Wenzel, K. E., K. Sedelmeier und M. Löffler (2006). Presserecht. Kommentar. München, C. H. Beck.

7. Recherche

Aufgabe von Journalistinnen und Journalisten ist es, den öffentlichen Arbeitsauftrag der Presse wahrzunehmen (vgl. Kapitel 1.1 und Kapitel 3). Hierbei werden der Presse besondere Gesetze zur Unterstützung dieser Aufgabe zugedacht. Das Wissen über die Rechtslage, in der sich der Journalist bei der Recherche bewegt, ist bedeutend für die Arbeit mit Informationen. Im folgenden Kapitel werden aus diesem Grund das Informationsfreiheitsgesetz, die Zutrittsrechte, das Zeugnisverweigerungsgesetz für Journalisten, das Beschlagnahmeverbot und die Schranken des Presserechts in Hinblick auf die journalistische Recherche skizziert. Dabei werden auch die journalistischen Pflichten erörtert, die im Pressekodex (vgl. Kapitel 1.2 und 1.3) festgehalten sind.

7.4.1 Informationsfreiheitsgesetz

Damit Journalisten barrierefrei berichten können, gibt es das **Informationsfreiheitsgesetz**. Dieses ist im Grundgesetz unter Artikel 5 Absatz 1 festgeschrieben: „Jeder hat das Recht, seine Meinung in Wort, Schrift und Bild frei zu äußern und zu verbreiten und sich aus allgemein zugänglichen Quellen ungehindert zu unterrichten. Die Pressefreiheit und die Freiheit der Berichterstattung durch Rundfunk und Film werden gewährleistet. Eine Zensur findet nicht statt" (Art.5 Abs.1 GG). Dieses Gesetz beschränkt sich ausdrücklich auf allgemein zugängliche Quellen. Das sind Presseerzeugnisse und öffentliche Gebäude, wie Museen und Bibliotheken. Da diese Informationsrechte für die Arbeit eines Journalisten nicht ausreichen, gibt es spezielle Informationsgesetze für Journalisten, die in den Landespressegesetzen festgeschrieben sind. Diese Landespressegesetze sind sich zwar sehr ähnlich, trotzdem sollte der Recherchierende sich das **Gesetz des Bundeslandes, in dem er recherchiert**, genauer ansehen, denn kleine Unterschiede sind vorhanden (vgl. Fechtner 2003, S. 187).

Paragraf 4 des Landespressegesetzes Hamburg sagt: „Die Behörden sind verpflichtet, den Vertretern der Presse und des Rundfunks die der Erfüllung ihrer öffentlichen Aufgabe dienenden Auskünfte zu erteilen". Journalisten haben also **Auskunftsansprüche gegenüber der öffentlichen Verwaltung**. Solche Ansprüche betreffen auch Verwaltungen von Bund und Ländern, Behörden wie Polizei oder Staatsanwaltschaft und Parlamente. Behörden sind in der Pflicht, in wahrheitsgemäßer und entsprechender Weise in angemessenem Zeitraum und Umfang zu antworten. Was in diesem Fall angemessen ist, entscheidet nicht der Journalist.

Vertrauliche Dokumente

Journalistinnen und Journalisten haben keinen Zugang zu Unterlagen, die nach Ansicht ihrer Urheber der Bundesrepublik Schaden zufügen könnten. Das Bundesinnenministerium unterteilt diese Verschlusssachen (VS) in vier Kategorien:

- *„Nur für den Dienstgebrauch"* bestimmte Unterlagen wie Lageberichte der Polizei. Sie müssen unter Verschluss aufbewahrt werden (z. B. in einem verschlossenen Schrank) und dürfen nicht an Orten außerhalb des Dienstbereichs (z. B. im Restaurant oder in der U-Bahn) erörtert werden.
- *„Vertrauliche"* Verschlusssachen wie Erkenntnisse über das Vorgehen von als terroristisch eingestuften Organisationen oder über diplomatische Strategien. Die Dokumente dürfen nicht von Beamten zur Bearbeitung mit nach Hause genommen werden.

- *„Geheime"* Papiere wie militärische Aufklärungsdaten. Sie werden mit einem roten Stempel markiert und zur Identifikation von Informationslücken bei Ausfertigung durchnummeriert. Sie müssen selbst dann im Tresor eingeschlossen werden, wenn ein Beamter nur für kurze Zeit sein Büro verlässt.
- *„Streng geheime"* Verschlusssachen wie Erkenntnisse des Bundesnachrichtendienstes. Sie sind mit einer diagonalen gelbroten Markierung versehen und dürfen nur mit Zustimmung der herausgebenden Stelle kopiert werden.

Um an geheime Verschlusssachen zu gelangen, müssen investigative Journalisten oft über viele Jahre ein Vertrauensverhältnis zu potentiellen Informanten aufbauen.

Siehe: Allgemeine Verwaltungsvorschrift des Bundesministeriums des Innern zum materiellen und organisatorischen Schutz von Verschlusssachen (VS-Anweisung – VSA) vom 31. März 2006, vgl. www.bmi.de

Ausnahmen der Auskunftspflicht sind Informationen über schwebende Verfahren, Vorschriften über Geheimhaltung, Amtsverschwiegenheit und Informationen, die schutzwürdiges privates oder öffentliches Interesse verletzen würden. Wenn Behörden diese Informationen verweigern, kann eine Herausgabe der Informationen ggf. gerichtlich durchgesetzt werden (vgl. Haller 2004, S. 290).

Jeder hat das Recht, **öffentliche Register und behördliche Akten** einzusehen. Das sind beispielsweise Dokumente aus dem **Handelsregister** oder dem **Markenregister**. Kann ein „berechtigtes Interesse" vorgewiesen werden, ist es ebenfalls möglich, Informationen aus dem **Melderegister** und vom **Grundbuchamt** zu bekommen. Das „berechtigte Interesse" besteht, wenn die Informationen, die der Journalist erfragen will, von öffentlichem Interesse sind (vgl. Fechtner 2003, S. 45). Ein fiktives Beispiel für ein „berechtigtes Interesse" könnte folgende Situation sein: Eine städtische Wohnungsgenossenschaft XY steht unter Verdacht, bei Immobilienvergaben ihre eigenen Angestellten vorzuziehen. Der Journalist, der darüber berichtet, kann nun also, sollte ihm das Grundbuchamt Informationen über die Immobilien der Angestellten verweigern, mit „berechtigtem öffentlichem Interesse" argumentieren, da die städtische Wohngenossenschaft durch die Bürger finanziert wird. Damit ist das öffentliche Interesse gegeben.

7.4.2 Zutrittsrechte

Um sich vor Ort informieren zu können und an Pressekonferenzen teilnehmen zu können, brauchen Journalisten **spezielle Zutrittsrechte** zu Veranstaltungen. Hierbei gibt es Unterschiede zwischen staatlichen, öffentlichen und privaten Veranstaltungen und Ereignissen. Zu **öffentlich veranstalteten Pressekonferenzen** ist Journalisten uneingeschränkt Zutritt zu gewähren und es ist verboten, einzelne Journalisten auszuschließen. Bei **öffentlichen Ereignissen** wie Demonstrationen muss Journalisten der Zutritt gewährt werden, damit diese direkt vor Ort recherchieren können. Auch bei **Gerichtsverfahren** haben Journalisten prinzipiell Zugang. Oft dürfen weder Ton- noch Bildaufnahmen gemacht werden und bei Verfahren, die großes öffentliches Interesse auf sich ziehen, ist es notwendig, sich rechtzeitig zu akkreditieren, da viele Gerichtssäle nicht so groß sind, dass jedem Journalisten einen Platz zur Verfügung gestellt werden kann (vgl. Fechtner 2003, S. 200, 212).

Etwas anders ist die Rechtslage bei **privaten Veranstaltungen**. Hier kann der Veranstalter von seinem Hausrecht Gebrauch machen und missliebige Personen ausschließen. Bei öffentlichen Veranstaltungen, die von Privatpersonen veranstaltet werden, wie **Parteitage** oder **Podiumsdiskussionen**, dürfen Pressevertreter aufgrund von § 6 Abs. 2 VergG. nicht ausgeschlossen werden (vgl. Scherz 2004, S. 274).

7.4.3 Zeugnisverweigerungsrecht und Beschlagnahmeverbot

Journalisten haben ein spezielles **Zeugnisverweigerungsrecht**, das sie davor schützt, die **Identität ihrer Informanten** preisgeben zu müssen. Weiterhin kann die Aussage verweigert werden, wenn es um **Mitteilungen der Informanten** geht, die den redaktionellen Teil ihrer Arbeit betreffen. Zusätzlich sind Pressevertreter, Pressebüros und Redaktionen vom **Beschlagnahmeverbot** (§ 97 Abs. 5 StPO) geschützt. Dies beinhaltet Schriftstücke, Datenträger und sonstige Materialien, die sich im Gewahrsam von Redaktionen, Verlagen oder einer Druckerei befinden. Auch das Beschlagnahmeverbot kann eingeschränkt werden. Die Einschränkung muss aber ausdrücklich gegen die Pressefreiheit abgewogen und von einem Richter angeordnet werden (Ludwig 2002, S. 273; vgl. Fechtner 2003, S. 209).

Trotz Beschlagnahmeverbots wurden in den letzten Jahren einige Pressebüros durchsucht und Dokumente beschlagnahmt. Bei „Gefahr in Verzug" kann sogar ohne Richter entschieden werden, Büros zu durchsuchen. Rückwirkend wurden diese Durchsuchungen als verfassungswidrig erklärt. Berühmte Urteile zu Verstößen gegen das Beschlagnahmeverbot sind das *Spiegel*- und das *Cicero*-Urteil. Prekäre Informationen sollten Journalisten besser an einem **sichereren Ort als der Redaktion** unterbringen.

7.4.4 Einschränkungen

Trotz der speziellen Rechte für Journalisten müssen sich diese genau wie alle anderen Bürger an die **allgemeingültigen Gesetze** halten. Das gilt auch für das **allgemeine Persönlichkeitsrecht**. Wenn Journalisten in die Intimsphäre des Objektes der Recherche eindringen, ist das nicht vom Informationsanspruch der Öffentlichkeit gedeckt. So dürfen Personen, die sich im geschützten Raum, wie beispielsweise einer Wohnung befinden, nicht fotografiert werden (vgl. Fechtner 2003, S. 64) und natürlich dürfen Privat- und Geschäftsräume nicht ohne Zustimmung des Hausrechtsinhabers betreten werden. Auch das **Abhören und Aufzeichnen** ohne die Zustimmung des Gegenübers ist strafbar (§ 201 Abs. 2 StGB). Weiterhin ist das **Briefgeheimnis** zu wahren (§ 202 StGB) und selbstverständlich dürfen sich auch Journalisten nicht in **fremde Daten** „einhacken" (§ 202a StGB).

Verboten ist auch das „Einschleichen" in „Wallraff-Manier". Günter Wallraff ist berühmt für seine Reportagen und Bücher. Hierfür ließ er sich unter **falscher Identität** in Firmen und Institutionen einstellen und recherchierte verdeckt. In einem solchen Fall muss bei etwaigen Gerichtsverfahren die Abwägung zwischen öffentlichem Interesse gegenüber dem verletzten Recht der Institution, bei der sich eingeschlichen wurde, getroffen werden.

7.4.5 Journalistische Pflichten bei der Recherche

Für Journalistinnen und Journalisten gelten auch beim Recherchieren nicht nur besondere Rechte, sondern auch besondere Pflichten. Diese sind in den Landespressegesetzen unter Paragraf 6 fest geschrieben. „Die Presse hat alle Nachrichten vor ihrer Verbreitung mit der nach den Umständen gebotenen Sorgfalt auf Wahrheit, Inhalt und Herkunft zu prüfen". Die **journalistische Sorgfaltspflicht** bezieht sich auf die drei Tätigkeitsfelder des Journalisten: **Berichterstattung, redaktionelle Verarbeitung** und **Informationsbeschaffung**, also Recherche (§ 6 LPG Hamburg). Weitere journalistische Pflichten sind im Pressekodex festgeschrieben: „Nicht alles, was von Rechts wegen zulässig wäre, ist auch ethisch vertretbar. Deshalb hat der Presserat die Publizistischen Grundsätze, den sogenannten Pressekodex, aufgestellt. Darin finden sich Regeln für die tägliche Arbeit der Journalisten, die die Wahrung der journalistischen Berufsethik sicherstelle" (Deutscher Presserat auf seiner Webseite www.presserat.de). Der Pressekodex ist kein Gesetz, sondern eine Richtlinie für Journalisten und wird daher häufig als ein „zahnloser Tiger" bezeichnet. Die Regeln des Kodexes sollten von Journalisten befolgt werden (vgl. Interview mit Fried von Bismarck, Kapitel 1.3). Im Folgenden werden die Teile des Pressekodexes, die für die journalistische Recherche von Bedeutung sind, kurz vorgestellt.

Eine der wichtigsten Regeln ist das **Kennzeichnen von unbestätigten Meldungen, Gerüchten und Vermutungen**. Dies ist besonders für Rechercheure relevant, die sich an prekäre Themen herangewagt haben, denn gegen unwahre Tatsachenbehauptungen, also ungekennzeichnete Gerüchte, kann geklagt werden (vgl. Fechtner 2003, S. 213).

Weiterhin dürfen bei der Beschaffung von Informationsmaterial keine **unlauteren Methoden** angewandt werden. Natürlich müssen Persönlichkeitsrechte und die Intimsphäre der Menschen gewahrt werden (Ziffer 8 Pressekodex) und es widerspricht der journalistischen Ethik, Menschen mit unangemessenen Darstellungen in Wort und Bild zu verletzen (Ziffer 9 Pressekodex). Dies kann zum Beispiel in Form einer Beleidigung oder gar von „Rufmord" sein (Fechtner 2003, S. 60). Auch religiöse, weltanschauliche oder sittliche Überzeugungen dürfen nicht verschmäht werden (Ziffer 10 Pressekodex). Die Berichterstattung über Ermittlungsverfahren, Strafverfahren und sonstige förmliche Verfahren muss frei von Vorurteilen erfolgen (Ziffer 12, Presskodex). Der Grundsatz der Unschuldsvermutung gilt auch für die Presse (Ziffer 13, Pressekodex).

Auch **Vorteilnahme durch Bestechung** wird geächtet: Wer sich für die Verbreitung oder Unterdrückung von Nachrichten bestechen lässt, handelt unehrenhaft und berufswidrig (Ziffer 15 Pressekodex).

Zwar könnte man meinen, dass die Regeln des Pressekodexes selbstverständlich sind, doch zeigt die Realität, dass der Pressekodex nicht immer eingehalten wird. Wem eine solche gegen den Pressekodex verstoßende Berichterstattung auffällt, kann diese beim Deutschen Presserat melden. Gerade aufstrebende Journalisten sollten sich die Regeln des Kodexes zu eigen machen, um auch in Zukunft Teil einer fairen Presse zu sein und diese durch Qualität und Glaubwürdigkeit zu fördern.

Zwar werden investigative Journalisten nicht ohne Grund als **Muckraker**, also Schmutzwühler, bezeichnet. Doch trotz mutigen Stocherns im Morast sollten sie sich immer ihrer Pflichten, insbesondere der Sorgfaltspflicht, bewusst sein und ihre Rechte kennen.

7.5 „Recherche ist nötig für jeden noch so kleinen Artikel" – Expertengespräch mit Michaela Schießl (Der Spiegel)

Interview: Annika Stenzel

Michaela Schießl

ist Reporterin für *Der Spiegel* und Recherchespezialistin.

Sie schrieb für die *Deutsche Presse-Agentur* und die *Tageszeitung*, bevor sie 1995 als Wirtschaftsredakteurin zu dem Hamburger Nachrichtenmagazin kam. Beim *Spiegel* arbeitete sie u. a. als USA-Korrespondentin, Ressortleiterin Politik, Leiterin des Hauptstadtbüros und stellvertretende Ressortleiterin Deutschland II.

2007 wurde Schießl mit dem renommierten *Otto Brenner Preis* für ihren *Spiegel*-Beitrag „Not für die Welt" ausgezeichnet. Nach Ansicht der Jury hatte diese Veröffentlichung die höchste Auszeichnung für kritischen Journalismus und außergewöhnliche Rechercheleistungen verdient. In ihrer Begründung hieß es: „Die Killer sitzen in komfortablen Büros in Brüssel oder Washington, aber sie erzeugen Hunger und Vertreibung für Millionen. Wie die Agrar-Politiker der reichen Welt Afrikas Bauern ins Elend stürzen, das beschreibt Michaela Schießl in ihrem erschütternden Report ‚Not für die Welt'. Mit ihrer aufwendigen Recherche und der schonungslosen Beschreibung bietet Michaela Schießl kritischen Journalismus in Bestform und erhält den ersten Preis."

Frau Schießl, wie finden Sie Themen für Ihre Recherchen?
Viele Themen ergeben sich aus der Aktualität: Wenn ein Traditionsunternehmen wie Hugo Boss von einer sogenannten Heuschrecke übernommen wird, wenn Korruptionsfälle bei Siemens bekanntwerden, wenn dem Softwarehaus SAP ein Anwärter für den Vorstandsvorsitz von der Stange geht, ist das immer ein Ansatz zu tieferen Recherchen. Da will man doch wissen, was dahinter steckt. Etwa die Hälfte dieser Themen schlagen die Chefredaktion oder die Ressortleiter vor. Andere entstehen auf dem Flur durch Diskussionen mit Kollegen, in Gesprächen mit Freunden oder durch die Lektüre von Zeitungen und Fachmagazinen. Ich sehe sechs Zeitungen am Tag durch, und oft fallen mir kleine Meldungen auf, bei denen ich denke: „Was bedeutet das? Was steckt dahinter?" Und schon recherchiert man los. Und dann sind da natürlich die eigenen Steckenpferde: Themen, die man über Jahre beobachtet und behandelt, und zu deren Protagonisten man Kontakt hält.

Welche Themen liegen Ihnen besonders am Herzen?
Ich interessiere mich unter anderem für das Thema Welthandel, Arbeitswelten und Verbraucherschutz. Also halte ich Kontakt zu den verschiedensten Organisationen und Institutionen, die sich damit befassen: Zu NGOs, zu den zuständigen Ministerien, zu Thinktanks, zu Wissenschaftlern. Über E-Mail-Verteiler und – wichtiger noch – regelmäßige Telefonate bekommt man die neusten Entwicklungen mit, bevor sie als Pressemeldung rausgehen.

Wenn Sie ein Thema gefunden habe, wie gehen Sie dann weiter vor?
Zuerst einmal muss ich überprüfen, ob das Thema für *Spiegel* taugt. Ist es bedeutsam genug? Hat es die nötige Tiefe? Kann ich es so weiterdrehen, dass es deutlich über die Zeitungsberichterstattung hinausgeht? Danach bitte ich unsere Dokumentationsabteilung, mir ein Dossier zusammenzustellen. Wenn das gelesen ist, wenn man sich einigermaßen im Stoff auskennt, beginnt die eigentliche Recherche: Telefonate, Treffen mit den Protagonisten, Besichtigen der Tatorte. Denn nur, wenn man etwas weiß, kann man die richtigen Fragen stellen, die Dinge angemessen einordnen, ein Gesamtbild erkennen. Ich flöhe auch das Internet, schaue mir Forenbeiträge und Blogs zum Thema an. Das ist allerdings mit Vorsicht zu genießen. Das Internet ist unschlagbar, um schnell an Adressen, Telefonnummern, Veröffentlichungen, auch mal an schräge, unkonventionelle Meinungen zu kommen. Gefährlich wird es, wenn man Netzbeiträge als Quelle benutzt. Man weiß nie, wie die Leute zu ihren Informationen gelangt sind, meist werden doch nur Meinungen verbreitet. Ich kann nur jedem raten, die Inhalte zu verifizieren.

Können Sie uns von einschlägigen Erfahrungen berichten?
Ein Beispiel: Während einer Recherche über den Biolebensmittelmarkt fand ich in einem Blog einen aktuellen Eintrag von jemandem, der zu Besuch bei Bioanbauern im spanischen Almeria war. Der Blogger schilderte, dass dort einiges alles andere als Bio ist. Ich mailte ihm und erfuhr, dass sein Besuch leider vor acht Jahren war und er keine Ahnung hat, wie das heute dort aussieht. Hätte man seinen Bericht ungeprüft übernommen, weil der Redaktionsschluss drückt oder schlicht aus Faulheit, dann hat man schnell ein echtes Problem. Zumindest brachte uns der Blogger auf eine Spur, der wir nachgingen, letztendlich vor Ort in Almeria.

Sie stehen der Internetrecherche also kritisch gegenüber?
Internetrecherche ist immer das Erste, was man macht, die Grundlage, das ABC. Man findet schnell heraus, welche Personen im Spiel sind und wo man die suchen kann. Viele Fakten, Studien, Abhandlungen stehen im Netz. Wenn man Glück hat, findet man auch wichtige Dokumente, die irgendjemand ins Netz gestellt hat, oft aber anonym oder als Dagobert35. Man sollte die Inhalte aus dem Netz vor allem als Anregung nehmen, um dann selbst weiterzurecherchieren. Das Internet ist immer nur der Anfang einer Recherche, es darf keinesfalls das Ende sein.

Wie geht die Recherche außerhalb des Internets weiter?
Ich mache mir einen Rechercheplan. Zuerst müssen die Hauptakteure und ihre Gegenspieler identifiziert werden, zusätzlich auch gerne ein paar Experten, Wissenschaftler etc. Danach wird die Reihenfolge der Kontaktaufnahme festgelegt. Ab dann wird telefoniert, sich getroffen.

Wie strukturieren Sie ihre Recherche?
Ich lege mir ganz altmodisch Ordner an, im Regal und auf dem Laptop. Am Anfang sammele ich noch sehr großflächig, doch je klarer das Thema wird, desto mehr kann ich aussieben. Sämtliche E-Mails zu der Recherche werden in einem Extraordner gespeichert, so finde ich meine Ansprechpartner schnell wieder. Während der Recherche schreibe ich alles in ein eigens dafür angelegtes Notizbuch: Gesprächsaufzeichnungen, Telefonnummern, Wegbeschreibungen, Eindrücke, einfach alles. Wenn ich das Buch verliere, bin ich erledigt.

Versuchen Sie, sich zum Experten machen?
Ich versuche, mich in die Materie möglichst gut einzuarbeiten. Doch zum Experten werde ich dadurch nicht. Es gehört zum journalistischen Handwerk, sich Einschätzungen von Fachleuten zu holen, möglichst auch divergierende Meinungen mehrere Experten. Dabei ist es hilfreich, wenn man sich akribisch vorbereitet, dann kann man gegenhalten und muss nicht alles kommentarlos hinnehmen. Eine gute Vorbereitung macht Spaß, weil man kontern kann. Und außerdem finde ich, dass die Leute, die uns ihre Zeit opfern, auch einen Anspruch darauf haben, auf einen gut vorbereiteten Interviewer zu treffen.

Wie hinterfragen Sie die Motive Ihrer Informanten?
Man sucht sich seine Informanten aus, macht sich also im Voraus Gedanken um deren Interessenlage und Motive. Ein geschasster Manager etwa ist wütend auf seinen früheren Arbeitgeber, ein Betriebsrat meist nicht einer Meinung mit seinem Vorstand. Die Einstellung von Politikern, Wissenschaftlern, Wirtschaftslenkern ist meist kein Geheimnis, ebenso wenig die ihrer Gegenspieler. Von einem Firmenchef kann ich nicht erwarten, dass er über seine Firmenpolitik herzieht, das übernimmt schon der Betriebsrat. Wichtig ist es, dass man immer die Argumente beider Seiten hört und sich danach ein Bild der Situation macht.

Wie pflegen Sie Ihre Kontakte?
Man telefoniert, auch wenn gerade mal nichts Konkretes anliegt, und immer wieder kommt man persönlich zusammen. Als Journalist muss man sich ein Vertrauensverhältnis erarbeiten. Brisante Informationen bekommt man oft erst nach Jahren der guten Zusammenarbeit. Informanten nehmen sehr sensibel wahr, wie mit ihren Informationen umgegangen wird. Wichtigste Regel dabei: Fair bleiben. Nicht immer teilt man die Einschätzung des Informanten, nicht in jedem Fall findet er sich oder seine Information so dargestellt, wie er es gerne hätte. Aber solange man fair bleibt, ist die weitere Zusammenarbeit nicht gefährdet.

Aber manchmal muss man doch verbrannte Erde hinterlassen?
Manchmal geht das nicht anders, dann ist ein Informant schon mal verprellt. Aber wir bemühen uns im *Spiegel*, solche Unstimmigkeiten wieder einzurenken, über Gespräche, Erklärungen, Diskussionen. Meistens heilt die Zeit die Wunden. Etwas anderes ist, wenn man die Regeln der Vertraulichkeit bricht. Wenn man mit einem Informanten oder einem Politiker ein sogenanntes „Unter-Drei"-Gespräch hat, also ein reines Hintergrundgespräch, und später daraus zitiert, dann ist das ein Vertrauensbruch. Zur Strafe wird man von der Information abgeschnitten.

Arbeiten Sie oft unter Zeitdruck?
In der Regel nicht, kein Vergleich zu dem Zeitdruck einer Tageszeitung. Doch auch bei einem Wochenblatt müssen wir gelegentlich schnell sein: Passiert etwas Wichtiges am Donnerstag, muss bis Freitagnacht eine Geschichte stehen – und zwar eine, die am Montag noch frisch ist und über das hinausgeht, was Tageszeitungen auch übers Wochenende recherchieren können.

Wie lange haben Sie für die „Not für die Welt"-Geschichte gebraucht?
Das war ein riesiges Projekt. Vier bis sechs Wochen habe ich vor allem gelesen, bevor ich überhaupt einen Plan gemacht habe, wie ich das Thema angehe. Insgesamt dauerte die Recherche mehr als ein halbes Jahr. Das hängt damit zusammen, dass es unglaublich viele Beteiligte, Studien, Dokumente gab – und alle haben ihre ganz eigene Agenda. Die erst einmal zu sichten und zu bewerten, ist ein großes Stück Arbeit. Und dann geht die Kontaktaufnahme los. Mit Wissenschaftlern und Politikern zu sprechen, ist ja kein Kunststück, da gibt es meist einen gemeinsamen Sprechcode. Aber rufen sie mal bei einer Bauerngemeinschaft in Kenia an: Die Leitung ist mies, das Englisch schwer verständlich, die ganze Kultur der Verabredung eine vollkommen andere. Da sitzt man dann in Hamburg ganz bang am Hörer und fürchtet sich davor, was einen am anderen Ende erwartet. Aber wer sich das nicht traut, sollte den Beruf besser lassen. Man muss sich die Peitsche geben und anrufen, auch wenn's mal schwerfällt.

Das heißt: Wer nicht telefonieren mag, ist kein Reporter?
Wer mit Fremden nicht reden mag, ob am Telefon oder leibhaftig, hat es in diesem Job schwer. Es gibt Ressorts, die etwas pflegeleichter sind, im Feuilleton etwa muss man keine Türen eintreten wie beim Terror-Sex-and-Crime-Ressort. Aber auch da muss man sich trauen, anzurufen, hinzugehen und mit den Leuten zu sprechen.

Mit welcher Grundhaltung gehen Sie in Interviews?
Ich versuche, mich auf die Menschen einzustellen, sie zu öffnen, zum Reden zu bringen. Doch da ist auch immer ein gewisses Grundmisstrauen. „Warum sagt er das, welche Agenda steht dahinter?" Für mich muss ein Journalist eine kritische Grundhaltung haben. Nachfragen, bohren, keine Angst haben, den Gesprächspartner mit divergierenden Fakten zu konfrontieren. Sicher, man darf sich auch einmal begeistern lassen. Besser ist, sich immer an Hajo Friedrichs Maxime zu erinnern: „Mach dich nie mit einer Sache gemein, auch nicht mit einer guten."

Ist es nicht sinnvoll, sich mit guten Sachen gemeinzumachen?
Man kann gute Sachen gut finden, aber wenn man sich gemeinmacht, geht die Distanz flöten und damit die Fähigkeit zur kritischen Bestandsaufnahme. Wenn ich mich bei der „Not für die Welt"-Geschichte gemeingemacht hätte, etwa mit dem *World Food Programme*, das die Hungernden mit Lebensmitteln versorgt, wäre ich den gravierenden Nachteilen, die diese Hilfe für einheimische Bauern mit sich bringt, möglicherweise gar nicht nachgegangen. Als Journalist darf man Mitleid haben, man darf mitfühlen und beeindruckt sein, doch danach muss man die Arbeit leisten, sich emotional wieder zu distanzieren und die Sache analytisch zu betrachten.

Hat sich die Recherche in den letzten zehn Jahren verändert?
Das Internet hat die Recherche revolutioniert. Es ist alles viel einfacher. Heute gebe ich einfach online beim Telefonbuch einen Namen ein und bekomme die Nummer. Das wäre früher ein riesiger Aufwand gewesen, da musste man mindestens fünf Mal telefonieren. Heute ist das ein Klick. Oder wenn man mit jemandem telefoniert, der etwas erwähnt, von dem man zum ersten Mal hört: Schnell während des Telefonats Google fragen oder die Datenbank, und schon ist man im Bilde. Fest steht: Der Informationsvorsprung, den der *Spiegel* aufgrund seines gut sortierten Archivs früher hatte, ist durch das Internet dahin. Heute kommt jeder in Sekundenschnelle an Information.

Ist es heute auch schwieriger, einen Scoop zu landen?
Absolut. Aus verschiedenen Gründen: Zum einen sind schlicht mehr Medien im Enthüllungsgeschäft tätig, die Konkurrenz ist größer. Früher waren *Spiegel* und *Stern* die Enthüllungsmedien, aber mittlerweile sind auch einige Tageszeitungen richtig gut, vor allem die *Süddeutsche Zeitung*. Zum anderen gehen viele exklusive Informationen in der Nachrichtenflut unter, weil jeder versucht, mit einem noch so kleinen Zipfel der Wurst in die Nachrichten zu kommen. Jede Kleinigkeit wird heute als Eilmeldung verbreitet, da fällt es gelegentlich schwer, in all dem Geschnatter zwischen wichtigen und unwichtigen Infos zu unterscheiden. Wir merken immer wieder, dass wir echte Aufreger haben, die vor zehn Jahren noch das Land erschüttert hätten, oder zumindest zu einer deutlichen Reaktion in der Politik geführt hätten. Heute gehen die unter.

Hat sich das auf die journalistische Qualität ausgewirkt?
Wird die Presse immer boulevardesker?
Das kann man pauschal nicht sagen. Es gibt immer noch Qualitätsjournalismus, aber viele Recherchen werden schlechter. Das hat auch mit der ökonomischen Lage auf dem Medienmarkt zu tun. Das Zeitschriftengeschäft ist aufgrund des Anzeigenschwunds arg gebeutelt. Online ist zwar aufstrebend, aber macht nicht genügend Gewinn, um Geld für Recherche ausgeben. Welche Webseite hat schon mal ein Team losgeschickt, das vier Wochen recherchiert? Recherche kostet aber Geld. Qualität kostet Geld. Angesichts des sich ändernden Medienmarktes stellt sich da schon die Frage: Wer finanziert das?

Zum Abschluss: Ihr Tipp für junge Journalisten?
Recherchiert! Recherche ist nötig für jeden noch so kleinen Artikel. Greift zum Telefon, trefft euch mit den Objekten eurer Begierde. Beim ersten Anruf hat man vielleicht noch ein bisschen Angst und wenn man sein erstes Tape anhört, dann schämt man sich ganz furchtbar. Aber das gibt sich. Zur Belohnung gibt's dann das Glücksgefühl, wenn man eine Neuigkeit herausgepopelt hat, eine Schweinerei aufdecken konnte. Denn dafür hat man den Beruf schließlich mal gelernt: Nicht schreiben, was scheint, sondern schreiben, was ist.

8. Journalistische Gesprächsführung

Susanne Hoppe

> **Überblick**
>
> Das achte Kapitel „Journalistische Gesprächsführung" vermittelt die rhetorischen, psychologischen und rechtlichen Grundlagen des Interviews. Diese Wissensbasis hat medienübergreifend Gültigkeit und ist von zentraler Bedeutung für den praktischen Journalismus: Das Interview ist sowohl eine zentrale Methode der Informationsbeschaffung (siehe Kapitel 8) als auch eine journalistische Darstellungsform in Zeitungen, Zeitschriften, Rundfunk- und neuen Medien (siehe Kapitel 9 bis 12).
>
> Das Kapitel ist in vier Abschnitte gegliedert:
>
> - **Kapitel 8.1**: Im ersten Abschnitt werden die Grundlagen des Interviews vorgestellt und der Ablauf von Interviews von ihrer Vorbereitung über den Gesprächsaufbau bis zur Nachbereitung skizziert.
> - **Kapitel 8.2**: Der zweite Abschnitt vermittelt die zentralen Aspekte der Gesprächspsychologie und geht dabei insbesondere auf spezifische Kommunikationssituationen und die unterschiedlichen Rollen von Interviewern und ihren Gesprächspartnern ein.
> - **Kapitel 8.3**: Der dritte Abschnitt fasst die zentralen Rechte und Pflichte für Interviewerinnen und Interviewer zusammen: relevante Aspekte des Persönlichkeitsrechts und des Urheberrechts ebenso wie die Mitwirkungsrechte des Interviewpartners und die Haftung für die veröffentlichten Gesprächsinhalte.
> - **Kapitel 8.4**: Im vierten Abschnitt erklärt einer der profiliertesten Interviewer des deutschen TV-Journalismus, wie sich eine erfolgreiche Gesprächsdramaturgie aufbauen lässt.

Die journalistische Gesprächsführung ist Recherchemethode und Darstellungsform zugleich: Interviews sind eine der lebendigsten und unmittelbarsten Form der Begegnung von Journalistinnen und Journalisten mit ihren Gesprächspartnern. Sich einander kurz sehen, sich begegnen und auch treffen – das meint das französische Verb *entrevoir*, in dem das journalistische Interview seinen Ursprung hat (Haller 2001, S. 124). Nach Umwegen über die englische Hofsprache siedelte es sich im 20. Jahrhundert im Sprachgebrauch amerikanischer und englischer Journalisten an (vgl. Dittmar 1961).

Seit der Untersuchung des Phänomens „Interview" gibt es verschiedene Definitionsversuche. Jeder für sich hat seine Berechtigung, bleibt jedoch alleinstehend unzureichend. So umreißt der Duden diese Konversationsform als eine „für die Öffentlichkeit bestimmte Unterhaltung zwischen (Zeitungs-)Berichterstatter und einer meist bekannten Persönlichkeit über aktuelle Tagesfragen oder sonstige Dinge, die besonders durch die Person des Befragten interessant sind" (Grebe 1963: 210ff.). Doch die journalistische Gesprächsführung ist mehr als ein Talk zwischen einem Berichterstatter und einem Prominenten. Sie gleicht vielmehr einer **Befragungsmethode**, in der die **erzählerischen Elemente des Journalismus** mit den **Verhörtechniken der Kriminalistik** und dem **empirischen Vorgehen der Sozialforschung** verschmelzen.

> **Literatur zum Verständnis der journalistischen Gesprächsführung**
> - Adams, S. (2001). Interviewing for Journalists. London, New York, Routledge.
> - Baumert, A. (2004). Interviews in der Recherche. Redaktionelle Gespräche zur Informationsbeschaffung. Wiesbaden, VS Verlag für Sozialwissenschaften.
> - Beaman, J. (2000). Interviewing for Radio. London, New York, Routledge.
> - Bommert, H., R. Kleyböcker und A. Voss-Frick (2002). TV-Interviews im Urteil der Zuschauer. Münster, Hamburg, LIT.
> - Brady, J. (2004). The Interviewer's Handbook. A Guerilla Guide. Techniques and Tactics for Reporters and Writers. Waukesha, Kalmbach.
> - Broughton, I. (1981). The Art of Interviewing for Television, Radio and Film. Blue Ridge Summit, PA., TAB Books.
> - Friedrichs, J. und U. Schwinges (2005). Das journalistische Interview. Wiesbaden, Westdeutscher.
> - Gutjahr, G. (1985). Psychologie des Interviews. Heidelberg, I. H. Sauer.
> - Haller, M. (2001). Das Interview. Ein Handbuch für Journalisten. Konstanz, UVK.
> - Hoffmann, R.-R. (1982). Politische Fernsehinterviews. Eine empirische Analyse sprachlichen Handelns. Tübingen, Niemeyer.
> - Tolson, A. (2006). Media Talk. Spoken Discourse on TV and Radio. Edinburgh, Edinburgh University Press

Daher verwundert es kaum, dass das Interview schon immer einen hohen Stellenwert in den Sozialwissenschaften und der empirischen Sozialforschung sowie in der Psychotherapie und der medizinischen Diagnostik hatte (vgl. Hoffmann 1982). Es gibt zahlreiche Studien zum Interview, die sich mit seinen Facetten beschäftigen: Historische Studien analysieren die Entwicklung der Gattung Interview aus dem kriminal-psychologischen Milieu (vgl. Haller 2001). In der linguistischen Persuasion untersuchen Studien psychologische Gesprächseinflüsse (vgl. Kainz 1969; vgl. Flammer 1997) und kommunikationswissenschaftliche Arbeiten fokussieren sich auf die Medienproduktion und das Interview als Darstellungsform (vgl. Haller 2001).

Dieses Kapitel ist eine Synthese aus den Ergebnissen der unterschiedlichen Forschungsdisziplinen und führt in das Handwerk der journalistischen Befragung – zum einen im Sinne der **Recherchetechnik**, zum anderen im Sinne der **Darstellungsform des sogenannten gesetzten Interviews** – ein. Das Kapitel zur Gesprächsführung bildet damit eine Schnittstelle zwischen dem Themenkomplex der Recherche und der Themenwahl (Kapitel 5 und 6) und den folgenden Kapiteln zu den journalistischen Darstellungsformen in Zeitungen und Zeitschriften, in Radio und Fernsehen und in Online-Medien (Kapitel 9 bis 12).

8.1 Rhetorik des Interviews

Interviews sind **geleitete Gespräche**, in denen die Rollen ungleich verteilt sind: Der Interviewer oder die Interviewerin bestimmt weitgehend den Gesprächsverlauf, dem der Befragte folgen muss. Das Interview ist dabei mehr als reine Faktenbeschaffung. Das Zusammenspiel von Fragendem und Befragtem ist vielfältig und bedarf einer breiteren Betrachtungsweise. Die Art und Weise des Gesprächs zwischen zwei Menschen ist immer von den Individuen abhängig. Interviews führen über einen **emotionalen Faktor**, nämlich den Menschen, an Fakten heran (vgl. Wachtel 2003, S. 129). Wesentlicher Bestandteil des Interviews ist das **freie Sprechen** mit seiner gesamten **Rhetorik**, wahlweise spontan oder zuvor aufgeschrieben. Gerade der mündliche aber dennoch verbindliche Stil eines Interviews, gerichtet an Zuhörer oder Zuschauer, macht das Erfolgsrezept dieser Gattung aus (vgl. Lakoff 1982).

An den *Spiegel*-Gesprächen, den journalistischen Ikonen der Interviewführung in dem gleichnamigen politischen Wochenmagazin, ist zu erkennen, dass das Mediengespräch ein beliebtes Instrument ist, um nicht nur Informationen zu beschaffen, sondern auch die Gesprächspartner durch bestimmte Techniken aus der Reserve zu locken. Heide Grünewald (1985) hat **Argumentation und Manipulation** in *Spiegel*-Gesprächen untersucht und festgestellt, dass *Spiegel*-Gespräche von Behauptungen dominiert werden, wenn sie auf irgendeine Weise dem **strategischen Interesse der Gesprächspartner** entsprechen. Sie spricht von Behauptungshandlungen, die meistens durch Interpretationen und Deutungen von Fakten oder Handlungen, also deren Bewertung zustande kommen (Grünewald 1985, S. 146). Haller, der dem journalistischen Gespräch mit dem Buch „Das Interview" eine umfassende Publikation gewidmet hat, geht in seinem Kapitel „Psychologie der Interview-Führung" speziell auf die Strukturen und Abläufe während des Gesprächs ein (vgl. Haller 2001, S. 285). Für ihn spielen die **Sprache des Körpers** und die **verbale Sprache**, deren **Interpretation** sowie die **Selbstbeobachtung** und konstruktive **Gesprächsstrategien** eine herausragende Rolle im Interview. Für ihn stellt es keinesfalls nur einen Austausch von Verbalitäten dar, sondern ist viel komplexer. Es beinhaltet **Lenkungsfunktionen**, wie die Einführung des Themas, die Strukturierung des Gesprächsverlaufs sowie die Überwindung von Widerständen und Blockierungen des Interviewpartners. Um diesen Funktionen gerecht werden zu können, muss der Interviewer nach Haller in sehr kurzer Zeit eine vertrauensvolle Beziehung zum Interviewpartner aufbauen (vgl. Haller 2001, S. 294).

8.1.1 Die Zielsetzung

Weshalb führt ein Journalist eigentlich ein Interview? Welche Funktionen erfüllt das Gespräch mit einer Person, deren Antworten in diesem Falle interessant für den Journalisten sind? Stefan Wachtel (2003, S. 130ff) sieht die **Funktion eines Interviews** darin, Öffentlichkeit herzustellen, Unbekanntes publik zu machen, eine Sache oder eine Person darzustellen und Meinungen zu erkunden. Die verschiedenen Funktionen bedingen unterschiedliche Formen und Herangehensweisen an das spezifische Gespräch. Wachtel stuft das Sachinterview mit geringem psychologischem Schwierigkeitsgrad ein, das Meinungsinterview mit dem größten. „Interviewing is a people business" lautet ein Motto amerikanischer Fernsehjournalisten.

Für Außenstehende mag das Interview simpel als Frage- und Antwort-Spiel dastehen, das jeder im alltäglichen Leben zu bewältigen hat. Doch die teilweise schlechte Qualität des Interviews in der Medienwelt ist bezeichnend dafür, dass große Unterschiede existieren (vgl. Broughton 1981, S. 15). Ausschlaggebend für ein erfolgreiches Interview sind eine **gute Vorbereitung** durch die Recherche der entgegengesetzten Positionen, Einfühlungsvermögen während des Gesprächs, Neugier, Zielgerichtetheit, authentische Mündlichkeit sowie eine entspannte Interviewatmosphäre. Der Fragende muss sich über die Perspektive des Befragten und natürlich auch über seine Einstellung im Klaren sein: Ist er neutral oder bezieht er bewusst Stellung, um den Interviewten aus der Reserve zu locken? Eine gute Vorbereitung lässt Journalisten auch selbst entspannen und ermöglicht ihm besseres Zuhören. Das wiederum führt zu besseren Fragen und diese ergeben natürlich bessere Antworten (vgl. Wachtel 2003, S. 131).

Wenn die Entscheidung getroffen ist, zu einem Thema ein Interview durchzuführen, müssen bestimmte Schritte erfolgt sein, bevor das eigentliche Gespräch geführt wird. Die Entscheidung für die **Darstellungsform Interview** hat folgende Vorteile: das Wechselspiel von Frage und Antwort mit der Anwesenheit von zwei bzw. mehreren Personen erzeugt Dynamik und eine Brücke zur realen Vorstellungswelt der Beteiligten: „Interviews" führen wir in unserem Leben unbewusst täglich und überall. Natürlich bestehen gewisse und klar erkennbare Unterschiede zu einem journalistischen Dialog, doch die Kommunikation zwischen Individuen bleibt erhalten. Das Interview als Darstellungsform zeigt nämlich nicht nur **einzelne Aussagen** eines Gesprächs, sondern eben auch den **Dialogverlauf** (vgl. Haller 2001, S. 139). Die besondere Faszination ist die „doppelte Aussageleistung" (Haller 2001, S. 140). Das Interview zeigt auf, was gesagt wird und vor allem, durch welche Fragen eben diese Aussagen zustande kommen. „Die Zuschauer/Hörer/Leser nehmen an der Aussagenproduktion teil" (Haller 2001, S. 140). Daraus ergibt sich im Vergleich zu allen anderen Darstellungsformen die größtmögliche Medientransparenz. In der Interviewsituation muss gefragt werden und es muss geantwortet werden (selbst wenn nicht geantwortet wird, ist das eine Art von Antwort). Die gesagten Sachverhalte bleiben personengebunden und werden stets im Zusammenhang der Sprechsituation dargestellt. Ein Interview informiert aber nicht nur über das zur Debatte stehende Thema, sondern eben auch auf einer parallelen Ebene über die Personen, die dieses Gespräch führen. Sie begeben sich in eine Art **Rollenspiel aus Befragung und Beantwortung**. Aber auch die Gesprächssituation (Ort, Zeit, Umstände) beeinflusst in hohem Maße den Informationswert. Gleichermaßen als Bestandteil, aber auch als Identifikationskulisse des Interviews, trägt die Gesprächssituation erheblich zur Authentizität des Interviews bei, besonders für den Rezipienten. Schlussendlich tritt der Interviewer nicht hinter seine Aussagen zurück, sondern macht seine evozierende (aufrufende) Rolle dem Publikum kenntlich.

Die Wahl bestimmter **Frage- und Provokationsformen** hängt von der jeweiligen Interviewabsicht ab (vgl. Haller 2001, S. 141). Nicht zu vergessen ist die durch das Interview geschaffene Möglichkeit, ein Thema, eine Person, einen Sachverhalt besonders nah dran, besonders unterhaltsam und besonders authentisch darzustellen.

8.1.2 Die Vorbereitung

8.1.2.1 Themenwahl und Recherche

Die Qualität eines Interviews steht und fällt mit der Vorbereitung. In den vorherigen Kapiteln wurden die journalistischen Faktoren bei der Themenwahl (Kapitel 6) und das Vorgehen bei Recherchen (Kapitel 7) erklärt. Die **Festlegung eines Themas** für das Interview und die **vorbereitende Recherche** bilden die grundlegenden Schritte bei der Vorbereitung eines journalistischen Gesprächs. Man soll nicht davon ausgehen, dass ein Interview umso besser und authentischer wird, je weniger man weiß. Erst durch das eigene Wissen kann ein Interviewpartner in alle möglichen Richtungen und zu allen Standpunkten „abgeklopft" werden. Bei einer guten Vorbereitung schafft er es nur schwer, den Interviewer auf eine falsche Fährte zu locken.

Die Interviewerin oder der Interviewer muss sich also fragen: Was möchte ich von wem weshalb und wann wissen? Eine ausschlaggebende Entscheidung für ein erfolgreiches Interview ist die **Wahl des Interviewpartners.** Wer ist die richtige Person für mein Thema? Im Falle von Prominenten beantwortet sich diese Frage von selbst. Ich kann aber auch einen Menschen aus der Nähe des im Mittelpunkt stehenden Prominenten wählen, und so ganz andere Dinge erfahren, die er selbst nicht erzählt oder nicht für erwähnenswert erachtet. Geht es um ein Interview zur Sache, muss ich darauf achten, dass die Person Wissen über den behandelten Gegenstand besitzt, redegewandt ist und eigenständig zu formulieren vermag (vgl. Haller 2001, S. 214). Wenn ich eine Person ins Auge gefasst habe, muss ich mich auf ihre **Eigenarten** einstellen: Verfolgt sie eigene Interessen? Ist sie interviewerprobt oder ist sie ein Medienlaie? Parallel zu der der Sache am besten entsprechenden Interviewperson, muss durch gezielte und fundierte Recherche das Thema sowie die Person von verschiedenen Seiten beleuchtet werden. So ist gewährleistet, dass im Gespräch auch andere Positionen aufgeführt werden können und das Gespräch interessante Richtungen einschlägt. Neben den Überlegungen, für welche Interviewart man sich entscheidet (Telefon oder *face to face*, spontan oder geplant), wo das Interview stattfinden soll und in welcher Publikationsform es erscheinen soll, sind vor allem das Interviewziel und der -gegenstand ausschlaggebend. Durch intensive Vorbereitung und Eingrenzung des Themas erreiche ich mehr, als wenn ich allzu offene Fragen (Scheunentorfragen) stelle, damit der Interviewte quasi selbst entscheidet, was er denn nun erzählen will.

8.1.2.2 Das Vorgespräch

Der Interviewpartner, ob nun interviewerfahren oder nicht, kommt immer mit einer gewissen Nervosität an einen für ihn unbekannten Ort oder in eine bekannte Situation. Aus Gründen der Fairness und um schon vor Gesprächsbeginn ein Optimum an Kommunikation zu gewährleisten, sollte der Gast natürlich vor dem Gespräch (wenn es sich um einen gesetzten Interviewtermin handelt) über das **Thema des Interviews** in Kenntnis gesetzt werden. Jedoch sollten niemals Fragen genannt oder gar abgesprochen werden. Durch das **Mitteilen der Sendezeit, des Sendeumfangs und des Sendeumfelds** wird ein erster persönlicher Kontakt hergestellt und Atmosphäre aufgebaut. Michael Haller fasst dies so zusammen: „Ein Vorgespräch dient, allgemein gesagt, dem Zweck, die bestmöglichen Rahmenbedingungen herzustellen" (Haller 2001, S. 240).

8.1.3 Der Gesprächsaufbau

Bei Überlegungen zu Aufbau und Strukturierung eines Interviews muss man sich der **zwei Ebenen des Interviews** bewusst sein: der inhaltlichen und der emotionalen Ebene. Die inhaltliche Ebene hat die Aufgabe, Informationen zu erhalten und zu geben. Die emotionale Ebene umfasst Gefühle und das gegenseitige Verständnis. Die Bereitschaft des Befragten, auf die Fragen des Interviewers einzugehen – die Qualität des Kontaktes – wird als das Klima oder die „sozial-emotionale Beziehung" bezeichnet (Friedrichs und Schwinges 2005, S. 19). Dabei ist wichtig zu wissen, dass der Interviewer sein **Informationsziel** umso eher erreichen wird, je besser die **emotionale Beziehung** ist. Es muss keine freundschaftliche Beziehung bestehen, sondern, besonders in einem kontroversen Gespräch, ein klarer Standpunkt vorhanden sein. Bei der Strukturierung und Verortung eines Interviews muss immer an den Rezipienten gedacht werden, denn für diesen wird das Interview geführt. Es ist eine **Inszenierung der unmittelbar Beteiligten für andere** (vgl. Friedrichs und Schwinges 2005, S. 20).

Vor dem Einstieg in das Interview kann sich der fragende Journalist anhand folgender **Aspekte** noch einmal versichern, ob er sein Interview optimal vorbereitet hat:

- geklärte Bedingungen des Interviews (Thema, Vorgespräch, Rechte)
- Gesprächseinleitung bzw. Anmoderation und erste Frage (vor allem bei Live-Interviews)
- erkennbares Informationsziel
- angeeignetes Expertenwissen durch Recherche
- definierte Zielgruppe (Leser, Zuschauer oder Zuhörer)
- schlüssige Frageabfolge und Raum für Flexibilität
- eingegrenztes Themas mit festgelegtem Schwerpunkt

Werden diese Aspekte vor Interviewbeginn beachtet, ist ein flüssiger Gesprächsverlauf weitestgehend gewährleistet. Jetzt kommt es darauf an, die vorbereitete Struktur so anzuwenden, dass ein lebendiges, flüssiges und spannendes Gespräch entsteht. Das benötigt auch Raum für Unvorhergesehenes.

8.1.3.1 Anmoderation und erste Frage

Handelt es sich um ein Rundfunkinterview, ist es notwendig, kurze einleitende Worte an den Zuhörer bzw. Zuschauer zu richten und den **Kontext des Gesprächs** zu erklären. Dabei sollte es sich um frei gesprochene, nicht abgelesene Sätze handeln, da das glaubwürdiger und dynamischer wirkt. Diese Worte sollen auf das Interview hinführen, das Thema umreißen, um das es sich handelt, und natürlich auch den Gesprächsgast vorstellen und begrüßen. Des Weiteren bilden die Anmoderation und die erste Frage eine Art **Spannungsbogen**, der möglichst nicht unterbrochen werden sollte. Denn die ersten Sekunden entscheiden darüber, ob der Rezipient interessiert bleibt oder nicht (Broughton 1981, S. 35).

8. Journalistische Gesprächsführung

Die wichtigsten **Gesprächselemente bis zur ersten Frage** sind folgende Aspekte (vgl. Friedrichs und Schwinges 2005, S. 61):

- Hintergrundinformation über das zu behandelnde Thema
- Problem
- Begrüßung
- Erste Frage zum Thema

Folgt man diesem Grundgerüst, ist der Empfänger sofort im Thema, erhält dazu das zu diskutierende Problem und wird mit der Begrüßung und der anschließenden Frage direkt in das Gespräch hineingezogen.

8.1.3.2 Interviewstrategie

Während des Gesprächs kann man sich entscheiden, ob man von geschehenen Einzelfällen eine allgemeine These ableitet und den Interviewpartner damit konfrontiert (**induktive Strategie**) oder ob man von allgemeinen Aussagen auf Einzelfälle schließt (**deduktive Strategie**) (vgl. Wachtel 2003, S. 134). Ziel dieser Entscheidung ist es, das Gespräch und die Aussagen für den Zuschauer interessant zu gestalten. Eventuell bezweckt der Interviewer, den Interviewten zu entlarven. All das kann für das Publikum interessant und spannend sein. Aber auch der Interviewte kann sich vornehmen, Auskünfte zu verweigern, sich selbst im besten Licht darzustellen oder etwas zu verheimlichen. Die beiden Strategien können konträr verlaufen, was spannend sein kann. Der Journalist muss darauf achten, dass hier **kein Machtkampf** entsteht, sondern er die Struktur vorgibt. Deshalb muss er flexibel in Bezug auf seine Strategie sein, verschiedene Fragearten beherrschen und auf Probleme jeglicher Art vorbereitet sein.

8.1.3.3 Interviewfragen

„Je präziser und umfassender die inhaltliche Vorbereitung, umso mehr Flexibilität darf sich der Interviewer beim Aufstellen des Fragenkatalogs erlauben" (Haller 2001, S. 229). Dabei ist **keine ausformulierte Fragenliste** gemeint, sondern eine **Themenliste mit Stichworten** zu den einzelnen Interviewschwerpunkten, denn eine Liste kann sich schnell zum „Korsett" (Haller 2001, S. 229) entwickeln und den Gesprächsfluss mehr behindern als fördern. Der Fragende läuft bei bis ins Detail ausformulierten Fragekonstruktionen Gefahr, das für ein Gespräch Elementare zu vergessen: das Zuhören. So bleiben die Antworten nichtssagend und das Interview lässt Lebendigkeit und überraschende Momente vermissen. „Es sind die Fragen, die ein Interview vorantreiben" (Friedrichs und Schwinges 2005, S. 71). Experten aus dem Bereich der berufsbedingten Gesprächspsychologien sehen in Fragestrategien den wahren Erfolg: „Wer selbst (zu)viel redet, erfährt zu wenig! Deshalb mehr fragen als sagen" (Fersch 2005, S. 45). Voraussetzung für jeden Fragenkatalog ist die überlegte und argumentativ sinnvolle Reihenfolge der vorzunehmenden Fragen (vgl. Yorke 1987).

Im Folgenden sollen nun die einzelnen **Fragearten** beschrieben werden. Außerdem soll herausgestellt werden, welches Ziel damit erreicht wird.

Die Unterteilung der Fragearten kann in drei Gruppen geschehen:

- Offene Fragen
- Geschlossene Fragen
- Sonderformen

Mit **offenen Fragen** sind die klassischen W-Fragen des Journalismus gemeint, die eingeleitet werden durch: Wer? Was? Wo? Wie? Wann? Warum? Woher? Die sogenannten sieben W's liefern Antworten in mehreren Dimensionen. Deshalb muss der Interviewer darauf achten, welche Dimension der Antwort aufgegriffen und vertieft werden soll. Das heißt, er muss flexibel auf die Antworten der Befragten reagieren und spontan gezielt nachfragen. Einer offenen Frage folgt kein „Ja" oder „Nein", sondern eine facettenreiche, ausführliche Antwort mit einer breiten Informationsspanne für Interviewer und Publikum. Das Negative dabei ist: sie kann sehr ausufernd und lang ausfallen. Scheunentorfragen sollten deshalb vermieden werden, das heißt, dass trotz einer offen gestellten Frage das Antwortziel vorher klar überlegt und strukturiert worden sein muss. Nur so gibt man dem Interviewten genug, aber eben nicht zu viel Raum für seine Antworten. Zum Beispiel lässt sich die Frage „Was denken Sie über eine einheitliche Schule?" besser eingrenzen auf die Frage: „Welches wirtschaftliche Argument haben Sie in der Diskussion über die einheitlichen Schule?" So greift sich der Interviewer eine Dimension aus diesem reichen Antwortspektrum heraus und verkleinert die Antwortbreite für den Interviewten. Mit den klassischen W-Fragen hält man das Interview am Laufen, schafft eine Redeplattform und erhält Fakten. Aber offen gefragt allein ist ein Interview noch kein Interview. Erst die Abwechslung von offenen und geschlossenen Fragen bringt die Vielfalt und Spannung.

Mit **geschlossenen Fragen** soll der Befragte dazu gebracht werden, sich festzulegen, denn auf sie erwartet der Interviewer ein klares „Ja" oder „Nein". Das Ziel sind kurze, prägnante Feststellungen. So kann der Interviewer beispielsweise Vielredner oder sich mit dem eigenen Wort schmückende Politiker wieder zur Räson bringen und ihnen einen Standpunkt, eine klare Aussage abgewinnen. Da die Gefahr besteht, dass man diesem engen Korsett als Befragter gern mit einem „Jein", „Zum Teil" oder „Sowohl als auch" entflieht, muss sofort nochmals, eventuell interpretierend, nachgefragt werden. „Wenn Sie eine geschlossene Frage für richtig halten und sie nicht benutzen wollen, um jemanden festzulegen, dann formulieren Sie die Frage so, dass der Befragte sehr wahrscheinlich mit „Nein" antworten wird. Nach einem solchen „Nein" fühlen sich die Befragten genötigt, eine ausführliche Begründung für das „Nein" anzufügen. Das gibt Ihnen genügend Material für weitere Nachfragen" (Friedrichs und Schwinges 2005, S. 75). Stellt man nur geschlossene Fragen, wird das Interview extrem einsilbig und uninteressant. Außerdem ‚outet' sich der Fragende als desinteressiert. Das kann so weit gehen, dass der Interviewer nur seine Meinung von dem Befragten bestätigt sehen möchte.

Besonders vorsichtig muss man mit routinierten Gesprächspartnern verfahren (z. B. Politikern). Selbst bei geschlossenen Fragen versuchen sie, so zu antworten, um all das unterzubringen, was sie kommunizieren möchten. Hier hilft beharrliches Nachfragen mit geschlossenen Fragen.

Die **Sonderformen** der obengenannten offenen bzw. geschlossenen Fragen haben eine gezielte, psychologische Wirkung, die im Interview eine strategische Funktion übernimmt. Sie haben das Ziel, den Befragten noch mehr zu fokussieren und klarer nach seiner Position zu fragen.

Eine Sonderform ist das Prinzip „**Information plus Frage**". Hier hält der Interviewer schon eine Information durch Recherche bereit, die er eigentlich auch durch eine Frage vom Interviewten erfahren könnte. Da jedoch die Zeit immer knapp ist und wesentlichere Informationen gewollt sind, nimmt der Fragende dieses Detail vorweg und stellt dazu eine erweiternde Frage. Ohne die dazugegebene Information wären die Frage sowie die gegebene Antwort für den Rezipienten möglicherweise unverständlich. Oder der Befragte würde, bekäme er nur die Frage, in eine nicht gewünschte Richtung antworten.

Eine andere Sonderform, die **interpretierende Nachfrage**, folgt auf eine ausweichende oder unklar gegebene Antwort. So muss sich der Befragte erneut dem ungeliebten Thema stellen und kann nicht ausweichen. Der Interviewer signalisiert ihm mit der Nachfrage, dass er a) das Ausweichen bemerkt hat und b) das nicht zu akzeptieren gedenkt. Die Nachfrage sollte schnell erfolgen und kurz und knapp sein, da sonst die Gefahr besteht, dass der Befragte ähnlich kompliziert antworten wird wie beim ersten Fragen.

Nicht nachzufragen gehört zu den größten Fehlern bei Interviews. Es verdeutlicht entweder das Nicht-Zuhören oder ein Desinteresse. Außerdem wird der Befragte mit für den Zuschauer unbefriedigenden Antworten entlassen. Der wird dann, wenn er nicht genau versteht, was gesagt wird, abschalten. Nachfragen sind deshalb sinnvoll, weil durch sie ein Sachverhalt klarer wird. Die befragte Person antwortet entweder absichtlich oder aus Vorsicht unklar. Durch gezielte, das Thema enger umschließende Nachfragen werden die Antworten präziser und eindeutiger, das Zuschauervergnügen steigt und der Zuschauer weiß genau, worum es geht und wohin es geht (vgl. Friedrichs und Schwinges 2005, S. 96f.).

Eine weitere Sonderform der Befragung ist die **Suggestivfrage**. Es ist manchmal notwendig, den Interviewten zu provozieren, ihn aus seiner Selbstsicherheit herauszulocken. Die Suggestivfrage enthält deshalb Unterstellungen, um ein Für oder Wider zu erzwingen. „Daher verschlechtert sich das sozial-emotionale Klima im Interview; der Befragte wird emotionaler" (Friedrichs und Schwinges 2005, S. 82). Das aber ist eben das Ziel des Interviewers: Der Befragte wird erregter, vielleicht wütend. Das bedeutet, er hat sich nicht mehr so sehr im Griff, seine Antwort wird weniger überlegt, spontaner, eventuell ehrlicher. Da dies eine extreme Form des Befragens ist, die die Stimmung verschlechtert und emotionalisiert, sollten Suggestivfragen nur sparsam eingesetzt werden. Wichtig ist: Unterstellungen sollten vermieden werden, wenn nur halbherzig recherchiert wurde. Schnell ist man als Interviewer bloßgestellt, der Befragte wie auch das Publikum verlieren schnell den Respekt. Die Suggestivfrage kann so zum „journalistischen Eigentor" werden.

Auch **indirekte Fragen** bilden eine Sonderform der Interviewrhetorik. Ist das Thema heikel, will man sich die Atmosphäre bei schwierigen Themen nicht mit dem Interviewten verderben oder braucht man etwas Rückhalt, dann kann man auf die indirekte Frage zurückgreifen. Hierbei „schiebt" man eine andere Person, eine andere Institution vor sich selbst und lässt deren Behauptung mit in die Frage einfließen. Am einfachsten gestaltet sich dies durch ein Zitat. „So bleibt man für die Empfänger ein neutraler Stellvertreter oder kann Meinungen zitieren, die man bei einem Teil der Empfängergruppe vermutet, die man selbst jedoch nicht teilt" (Friedrichs und Schwinges 2005, S. 82).

8.1.3.4 Unterbrechen

Jemanden in seinem Redefluss zu unterbrechen gilt gemeinhin als unhöflich. Trotzdem muss ein Journalist dies mitunter im Interview tun, denn er ist der Gesprächssache wie auch seinem Publikum gegenüber verpflichtet, den Dialog kurzweilig, interessant und nicht abschweifend zu halten und nicht dem Interviewten sogar das Ruder zu übergeben. „Eine antwortende Person zu unterbrechen, ist angemessen oder gar notwendig, wenn sie a) unklare Ausdrücke verwendet, b) eine Antwort gibt, die von der Frage wegführt" (Friedrichs und Schwinges 2005, S. 112). Man darf beim Unterbrechen dennoch den Zuschauer nicht unterschätzen, er muss nachvollziehen können, dass dieser Schritt genau in diesem Moment gerechtfertigt ist und die Unterbrechung zu seinem Vorteil ist. Besonders wenn die Antwort zu lang ist und zu viele verschiedene Argumente enthält, die eventuell jeweils eine Nachfrage bedingen, ist das Verständnis beim Zuschauer nicht mehr gewährleistet. Unterbrechungen können dann indirekt einfließen, indem man durch Körpersprache auf sich aufmerksam macht. **Körpersprachliche Signale für das Unterbrechen** können sein:

- Sich aufrichten
- Einatmen
- Den Mund öffnen
- Mit den Händen anzeigen
- Berühren

Unterbrechen kann aber auch direkt sein, zum Beispiel in einer Atempause oder wenn der Interviewte ein weiteres „und" verwendet. Am besten eignen sich dann kurze Fragen (Welche? Warum?). Eine weitere Möglichkeit ist das **„Reißverschlussverfahren"**. Durch das Mitsprechen des zu erwartenden Satzendes oder beim Einfädeln in einer Sprechpause des Befragten. Hat man einen besonders zähen Kandidaten vor sich, dann muss man genauso konsequent einhaken, wie dieser das zu verhindern sucht: Am besten spricht man ihn mit dem Namen an oder fällt ihm direkt ins Wort. Das wirkt nicht unhöflich, sondern konsequent und entschlossen.

8.1.3.5 Gesprächsende

Das Ende eines Interviews ist genauso wichtig wie sein Anfang. Zum Schluss empfiehlt sich daher eine **heikle, bestenfalls geschlossene Frage**. Dieses Ende bleibt dem Zuschauer als prägender Teil in Erinnerung, mit diesem Schlussgefühl entlässt man den Zuschauer aus dem „Happening". Mit einer **Pointe** oder einem **originellen Ausblick** funktioniert das gekonnt und unverwechselbar. Ein guter Interviewer stellt eben nicht nur gute Fragen und hört aufmerksam zu, sondern rundet das gesamte Gespräch durch eine **Schlussbemerkung** ab. Das Ende des Interviews kann auch die Möglichkeit sein, komplexe Gespräche noch einmal zusammenzufassen und so den Zuschauer mit den wichtigsten Fakten zu entlassen. Es zeugt von Professionalität, das Interview, auch wenn es währenddessen zu harten, verbalen Auseinandersetzungen kam, mit einem **Dank an den Gesprächspartner** zu beenden.

8.1.4 Die Nachbereitung

Genauso wichtig wie die Vorbereitung eines journalistischen Gesprächs ist seine Nachbereitung. Nach einem Interview sollten sich Journalistinnen und Journalisten fragen, ob das Gesprächsziel erreicht wurde, und sie sollten eventuelle **Fehlerquellen identifizieren**. Folgende Fragen können dabei helfen:

- War der Gesprächspartner für die Realisierung des Interviewziels geeignet?
- Hatte er fachliche und kommunikative Kompetenz?
- War der Interviewer sehr gut auf das Thema vorbereitet oder zeigten sich während des Gesprächs Wissenslücken?
- Gab es Fragen, die kontraproduktiv für den Gesprächsverlauf waren?

Sollten diese Fehlerquellen ausgeschlossen und dennoch nicht das gewünschte Interviewergebnis realisiert worden sein, könnte das Gespräch auch an **psychologischen Barrieren** gescheitert sein. Im folgenden Abschnitt wird die psychologische Dimension der Interviewführung mit dem Ziel vorgestellt, optimale Rahmenbedingungen für journalistische Gespräche zu schaffen.

8.2 Psychologie des Interviews

Das offizielle Thema eines Interviews ist nur ein Aspekt dieser komplexen Interaktion der Interviewführung. Der andere zentrale Aspekt ist der **Beziehungsanteil des Gesprächs**. Deshalb muss bei der Interviewführung zwischen der Sach- und der Beziehungsebene unterschieden werden. „Die Sachebene ist gleichzusetzen mit dem „Was?", dem Inhalt der sprachlichen Äußerungen, während die Beziehungsebene eher das „Wie?", die nonverbale Form der Interaktion umfasst" (Haller 2001, S. 286). Wenn die Sachebene durch Beziehungsaspekte gestört ist, resultieren daraus Kommunikationsprobleme. Das macht sich dadurch bemerkbar, dass das Thema eventuell sensible Bereiche des Interviewgastes berührt, und deshalb nicht mehr sachlich gesprochen wird, sondern persönliche Aspekte mit in das Gespräch einfließen und dieses dadurch behindert wird. Wird ein gefühlsbelastetes Thema plötzlich auf die Agenda des Gesprächs gehoben, zieht es unwillkürlich in die Sachebene ein. Diese wird dann durch subjektive Empfindsamkeiten gestört. Um diese Thematik besser zu verstehen und somit auch in kniffligen Situationen bewältigen zu können, muss sich der Journalist über die **Hierarchien zwischen Interviewtem und Interviewer**, über die **rollenspezifischen Erwartungshorizonte** und den **Einfluss nonverbaler Kommunikation** bewusst sein, die in den folgenden Abschnitten erläutert werden.

8.2.1 Hierarchien zwischen Interviewtem und Interviewer

Die Rollenverteilung während des Interviews ist nach außen (auf der Sachebene) klar gekennzeichnet – eine Person übernimmt die Rolle des Fragenden, der andere antwortet. Während des Gesprächs kann sich diese Verteilung jedoch auf der Beziehungsebene verschieben. Es existieren das Eltern-Ich, das Erwachsenen-Ich und das Kind-Ich, jeweils bei beiden Gesprächspartnern. Anhand des **kommunikationspsychologischen Ansatzes der Transaktionsanalyse** (vgl. Englisch 1980) bedingen sich die Gegenüber in den genannten

Rollen während des Gesprächs gegenseitig. Das Eltern-Ich (wohlwollend-kritisch) wird gern angewandt, um Äußerungen von oben herab oder wissend zu begegnen. Wird diese Rolle von einer der beiden Personen angewandt, reagiert der Angesprochene entweder auf gleichem Niveau (Eltern-Ich), macht sich dem Übergeordnetem unterwürfig (Kind-Ich) oder übernimmt die wissende, beratende Rolle des Erwachsenen-Ich. Stellt man sich die Rollen in Ebenen vor, kann dieser Rollenwechsel parallel, also auf gleichem Niveau stattfinden, oder das Gegenüber nimmt eine übergeordnete oder untergeordnete Rolle ein (vgl. Hermann, Krol et al. 2002).

Bei der Eltern-Rolle handelt es sich um eine herablassende Art zu fragen oder zu antworten, bei der Kind-Rolle entsprechend um eine sich unterordnende Ebene. „Verhaltensweisen im Sinne der Eltern- und der Kind-Rolle treten vor allem in Konflikt- und Konfrontationssituationen auf, wobei die Wahl des jeweiligen Rollenmusters stark vom persönlichen „Stil" der Konfliktbewältigung, von Vorerfahrungen mit ähnlichen Situationen sowie von der Dynamik der aktuellen Situation abhängig ist" (Haller 2001, S. 287). Das Eltern- und Kind-Verhaltensmuster kann aber auch dazu beitragen, ein Interview spannend zu halten. Um wirklich Informationen zu vermitteln und einen offenen Dialog entstehen zu lassen, empfiehlt sich die Erwachsenenrolle. Mit ihrer **themenorientierten, interessierten und flexiblen Gesprächshaltung** ist diese Position am effektivsten. „Allgemein bieten die drei Rollenkonzepte bei vorhandener Sensibilität für die nonverbale Kommunikation ein griffiges Instrumentarium, um problematische Gesprächskonstellationen auf der Beziehungsebene zu erkennen und konstruktiv zu lösen" (Haller 2001, S. 287).

Außerdem spielen die einzelnen Wirklichkeiten der sich Gegenübersitzenden und somit sich Beobachtenden eine immense Rolle. Journalisten sollten sich vor der Gesprächsführung fragen: Wie wird der Einzelne von seinem Gegenüber wahrgenommen und was macht die Wahrnehmung wiederum mit dem Beobachter, inwiefern beeinflusst diese Wahrnehmung, die ja durch sein Wahrnehmungsbewusstsein geprägt ist, seine Reaktionen im Interview? Diese Reaktionen werden auf den anderen abstrahlen und auch seine Reaktionen beeinflussen (vgl. Weischenberg, Merten et al. 1994, S. 10).

8.2.2 Rollenspezifischer Erwartungshorizont

Bei jedem Interview spielen die Akteure eine Rolle. Diese kann unbewusst eingenommen oder bewusst besetzt und gespielt werden. Hiermit ist die sozialpsychologische Dimension des Agierens gemeint: Jeder Mensch, der sich vor anderen darstellt, bringt ein erlerntes Verhalten zum Ausdruck und wünscht, dass er auf die anderen in bestimmter Weise wirkt. Wie das Gesehene rezipiert wird, hängt wiederum von den **Bedürfnissen und Vorstellungen der anderen** ab. „Seine tatsächliche Wirkungsweise führt zu entsprechenden Reaktionen der anderen, die wiederum auf den Akteur als Rollenerwartung zurückwirken, was ihn nun wieder zu einer erneuten Reaktion veranlasst – und so weiter (Haller 2001, S. 231). Je nachdem, wie das Gegenüber seine Rolle wechselt, kann der Andere verunsichert werden oder sich bestärkt fühlen. Auf den Rollenwechsel eingehen oder sich eher entfernen. „Aus der empirischen Sozialforschung ist bekannt, dass die Antworten der befragten Person auf gleich lautende Fragen ganz unterschiedlich ausfallen können, je nach dem, wie sich der Interviewer verhält: Der Einfluss des verbal und nonverbal agierenden Fragers ist erheblich größer, als es dem Frager bewusst ist" (Haller 2001, S. 232).

Als Interviewer muss man sich schon im Vorgespräch ein ungefähres Bild des Gegenübers machen. Hat man dazu keine Gelegenheit, muss man sich andere Interviews anschauen, sich gut über das Naturell der Person informieren – oder gegebenenfalls ins kalte Wasser springen, um dann am Gesprächsbeginn sehr genau auf die Einstellung des Interviewgastes zu achten.

Verhält sich das Gegenüber unentschieden, kann man den Gesprächspartner durch eine interpretierende Nachfrage (also seine Aussage nochmals mit eigenen Worten zusammenfassen) auf eine genauere Aussage festlegen. Ist das **Gegenüber ohne jede Meinung** zu einem sehr wichtig erscheinenden Thema, kann man ihm Alternativen vorgeben, geschlossene Fragen stellen und auf diese Art und Weise das Gegenüber in die sich abzeichnende Meinungsrichtung führen, ihn quasi leiten, ohne vorzugeben. Bemerkt man an **nonverbalen Zeichen** wie unruhigem Hin- und Herrutschen oder einer gewissen Anspannung, dass dem Interviewpartner unwohl ist, kann man mit kurzen und offenen Fragen wieder Zugang und Vertrauen schaffen und ihm die Angst nehmen. Außerdem sollte man in diesen Momenten keine Fragen stellen, die schwierige Entscheidungen beinhalten. Weicht der Interviewgast den Fragen aus, muss der Interviewer definitiv nachfragen: „Wie meinen Sie das genau? Was heißt das praktisch?"

Hat man einen Menschen vor sich sitzen, der nicht zum Punkt kommt und sehr viel redet, stellt man kurze Fragen und hat keine Scheu, ihn zu unterbrechen.

Ist der Interviewgast jedoch scheu, lässt man ihn ausreden und macht mit Gesten wie Nicken oder Augenkontakt deutlich, dass er auf dem richtigen Weg ist. Außerdem stellt man ihm keine Fragen, die ihn verunsichern könnten.

Eine sehr unschöne und dennoch oft in heiklen, kontroversen Interviews aufkommende Befragtenstrategie ist das „**Mauern**". Entweder geschieht dies absichtlich oder aus Angst, den eigenen Interessen oder denen der vertretenen Gruppe nicht gerecht zu werden. In diesem Fall verfährt man wie bei der Redescheuheit: man stellt keine Suggestivfragen, unterstellt nichts, spricht neutrale Themen an und versucht, dazu eine Meinung einzuholen. Mit diesem Antwortmaterial kann man dann weiter arbeiten, denn das stammt vom Befragten selbst.

Das Benutzen von sehr vielen Fremdworten sollte vom Interviewgast und vom Interviewer vermieden werden. Lässt sich der Hang eines Interviewgastes zum **Fachvokabular** vorab nicht erkennen, dann sollte der Journalist im Interview sofort nach dem ersten Fremdwort eine Definition einholen – „Können Sie das näher erklären?" – oder sich Beispiele geben lassen. Der Interviewer darf auf keinen Fall den Duktus des Gastes übernehmen; schon gar nicht, um einen ebenbürtigen Status anzuzeigen (vgl. Friedrichs und Schwinges 2005, S. 209ff.).

8.2.3 Nonverbale Kommunikation

Neben allen gesprochenen Worten, Fragen und Antworten ist der Erfolg des Interviews auch von der nonverbalen Kommunikation abhängig. Sie erfolgt meist unbewusst durch die sogenannte Körpersprache. Diese „dient nicht nur als Ersatz, der Verstärkung oder der Abmilderung (bis zum Widerspruch) des Gesagten, sie informiert auch über die Einstellungen und Gefühle von Personen, oft deutlicher und ehrlicher als das Wort, weil sie wenig oder gar nicht kontrolliert ist" (Friedrichs und Schwinges 2005, S. 197). Man kann sich vor den **Wirkungen der nonverbalen Kommunikation** nicht verschließen, sie findet immer und überall statt. Die Konnotationen, welche bestimmte Bewegungen bei uns auslösen, sind geprägt von den Erfahrungen aus unserer Umwelt während des gesamten Lebens. In einem Kulturkreis sind diese Erfahrungen übereinstimmend. Deshalb ist die Körpersprache so wichtig wie aussagekräftig, nicht nur für den Interviewer, sondern auch für das Publikum. Hat man sich als Interviewer auf die Thematik des Interviews eingehend vorbereitet, sollte man gleichermaßen auch ein Stück weit Menschenkenntnis mitbringen, um die Zeichen des Körpers zu verstehen und deuten zu können.

8.2.3.1 Territorialansprüche

Der Territorialanspruch bezieht sich in Interviewsituationen auf den Raum, den jede Person als ihren **Intimbereich** betrachtet. „Der eigene Körperraum – die räumliche Distanz zu anderen Personen – variiert mit Kultur, Milieu, Situation und den emotionalen Beziehungen der beteiligten Personen, ist aber immer vorhanden" (Friedrichs und Schwinges 2005, S. 198). Das Wissen um den **persönlichen Raum** kann in einem Interview absichtlich missachtet werden, um den anderen zu unterbrechen oder unter Druck zu setzen. Zu Statussymbolen in unserem Kulturkreis gehören beispielsweise Titel, Ämter, sichtbarer Reichtum, aber auch der intensive Blick, die Beinstellung und die Armhaltung.

Werden diese **Symboliken** genutzt, kann die Körpersprache eine verbale Äußerung tatsächlich (Friedrichs und Schwinges 2005, S. 199f):

- ersetzen: Kopfschütteln, Nicken, Achselzucken
- verstärken: Gesten, geballte Fäuste, Nach-vorne-beugen
- einschränken bis zurücknehmen oder widersprechen: konträre Mimik zu dem just Gesagten

8.2.3.2 Blickkontakt

Der Blickkontakt signalisiert **Ernsthaftigkeit, Interesse und Nicht-Locker-Lassen**. Ein bestehender Blickkontakt wird positiver interpretiert als ein nicht vorhandener. Es kann aber auch sein, dass der Befragte den Blickkontakt meidet, um die räumliche Distanz zu vergrößern, da ihm das Thema unangenehm oder zu emotional behaftet ist. „Wenn Sie jemandem in die Augen sehen, kann das zwei Konsequenzen haben: Es kann Ihnen Informationen über den emotionalen Zustand, die Absichten des anderen liefern, gleichzeitig aber auch dem anderen einen Zustand und meine Ansichten enthüllen" (Friedrichs und Schwinges 2005, S. 200f). Will man den Interviewpartner, da dieser interviewerfahren ist, etwa verunsichern, da er sich in seiner Rolle zu wohl fühlt und mit Fragen nicht zu knacken ist, kann man versuchen, mit starkem Blickkontakt oder mit ausbleibendem Blickkontakt seine **Sicherheit zu beschneiden**. Genauso muss der Interviewer sich darüber bewusst sein, dass eine Person, die ihm gerade in die Augen blickt, dieses Mittel strategisch wählt, um **ostentativ Aufrichtigkeit** zu signalisieren.

8.2.3.3 Weitere Formen der nonverbalen Kommunikation

Auch der **Gesichtsausdruck, Handbewegungen, Körperhaltung, Körperbewegung**, Paralinguistik und Sitzordnung beeinflussen den Interviewverlauf. Die vier erstgenannten Formen können zustimmend oder abwehrend artikuliert und wahrgenommen werden. Dies hängt, wie oben schon erwähnt, vom Kulturkreis, von der Situation und von der vorhandenen oder nicht vorhandenen Distanz zwischen den Interviewpartnern ab.

Mit der **Paralinguistik** sind alle nicht-inhaltlichen Elemente der gesprochenen Sprache gemeint. Dazu zählen **Pausen, Stimmhöhe, Sprechgeschwindigkeit, Tonfall**. So wird davon ausgegangen, dass bestimmte Stimmen einem sympathischer sind als andere und so für den Interviewfluss von Vorteil sind. Außerdem ist das Absenken der Stimme am Ende eines gesprochenen Teils das Signal für einen Sprechwechsel („speech turn signal", Friedrichs, 2005, 204 f.). „Herausfordernder Blick, Unterbrechen des Anderen oder Stirnrunzeln können Angst, „Ähs" oder Stottern hervorrufen, die dann als Zeichen für Unsicherheit gedeutet werden" (Friedrichs und Schwinges 2005, S. 204f). Aber auch der Interviewer kann Fehler machen: Reagiert er an der falschen Stelle mit einem „Hmm" ist die Folge, dass der Befragte sich aufgefordert fühlt, noch länger zu antworten.

Bei einem **Eins-zu-eins-Interview** sitzen Interviewer und Befragter fast direkt nebeneinander, um so in die Kamera, also zum Zuschauer, blicken zu können. Dies hat einen großen **Nachteil**: Der Interviewer gewinnt nur mühsam Blickkontakt zum Interviewten. Somit erscheint die Interviewsituation künstlich. Macht man Interviews als O-Ton-Interviews, also besucht man jemanden in seinen offiziellen oder privaten Räumen, sollte man je nach Person und Interviewerfahrung folgende psychologische Aspekte beachten: Sind die Personen unsicher und nicht interviewerfahren, sollten sie an einer für sie bequemen und „sicheren" Stelle positioniert werden (z. B. sitzend hinter ihrem eigenen Schreibtisch). Ist die Person dagegen allzu selbstsicher, interviewerfahren und behandelt das Interview ein kontroverses Thema, sollte die Person an einem für sie unbequemen, ungeschützten Ort platziert werden (z. B. stehend mitten in einer Halle). So erhält diese Person eine andere Haltung und reagiert auf die Fragen womöglich nicht so konsolidiert und vorgefertigt wie erwartet. In den vielfältigen **Interviewshows der heutigen Talkgeneration** ist der Moderator hinter oder an einem Tisch eine beliebte Variante, aber auch das Sitzen in der Sesselrunde. Der Tisch kann verbindend (wie in der ARD-Sendung *Beckmann*) aber auch distanzierend wirken, ebenso die verschiedenen Gäste gleichberechtigt, den Moderator jedoch zurückhaltend erscheinen lassen (wie in der ZDF-Sendung *Johannes B. Kerner*). Die Sesselrunde weicht die konfrontierende Gesprächssituation auf, täuscht eine Wohnzimmergemütlichkeit vor (wie in den ARD-Sendungen *Anne Will* und *Menschen bei Maischberger*).

Die nonverbale Kommunikation hat immense Auswirkungen auf den Gesprächserfolg während eines Interviews. So muss darauf geachtet werden, wie erfahren oder unerfahren der Gesprächsgast ist, um Gesprächsbedingungen „auf Augenhöhe" zu schaffen.

8.3 Rechtliche Aspekte

Auch bei vermeintlich fehlerfrei durchgeführten Interviews kann es zu Streitigkeiten kommen. Die folgenden rechtlichen Aspekte sollen helfen, Konflikte zu vermeiden. Im Zweifelsfall sollten Journalistinnen und Journalisten sich jedoch immer rechtlich beraten lassen. Journalistengewerkschaften wie der *Deutsche Journalisten-Verband* (DJV) bieten ihren Mitgliedern einen professionellen Rechtsbeistand, der sie in Konfliktfällen auf Basis der aktuellen Rechtslage kompetent berät.

8.3.1 Interview und Persönlichkeitsrecht

Wenn ein Interview veröffentlicht werden soll, sind folgende Grundsätze des allgemeinen **Persönlichkeitsrechts** zu beachten:

- Die Zustimmung der Dialogpartner muss eingeholt werden.
- Die Einwilligung kann schriftlich oder mündlich erfolgen, besteht aber auch dann, wenn das Interview vor laufender Kamera oder vor dem Mikrofon im Tonstudio geführt wurde.
- Die mit der Veröffentlichung verbundenen Rechte und Pflichten können vertraglich geregelt werden. Auch mündliche Absprachen sind möglich und bindend.
- Sind keine vertraglichen Regelungen erfolgt, so muss die befragte Person davon ausgehen, dass zwar der Wortlaut ihrer Aussagen, aber in einer sprachlich geglätteten Form publiziert wird.
- Die interviewte Person kann ihre einmal erteilte Einwilligung in die Veröffentlichung nicht nach Belieben widerrufen. Umstände und Ereignisse müssen sich so grundlegend verändert haben, dass die Veröffentlichung des Interviews eine Verletzung des Persönlichkeitsrechts zur Folge hat.
- Die Veröffentlichung gefälschter oder komplett erdachter Interviews verletzt das Persönlichkeitsrecht, sofern die Beteiligten in die Veröffentlichung des fingierten Interviews nicht ausdrücklich eingewilligt haben.

Aus diesen genannten Punkten ergibt sich u. a., dass der Befragte vor dem Interview wissen sollte, dass dieses zur Veröffentlichung kommen soll.

8.3.2 Mitwirkungsrechte des Interviewpartners

In größeren Interviews stellen die **Äußerungen des Interviewpartners** eine eigene **schöpferische Leistung** dar. Unterschieden werden muss bei der Mitwirkung zwischen einem Interview, dass zeitgleich zu seiner Entstehung auch live ausgestrahlt wird, und einem Interview, das zeitversetzt veröffentlicht wird. „In der Regel soll der Interviewpartner seine Mitwirkung auf die Gestaltung seiner verbalen Beiträge beschränken" (Haller 2001, S. 316). Der Journalist darf davon ausgehen, dass mit der Zustimmung zur Interviewteilnahme auch die Zustimmung zur Ausstrahlung vorliegt, zumal zwischen Durchführung und Veröffentlichung kein Zeitunterschied liegt. Beide sind außerdem inhaltlich identisch.

Bei der zeitversetzten Ausstrahlung gibt es in der Regel bei Hörfunkinterviews keine **Mitwirkungsrechte des Beteiligten**, beim Fernsehen muss das am jeweiligen Fall geklärt werden (Haller 2001, S. 316). „Laut § 22 des Kunsturhebergesetzes ist das Bildnis einer Person Ausfluss seiner Persönlichkeit, die in gleicher Weise als schutzwürdig gilt, wie dies etwa bei der Wortberichterstattung über eine Person der Fall ist" (Haller 2001, S. 316). Dennoch plädieren Medienrechtler dafür, dass dem Interviewgast diese Macht nicht zugesichert werden sollte, denn dieser muss damit rechnen, dass seine Statements ausgestrahlt werden, er war ja mit der Teilnahme am Interview einverstanden.

8.3.3 Interview und Urheberrecht

Damit beim Interview das Urheberrecht greifen kann, muss der **Journalist als Autor markiert** sein. Branahl (2006) fordert eine „gewisse Gestaltungshöhe, damit der Werkcharakter gegeben" sei. Der Deutsche Presserat spricht in seiner Richtlinie 2.4 vom Erfordernis einer „individuellen Formgebung". Ein Journalist ist also immer Urheber des Interviews. Der Interviewpartner könnte erst dann zum **Miturheber** werden, wenn seine Äußerungen im Sinne eines Gesprächs von zwei Menschen, die beide Autoren sind, der Unterhaltung einen für ihn erkennbaren, individuellen Charakter geben.

8.3.4 Haftung für den Inhalt des Interviews

„Allein schon die Weitergabe unrichtiger ehrenrühriger Tatsachenbehauptungen kann genügen, um den Straftatbestand der üblen Nachrede nach Art. 186 StGB zu erfüllen" (Haller 2001, S. 327). „Dementsprechend machen sich grundsätzlich alle strafbar, die sich – unter Verletzung ihrer Sorgfaltpflicht – an der Weitergabe einer solchen Behauptung persönlich beteiligen" (Branahl 1996, S. 185). Die Äußerungen eines Interviewgastes während eines **Live-Interviews** zählen nicht dazu. Hier hat ja der Interviewer keinen direkten Einfluss darauf, was der Befragte sagen wird. Die Zuschauer bekommen eins zu eins mit, was in dem Moment passiert. Anhand der um einige Minuten zeitversetzten Oscar-Verleihung infolge des Bush-Bashings von Michael Moore 2003 kann man jedoch sehen, wie sich die Fernsehanstalten vor unerwünschten Äußerungen zu schützen versuchen.

Besteht jedoch in der Veröffentlichung des Interviews eine **Zeitverschiebung**, dann hat die Redaktion ihrer **Sorgfaltspflicht** nachzugehen und journalistisch **unkorrekte Äußerungen** zu tilgen. Bei der Verletzung der Privatsphäre und der üblen Nachrede muss die Redaktion bei zeitversetzten Interviews kürzen, da sie sich bei der Ausstrahlung der unbearbeiteten Fassung mit dieser Meinung gemeinmachen würde.

Der Geschädigte kann zur Schadensbehebung Unterlassung, Berichtigung, Schadensersatz und Schmerzensgeld verlangen (Beispiel: Im Fall der Belustigung durch Stefan Raab über eine junge Frau und deren Namen musste Stefan Raab sich entschuldigen und Schmerzensgeld zahlen.). Manchmal nimmt der Sender die Klage natürlich in Kauf. Quoten und Skandale zählen dann mehr als korrekter Journalismus (vgl. Kapitel 1.3). Für die Haftung gibt es jedoch eine wichtige **Ausnahme**: „Nach deutschem Recht entfällt die Haftung des Journalisten und seines Verlegers bzw. seines Rundfunksenders, wenn sie in „Wahrung ihrer öffentlichen Aufgabe" die schädigende Äußerung veröffentlicht haben. Dies ist der Fall, wenn das Informationsinteresse der Öffentlichkeit an der rechtsverletzenden Aussage sehr hoch ist.

8.4 „Das Gespräch muss eine Dramaturgie haben" – Expertengespräch mit Peter Kloeppel (RTL)

Interview: Susanne Hoppe

Peter Kloeppel

ist *RTL*-Chefredakteur und einer der profiliertesten Interviewer im deutschen Fernsehen.

Nach einem Studium der Agrarwissenschaften und dem Besuch der Henri-Nannen-Schule war der Journalist zunächst für den Privatsender *RTLplus* tätig, bei dem er vor allem während des Golfkrieges von 1990/91 als USA-Korrespondent erste Bekanntheit erlangte. 1992 wurde er Chefmoderator von *RTL Aktuell*, das er zu einer der gefragtesten Nachrichtensendungen im deutschen Fernsehen ausbaute. 2004 wurde er zum neuen Chefredakteur von *RTL* ernannt.

Im Verlauf seiner Arbeit bekam der *RTL*-Anchorman mehrere Auszeichnungen wie zum Beispiel den Fernsehpreis des *New York Festivals* in der Kategorie „Nachrichten" (1993, Best News Anchor), den *Goldenen Löwen* und den *Bambi* im Jahr 1996. 1997 erhielt er den *Bayerischen Fernsehpreis* sowie den *Telestar*. Im September 2003 wurde Kloeppel mit dem *Deutschen Fernsehpreis* in der Kategorie „Beste Moderation Information" ausgezeichnet. Eine besondere Auszeichnung wurde für Kloeppel der ihm am 22. März 2002 verliehene *Spezial-Grimme-Preis* für seine „hervorragende Berichterstattung" bezüglich der Terroranschläge am 11. September 2001. Für dieselbe Moderation wurde er auch mit dem *Goldenen Gong* ausgezeichnet.

Wie sieht Ihre Vorbereitung für ein TV-Interview aus?

Hauptausschlaggebend sind zum einen die Zeit, die man für das Interview hat, sowie zum anderen die Themen und das Ausmaß, in dem diese besprochen werden sollen. Da es sich bei mir hauptsächlich um tagesaktuelle Gespräche handelt, muss ich wissen, was an diesem Tag wichtig ist, und warum ist genau dieser Mensch bei mir in der Sendung. Man sollte sich bei kürzeren Gesprächen auf ein bis zwei Themen beschränken. Anders bei den halbstündigen Sommerinterviews beispielsweise mit der Kanzlerin. Dafür muss man die wichtigsten Fragestellungen durchgehen, sich in anderen Interviews über die Person informieren und die Faktenlage kennen. All das bedarf einer speziellen und intensiven Vorbereitung (ein paar Tage). Zwar habe ich einen Fragenkatalog, doch die Spontaneität muss beibehalten werden. Ich muss mir darüber bewusst sein, wie mein Interviewpartner antworten könnte und die entsprechenden Nachfragen parat haben. Im täglichen Nachrichtengeschäft erarbeite ich mir die Interviews weitgehend selbst, dennoch bespreche ich mich mit Kollegen vor Ort inhaltlich über die Themen.

Was wird im Vorgespräch besprochen?

Ich will das Vorgespräch nicht verdammen – doch man sollte nicht sein gesamtes Fragepulver verschießen! Es ist gut, um mit dem Gesprächspartner etwas „warm" zu werden, sich abzutasten, aber eben nicht, um alle Fragen abzusprechen!

Falls Sie jemals unvorbereitet in ein Interview gegangen sind: Was hat Sie und das Gespräch gerettet?
Die Erfahrung! Und mein Gedächtnis sowie mein Einschätzungsvermögen für die Gesprächssituation.

Wie wichtig ist die erste Frage?
Sie ist entweder Eisbrecher oder Bremsklotz – wenn ich einen Politiker direkt mit einer Beleidigung konfrontiere, kann das gesamte Gespräch schon einen schlechten Start haben und man erfährt nichts, vielmehr, der Zuschauer erfährt nichts. Das Gespräch muss eine Dramaturgie haben, der Zuschauer soll nachvollziehen können, weshalb diese Frage die erste ist. Das Gespräch muss aber Steigerungspotential haben. Auf jeden Fall sollte die erste Frage interessant sein. Das kommt dem Gespräch und vor allem dem Empfänger, dem Zuschauer, zu Gute! Und genau so wichtig wie die erste ist auch die letzte Frage des Interviews.

Gibt es Fragestrategien, die Ihrer Meinung nach wenig bzw. großen Erfolg haben?
Politiker machen gern mal zu oder lassen die Tür auch offen. Deshalb muss der Interviewer das Gespräch geschickt steuern, nach Möglichkeit Facetten aufzeigen, die der Zuschauer so von dieser Person noch nicht erlebt hat. Eben etwas Neues auf eine andere Art entdecken. So hätte mir zum Beispiel Bundespräsident Horst Köhler im Februar 2008 auf die Frage: „Werden sie wieder kandidieren?", nicht geantwortet. Doch wenn ich ihn frage, wie er sein Amt füllt, und wie es ihn ausfüllt, bekomme ich vielleicht persönliche und neue Antworten von ihm. Wenn man in einem Interview ganz bestimmte Punkte und Themen unterbringen möchte und gezielt darauf hinarbeitet, dass man diese Punkte unterbringt, dann sollte man dieser Strategie auch folgen.

Durchschauen Sie Ihre Gesprächspartner anhand ihrer Körpersprache?
Natürlich. Man ist immer Teil der Körpersprache des anderen! Man imitiert nämlich unbewusst sein Gegenüber! Da ich mich und den anderen nicht verschließen will, verfahre ich folgendermaßen: Ich verschränke nicht die Arme oder mache keine abwehrenden Zeichen. Ich will ja jemanden öffnen. Genauso kann ich an der Körpersprache meines Gegenübers erkennen, ob er sich wohl fühlt, und darauf muss ich achten! Je offener mein Interviewpartner ist, desto besser. Probieren Sie das einmal – Sie werden sehen, es funktioniert!

Wie gehen Sie damit um, wenn Gäste ethisch bedenkliche Inhalte von sich geben?
Natürlich muss ich als Journalist auch intervenieren, denn die Aussage meines Interviewpartners richtet sich ja auch an die Zuschauer. Und da ist es meine Aufgabe als Journalist, bedenkliche Inhalte in Frage zu stellen! Ich muss den Interviewpartner befragen, was er mit dieser Aussage bezweckt.

Stichwort Unterbrechen: Kostet Sie das Überwindung?
Die Frage „Warum unterbricht man?" sollte sich sinnvoll beantworten lassen! Es gibt unterschiedliche Fragetypen. Die einen lassen den Gesprächspartner ausreden, wenn sie dann ihre Antwort nicht erhalten, stellen sie die Frage einfach noch mal. Die anderen unterbrechen, wenn sie nach den ersten fünfzehn Worten nicht „ihre" Antwort haben. Es ist zum

Teil auch eine Frage der Erziehung, der anerzogenen Höflichkeit. Zu bedenken ist, wann das ständige Unterbrechen einfach nur noch störend ist, besonders für den Zuschauer, der dadurch dem Gespräch nicht mehr folgen kann. Ansonsten gehört Unterbrechen natürlich zu einem Gespräch.

Was kann man tun, wenn unerfahrene oder sehr routinierte Gesprächspartner „um den heißen Brei reden"?
Am besten und einfachsten ist es, es ihnen direkt zu sagen: „Sagen Sie es mir noch einmal, so habe ich Sie nicht verstanden." Hat man als Interviewer einen unerfahrenen Gesprächspartner vor sich, sollte man ihm immer helfen. Dem erfahrenen Politiker kann man dagegen einfach auf den Kopf zusagen, dass er ausweichend antwortet. Am besten ehrlich sein. Zum Beispiel: „Helfen Sie mir und den Zuschauern weiter, sonst können wir sie nicht verstehen". Solche Sätze machen dem Politiker sowie auch dem Zuschauer klar, dass man sich nicht mit der erstbesten Antwort zufriedengibt. Das ist ja schließlich auch der Job des Journalisten, sich eben nicht mit der ersten Antwort zufriedenzugeben. Das wiederum bedarf natürlich einer guten Vorbereitung!

Wie findet man ein gutes Ende?
Meiner Meinung nach sollte jedes Interview etwas Verbindliches am Ende haben. Der Zuschauer sollte das Gefühl haben, die beiden Interviewpartner können sich auch nach dem Interview noch die Hände schütteln. Das Ende eines Interviews ist genauso wichtig wie der Anfang. Wenn man im Gesprächsverlauf eher auf Details eingeht, kann sich die letzte Frage auf etwas Globaleres beziehen, auf die Zukunft oder etwas Persönliches. Ein weicheres Thema ist auf jeden Fall gut.

Wann ist ein Interview erfolgreich?
Wenn es Informationen gebracht hat, die dem Zuschauer weiterhelfen, die Standpunkte und die Person, die da spricht, einschätzen und beurteilen zu können. Ein Interview muss aber auch spannend sein. Außerdem ist es gut, wenn sich während des Gesprächs eine Geschichte entwickelt, die neu ist und die der Interviewpartner herausarbeiten kann. Aber es darf auch unterhaltsam und kontrovers sein, der Zuschauer darf auch schmunzeln, sich über eine überraschende Frage des Interviewers freuen oder über das smarte Kontern des Interviewten! Der Zuschauer soll auf jeden Fall etwas mitnehmen!

Muss man als Gastgeber neugierig sein?
Es ist unerlässlich, neugierig zu sein. Die Menschen sollen sehen, dass ich neugierig bin. Außerdem ist Neugier nichts Schlimmes. Der Job des Journalisten macht Neugier unerlässlich!

Wie viel Eitelkeit ist bei Ihrem Job im Spiel?
Die Frage ist, wie man Eitelkeit definiert! Ist sie zu stark ausgeprägt, ist sie nicht hilfreich! Viel wichtiger ist, dass man sich über seine Funktion im Klaren ist!

Was macht die Persönlichkeit eines Interviewers aus?
Darüber mache ich mir nicht so viele Gedanken. Mir geht es mehr darum, für die Menschen, für die ich etwas tue, etwas mit meinen Gesprächen zu erreichen! Eine Persönlichkeit kann viele Facetten besitzen.

Was geht vor: die Verständlichkeit des Interviews für das Publikum oder die inhaltlichen Schwerpunkte?
Beides. Außerdem gewinnt das Gespräch an Wert, wenn man über Menschen Dinge erfährt, die so noch nicht erzählt wurden. Spreche ich z. B. mit Al Gore, kann ich ihn inhaltlich befragen. Doch ich kann durch Fragen auch versuchen zu verstehen und herauszubekommen: Weshalb er sich für genau diese Themen interessiert, ob es vielleicht so etwas wie einen *Eye-opener* für ihn gab?

Gibt es Leitbilder für Sie in Ihrem Beruf?
Einige der amerikanischen *Anchormen*. Aber auch journalistische Ikonen wie Gerd Ruge. Ich habe immer wieder etwas gelernt, auch durch sein „normales Auftreten". Ich finde es wichtig, wenn die Zuschauer „andocken", wenn sich ein Verhältnis zwischen ihnen und dem Menschen im Fernsehen aufbaut.

Wie sehr prägt der Stil der Sendung den Interviewstil?
Ich selbst sehe meine Aufgabe als Stellvertreterfunktion – die wichtigste Frage ist immer: „Habe ich die richtigen Fragen gestellt?"

Reflektieren Sie bewusst, ob Ihr Interview erfolgreich war oder nicht?
Es ist unerlässlich, im Nachhinein seine eigene Arbeit zu reflektieren. Natürlich denkt man darüber nach. Ich ärgere mich manchmal nur, dass mir die besten Nachfragen erst im Nachhinein einfallen!

9. Darstellungsformen in Zeitungen und Zeitschriften

Jonas Theile

> **Überblick**
>
> Das neunte Kapitel „Darstellungsformen in Zeitung und Zeitschriften" vermittelt die Grundlagen journalistischer Textproduktion für nachrichtliche, unterhaltende und meinungsbetonte Beiträge. Die hier vermittelten Kenntnisse der journalistischen Textgattungen sind eine Schlüsselqualifikation für den Zeitungs- und Zeitschriftenjournalismus.
>
> Das Kapitel ist in fünf Abschnitte gegliedert:
>
> - **Kapitel 9.1**: Im ersten Abschnitt werden die informationsorientierten Darstellungsformen Nachricht und Bericht vorgestellt.
> - **Kapitel 9.2**: Der zweite Abschnitt skizziert die unterhaltungsorientierten Darstellungsformen Reportage und Feature.
> - **Kapitel 9.3**: Der dritte Abschnitt erklärt die meinungsorientierten Darstellungsformen Kommentar, Leitartikel, Glosse, Rezension und Kritik.
> - **Kapitel 9.4**: Der vierte Abschnitt stellt die Darstellungsformen Interview und Porträt vor, die informations-, unterhaltungs- oder meinungsorientiert sein können. Neben diesen Hybridformen erläutert er weitere wichtige Darstellungselemente des Printjournalismus: Überschriften, Dachzeilen, Vorspänne, Bildunterschriften und Zwischenzeilen. Aufgrund der zunehmenden Bedeutung der visuellen Vermittlungskompetenz von Printjournalisten werden auch die Elemente Bild und Infografik vorgestellt.
> - **Kapitel 9.5**: Im fünften Abschnitt erklärt der Chefredakteur einer Zeitschrift, welche formalen und inhaltlichen Aspekte bei der Konzeption von Printprodukten beachtet werden müssen.

Wenn Journalistinnen und Journalisten ihre Recherchen abgeschlossen haben, müssen sie ihre Ergebnisse so aufbereiten, dass sie im Gesamtgefüge von Zeitungen, Zeitschriften, Radio- und Fernsehsendungen sowie Internetmagazinen auf das Interesse des Publikums stoßen. In diesem Kapitel werden die Textgattungen und Darstellungsformen vorgestellt, mit denen sie im Printjournalismus arbeiten. Die stilistischen Darstellungsmittel in den anderen Medien werden in den folgenden Kapiteln 10 bis 12 vorgestellt. Grundsätzlich lassen sich **nachrichtliche, unterhaltende und meinungsbetonte Formen** unterscheiden (vgl. Weischenberg 2001, S. 49), deren Aufbau und Gestaltung in den folgenden Abschnitten erklärt wird. Die **Wahl der Darstellungsform** durch die Journalisten ist vor allem von folgenden zentralen Vorgaben bestimmt (vgl. Mast 2004, S. 260):

- **Medium** (Welches Medium? Welche Rubrik? Welcher Umfang?)
- **Thema** (Wie lassen sich die Informationen sinnvoll vermitteln?)

- **Öffentlicher Auftrag** des Autoren (Wie können gesellschaftliche Vorgänge über das Thema hinaus im Beitrag dargestellt werden? Durch eine individualistisch-subjektive oder faktizierend-objektive Perspektive?)
- **Zielgruppe** (Welche Darstellungsform spricht das Publikum am besten an? Welche publizistische Wirkung ist intendiert?)

Die Wahl einer geeigneten Präsentationsform hat das Ziel, Medium, Thema, öffentlichen Auftrag und Zielgruppe in eine **funktionale Gesamtheit** zu bringen, so dass die gesellschaftliche Selbstbeobachtung und Selbstbeschreibung auf ein Komplexitätsmaß reduziert ist, dass attraktive Vorraussetzungen für soziale Kommunikation schafft.

9.1 Nachrichtliche Darstellungsformen

9.1.1 Die Nachricht

Literatur zum Schreiben von Nachrichten und Berichten
- Cappon, R. J. (2005). Associated Press-Handbuch. Journalistisches Schreiben. Berlin, Autorenhaus.
- Hruska, V. (1993). Die Zeitungsnachricht – Information hat Vorrang. Bonn, ZV.
- Itule, B. und D. Anderson (2008). News Writing and Reporting for Today's Media. New York, McGraw-Hill.
- Weischenberg, S. (2001). Nachrichten-Journalismus. Anleitungen und Qualitätsstandards für die Medienpraxis. Wiesbaden, VS Verlag für Sozialwissenschaften.

Ursprünglich wurden die Begriffe „Nachrichten" und „Zeitung" synonym verwendet, heute versteht man darunter allgemein Mitteilungen, die für die Öffentlichkeit von Belang sind (vgl. Weischenberg 2001, S. 17). Zahllose Definitionen des Begriffs existieren, doch alle haben dasselbe Ideal: Objektivität. Dies gilt nicht nur für das Verständnis von Nachrichten als „publizistischem Rohstoff" (Weischenberg 2001, S. 17), sondern auch, und darauf soll hier der Fokus liegen, für die **Nachricht als journalistische Darstellungsform**. Sie ist die am häufigsten nachgefragte und angebotene Darstellungsform. Das Nachrichtenwesen legte den Grundstein für die Entwicklung von Massenmedien (vgl. Schwiesau und Ohler 2003, S. 21). Nachrichten werden immer häufiger in den Redaktionen selbst verfasst, die bloße Übernahme von Material aus Nachrichtenagenturen, wie beispielsweise der *Deutschen Presse-Agentur*, geht zurück (vgl. Schwiesau und Ohler 2003, S. 222).

Die Nachricht informiert ihren Leser über Neues und muss möglichst schnell veröffentlicht werden, um nicht an Wert zu verlieren. Auch wenn eine Nachricht „mit heißer Feder" geschrieben wird, so muss sie doch den **Kriterien der Objektivität** genügen. Konkret heißt das, dass a) alle Fakten stimmen müssen, b) alle Seiten eines Ereignisses aufgezeigt werden und die Nachricht c) ohne wertende Elemente geschrieben ist (vgl. Schwiesau und Ohler 2003, S. 42).

Der **Aufbau der Nachricht** ist von entscheidender Bedeutung. Grundsätzlich gilt: Das Wichtigste, der Nachrichtenkern, steht am Anfang. Bis zum Ende der Nachricht werden die Informationen immer unbedeutender. Man spricht vom Pyramiden-Prinzip, wenngleich man sich eigentlich eine umgedrehte Pyramide vorzustellen hat. Weder allgemeine Informationen noch chronologische Schilderungen gehören an den Anfang einer Nachricht. Die Struktur einer Nachricht ist hierarchisch organisiert (vgl. Weischenberg 1988, S. 46-48). Das Modell der umgekehrten Pyramide wurde im 19. Jahrhundert in den USA entwickelt, wo in erster Linie technische Gründe wie wenige und wenig standfeste Telegrafenleitungen dafür sorgten, dass Informationen in möglichst knapper Form weitergegeben werden mussten (vgl. Weischenberg 1988, S. 49). In der journalistischen Praxis steht der Verfasser einer Nachricht vor der Schwierigkeit, die wichtigsten Fakten in seinem Leadsatz unterzubringen. Der Journalist muss sich sieben sogenannte **W-Fragen** stellen:

- **Wer** hat etwas getan oder erlitten?
- **Was** war es?
- **Wo** ist es passiert?
- **Wann** ist es passiert?
- **Wie** hat sich das Ereignis abgespielt?
- **Warum** kam es dazu?
- **Woher** stammen die Informationen?

Sieben Fragen – sieben Antworten, daraus ergibt sich die Gefahr eines Mammut-Satzes. Es spricht nichts dagegen, den Lead zu entzerren und andere wichtige Informationen im Folgesatz unterzubringen (z. B. „Bahn-Chef Hartmut Mehdorn rechnet mit weiteren Verzögerungen im Nah- und Fernverkehr. Bis zum Montag müssten sich Fahrgäste aufgrund des Streiks der Lokführer auf Unannehmlichkeiten im Reise- und Berufsverkehr einstellen, zitierte ein Bahn-Sprecher Hartmut Mehdorn gestern Mittag.")

Leadsätze lassen sich auf vier Arten konzipieren (zur Systematik vgl. Schwiesau und Ohler 2003, S. 89-92):

- **klassisch**, eher neutral formuliert („Aufgrund des Streiks der Lokführer rechnet Bahn-Chef Hartmut Mehdorn weiterhin mit erheblichen Verzögerungen im Nah- und Fernverkehr.")
- **plakativ**, mit einem Hingucker („Viele Bahnen werden weiterhin ausfallen. Das sagte…")
- **einleitend**, bei komplizierten Sachverhalten hilft ein Doppelpunkt („Das Asylrecht wird ab dem nächsten Jahr anders aussehen: (…)") oder
- **erweitert**, knüpft an weitere Fakten an und entwickelt so die Frage nach dem Zusammenhang („Nur drei Wochen nach dem Raubüberfall auf das Juweliergeschäft Hempe wurde gestern Nacht erneut ein Schmuckgeschäft überfallen, der Familienbetrieb Halenbach in der Ansbacher Straße.")

Nachrichten zeichnen sich durch ihre Kürze aus. Umso prägnanter, klarer und direkter muss ihr **Sprachstil** sein. Fach- und Fremdwörter sind zu erklären. Nach Möglichkeit sollte kein Satz mehr als 15 Wörter enthalten (vgl. Weischenberg 1988, S. 141f.). Passivformulierungen sind nur dort angebracht, wo Menschen etwas geschieht, das sie nicht ändern können. In anderen Fällen sollte man sich ans Aktiv halten (z. B. „Die Abgeordneten begrüßten die Entscheidung." statt „Die Entscheidung wurde von den Abgeordneten begrüßt.", vgl. Weischenberg 1988, S. 142).

In der Regel beginnt eine Nachricht mit einem Satz im **Perfekt**, um dann im **Imperfekt** weitergeführt zu werden (z. B. „Die Realos haben sich auf dem gestrigen Parteitag der Grünen durchsetzen können. Sie erreichten die Mehrheit für...", vgl. Schwiesau und Ohler 2003, S. 227).

9.1.2 Der Bericht

> **Literatur zum journalistischen Schreibstil**
> - Fasel, C. (2008). Textsorten. Konstanz, UVK.
> - Häusermann, J. (2005). Journalistisches Texten. Sprachliche Grundlagen für professionelles Informieren. Konstanz. UVK.
> - Schneider, W. (1999). Deutsch für Profis – Wege zu gutem Stil. München, Goldmann.
> - Straßner, E. (2000). Journalistische Texte. Tübingen, Niemeyer.

Die Gattung Nachricht gibt es in unterschiedlichen Größen bzw. Umfängen: Kurzmeldungen, Meldungen (Einspalter), Zweispalter und Mehrspalter (vgl. Schwiesau und Ohler 2003, S. 238). Bei den **längeren Varianten der Nachricht** beginnt der fließende Übergang zum **Bericht**. Eine trennscharfe Abgrenzung findet sich in der Medienforschung nicht. „Kurz gesprochen ist ein Bericht eine ausführliche Nachricht, was die Gemeinsamkeit der Tatsachenorientierung unterstreicht", schreibt die Hohenheimer Kommunikationswissenschaftlerin Claudia Mast in ihrem „ABC des Journalismus" (Mast 2004, S. 249). Konträr dazu: „Allerdings ist der Bericht keine längere Nachricht." (Schwiesau und Ohler 2003, S. 16). Eine andere Definition ist: „Der Bericht umkleidet das Gerippe einer Nachricht mit Fleisch. Während die Nachricht in einer Zeitung auf der ersten oder zweiten Seite zu finden ist, hat der Bericht seinen Platz auf Seite drei oder vier" (Marquart 1976, S. 11).

Die Grundregeln von Nachricht und Bericht sind ähnlich: Der Leser soll auf einer sachlichen Ebene umfassend informiert werden. Starke Subjektivität ist fehl am Platz, doch darf die Handschrift des Autors zumindest eher einmal durchscheinen als bei der Nachricht. Die Gliederung eines Berichts ähnelt der einer Nachricht. Das **Hierarchiemodell** wird hier jedoch auf Absätze angewandt, nicht auf einzelne Sätze.

Mast (2004, S. 250) unterscheidet **drei Arten von Berichten**:

- den **Tatsachenbericht**: Zusammenfassung, Zuordnung und Gewichtung von Fakten
- den **Handlungsbericht**: Darstellung von Ereignissen ausgehend von einem konkreten Endpunkt, der den Anfang des Berichts markiert
- den **Zitatenbericht**: Zusammenfassung von in unterschiedlichen Zusammenhängen getroffenen Aussagen

In der journalistischen Praxis sollten sich Verfasser von Berichten überlegen, welchem Definitionsansatz sie sich verpflichtet fühlen – und diesen konsequent beachten.

9.2 Unterhaltende Darstellungsformen

> **Literatur zum Schreiben von Reportage und Feature**
> - Bender, J. R., L. D. Davenport, M. W. Drager und F. Fedler (2008). Reporting for the Media. Oxford, Oxford University Press.
> - Haller, M. (2006). Die Reportage. Ein Handbuch für Journalisten. Konstanz, UVK.
> - Harrington, W. (1997). Intimate Journalism. The Art and Craft of Reporting Everyday Life. London, Sage.
> - Hermann, K. und M. Sprecher (2001). Sich aus der Flut des Gewöhnlichen herausheben. Die Kunst der Großen Reportage. Wien, Picus.
> - Kramer, M. und W. Call (2007) (Hrsg.). Telling True Stories. A Nonfiction Writers' Guide from the Nieman Foundation at Harvard University. New York, Plum.
> - Krings, D. (2004). Den Anfang machen. Einstiegssätze in Reportage und Kommentar und ihr Einfluss auf die Rezeptionsentscheidungen von Lesern. Wiesbaden, VS Verlag für Sozialwissenschaften.
> - Winter, M. (2006). Expeditionen ins dunkelste Wien. Meisterwerke der Sozialreportage. Wien, Picus.

9.2.1 Die Reportage

Grundanliegen der Reportage ist es, dem Leser **Zugang zu Lebenswelten** zu vermitteln, die ihm sonst verschlossen bleiben würden. Eine Nachricht oder ein Bericht können das nicht in dem Maße leisten, so dass die Reportage sie ergänzt (vgl. von La Roche 2001, S. 133; vgl. Haller 2006, S. 37). „Jedes geeignete Reportagethema fordert zur (verbalen) Überwindung von Distanz und zum Überschreiten von Barrieren auf" (Haller 2006, S. 37).

Diese Barrieren zu überschreiten und das dabei Erlebte in Worte zu verpacken, die dem Leser das Gefühl vermitteln, dabei zu sein, ist eine der größten Herausforderungen für Journalisten. Unterhaltend sollen ihre Texte zudem sein (vgl. Weischenberg 1988, S. 29). Mit dieser Kombination lassen sich Preise gewinnen. Der *Egon-Erwin-Kisch-Preis* war viele Jahrzehnte die Berufstrophäe für Journalisten. Renommierte Autoren wie Jürgen Leinemann, Cordt Schnibben oder Alexander Osang konnten ihn gewinnen. Im Jahr 2005 ging der *Kisch-Preis* im *Henri-Nannen-Preis* auf (vgl. www.henri-nannen-preis.de).

Leser wünschen häufig eine Unterfütterung trockener Nachrichten mit Geschichten aus dem wahren Leben. Wie erlebt ein Hartz-IV-Antragsteller seinen Besuch bei der Agentur für Arbeit? Was bedeutet es für einen LKW-Fahrer, ständig zwischen der Kontrollscheibe hinter dem Lenkrad und dem Willen seines Arbeitgebers hin und her gerissen zu sein? (vgl. Haller 2006, S. 36). Auch in der Reportage sollten die W-Fragen beantwortet werden, und alle Fakten müssen stimmen. „Das Subjektive des Reporters vermittelt sich [...] über seine selektive Perspektive" (Haller 2006, S. 55). Die Wahl hat der Journalist schon beim Einstieg. Wie soll er am besten beginnen? Es lohnt sich, darauf viele Gedanken zu verwenden, denn „wer den rechten Einstieg gefunden hat, der schreibt leicht die gesamte Reportage in einem Zug runter", finden Schneider und Raue (2003, S. 121).

Zu fast jedem Thema lässt sich eine Reportage schreiben, das Entscheidende ist der reportagegerechte Zugang, das **Finden eines speziellen Aspekts**, der die Geschichte von anderen abhebt, die sich einem Thema in allgemeiner Art und Weise nähern. Nach Mast (2004, S. 257) lassen sich grob **sechs Themenfelder von Reportagen** unterscheiden:

- Ereignisse und Veranstaltungen (beispielsweise auch vor Gericht)
- Milieuthemen
- Trendthemen
- Rollenspiel und Selbsterfahrung (der Journalist ist selbst handelnder Teil des Geschehens)
- Personenporträts und
- Politisches Geschehen

Es empfiehlt sich, darauf zu verzichten, den Leser mit sehr vielen Informationen versorgen zu wollen. Eine Reportage läuft sonst schnell Gefahr, zur Aufzählung von Fakten und damit langweilig zu werden. Ein Mittel gegen Langeweile ist die **Abkehr vom chronologischen Prinzip**. Der interessanteste Aspekt gehört nach vorne, zum chronologischen Ablauf findet der Leser bei einem guten Text zurück (vgl. Mast 2004, S. 260).

Stilregeln für das Schreiben einer Reportage

Der Leipziger Journalistik-Professor Michael Haller gibt in seinem Reportage-Handbuch praktische Hinweise, die dabei helfen, eine Print-Reportage lesenswert zu machen. Anschaulichkeit und Verständlichkeit sind dabei als journalistische Grundprinzipien gesetzt. Hinzu können kommen:

- Verwendung abwechselnder Satzlängen
- Bevorzugen starker Verben („er verschlingt den Hamburger" oder „er beißt in den Hamburger" statt „er isst den Hamburger")
- Unterbringung von Substantiven in verbalen Konstruktionen („bevor Matthias Müller seinen Laden öffnete" statt „vor der Öffnung seines Ladens...") oder Arbeiten mit konkreten Attributen („klappriges Damenrad" statt „Fahrrad")
- Aktive statt passive Formulierungen
- Verwendung beschreibender statt kommentierender Adjektive („fast jeden Kunden begrüßt Irma Lehmann mit einem kräftigen Händedruck" statt „die aufgeschlossene Verkäuferin...")
- Rückführbarkeit aller Beschreibungen und Schilderungen auf sinnlich Wahrgenommenes (nicht beispielsweise „Jörn Petersen dachte, dass...").
- Sprachliche Verdichtung rund um das besondere Moment der Reportage
- Einhalten eines Erzählfadens mit Wiedererkennungseffekten (zum Beispiel „die alte Uhr des Protagonisten, deren Nachgang ihn immer zu spät kommen lässt")
- Trennung von Handlungszeiten innerhalb der Reportage und Erzählzeit
- Trennung real erlebter und phantasierter Szenen
- Beleg von Sachaussagen anhand ihrer Quellen

- Vermeiden von Klischee-Formulierungen und Phrasen („schnöder Mammon", „pfeilschnell", „langsam wie eine Schnecke")
- Einbinden selbst erlebter eigener Empfindungen („man spürt, wie der Konflikt in der Gruppe schwelt. Plötzlich...").
- Einsatz von Spannungsbögen, beispielsweise durch sprachliche Kontraste oder das Wecken von Erwartungen für den Fortgang der Handlung
- Einsatz von Tempowechseln
- Austarieren des richtigen Verhältnisses von Handeln und Reden
- Verknüpfung von Zitaten mit dem Autorentext, Protagonisten „handelnd reden lassen" (Haller 2006, S. 187) („Noch eine halbe Stunde." Prüfend schaute der Geselle in den Backofen)
- Charakterisierung entscheidender Personen durch Beschreibung ihres Aussehens und/oder ihrer Handlungen
- Weitestgehender Verzicht auf die Ich-Form
- Selbstkritisches Redigieren und Verzicht auf Geschwätzigkeit

Quelle: Michael Haller „Die Reportage. Ein Handbuch für Journalisten" (2006, S. 186 f.)

9.2.2 Das Feature

Die Reportage will den Leser an einem Geschehen teilnehmen lassen, das Feature soll **komplizierte Sachverhalte veranschaulichen**, Strukturen aufzeigen. Der Journalist trägt seine recherchierten Informationen zusammen und bringt sie in anschaulichen Szenen unter (vgl. Mast 2004, S. 273). Im Gegensatz zum sehr individualisierenden Ansatz der Reportage typisiert das Feature. Dargestellte Szenarien sollen übertragbar sein, der Leser muss die **Austauschbarkeit der Protagonisten** nachvollziehen können. Das Feature bedient also das **Prinzip der Allgemeingültigkeit** (ebd.). Häufig existieren Abgrenzungsprobleme zwischen Feature und Reportage (vgl. Mast 2004, S. 272; Wolff 2006, S. 198).

Im Idealfall verwandelt ein Feature trockenen Nachrichtenstoff in ein Stück, dass seinen Leser gleichwohl informiert wie unterhält. In diesem Licht kann man das Feature als **Prototyp des sogenannten Infotainments** sehen (vgl. Deiss 2004; Mast 2004, S. 274).

Populäre Begriffe im Journalisten-Jargon sind „Verfeaturen" und „Anfeaturen" (auch „Verfietschern" und „Anfietschern"). Der erste Begriff meint das Anlegen eines Textes als Feature. Der zweite Begriff bedeutet, einen Bericht mit Feature-Elementen aufzulockern (vgl. Mast 2004, S. 274). Achim Zons von der *Süddeutschen Zeitung* sagt, ein Feature schreiben heißt, den Leser an der Hand zu nehmen. Der Journalist „muss sich selbst in einen Zustand zurückversetzen, in dem er sich befand, als er mit der Recherche begann [...]. Er muss erklären, wofür all die recherchierten Fakten stehen" (Zons 2004, S. 277).

Der Einstieg eines Features soll gerade so viele Informationen wie nötig enthalten, um das Leserinteresse zu wecken. Dieses muss während des Textes aufrechterhalten werden und zum Höhepunkt hinmünden. Das kann am Schluss eine wichtige Information, ein Zitat oder eine Pointe sein (vgl. Weischenberg 2001, S. 226). Das Prinzip ist hier im Grunde diametral dem der Nachricht gegenübergestellt: „Noch ein As im Ärmel behalten" vs. „höchster Trumpf zuerst" (vgl. Weischenberg 2001, S. 227). Wolff (2006, S. 205 - 213) beschreibt den **Aufbau eines Features in vier Teilen**:

- **Vorspann**: These mit Versprechen
- **Portal**: Einstieg mit typischen Szenen. Dann „Geschichte in der Nussschale", eine Hinführung, die das Thema mit wenigen Stichwörtern umreißt
- **Hauptteil**: abwechselnde Aufeinanderfolge von Beispiel- und Sachebene
- **Ausstieg**: ein Zitat oder eine Szene mit Bezug zum Einstieg. Nach Weischenberg (2001, S. 227) sind auch Pointen oder Informationen legitim.

Autoren von Features müssen beachten, dass Features mehr sind als „bunte, farbige, lebhafte, irgendwie reportagehafte Texte" (Mast 2004, S. 272): Sie sind eine ernstzunehmende eigene Gattung.

Leitfragen für das Schreiben eines Features

Für das Verfassen eines Features gibt es drei Leitfragen, die Autoren sich im Vorfeld stellen sollten (vgl. Haller 2006, S. 107):

- *Was mache ich mit dem Thema?* Durch Einbeziehung welcher Akteure lassen sich sinnlich orientierte Strukturen schaffen?
- *Welche Intention hat das Feature?* Wie können Zusammenhänge konkret veranschaulicht werden?
- *Wie lauten die Anforderungen?* Wie lassen sich die Kontexte des Beitrags exemplarisch erklären?

9.3 Meinungsbetonte Darstellungsformen

9.3.1 Der Kommentar

Literatur zum Schreiben eines Kommentars
- Nowag, W. und E. Schalkowski (1999). Kommentar und Glosse. Konstanz, UVK.

Es ist ein presserechtlicher Auftrag, Nachrichten nicht nur zu verbreiten, sondern auch Stellung dazu zu nehmen, zu werten und so an der gesellschaftlichen Meinungsbildung mitzuwirken (vgl. Nowag und Schalkowski 1998, S. 44). Ein journalistischer Kommentar ist also eine **Form der erwünschten Parteilichkeit**, der Inhalte einer Nachricht reflektiert (vgl. Nowag und Schalkowski 1998, S. 48). Wichtig ist, dass diese persönliche Reflexion auf Argumenten beruht. Das können Tatsachen sein oder, gegebenenfalls mit Begründung für die Relevanz, Argumente „kategorischen Charakters" (Nowag und Schalkowski 1998, S. 52), also einer reflektierten Meinung.

9. Darstellungsformen in Zeitungen und Zeitschriften

Man unterscheidet nach Nowag und Schalkowski (1998, S. 167, 173, 176) drei Arten von Kommentaren: den Standpunktkommentar, den diskursiven Kommentar und den dialektischen Kommentar.

Der **Standpunktkommentar** enthält nur Pro-Argumente beziehungsweise ein Erklärungsmuster, setzt sich nicht mit der Gegenseite auseinander. Sein Aufbau besteht aus (vgl. ebd.):

1. Einleitung (kann entfallen)
2. zentrale These oder erkenntnisschwieriges Phänomen
3. erklärendes Referat (kann entfallen)
4. Pro-Argumentation für die These oder eindimensionale Erklärung des erkenntnisschwierigen Phänomens
5. Ausstieg (kann entfallen)

Der **diskursive Kommentar** schreitet mit innerer Logik von Punkt zu Punkt fort und vermittelt eine neue Erkenntnis. Hier ist es besonders wichtig, eine stringente Gliederung zu verfolgen, da die formalen Vorgaben recht offen sind. Folgender Aufbau empfiehlt sich (vgl. ebd.):

1. Einleitung (kann entfallen)
2. zentrale These oder erkenntnisschwieriges Phänomen
3. erklärendes Referat (kann entfallen)
4. Pro- und Contra-Argumentation für die These mit Hilfserklärungen oder mehrdimensionale Erklärung des erkenntnisschwierigen Phänomens mit Hilfsargumentation
5. Ausstieg (kann entfallen)

Der **dialektische Kommentar** hat einen bewertenden Fokus und stellt Gegensatzpaare wie beispielsweise gut/schlecht auf. Der Aufbau gestaltet sich wie folgt (vgl. ebd.):

1. Einleitung (kann entfallen)
2. zentrale idealtypische Thesen Pro und Contra
3. erklärendes Referat (kann entfallen)
4. Argumentation für die Thesen Pro und Contra
5. vermittelnde neue These (kann entfallen)
6. Ausstieg (kann entfallen)

Um den Kommentar von anderen Darstellungsformen abzugrenzen, verwenden Publikationen in der Regel eine eigene Typographie für ihn: je nach Medium eine größere, kursive oder gleich eine ganz andere Schrift. Der Platz des Kommentars im Blatt ist in den meisten Fällen nicht variabel. Der Kommentar nimmt sowohl inhaltlich als auch formal eine **Sonderstellung** ein (vgl. Nowag und Schalkowski 1998, S. 15).

9.3.2 Der Leitartikel

Der Leitartikel, ein Spezifikum der Presse, ist ein enger Verwandter des Kommentars. „Er ist – oder besser war – die klassische Form des Kommentars" (Mast 2004, S. 305). Er ist jedoch deutlich länger als der heutige Kommentar. Zudem ist er in fast allen Zeitungen **unabhängig von der aktuellen nachrichtlichen Berichterstattung**. Es genügt ihm, zeitaktuell zu sein und zu Themen Stellung zu nehmen, die sich in der aktuellen gesellschaftlichen Diskussion befinden, oder deren Erörterung zu initiieren (vgl. Nowag und Schalkowski 1998, S. 178). Früher stand der Leitartikel auf der ersten Seite der Zeitungen, mittlerweile ist er in fast allen Publikationen nach hinten abgewandert (vgl. Mast 2004, S. 305). An einem Leitartikel lässt sich die **Tendenz einer Zeitung oder Zeitschrift** ausmachen, er ist „die Quintessenz oder Flagge" eines Blattes (Mast 2004, S. 305). Dieses **journalistische Flaggschiff** führen die „Edelfedern" eines Blattes. Sie setzen Themen und beeinflussen die öffentliche Diskussion.

9.3.3 Die Glosse

> **Literatur zum Schreiben einer Glosse**
>
> - Hoppe, A. M. (2000). Glossenschreiben. Ein Handbuch für Journalisten. Wiesbaden, Westdeutscher.
> - Nowag, W. und E. Schalkowski (1999). Kommentar und Glosse. Konstanz, UVK.

Unter einer Glosse versteht man eine **Kurzform von Satire**, die tagesaktuell auf wichtige Ereignisse reagiert (vgl. Hoppe 2000, S. 15). Claudia Mast sieht in ihr hingegen die „wohl schwierigste Form eines Kommentars" (Mast 2004, S. 306). Für andere Autoren ist sie „die leichtlebige Schwester und somit die Spezialform des Kommentars" (Nowag und Schalkowski 1998, S. 185). Die Glosse gilt als Königsdisziplin unter den journalistischen Darstellungsformen, da sie viel von ihrem Verfasser fordert, nicht zuletzt so unterschiedliche Dinge wie stilistische Sicherheit und analytische Kompetenz und Kreativität bei der Ideenfindung miteinander zu vereinbaren (vgl. Hoppe 2000, S. 79).

Nach Hoppe (2000, S. 80) gibt es **drei elementare Strukturmerkmale**:

- **Angriff**: Die Glosse sieht die Realität kritisch. Ihr Ziel ist es, in angriffslustiger Art und Weise Kritik zu üben.
- **Norm**: Die Glosse setzt ihre Normen selbst. Sie konfrontiert die Realität mit dem, was sie für besser erachtet.
- **Verfremdung**: Die Kritik wird indirekt vorgebracht, dadurch sollen Unzulänglichkeiten plastischer hervortreten.

Grundsätzlich muss es einen **nachrichtlichen Anlass für eine Glosse** geben, der in die verfremdete Kritik mündet und schließlich mit einer Pointe endet. Ohne Widerspruch, den das nachrichtliche Thema in sich birgt, ohne einen wahren Kern, ohne gesellschaftliche Relevanz oder ohne aktuellen Bezug wird sich keine lesenswerte Glosse ergeben (vgl. Hoppe 2000, S. 81f.).

Sind diese Variablen jedoch gegeben, so kann das Glossenschreiben beginnen. Dabei sollte man sich auf wenige Gedanken konzentrieren, diese aber stringent verfolgen (vgl. Hoppe 2000, S. 191). Es sollten **Randaspekte eines Themas** aufgegriffen werden, die einen neuen, sarkastisch getönten Blickwinkel auf die Situation erlauben (vgl. Mast 2004, S. 306). Der Nachrichtenkern sollte noch einmal genannt werden, möglichst weit zu Beginn, dann kann mit den unterschiedlichsten Mitteln gearbeitet werden: Beispiele, Kontrastierungen, bewusstes Falschverstehen, Parodie und viele mehr (vgl. Hoppe 2000, S. 191).

Hoppe (2000, S. 151 - 156) unterscheidet **drei dramaturgische Formen**:

- **Pointen-Dramaturgie**: Die Spannungskurve steigt über Assoziationen bis hin zur Pointe und kippt dort.
- **Paukenschlag-Dramaturgie**: Die Spannungskurve beginnt auf dem Höhepunkt, sinkt dann schnell und steigt wieder auf dem Weg zur nächsten Pointe.
- **Assoziations-Dramaturgie**: Die Spannung entwickelt sich hier durch das Wechselspiel diverser Assoziationen.

Den Kern der Glosse bilden dabei Argumente, die pointiert zum Höhepunkt getrieben werden.

9.3.4 Rezension und Kritik

Literatur zum Schreiben von Rezension und Kritik
- Porombka, S. (2006). Kritiken schreiben. Ein Trainingsbuch. Konstanz, UVK.
- Schalkowski, E. (2005). Rezension und Kritik. Konstanz, UVK.

Kommentar, Leitartikel und Glosse reflektieren soziale Gegebenheiten. Der **gesellschaftliche Bezug** ist auch für die Darstellungsformen Rezension und Kritik elementar: „Kunstwerke sind ohne Zweifel soziale Gegenstände: Sie werden von Menschen produziert und rezipiert" (Schalkowski 2005, S. 18). Zur Kunst werden hier nicht nur Werke der bildenden Kunst gezählt, sondern vor allem auch Filme, Literatur, Musik und Theater.

Die Begriffe Rezension und Kritik werden in der Regel synonym gebraucht und bezeichnen die Bewertung künstlerischen Schaffens. Inhaltlich befindet sich eine Kritik zwischen einem **Tatsachenbericht** und einer **subjektiv beeinflussten Interpretation**.

Beim **Aufbau einer Kritik in drei Teilen** stehen zunächst die Tatsachen im Mittelpunkt. Dort wird beispielsweise eine Operninszenierung oder ein Film dargestellt, um anschließend im zweiten Teil in die kritische Betrachtung zu münden (vgl. Mast 2004, S. 307; Porombka 2006, S. 49, 145, 181). Darüber hinaus gibt es einen dritten Teil: Hier informiert der Kritiker seine Leser über den Künstler und dessen Hintergrund sowie gegebenenfalls sein bisheriges Schaffen, vor allem im Kontext des aktuellen Werks (Schalkowski 2005, S. 107f.; vgl. Porombka 2006, S. 106ff.). Hält sich der Autor an diesen relativ geschlossenen Aufbau, bietet er dem Leser eine klare Orientierung, lässt sich selbst jedoch wenig Freiraum, seine Textstruktur bei Bedarf zu verändern.

Er könnte dann jedoch ein flexibles Aufbauschema einsetzen und die drei Einzelteile in ihre **Sub-Bestandteile** auflösen. Die Beschreibung eines besprochenen Buchs würde dann beispielsweise in einzelne Entwicklungsphasen der Handlung unterteilt und mit Urteil sowie Informationen verwoben. Nie jedoch soll der Leser überlegen müssen, ob er sich gerade in einem beschreibenden, urteilenden oder informierenden Part des Textes befindet (vgl. Schalkowski 2005, S. 109f.).

Sprachlich ist es bei der Beurteilung in einer Kritik von Bedeutung, nicht mit sehr **pauschalen Werturteilen** zu argumentieren und Ausdrücke wie „modern" oder „unzeitgemäß" zu vermeiden, ziehen sie doch ein ganzes Wertesystem hinter sich her. Es wird „in Rezensionen nirgendwo so viel gemogelt wie bei den scheinbar objektiven Urteilen [...]" (Schalkowski 2005, S. 216). Ob der Rezensent einen Verriss über einen Kinofilm schreibt, ein Loblied auf eine Operninszenierung singt oder ein Buch bespricht, das für ihn weder der große Wurf noch ein absoluter Reinfall ist, bei aller Sprachgewalt sollte er fair bleiben.

9.4 Hybridformen und weitere Darstellungselemente

9.4.1 Das Interview

Literatur zum Verfassen von Interviews

- Haller, M. (2001). Das Interview. Ein Handbuch für Journalisten. Konstanz, UVK.
- Siehe Literaturempfehlungen in Kapitel 8

Das Interview ist einerseits eine Recherchemethode für andere Darstellungsformen, andererseits aber auch eine eigene journalistische Darstellungsform. Die meisten Frage-Antwort-Settings zwischen Journalisten und Auskunftspersonen dienen der Recherche (vgl. von La Roche 2001, S. 141). Um diesen Punkt soll es hier nicht gehen. Dieser Abschnitt beschäftigt sich ausschließlich mit dem Interview als Darstellungsform in Printmedien.

Gedruckte Interviews sind nicht einfach Abschriften der Tonaufzeichnungen während eines Gesprächs. Die **Lesbarkeit und Prägnanz des Textes** sind bedeutender als die Worttreue, solange der Inhalt nicht verfremdet wird (vgl. Haller 2001, S. 62). Wiederholungen und Worthülsen werden herausgestrichen. Das **Wortprotokoll** eines *Spiegel*-Gesprächs umfasst beispielsweise 1200 bis 1500 Zeilen, gedruckt werden in der Regel 500 bis 800 (ebd). Ein Interview wird vom Interviewten autorisiert. Am Beispiel von Interviews im *Spiegel* erläutert Haller (2001, S. 63), dass der Interviewte Änderungen vornehmen oder den Druck untersagen kann. Dieses Prozedere entspricht nicht dem, was der Laie annimmt, wie ein gedrucktes Interview zustande kommt. Er vermutet eine Wort-für-Wort-Wiedergabe des Gesagten (vgl. Schneider und Raue 2003, S. 79). Die Tatsache, dass ein Interview nicht so veröffentlicht wird, wie es geführt wurde, wie es im Radio oder Fernsehen in Live-Situationen der Fall ist, gibt Printjournalisten eine **deutlich größere Freiheit**. Unter Umständen kann er das Interview am Schreibtisch nachträglich komponieren (vgl. Haller 2001, S. 332).

Journalisten sollten sich nicht nur vor einer Konservierung der Sprechsituation hüten, auch eine Simulation ist fehl am Platz. Die **Gesprächsatmosphäre** lässt sich mit Hilfe zweier von Haller (2001, S. 343 - 346) beschriebener Methoden besonders gut nachempfinden:

- **Dramatisierung des Dialogs** durch schnelle Argumentwechsel zwischen den Partnern (also ein „ins Wort fallen"), den Wechsel zwischen langen und verkürzten Bestandteilen sowie eine „Dialogisierung" (also die Verwendung von Formulierungen, die jedes neue Votum auf die Aussage des Interviewpartners beziehen)

- **Verwendung von Alltagssprache** durch umgangssprachliche Ausdrücke oder Redeweisen, die passend zu Gesprächspartner und Thema auch lockerer Natur sein dürfen

Haller (2001, S. 347 f.) unterscheidet bei den „Nachbesserungen" zur Dramatisierung eines Interviews zwischen verschiedenen **Interviewmotivationen**:

- Bei **gegenstandzentrierten Interviews** stehen Verständlichkeit und Genauigkeit im Vordergrund. Gegebenenfalls müssen in den Fragepart Erläuterungen eingebunden werden. Dramatisierend wirkt hier der Wechsel zwischen detailgenauen Ausführungen, episodenhaften Erzählungen und prägnanten Einwürfen.

- Die **verschränkten Interviews** leben von prägnanten Aussagen des Interviewten. Dramatisierend wirkt hier die Verstärkung des argumentativen Charakters, etwa durch eine Formulierung der Antworten in reagierender Art und Weise.

- Bei **personenzentrierten Interviews** müssen sich auch der Geist des Gesprächspartners, seine Ausdrucksvorlieben und Wortwahl zeigen. Zur Dramatisierung empfiehlt sich die Formulierung persönlicher, relativ offener Fragen.

Welchen Interviewansatz der Interviewer auch wählt, er sollte es schaffen, dem Leser das zu bieten, was er erwartet: Dabei kann in manchen Fällen der Unterhaltungsaspekt überwiegen, in manch anderen hingegen der Informationscharakter.

9.4.2 Das Porträt

Literatur zum Schreiben von Porträts
- Egli von Matt, S., H. Gschwend, H.-P. von Peschke und P. Riniker (2008). Das Porträt. Konstanz, UVK.

Nur wenig Literatur existiert zur journalistischen Darstellungsform des Porträts, beklagen die Schweizer MAZ-Journalismusausbilder Sylvia Egli von Matt, Hans-Peter von Peschke und Paul Riniker (2003, S. 15; vgl. auch von Matt, von Peschke et al. 2008). In der Tat: Es findet sich bis auf ihre eigene Abhandlung keine Monographie zum Thema. Das Porträt wird häufig bei der Reportage mit „abgehandelt", es spricht aber vieles dafür, es als eigenständige Form anzusehen und zu behandeln, nicht zuletzt die Tatsache, dass es im Gegensatz zur Reportage von manchen Autoren den meinungsbetonten Darstellungsformen zugeordnet wird (vgl. Mast 2004, S. 237). Unter einem Porträt versteht man die **Auseinandersetzung mit einem Menschen**, der mit großer Wahrscheinlichkeit für die Öffentlichkeit interessant ist (vgl. Egli von Matt, von Peschke et al. 2003, S. 43). Mag das beim

Papst, bei Kanzlerin Angela Merkel oder bei der Fußball-Größe Franz Beckenbauer auf der Hand liegen, bedarf es bei vorher unbekannten Personen oft nur eines speziellen Aspekts, der die Auseinandersetzung mit ihnen spannend macht und einen Lesereiz bietet.

Alles dreht sich um Menschen, überall und in den Medien im Besonderen. „Porträts können zum Markenzeichen von Zeitungen und Zeitschriften werden" (Schneider und Raue 2003, S. 131). Zentral für das Porträt ist die journalistische Aufbereitung einer oder mehrerer Begegnungen, vor denen sich der Journalist bereits ein Thema ausgesucht hat. Dieser besondere Blickwinkel kann im Verlauf jedoch noch modifiziert werden. Ein Porträt enthält **biografische Eckdaten**, einen **gewichteten Lebenslauf** und **Reflexionen** über die Persönlichkeit des Porträtierten, auch über **Widersprüchlichkeiten** (ebd.). Das Porträt ist eine subjektive journalistische Form: Der eine Autor wird möglicherweise auf die HJ-Vergangenheit von Günter Grass eingehen, während einen anderen interessiert, was ihn so sehr an Lübeck fasziniert. Medienschaffende spiegeln sich selbst in dem, was und wie sie schreiben. Ein Porträt ist immer eine Momentaufnahme, dennoch sollte es eine gesellschaftliche Relevanz haben (vgl. Egli von Matt, von Peschke et al. 2003, S. 44).

Drei Varianten des Porträtaufbaus werden von Egli von Matt, von Peschke und Riniker (2003, S. 86f) unterschieden:

- der **zeitorientierte Aufbau** zeichnet sich durch seine dokumentarische Struktur, aus. Das kann beispielsweise ein Tagesablauf ein, auch mit Einsatz von Zeitblenden.

- der **szenenorientierte Aufbau** ist charakterisiert durch die Montage von Beobachtungen der porträtierten Person aus unterschiedlichen Zusammenhängen, die sich wie eine Collage aneinanderfügen.

- der **literarische Aufbau** arbeitet mit Leitmotiven, zum Beispiel auf der Sprachebene oder den Blickwinkel des Autors betreffend.

Perspektiven- und Tempowechsel bereichern den Text (vgl. Egli von Matt, von Peschke et al. 2003, S. 90).

Leitaspekte für die Vorbereitung eines Porträts

Sylvia Egli von Matt, Direktorin des MAZ, der Schweizer Journalistenschule in Luzern, empfiehlt mit ihren Kollegen Hans-Peter von Peschke und Paul Riniker bei der Vorbereitung eines Porträts, besonders auf die folgenden Aspekte zu achten:

1. Was macht mich neugierig an der zu porträtierenden Person? Welche Haltung habe ich ihr gegenüber? Diese positiven oder negativen Gefühle notieren.
2. Was wurde über die Person bereits publiziert? Was hat sie allenfalls schon selbst geschrieben? Archive, Internet und Bibliotheken durchstöbern und die Informationen kritisch analysieren und gewichten.
3. Die zu porträtierende Person selbst nach Unterlagen über sie fragen, die ihr wichtig sind.
4. Sich Wissen aneignen über Hauptthemen der zu porträtierenden Person.
5. Termin, Ort und Gesprächsdauer vereinbaren.

> 6. Kollegen, Kritiker und Konkurrentinnen und/oder Mitarbeitende zur Person befragen.
> 7. Einen Biografiespickzettel sowie einen Themenkatalog erstellen.
> 8. Nach Möglichkeit öffentliche Auftritte oder Arbeitssituation beobachten.
> 9. Überlegen, ob Geräte für ein multimediales Porträt frei sind und ob eine Fotografin organisiert werden muss.
> 10. Bild- und Ton-Dokumente sowie Drehorte suchen.
>
> Quelle: Sylvia Egli von Matt, Hans-Peter von Peschke und Paul Riniker „Das Porträt" (2003, S. 55)

Nach Möglichkeit sollten Journalisten vermeiden, Porträts zu schreiben, ohne den Porträtierten kennenzulernen, sondern stattdessen auf vorliegende Medienberichte oder – schlimmer noch – auf die eigene Fantasie zu vertrauen. Eine Schweizer Politikerin, Ursula Koch, hat das bereits häufig erlebt: „Grauenhaft. Und beim Porträt hat man, anders als beim Interview, ja auch kein Recht mehr, Falsches auszugleichen." (Koch 2003, S. 122). Bisweilen kommt es aber – vor allem im Tageszeitungsbereich – vor, dass ein Porträt „kalt" geschrieben werden muss, ohne den Porträtierten persönlich zu kennen, etwa wenn ein Nobelpreisträger gekürt, dieser aber für ein persönliches Gespräch auf die Schnelle nicht zu haben ist (vgl. Schneider und Raue 2003, S. 133).

Ob mit persönlicher Begegnung oder ohne: Ein Porträt sollte nur verfassen, wer die Würde seines Gegenübers achtet und unbefangen an den Porträtierten herantreten kann. „Offene Rechnungen" sollten ebenso wenig bestehen wie zu große Nähe (vgl. Egli von Matt, von Peschke et al. 2003, S. 13, 49, 53). Vor Freunden und vor Feinden sollte man sich also hüten, wenn man professionell schreiben möchte.

9.4.3 Überschriften, Dachzeilen, Vorspänne und Zwischenzeilen

> **Literatur zum Verständnis von Text- und Seitengestaltung**
> - Blum, J. und H.-J. Bucher (1998) (Hrsg.). Die Zeitung. Ein Multimedium. Konstanz, UVK.
> - Brielmaier, P. und E. Wolf (1997). Zeitungs- und Zeitschriftenlayout. Konstanz, UVK.
> - Kupferschmid, I. (2002). Buchstaben kommen selten allein. Ein typografisches Werkstattbuch. Weimar, Universitätsverlag Weimar.
> - Küpper, N. (2004). Zeitungsgestaltung. In: H. Pürer, M. Rahofer und C. Reitan (Hrsg.). Praktischer Journalismus. Konstanz, UVK: 257-277.
> - Reiter, M. (2006). Überschrift, Vorspann, Bildunterschrift. Konstanz, UVK.
> - Schneider, W. und D. Esslinger (2008). Die Überschrift. Sachzwänge – Fallstricke, Versuchungen – Rezepte. Berlin, Econ.

Überschriften, Dachzeilen, Vorspänne oder Zwischenzeilen sind keine eigene Gattung, trotzdem sollen sie hier eigenständig aufgeführt werden, um ihre Wichtigkeit als **Gestaltungselemente im Printjournalismus** zu veranschaulichen. Oft wird diesen „Kleinigkeiten" zu wenig Gewicht, zu wenig Beachtung geschenkt (vgl. Reiter 2006, S. 8).

Die sogenannten „Kleintexte" sind die Visitenkarte des Textes, laden den Leser ein, für ein paar Zeilen reinzulesen – und vielleicht zu bleiben. Ist diese Einladung schlecht geschrieben, langweilig oder fehlerhaft, so kann der dazugehörige Text noch so gut sein, er wird ungelesen bleiben (vgl. Reiter 2006, S. 9). Eine sehr kompakte Zusammenfassung eines Textes ist der sogenannte Küchenzuruf. Dabei wird einer anderen Person in sehr **komprimierter Form die Kernaussage** kommuniziert (vgl. Reiter 2006, S. 14). Daran sollten sich Überschriften, Dachzeilen, Vorspänne und Zwischenzeilen orientieren.

Überschriften, die allein stehen, gibt es in der Regel nur über Meldungen in Tageszeitungen. Meist ist noch eine Dachzeile oder eine Unterzeile dabei, in manchen Publikationen (zum Beispiel der *Süddeutschen Zeitung*) sogar beides. Wichtig ist es, dass sich diese Elemente nicht selbst widersprechen. Ein Beispiel aus der Stuttgarter Zeitung (nach Reiter 2006, S. 37):

Dachzeile: Das Ende der Durststrecke kommt jetzt in Sicht

Überschrift: Milchindustrie setzt Preiserhöhungen noch nicht überall durch

Mehr als nachrichtliche Überschriften darf sich eine Überschrift im Boulevardjournalismus erlauben. Sie kann eine Stimmung unter Umständen so einfangen, dass sie selbst zum Thema wird, wie zum Beispiel der *Bild*-Titel „Wir sind Papst" (vgl. Reiter 2006, S. 45). Sprachwitz und Überraschungseffekte sind durchaus gewünscht, umso „softer" der folgende Inhalt ist (vgl. Hruska 1993, S. 43).

Generell kann man sich beim **Schreiben einer Überschrift** an den folgenden **zehn Regeln** nach Reiter (2006, S. 73 - 81) orientieren:

- Einfaches Schreiben
- Verwendung des Präsens
- Verzicht auf Verben
- Nutzung aktiver Formulierungen
- Vermeiden von Infinitiven
- Fragezeichen sind möglich, wenn die Frage geklärt wird
- Vermeidung ungewöhnlich zusammengesetzter Wörter (besser „Aerobic-Kurse" statt „Aerobickurse" (Reiter 2006, S. 79))
- Sinnvoller Umbruch bei mehrzeiligen Überschriften
- Kennzeichnung von Zitaten
- Produktive Kooperation mit dem Layout: nicht immer die Zeile füllen müssen

Zwischenzeilen bieten dem Leser einen kleinen Ruhepol, setzen gleichzeitig einen neuen Lesereiz und ermöglichen eine Orientierung in langen Texten. Diese werden oft gar nicht bis zum Ende gelesen, das Gegenteil sollte das Ziel eines jeden Autors sein (vgl. Reiter 2006, S. 71).

Beim **Vorspann** wird unterschieden zwischen der nachrichtlichen Variante und einer subjektiveren Form, die in Magazinen, teilweise aber auch in Tageszeitungen vorkommt. Erstere ist ein Teil der Nachrichtenhierarchie und muss damit zunächst der Klärung der W-Fragen dienen, während die zweite Form vor allem ein Ziel hat: Spannung soll erzeugt werden, der Leser soll in den Text hineingezogen werden (vgl. Mast 2004, S. 244f.; Reiter 2006, S. 86, 90).

9.4.4 Bilder und Bildzeilen

Literatur zum Verständnis der Bildgestaltung

- Grittmann, E. (2007). Das politische Bild. Fotojournalismus und Pressefotografie in Theorie und Empirie. Köln, Halem.
- Knieper, T. und M. G. Müller (2001) (Hrsg.). Das Bild als Forschungsgegenstand – Grundlagen und Perspektiven. Köln, Halem.
- Lebeck, R. und B. von Dewitz (2001). Eine Geschichte der Fotoreportage. Göttingen, Steidl.
- Mante, H. (2002). Das Foto. Gliching bei München, Verlag Photographie.
- Reiter, M. (2006). Überschrift, Vorspann, Bildunterschrift. Konstanz, UVK.
- Schuster, M. (1996). Fotopsychologie. Lächeln für die Ewigkeit. Berlin und Heidelberg, Springer.

Bilder sind *Eyecatcher*. Bebilderte Artikel werden weitaus besser wahrgenommen als bloße Texte. Schauen bei einem einfachen Artikel mit Bild 42 Prozent der Leser hin, so sind es unbebildert gerade einmal noch zwölf Prozent. Der **Einstieg in eine Zeitungsseite** läuft zu 85 Prozent über Bilder (vgl. Wolff 2006, S. 290). Bilder sind folglich als journalistische Darstellungsform zu begreifen, nicht als bloßes Bciwerk von Texten (vgl. Meckel 2001; Straßner 2002; Doelker 1997). Die **Bildkompetenz von Redakteuren** wird in Zukunft eine zunehmend bedeutende Rolle im Journalismus spielen – zurzeit ist sie noch keine Selbstverständlichkeit (vgl. Rossig 2007, S. 14). Das Wissen über den Bildaufbau und die visuelle Vermittlung von Inhalten darf kein alleiniger Besitzanspruch von Fotografen sein, Blattmacher brauchen es ebenso wie profunde Orthographiekenntnisse (vgl. Grittmann 2007). Analog dazu ist auch die Entwicklung im Fernsehbereich zu sehen: Sogenannte Videojournalisten übernehmen die Arbeit des Kameramanns gleich mit, das geht nicht ohne das entsprechende Know-how. Pressefotografie hat nicht das Ziel, gefällige Aufnahmen zu liefern, ihr Gradmesser ist die Verwendbarkeit im jeweiligen Medium. Bilder können einzeln auftreten, als **Fotostrecke** oder gar als umfangreicher **Bildessay** in einem Magazin (vgl. Kaindl 2004, S. 239).

Ein entscheidendes Element ist die **Bildzeile** (auch: Bildunterzeile, BU, Bildtext, Legende oder caption), die das Bild erklärt und den Leser zur Lektüre des dazugehörigen Artikels anregen soll (vgl. Reiter 2006, S. 107ff.). Die Bildzeile sollte auch die W-Fragen klären, die das Bild aufwirft. Eine **Sachzeile** ist essenziell, dazu kann die sogenannte Schmuckzeile auftreten, wie sie beispielsweise *Der Spiegel* verwendet: Nach einer sachlichen Klärung des Bildinhalts folgt in veränderter Schrift eine interessante Aussage aus dem Text. Handelt es sich dabei um ein **Zitat**, kann es unter Umständen aber schwierig sein, es der richtigen Person zuzuordnen (zum Beispiel: Parteifreunde Schröder, Gabriel, Beck: „Nie daran gedacht aufzuhören").

Eine weitere Variante sind **geschmückte Sachzeilen** (zum Beispiel: Am Ende: Ex-Tour-Sieger Jan Ullrich ist im Erklärungsnotstand, und selbst seine Fans wenden sich von ihm ab). Bildzeilen enden fast nie mit einem Punkt, selbst nach kompletten Sätzen (vgl. Wolff 2006, S. 293-298).

9.4.5 Infografiken

Literatur zum Einsatz von Infografiken

- Jansen, A. und W. Scharfe (1999). Handbuch der Infografik. Visuelle Kommunikation in Publizistik, Werbung und Öffentlichkeitsarbeit. Berlin, Heidelberg, Springer.
- Liebig, M. (1999). Die Infografik. Konstanz, UVK.
- Knieper, T. (1995). Infographiken – das visuelle Informationspotential der Tageszeitung. München, Reinhard Fischer.

Die Worte „Information" und „Grafik" wurden in den 1980er Jahren zusammengesetzt, der Begriff „Informationsgrafik", kurz **Infografik** entstand (vgl. Knieper 1995, S. 3). Es handelt sich um eine **journalistische Darstellungsform**, die erst spät als solche anerkannt wurde, obwohl schon lange bekannt ist, dass **Informationen durch Visualisierung** gut übermittelt werden können. Sogenannte Schaubilder sind in Schulen und der Erwachsenenbildung seit jeher gang und gäbe (vgl. Jansen und Scharfe 1999, S. 5).

In den USA wurde der Infografik-Trend begründet. 1985 erschien *USA today* mit dem Anspruch, das Fernsehen in die Zeitung zu bringen (vgl. Jansen und Scharfe 1999, S. 10). In Deutschland kann in Sachen Infografik der *Focus* als Vorreiter gesehen werden. Seit der Erstausgabe im Jahr 1993 legt man bei dem Wochenmagazin einen Schwerpunkt auf das Erklären mit Hilfe von Infografiken (ebd.). Eine Infografik lebt von **klaren Aussagen und Zuspitzungen**. Diese Straffung kann dazu dienen, Kommunikation zu erleichtern. In der Praxis wird mit einer Infografik häufig eine kombinierte Fragestellung verbunden. Dazu kann es nötig sein, unterschiedliche Typen von Infografiken miteinander zu verbinden. Knieper (1995, S. 1f.) unterscheidet fünf Typen, namentlich **Piktogramme, grafische Adaptionen, erklärende Visualisierungen, Karten und quantitative Schaubilder**.

Jansen und Scharfe (1999, S. 19) fassen die Differenzierung in **drei wesentlichen Typen** der Infografik zusammen:

- Bei **Bildstatistiken** steht die Visualisierung von Mengenverhältnissen im Vordergrund. Dies funktioniert mit unterschiedlichen Diagrammformen. Es gibt einfache Vergleiche, zum Beispiel die Aufteilung der Sitze im Parlament in einer Legislaturperiode, oder kombinierte Vergleiche, beispielsweise die Gegenüberstellung von Parlamentszusammensetzungen aus unterschiedlichen Legislaturperioden (vgl. Jansen und Scharfe 1999, S. 174-197).

- Die **Prinzipdarstellung** vermittelt Erkenntnisse über tatsächliche oder abstrakte Gegenstände. Sie stellt Dinge dar, die man nicht sieht. Es gibt eine große Bandbreite von der skizzierten Unternehmensstruktur, also einem Organigramm, bis hin zur Funktionsdarstellung eines Motors oder Antriebstrakts eines Autos. Ein Strukturbild kann beispielsweise einen Bauplan zeigen, eine Prozessgrafik einen Ablauf erklären (vgl. Jansen und Scharfe 1999, S. 116-137).

- **Karten** vermitteln dreidimensionale Lebensräume von Menschen auf zweidimensionale Art und Weise. Sie verkleinern und vereinfachen die Realität und erläutern durch ihre Beschriftung. Kartografische Infografiken sind eine Erweiterung und Spezifizierung von Landkarten, die einen speziellen Blickwinkel einnehmen (vgl. Jansen und Scharfe 1999, S. 140-171).

Bei der Erstellung einer Infografik sind fünf Kompositionsregeln zu beachten, die Liebig (1999, S. 113 - 121) als Gesetze klassifiziert:

- **Gesetz der Konvention**: Das Auge des Betrachters darf nicht verwirrt werden, der Infografiker ist eher ein Handwerker als ein Künstler.
- **Gesetz der Richtung**: Wir lesen von links nach rechts. Eine Entwicklung in den positiven Bereich sollte also nie mit einem Pfeil von rechts nach links symbolisiert werden.
- **Gesetz der Nähe**: Elemente in einer Grafik sollten sehr nahe daran, gegebenenfalls sogar noch darin, beschriftet werden, damit die Zusammengehörigkeit wahrgenommen werden kann.
- **Gesetz der Einheitlichkeit**: Elemente mit ähnlicher Farbgebung, Typographie oder vergleichbaren gestalterischen Variablen werden als zusammengehörig empfunden.
- **Gesetz der Dimension**: Größenverhältnisse sind ein Indiz für die Bedeutung einzelner Elemente. Faustformel: Die informationstragenden Elemente sollten zusammen etwa zwei Drittel des Raums einnehmen.

Zudem betont Liebig (1999, S. 122 f) die Bedeutung althergebrachter Darstellungsvarianten: Pfeile und Linien sind nicht zu ersetzen. **Verständlichkeit auf einen Blick**, das muss der Anspruch einer jeden Infografik sein.

9.5 „Das oft beschworene Sterben des Printjournalismus findet nicht statt" – Expertengespräch mit Uwe Bokelmann (Bauer Media Group)

Interview: Sophie Wehofsich

Uwe Bokelmann

Ist Chefredakteur mehrerer Programmzeitschriften und Entwickler neuer Magazine bei der Bauer Media Group.

Er konzipierte als kreativer Kopf für das Hamburger Verlagshaus das Wissensmagazin *Welt der Wunder*. Der Journalist gilt als „Allzweckwaffe" (*kress*) für die Entwicklung erfolgreicher Medienformate. Neben *Welt der Wunder* verantwortet er als Chefredakteur die Programmzeitschriften *TV Hören und Sehen* und *TV Life* sowie Europas meistgekaufte Publikumszeitschrift *TV 14*.

Warum sollten sich angehende Journalisten mit der Konzeption von Medienformaten beschäftigen?
Wir erleben, dass die Haltbarkeit von Medienformaten immer kürzer wird. Eigentlich brauchen wir in immer schnelleren Abständen neue Konzepte für neue Medienformate. Diese neuen Projekte werden nach unserer Erfahrung nicht von der älteren Generation entwickelt, sondern von der jüngeren. Der innovative Nachschub kommt also immer von unten. In den vergangenen Jahren konnten sich drei Neuerscheinungen am Zeitschriftenmarkt durchsetzen – *Neon*, *Intouch* und *Welt der Wunder*, die alle von sehr jungen Redaktionen entwickelt wurden. Das hat den positiven Nebeneffekt, dass wir – also die Verlage und die Redaktionen – mit einer Neuentwicklung den Markt und seine Wandlungen besser kennenlernen. Mit jedem neuen Objekt, das wir auf den Markt bringen, erfahren wir mehr darüber, was Leser heute erwarten und was nicht. Mittlerweile gehört die Medienkonzeption daher zu den journalistischen Basics. Unsere Jungredakteure zum Beispiel, also diejenigen, die im sogenannten „Kinderzimmer" des Bauer-Verlags *Welt der Wunder* entwickelten, haben in den vergangenen zwei Jahren bereits drei weitere neue Objekte konzipiert. Anders als noch vor zehn Jahren, bin ich heute davon überzeugt, dass in der Neukonzeption die Zukunft von Print liegen wird. Hier gibt es Wachstum, hier sind neue und auch junge Lesergruppen zu erschließen.

Inwiefern hat sich die Bedeutung der konzeptionellen Fähigkeiten im Journalismus in den vergangenen zehn Jahren verändert?
Die Leser, mit denen wir es heute zu tun haben, egal ob jung oder alt, sind über die Vielzahl der Medien daran gewöhnt, in einem kurzen Rhythmus neue Reize zu erhalten. Neue Reize schaffen schnell neue Erwartungen. Medien, die sich nicht mitentwickeln, laufen Gefahr, langsam zu sterben. Es kann also sein, dass wir künftig Hefte nicht mehr alle paar Jahre relaunchen, sondern permanent verändern und weiterentwickeln müssen. Selbst das relativ junge *Welt der Wunder* ist mit der Erstausgabe kaum mehr zu vergleichen. Wer sein Heft nicht neuen, modernen Lese- und Informationsbedürfnissen anpasst, wird erfahren, dass sich neue Leser nicht an das Blatt binden lassen. Das war vor zehn Jahren noch anders. Da gab es einfach mehr Kontinuität, eine gewisse Sehnsucht nach Vertrautheit. Wie sich die Wahrnehmung von alt und neu in unserer Gesellschaft verändert hat, kann man übrigens sehr gut am Trendbarometer der Mode ablesen. Vor zehn Jahren gab es eine Frühjahrskollektion und eine Herbstkollektion. Heute haben die großen Modeketten jede Woche eine neue Kollektion in den Läden. Auf dem veränderten Markt macht es keinen Sinn, Medienprodukte anzubieten, die diesen Rhythmus nicht einhalten. Hier muss eine Umorientierung auf breiter Ebene stattfinden. Sonst erleben wir tatsächlich das oft beschworene Sterben des Printjournalismus, das in Wahrheit noch gar nicht stattfindet, auch wenn das immer behauptet wird. Zurzeit sind es lediglich Einzelobjekte, die zugrunde gehen. Eine Art Selbstregulierung des Marktes. In Folge werden wir in nächster Zeit eine ganze Reihe von Neugründungen erleben. Objekte, die zwar keine Millionenauflagen erzielen, aber wirtschaftlich durchaus erfolgreich sind. Schon jetzt kann man sagen, dass neue Medienkonzepte Erfolg haben. Nehmen Sie nur die Beispiele, die ich anfangs erwähnt habe. *Neon* ist einen neuen eigenen Weg gegangen: Da ist es der Redaktion gelungen, ein Heft für die „Post-*Bravo*-Generation" zu kreieren. Ein Heft mit einem Ton, von dem sich die Generation 20+ tatsächlich angesprochen und verstanden fühlt. Das war mutig und das ist erfolgreich. Auf andere Weise hat auch *Welt der Wunder* mit Konventionen gebrochen und damit vor allem junge Leser erreicht: Wir präsentieren Wissenschaft laut,

bunt und unterhaltsam und bieten trotzdem Informationen auf dem aktuellsten Stand der Forschung. *Intouch* hat es geschafft, im People-Segment eine nachwachsende Leserschaft und schon ganz junge Menschen anzusprechen. Dennoch grenzen alle drei Konzepte die Altersgruppen ihrer Leser nicht zu stark ein. Bildhaft lässt sich sagen, dass ihre Zielgruppen oval angelegt sind, zwar schmal in der Quantität, aber lang in der Altersstruktur. Das gilt vor allem für *Welt der Wunder* und *Intouch*.

Wie geht man bei einer Neukonzeption vor? Können Sie am Beispiel von „Welt der Wunder" skizzieren, worauf es in Entwicklungsredaktionen ankommt?
Journalisten in Entwicklungsredaktionen müssen kreativ sein dürfen. Es bedarf eines Freiraums, in dem sie ihre Idee ausprobieren und umsetzen. Ich bin der Meinung, dass man solche Projekte nicht zu analytisch angehen sollte. Man sollte sich lieber fragen, was einen selbst und die Leute, die man kennt, interessiert. Das Wichtigste war daher für uns, dass wir nicht kopieren, sondern eigene Vorstellungen eines guten Wissensmagazin realisieren wollten. Der Markt der Wissensmagazine wurde früher von *PM* und *GEO* geradezu beherrscht. Trotzdem haben wir der Versuchung widerstanden, deren Leser gezielt anzusprechen. Wir hatten von Anfang an den Anspruch, anders sein zu wollen und haben uns eine eigene Zielgruppe gesucht. Bei der Umsetzung sind wir dann einem ungewöhnlichen Weg gefolgt. Wir haben auf unser Bauchgefühl vertraut und zunächst ganz auf Marktforschung verzichtet. Gerade bei der Einführung neuer Formate ist das Risiko groß, dass Marktforschungen eher verunsichern. Wir haben dann eine spezielle Form der Marktforschung für *Welt der Wunder* entwickelt. Eine nach vorne orientierte Marktforschung. Normalerweise funktioniert Marktforschung rückwärts: Sie legen ein Heft aus und fragen die Leser, wie es ihnen gefällt. Das Ergebnis bekommen sie aber erst Monate später, also eigentlich viel zu spät, um daraus konkrete Schlussfolgerungen abzuleiten. So bleibt Marktforschung im Ungefähren. Eigentlich will der Journalist aber wissen, wie er das nächste Heft machen muss. Wir testen also aktuell, welche Themen gerade beim Leser angesagt sind. Wir loten dabei auch sich wandelnden Interessenlagen aus. Denn Leserinteressen können sich auch im Wissensmarkt sehr schnell ändern – manchmal innerhalb von Wochen. Die Frage: „Was will und muss ich jetzt wissen?" erhöht auch im Wissensjournalismus den Aktualitätsdruck.

Was macht eine Entwicklungsredaktion genau?
Die Arbeit an *Welt der Wunder* war anfangs in mancher Hinsicht ein Experiment. Entwickelt wurde das Konzept von Volontären des *Bauer-Verlags* unter Anleitung der jetzigen Chefredaktion. Auf die Unterstützung erfahrener Wissensjournalisten wurde bewusst verzichtet. Neugier, Unbefangenheit und die frischen Sichtweisen junger Redakteure waren von Anfang an fester Bestandteil des Konzepts. Als wir uns dann mit den Themen für die erste Ausgabe beschäftigten, wurde uns schnell klar, was wir nicht wollten: Themenansätze, die andere schon vor uns gemacht haben. Was also ist ein ganz spezielles *Welt der Wunder*-Thema? In der ersten Titelgeschichte lautete die Antwort auf diese Frage: „Kann das Gehirn einen Mord begehen?" Es ging dabei um bahnbrechende neue Hirnforschungen zum Bewusstsein. Ein Bereich, der zurzeit gerade die Forensik revolutioniert. Dabei geht es um die Frage: Kann es sein, das Fehlfunktionen des Gehirns einen Menschen gegen seinen Willen zum Verbrecher machen? Solche Fälle gibt es tatsächlich. Und *Welt der Wunder* hat dann darüber berichtet, wie diese Hirnforschungen die Frage nach der Schuld eines Täters in Zukunft ganz neu stellen werden. Damit hatten wir ein Thema so definiert,

dass wir sagen: „Das ist *unique*, das ist typisch *Welt der Wunder*". So hat sich in der Redaktion eine besondere Themenkultur entwickelt. Alle Ideen sind es wert, betrachtet zu werden. In die Gestaltung der Themenfindungsprozesse in der Redaktion haben wir gezielt Strategien aus der aktuellen Kreativitätsforschung einfließen lassen. Jede Idee kann also vorgeschlagen werden. Sie wird dann aber solange bearbeitet, bis man sie umsetzen kann. Sich für seine Themen und Ideen einzusetzen, ist auch eine Frage von Mut und Offenheit. Entwicklungsredakteure sollten beide Eigenschaften mitbringen beziehungsweise trainieren. Wenn man sich als junger Journalist in einer Entwicklungsredaktion erst vom Chef erklären lässt, wie der es haben möchte, ist da ein kreativer Prozess am Ende, bevor er überhaupt begonnen hat. Die heikle Phase ist dann die Auseinandersetzung. Am Ende kann nicht jede Idee gewinnen. Hier ist es hilfreich, eine Ablehnungskultur zu entwickeln, die es ermöglicht, dass Themen verworfen werden, ohne dass der kreative Impetus der Redaktion darunter leidet. Man könnte es so ausdrücken: Die Kunst einer Chefredaktion besteht darin, den Ideen-Output einer Redaktion in produktive Bahnen zu lenken, ohne die Kreativität zu beschädigen.

Nach welchen Kriterien selektieren Sie die Ideen, die ins Heft kommen?
Früher konnten sich Redaktionen an streng definierte Zielgruppen halten. Heute ist das kaum mehr möglich, weil diese nicht mehr genau zu definieren sind. *Welt der Wunder* wird von zehnjährigen Schülern gelesen, wie von Wissenschaftlern der Harvard Medical School. Ein scharf umrissenes Zielgruppenprofil ist kaum darstellbar. *Welt der Wunder* sollte eigentlich ein Heft für junge Männer sein. Dennoch ist die Nutzung bei Frauen erstaunlich hoch. Bei einigen Themen sogar genauso hoch wie bei Männern. Zudem sind Zielgruppendefinitionen bei Neukonzeptionen oft generell problematisch. Muss ein Journalist nicht sagen: Egal wer mein Heft liest, ich freue mich über jeden Leser? Oder muss er sagen: „Ich will nur gebildete Leser, die müssen alle in Großstädten wohnen und gut aussehen?" Diese Formen von Eingrenzung halte ich für falsch. Bei Neukonzeptionen sollte man zwar eine Zielgruppe anvisieren. Doch sich anzubiedern, kann für ein Heft geradezu tödlich sein. Grundverkehrt ist auch die Einstellung, seinen Lesern Themen nicht zuzutrauen, oder zu glauben man müsse sie schützen – alles Quatsch! Wir schließen mittlerweile keine Themen mehr aus. Uns geht es vielmehr darum, Themen so aufzubereiten, dass sie zu uns passen. Schwarze Löcher, südamerikanische Jugendbanden, Chemie in Lebensmitteln, Scharfschützen, Hirnoperationen, Internetkriminalität – alles Themen, die in ein populären Wissensmagazin gehören. Man muss sie nur interessant, verständlich und relevant schreiben. Ich plädiere also eher für den Mut und die Freiheit. Junge Leute sollten sich nicht so einengen lassen. Chefredakteure und Ressortleiter sind eher darauf gepolt, aufgrund ihrer Ausbildung zu bremsen und in bewährte Bahnen zu lenken. Der journalistische Nachwuchs aber ist wichtig, um neue Impulse zu geben, gerade bei Neukonzeptionen. Und noch etwas: Ich bin überzeugt, dass diejenigen, die das Heft entwickeln, es dann auch später machen sollten. Diese Leute haben die Konzeption im Kopf, sie haben sie inhaliert und müssen sie nicht mehr erlernen.

Sogenannte Line Extensions sind eine mögliche Strategie der Verlagswirtschaft bei der Entwicklung neuer Formate. Ihre Zeitschrift *Welt der Wu*nder ist an die Marke der gleichnamigen RTL2-Fernsehsendung gekoppelt. Übernehmen Sie Themen aus der Sendung und umgekehrt?
Nein gar nicht. Eine Zeitschrift muss unabhängig bleiben. Zudem ist die journalistische Form zu unterschiedlich, da Fernsehjournalisten auf Bilder texten, die der Leser eines Ma-

gazins nicht hat. Fernsehen ist im Vergleich zu Printmagazinen auf der Informationsebene oberflächlicher, daher gibt es kaum Parallelen und Themenübernahmen, wobei die Tonalität, die Farbe und die Sprache schon übereinstimmen. Die Sendung hilft dem Heft jedoch, dass es bei jungen Leuten als hochwertig angesehen wird.

Sie sind als Chefredakteur auch für drei Fernsehzeitschriften verantwortlich. Obwohl das TV-Zeitschriftensegment sehr groß ist, betrachten viele Journalisten die Produktion dafür nicht als journalistische Arbeit. Was entgegnen Sie diesen Kritikern?
Ich glaube fest an die Definition der Qualität durch Leser und nicht durch Journalisten. Die *FAZ* hat keine bessere Qualität als *Das neue Blatt*. *Das neue Blatt* hat einfach eine andere Form von Qualität, bedingt durch eine andere Zielgruppe. Es ist die alte Diskussion: Ist Oper qualitativ hochwertiger als Musical? Die Wahrheit ist: Es gibt tolle Musicals und schlechte Opern. Anspruch gebiert nicht automatisch Qualität. Wenn eine TV-Zeitschrift von sechs Millionen Menschen gelesen wird, hat sie für diese Menschen eine Qualität, eine Bedeutung. Und als Journalist muss man sich fragen, was man will: Möchte man 30.000 Exemplare an eine elitäre Zielgruppe verkaufen oder sechs Millionen Menschen auf höchstem Niveau unterhalten? Es wird nun mal pro Tag 250 Minuten ferngesehen, da ist doch klar, dass sich die Menschen für ihr Fernsehprogramm interessieren. Ich betrachte Journalismus als Information und Lebenshilfe und bin stolz, genau das machen zu können. Ich erreiche gerne viele Menschen, und vieles, was in Programmzeitschriften steht, kann sich journalistisch durchaus mit Beiträgen aus Medien messen, die im Ruf stehen besonders hochwertig zu sein. Wenn sie so viele Leser haben, müssen sie kreativ sein, sonst kaufen die Leser eine andere Programmzeitschrift.

Kann man Kreativität und konzeptionelles Arbeiten lernen?
Ich glaube schon, dass man Kreativität lernen kann. Dieser Prozess setzt jedoch Wissen und Leidenschaft voraus. Nur wer sich für etwas interessiert, kann auch Ideen haben. Kreativität kann man lernen, indem man möglicht viele Eindrücke und Informationen in sich aufnimmt. Diese Daten kumulieren im Gehirn und lassen sich zu neuen Konzepten formen. Wir als Verlag sind immer auf der Suche nach kreativen Köpfen, die ihre Ideen auch umsetzen können.

Das heißt, wenn jemand eine kreative Idee hat, kann er sich an Verlage wenden?
Unbedingt. Neue Ideen und frischer Wind sind immer willkommen und werden dankbar angenommen. Wenn jemand mit einem neuen Thema kommt, höre ich immer gerne zu.

Ideenwettbewerb „Grüne Wiese"

Auch das Verlagshaus Gruner + Jahr sucht nach neuen Konzepten für Medienprodukte. Sein jährlicher Ideenwettbewerb „Grüne Wiese" steht für jede Form von Medienkonzept offen. Willkommen sind Ideen für Print, Online und für Bewegtbildformate. Kreative aus ganz Deutschland sind eingeladen, ihre Medienidee einzureichen. Das Siegerteam wird von einer hochkarätigen Jury gekürt und gewinnt neben einem Preisgeld die Aussicht auf eine Umsetzung der Idee. Weitere Informationen finden sich im Internet unter www.guj.de.

10. Darstellungsformen im Radio

Antje Bongers

> **Überblick**
>
> Das Kapitel „Darstellungsformen im Radio" vermittelt die Grundlagen zur Produktion journalistischer Beiträge für den Hörfunk. Es erklärt das Schreiben und Sprechen für Hörer und die nachrichtlichen, unterhaltenden und meinungsbetonten Beitragsformen im Radiojournalismus.
>
> Das Kapitel ist in sechs Abschnitte gegliedert:
>
> - **Kapitel 10.1**: Im ersten Abschnitt werden die Grundlagen des Schreibens und Sprechens im Radiojournalismus vermittelt.
> - **Kapitel 10.2**: Der zweite Abschnitt erklärt die nachrichtlichen Darstellungsformen Nachrichtenmeldung, Nachrichten mit O-Ton, Korrespondentenbericht und gebauter Beitrag.
> - **Kapitel 10.3**: Der dritte Abschnitt stellt die Besonderheiten der erzählenden Darstellungsformen Reportage und Feature im Radiojournalismus vor.
> - **Kapitel 10.4**: Der vierte Abschnitt führt in die kommentierenden Darstellungsformen Kommentar und Glosse im Radiojournalismus ein.
> - **Kapitel 10.5**: Der fünfte Abschnitt fasst die spezifischen Anforderungen an Radio-Interviews auf Basis der allgemeinen Interviewgrundlagen in Kapitel 8 zusammen.
> - **Kapitel 10.6**: Im sechsten Abschnitt erklärt eine erfahrene Radiojournalistin die Bandbreite der Darstellungsmöglichkeiten im Hörfunk.

Es ist einfach da, das Radio. Oft wird es verglichen mit dem Wasser, das aus der Leitung kommt und über dessen Vorhandensein sich auch niemand mehr Gedanken macht. Und obwohl fast jeder Deutsche täglich Radio hört (Müller und Raff 2007, S. 40), dient es in den meisten Fällen lediglich als Begleitmedium, als Untermalung für den Alltag, um ihn mit angenehmer Musik und witzigen Sprüchen zu beleben (Richter 2007, S. 33). Radiosender, die mit ihrem Programm Gewinn erwirtschaften müssen, haben sich größtenteils dieser Erwartungshaltung unterworfen. Sie stehen in Konkurrenz um Marktanteile und Quoten. Diesem Zwang müssen sich öffentlich-rechtliche Sender nicht unterwerfen, doch auch sie stehen unter Druck, denn als Informations- und Meinungsmedium verliert das Radio immer mehr an Bedeutung (Heinrich 1999, S. 73).

Das Radio in Deutschland hat einerseits gegen jene Kritiker zu kämpfen, die es als „Dudelfunk" anprangern und ihm keine journalistischen Anspruch mehr beimessen (Stümpert 2005). Andererseits muss es sich für Gebühren in Millionenhöhe rechtfertigen, die für aufwendige Formate mit marginaler Hörerschaft ausgegeben werden (Böckelmann 1998).

Literatur zum Verständnis der Darstellungsformen im Radio
- Arnold, B.-P. (1999). ABC des Hörfunks. Konstanz, UVK.
- Chantler, P. und P. Stewart (2003). Basic Radio Journalism. St. Louis, Focal Press.
- Crook, T. (1998). International Radio Journalism. History, Theory and Practice. London, New York, Routledge.
- Häusermann, J. und H. Käppeli (1986). Rhetorik für Radio und Fernsehen. Aarau, Frankfurt am Main, Sauerländer.
- Meyer, J.-U. (2007). Radio-Strategie. Konstanz, UVK.
- Overbeck, P. (2009). Radiojournalismus. Ein Handbuch. Konstanz, UVK.
- Paukens, H. und U. Wienken (2004) (Hrsg.). Handbuch Lokalradio. Auf Augenhöhe mit dem Hörer. München, Reinhard Fischer.
- Schönbach, K. und L. Goertz (1995). Radio-Nachrichten – bunt und flüchtig? Eine Untersuchung zu Präsentationsformen von Hörfunknachrichten und ihren Leistungen. Berlin, Vistas.
- von La Roche, W. und A. Buchholz, Hrsg. (2004). Radio-Journalismus. Ein Handbuch für Ausbildung und Praxis im Hörfunk. Berlin, List.
- Wachtel, S. (1997). Sprechen und Moderieren in Hörfunk und Fernsehen. Konstanz, UVK.

Die **Entwicklung der einzelnen Radiostationen** in Deutschland in den vergangenen Jahren hat gezeigt, dass sich das Radio in der Masse als ein Unterhaltungsmedium etabliert hat. *Adult Contemporary* heißt das populärste Format, bestehend aus viel Mainstream-Musik und wenig Wort. Der Begriff stammt aus den USA und könnte sinngemäß mit „Zeitgemäße Musik für Erwachsene" übersetzt werden (Müller und Raff 2007, S. 30). Dennoch: auch die meisten dieser Radiosender leisten sich noch eine Nachrichtenredaktion und Moderatoren. Auch wenn die journalistische Bedeutung im Radio sinkt.

Der redaktionelle Wortanteil bei Privat-Radios besteht häufig nur noch aus einem etwa fünf Minuten langen News-Block zur vollen Stunde, mit Nachrichten aus der Region und dem Wetter- und Verkehrsservice (Richter 2007, S. 46). Originäre Darstellungsformen des Radios wie Reportage, Feature oder Interview werden durch *Comedy*-Elemente ersetzt, die wenig Information enthalten, aber den Hörer zum Lachen bringen. Dabei bietet das Radio weit mehr **Gestaltungsmöglichkeiten** als die Zusammenstellung des Musikprogramms. Es kann fesseln, neugierig machen, spannend erzählen, abwechslungsreich unterrichten; nur wird das von wenigen Hörern gefordert (Stümpert 2005). In anderen Ländern, beispielsweise den USA, haben Radiosender großen Erfolg mit journalistischen Wortbeiträgen, hier wurde schon nach dem Krieg erkannt, dass sie nicht mehr Vollprogramm sein und alles für jeden bieten können (Arnold und Verres 1989, S. 57). Das kann das Fernsehen besser (Stümpert 2005, S. 22). Aber im Radio der USA regiert die Emotion, die Moderatoren sind Persönlichkeiten, Idole und von ihnen gesprochene Moderationen werden nicht nur akzeptiert, sondern verehrt, während bei Radiomachern in Deutschland zu viel Wort am Stück als Abschalt-Moment eingeschätzt wird.

10. Darstellungsformen im Radio

Die amerikanische Gesellschaft ist individualistischer als die deutsche. Möglicherweise ist das eine Erklärung für den Wunsch nach einer Radiostimme, die die Menschen durch den Tag begleitet und eine soziale Ersatzfunktion übernimmt. Andererseits könnte auch die differenzierte und **segmentierte Radiolandschaft der USA** ein Grund dafür sein, dass dort mehr Wortanteil akzeptiert wird. Die Moderatoren sind starke Charaktere, die Identifikation für viele Bevölkerungsgruppen bieten und regelrechten Kultstatus haben. Auch in Deutschland kann dieses Marken-Modell wieder dazu führen, dass mehr Journalismus und Meinung im Radio stattfinden. Es fehlt in weiten Teilen allerdings an Mut und erfolgreichen Formaten, die das Medium journalistisch ernst nehmen. Auf der sicheren Seite befinden sich Radiostationen mit dem bekannten Mix aus *Mainstream*-Musik und leichter, fröhlicher Unterhaltung. Diesen Umstand kann man bedauern und verteufeln, er ist aber die Konsequenz aus gelernten Gewohnheiten. Hierzulande wird das Radio als *Mood Management*-Instrument (Müller und Raff 2007, S. 40) eingesetzt, dem wenig Aufmerksamkeit geschenkt wird.

Hört man genau hin, ist der **Informationsgehalt** des gesprochenen Worts im Privatfunk häufig nicht mehr als Werbung für das eigene Programm, von den kurzen News-Blöcken abgesehen. Allzu verständlich ist also, dass viele Journalisten kein Interesse haben, im Hörfunk zu arbeiten, und den Hörern nicht einleuchtet, weshalb es sich lohnen könnte, dran zu bleiben und hinzuhören. Doch könnten auch diese Sender ganz anders für sich werben; nämlich indem sie die Darstellungsformen des Radios wiederentdecken. Kein Hörer wird sich gestört fühlen, wenn eine Reportage ein Thema aus seiner eigenen Lebenswelt aufgreift und spannend erzählt. Wie fesselnd die suggestive Kraft des Radios sein kann, beweist die Live-Schaltung beim Bundesliga-Fußball. Vielen Hörern ersetzt hier das Radio sogar die Fernsehberichterstattung, weil sie die unmittelbare, spannungsgeladene Reportage vom Ort des Geschehens mehr fesselt, als der zusammengeschnittene, nachträgliche TV-Beitrag (Arnold und Verres 1989, S. 62). Die Vorteile des Radios kommen bei diesem Beispiel besonders zum Vorschein, aber sie sind nicht nur auf die Darstellungsform der Reportage beschränkt. Dass Emotion eine wichtige Rolle im Medium Radio spielt, ist unbestritten (Stümpert 2005). Aber ebenso lassen sich Informationen vermitteln, wenn Radiomacher sich dabei den Hörgewohnheiten anpassen, die Fakten nicht trocken vortragen, sondern in Bezug zur Lebenswelt des Hörers setzen.

Dieses Kapitel lädt ein, die **unterschiedlichen Darstellungsformen des Radiojournalismus** (wieder) zu entdecken. Es stellt zunächst die nachrichtlichen Darstellungsformen vor, da diese als die Basis des Radiojournalismus angesehen werden können. Darauf folgen die erzählenden Darstellungsformen, die eher einen unterhaltenden Anspruch haben und demzufolge mit anderen Mitteln wirken. Danach werden die kommentierenden Formen im Radio erklärt, die mittlerweile Seltenheitswert haben – bedauerlich für Radiojournalisten, denn hier lässt sich besonders anspruchsvoll mit Sprache arbeiten. Zum Abschluss wird auf das Interview als eine spezielle Darstellungsform eingegangen, denn streng genommen ist es im Hörfunk keine. Dennoch ist das Interview ein spannendes Radioelement mit vielen Fallstricken und Herausforderungen, die näher erläutert werden müssen. Bevor die Darstellungsformen des Radiojournalismus im Einzelnen vorgestellt werden, gibt der folgende Abschnitt einen Überblick über die Grundlagen des journalistischen Schreibens für den Hörfunk.

10.1 Schreiben und Sprechen für Hörer

Literatur zum Verfassen von Radiobeiträgen
- Martini, A. (2009). Sprechtechnik. Aktuelle Stimm-, Sprech- und Atemübungen. Zürich, Orell Füssli.
- Rossié, M. (2007). Sprechertraining. Texte präsentieren in Radio, Fernsehen und vor Publikum. Berlin, Econ.
- Wachtel, S. (1997). Sprechen und Moderieren in Hörfunk und Fernsehen. Konstanz, UVK.
- Wachtel, S. (2003). Schreiben fürs Hören. Trainingstexte, Regeln, Methoden. Konstanz, UVK.

Wer im Radio spricht, will vor allem eines: gehört und verstanden werden. Deshalb müssen **Texte, die vorgelesen werden**, anders gestaltet sein als beispielsweise Zeitungstexte (Wachtel 2003b). Hier kann der Leser bei Bedarf einen Satz noch mal lesen, wenn er ihn nicht verstanden hat. Im Radio bekommt er diese Chance nicht und deshalb müssen Radio-Journalisten alles daran setzen, dass der Hörer gleich beim ersten Mal den Inhalt erfassen kann. Erich Straßner formuliert diese Herausforderung beim Radio so: „In der alltäglichen Kommunikation gibt es, die Schule vielleicht ausgenommen, nirgendwo eine derartige Bevormundung und Einschränkung der eigenen Aktivität des Kommunikationspartners Hörer" (nach Zehrt 2005, S. 25). Diese Bevormundung muss im Radio, anders als in der Schule, unbedingt so geschehen, dass der Hörer sie nicht bemerkt und mehr noch, dass sie ihm gefällt. Für diese Art der Kommunikation haben sich daher besondere Regeln durchgesetzt, darunter zahlreiche für die Ausgestaltung des geschriebenen Wortes im Radio (Wachtel 1997; Arnold 1999; Wachtel 2003b; von La Roche und Buchholz 2004).

Der Sprecher im Radio muss ohnehin darum kämpfen, dass sein Hörer nicht abschaltet, geistig oder real. Da Radio heute mehr denn je ein Nebenbei-Medium ist (Müller und Raff 2007, S. 150), besteht zudem die Gefahr, dass der Hörer nur mit „einem Ohr" zuhört, während er etwas anderes macht. Deshalb ist es unverzichtbar, dass der Radiojournalist das Zuhören so leicht wie möglich gestaltet. Es entsteht, wie bei allen Medien, ein Kampf um die **Aufmerksamkeit des Rezipienten**. Doch der Radiojournalist hat dazu nur ein Mittel: die Sprache. Mit ihr muss der Journalist den Hörer fesseln, interessieren, anregen, neugierig machen. Wer auf das Wohlwollen der Hörer baut, verliert sie. Kein Hörer will sich anstrengen müssen, um den Inhalt eines Wortbeitrags zu verstehen. Dafür hat das Radio aber vor allem gegenüber dem Fernsehen einen Vorteil: es besitzt eine suggestivere Wirkung (Arnold und Verres 1989, S. 52). Was gesagt wird, kann den Hörer direkter erreichen und sein Fühlen und Denken beeinflussen. Auch dieses Merkmal zwingt Radio-Autoren dazu, anders zu schreiben und diese Wirkung bei der Formulierung ihrer Texte zu bedenken.

In der Literatur (Wachtel 1997; Arnold 1999; Wachtel 2003; von La Roche und Buchholz 2004) finden sich unzählige Regeln, die letztlich alle dazu dienen sollen, dass Inhalte möglichst gut über die Sprache verstanden werden. **Die wichtigsten Regeln** werden im Folgenden aufgeführt.

10.1.1 Einfach und kurz

Wenn wir im Alltag sprechen, bilden wir für gewöhnlich wesentlich kürzere Sätze als in der Schriftsprache. Weil sich Texte im Radio möglichst **an der gesprochenen Sprache der Menschen orientieren** sollen, heißt die Grundregel: **einfach und kurz** (von La Roche und Buchholz 2004, S. 16). Lange, verschachtelte Sätze sind für die Radiosprache unbrauchbar. In solchen Fällen denkt der Hörer noch über den Beginn des Satzes nach, während der Radiosprecher schon den nächsten beginnt. Hier verliert der Journalist seinen Rezipienten; ein „Abschaltmoment", das unbedingt verhindert werden muss (von La Roche und Buchholz 2004, S. 19). Die **Einfachheit der Sprache** ist auch daran zu messen, welches Publikum man mit dem Text erreichen möchte. Grundsätzlich geht man im Radio aber von einem **breiten Publikum mit mittlerem Bildungsniveau** aus (Arnold 1999, S. 13; Meyer 2007, S. 26); jeder kann erreicht werden und deshalb darf niemand ausgeschlossen werden. Das bedeutet beispielsweise einen **Verzicht auf Fremdwörter** (Wachtel 2003b, S. 59). Sie lenken die Aufmerksamkeit des Hörers weg vom eigentlichen Inhalt und bringen ihn ins Grübeln über die Bedeutung des möglicherweise unbekannten Begriffs. „Kann ich das noch einfacher sagen?", sollte die ständige Arbeitshaltung des Radio-Journalisten sein. Sparsam sollte auch mit **Synonymen** umgegangen werden (von La Roche und Buchholz 2004, S. 22). Im Gegensatz zum Printjournalisten, der besonders nach variierenden Bezeichnungen sucht, darf der Radio-Journalist **Wörter wiederholen** und kann beispielsweise „Bundesaußenminister Steinmeier" höchstens mit einem „er" im nächsten Satz ersetzen. Kommt der Minister im zweiten Satz noch einmal vor, dann muss er der **Verständlichkeit halber wieder mit vollem Titel** benannt werden (Wachtel 2003b, S. 48).

Radio-Texte sind naturgemäß aufgrund der beschränkten **Sendezeit kurz** (Arnold 1999, S. 271), das bedeutet aber nicht, dass sich jeder kurze Satz für das Radio eignet (Wachtel 2003b, S. 53). Wichtig ist, dass **nur eine Information pro Satz** vermittelt wird, denn Sätze sind Gedankenschritte, denen der Hörer folgen kann. Wird ein Satz mit Informationen überfrachtet, sinkt in den meisten Fällen eher die Verständlichkeit, als dass sie steigt (von La Roche und Buchholz 2004, S. 26). In der mündlichen Sprache wird ein **Gedanke schrittweise entwickelt** und jeder Gedanke benötigt dazu meist **einen eigenen Satz**. Schlecht verständliche Radio-Sätze entstehen dadurch, dass man versucht, möglichst viele Gedankengänge in einen Satz zu pressen (Wachtel 2003b, S. 55). Im Radio muss aber linear erklärt werden, worum es geht und was passiert ist. **Linearität** bedeutet, dem Hörer Schritt für Schritt Informationen zu vermitteln, ohne Vorwegnahmen, Rückbezüge oder Einschiebungen. Auch durch Nebensätze lässt sich dieses Problem nicht immer lösen, sie sollten daher kurz und logisch sein, um zum Verständnis des Hauptsatzes beizutragen (Wachtel 2003b, S. 56). Ansonsten ist es meist hilfreicher, wenn eine weitere Information im zweiten Satz steht.

10.1.2 Verben werben

Die Radio-Sprache lebt von den **Verben**, sie machen einen Text anschaulich und lebendig. Substantive bezeichnen häufig etwas Abstraktes, Verben vermitteln dagegen **Handlungen** und enthalten die **Hauptinformation des Satzes** (Arnold 1999, S. 272; Wachtel 2003b; von La Roche und Buchholz 2004, S. 20). Deshalb müssen sie in der Radiosprache besonders beachtet werden. Sind Verben treffend und präzise gewählt, erspart man sich häufig die schwierige Suche nach anschaulichen Substantiven und umgeht komplizierte Satzkonstruktionen. Bei starker **Substantivierung** in einem Satz besteht auch die Gefahr der

Überbetonung, denn ein Sprecher wird wichtige Substantive besonders betonen, um die Aufmerksamkeit des Hörers auf sie zu lenken.

In der deutschen Sprache gibt es besonders viele Wörter, die auf *-ung* enden (von La Roche und Buchholz 2004, S. 25). Solche Begriffe stammen meist von einem Verb ab, also sollte der Radio-Journalist auch versuchen, sie wieder zu Verben zu machen. **Abstrakte Begriffe** wie „Wertebildung" oder „Prophezeiung" sind beim einmaligen Hören nicht leicht zu verstehen, denn im Kopf des Hörers entstehen keine Bilder. Mit anschaulichen Verben, die zu Beginn eines Satzes stehen, wird der Hörer in den Text hineingezogen, er hört weiter zu, weil er sich etwas vorstellen kann. Bei allen Verben sollte immer die aktive Form dem Passiv vorgezogen werden (Arnold 1999, S. 272). Meist lassen sich **Aktivformen** auch leichter sprechen und klingen interessanter, weil sie von den Handelnden einer Geschichte erzählen (Wachtel 2003b, S. 62).

10.1.3 Von Mensch zu Mensch

Die gesprochene Sprache unterscheidet sich schon kulturgeschichtlich insofern von der Schriftsprache, als dass sie immer einen **Empfänger** adressiert (Arnold 1999, S. 270). Deshalb hat die **mündliche Sprache** andere Eigenschaften; sie ist eher additiv und redundant als subordinierend, eher einfühlend und teilnehmend als objektiv, eher situativ als abstrakt (Wachtel 2003b, S. 41). Die Radiosprache orientiert sich immer noch an dieser Form des Mündlichen und funktioniert nach denselben Regeln. Auch das gesprochene Wort im Radio muss dem Kriterium genügen, dass es an jemand gerichtet werden soll. Während bei der geschriebenen Sprache Auslegung und Interpretation des Gelesenen nachträglich und individuell erfolgen können, ist dies im Radio durch den Ausdruck des Sprechers vorbestimmt. Durch diese **Unmittelbarkeit** wird der Text im Radio glaubwürdig, denn der Hörer empfindet es so, als spreche jemand direkt zu ihm (von La Roche und Buchholz 2004, S. 16).

Der Hörfunk-Sprecher muss daher stets versuchen, **Gemeinsamkeiten** mit der Welt des Hörers herzustellen, ihn dort „abholen", wo er sich befindet. Wenn **Bekanntes** in der Anmoderation eines Radiobeitrags vorkommt, erkennen sich Hörer wieder und werden die folgenden Informationen aufmerksamer aufnehmen. Besonders schwierige, abstrakte Themen müssen „situiert" werden, also eine Anbindung an die Lebenswelt der Hörer erfahren (Stümpert 2005, S. 26). Dabei sollte der Hörfunk-Journalist **keine Angst vor Allgemeinplätzen** haben, sie sprechen häufig aus, was viele denken und lassen das Publikum aufhorchen (Wachtel 2003b, S. 44).

10.2 Nachrichtliche Darstellungsformen

10.2.1 Die Nachricht

Literatur zur Produktion von Radionachrichten

- Linke, N. (2007). Moderne Radio-Nachrichten. Redaktion, Produktion, Präsentation. München, Reinhard Fischer.
- von La Roche, W. und A. Buchholz, Hrsg. (2004). Radio-Journalismus. Ein Handbuch für Ausbildung und Praxis im Hörfunk. Berlin, List.

10. Darstellungsformen im Radio

Die Nachricht im Radio gilt unter Hörern als das **wichtigste journalistische Programmelement**. Nach ihrer subjektiven Qualität richtet sich auch die **Beurteilung des gesamten Hörfunkprogramms** (Zehrt 2005, S. 14). Deshalb muss die Radionachricht ebenso wie die Nachricht in einer Zeitung bestimmte Merkmale erfüllen. Wie in anderen Medien auch wird von Nachrichten im Radio vor allem erwartet, dass sie aktuell, umfassend und objektiv berichten (Arnold 1999, S. 126). Bei der Auswahl und Gewichtung der einzelnen Meldungen agiert der Nachrichten-Redakteur als Gatekeeper. Das bedeutet, er filtert ständig alle Nachrichten, die über Agenturen in die Redaktion kommen und entscheidet nach bestimmten Kriterien, ob eine Meldung in die Nachrichtensendung aufgenommen wird oder nicht (Zehrt 2005, S. 226).

Unter einer Nachricht versteht man, wie im Printjournalismus, grundsätzlich die **Information über ein Ereignis** unter Berücksichtigung der Nachrichtenfaktoren und der Pyramidenform. Eine Nachricht beantwortet immer die sieben W-Fragen: Wer? Wann? Wo? Was? Wie? Warum? Woher? Doch in welcher Form die Nachricht jeweils präsentiert wird und wie Gestaltungsmittel vom Sender eingesetzt werden, variiert je nach Art des Programms sehr stark (Schönbach und Goertz 1995). In diesem Kapitel werden daher die zwei **häufigsten Formen der Nachricht im Radio** vorgestellt: die Nachrichtenmeldung und die Nachricht mit O-Ton.

10.2.1.1 Nachrichtenmeldung

Als Nachrichtenmedium etablierte sich das Radio zu Beginn der 1920er Jahre zunächst nicht, denn das frühe Radio war ein Unterhaltungsmedium. Sein Programm bestand aus Konzerten, Vorträgen oder Reportagen. Unter der nationalsozialistischen Diktatur wurde der Hörfunk dann gleichgeschaltet und entwickelte sich erst im Krieg zu einem nachrichtlichen Medium, das aber vor allem Propaganda-Meldungen der Regierung verkündete. Erst nach dem Krieg mit der Einführung eines am **Vorbild der BBC** orientierten, öffentlich-rechtlichen Rundfunks wurden Nachrichtenmeldungen im heutigen Verständnis der Darstellungsform eingeführt (Arnold und Verres 1989, S. 36). Bei dieser Form der Radionachricht wird der **Nachrichtentext** vorgelesen, ohne dass weitere Gestaltungselemente verwendet werden. Nachrichtenmeldungen werden häufig durch **akustische Trenner** abgegrenzt und sind meist **15 bis 30 Sekunden** lang. Als Gliederungs- und Zäsurmerkmale können auch **Orts- oder Themenmarken** verwendet werden, die dem Leadsatz vorangestellt werden.

Nachrichten werden grundsätzlich nach dem **Leadsatz-Prinzip** geschrieben: d. h. alle wichtigen Informationen sollten im Einleitungssatz der Meldung enthalten sein (Arnold 1999, S. 144). Dabei hat der Leadsatz die gleiche **Funktion wie die Überschrift** einer Straßenverkaufszeitung: sie soll den Hörer zum Hinhören bringen. Wer den Leadsatz einer Meldung langweilig findet, hört nicht weiter hin (Zehrt 2005, S. 49). Doch Radionachrichten können und müssen oft von der Leadsatz-Regel abweichen, denn zu viele Informationen im ersten Satz erschweren das Zuhören und somit das Verstehen der Nachricht. Deshalb werden bei Nachrichtenmeldungen häufig die W-Fragen „Wie?" und „Warum?" erst im zweiten Satz oder im weiteren Text der Meldung beantwortet. Die Frage nach dem „Warum?" kann für den Autor der Nachrichtenmeldung auch als Hilfe betrachtet werden, die ihn daran erinnert, deutlich zu machen, weshalb die Nachricht für den Hörer von Bedeutung ist (Zehrt 2005, S. 26).

Wichtig für die Seriosität einer Nachrichtenmeldung ist die **Quellenangabe** (Arnold 1999, S. 143). Sie wird meist im zweiten Satz, spätestens aber im dritten Satz genannt (von La Roche und Buchholz 2004, S. 212). Um die Bedeutung einer Meldung richtig einschätzen zu können, muss der Hörer wissen, von wem die Information stammt.

Der weitere Text einer Nachrichtenmeldung nach dem Leadsatz wird auch als **Body** bezeichnet (von La Roche und Buchholz 2004, S. 210). Darin sind **Einzelheiten des Ereignisses** enthalten, es wird der **Zusammenhang** zu anderen Entscheidungen und Ereignissen hergestellt oder die **Vorgeschichte** des Ereignisses dargestellt. Hier muss der Hörfunk-Journalist auch beachten, dass sich durch **Wiederholungen** eine Information besser einprägt. Deshalb ist es – anders als im Printjournalismus – erwünscht, bestimmte Kernwörter zu wiederholen (Wachtel 2003b, S. 47). Der **Schluss der Meldung** kann zusätzliche Informationen enthalten, die aber nicht mehr zum Verständnis des Ereignisses benötigt werden. Wenn die Meldung nach dem Leadsatz-Prinzip aufgebaut ist, sollte man von hinten kürzen können. Möglicherweise hat der Nachrichtensprecher plötzlich **weniger Zeit** zur Verfügung, dann wird er zuerst den letzten Satz der Meldung streichen. Die Nachricht muss aber trotzdem noch verständlich bleiben, das Wichtigste muss schon gesagt worden sein. Zusätzliche Informationen am Schluss der Meldungen können z. B. ein Ausblick oder ein „Schlenker" weg vom Hauptthema sein (von La Roche und Buchholz 2004, S. 211).

10.2.1.2 Nachrichten mit O-Ton

Mit „O-Ton" wird im Folgenden jede Art von Textbeitrag im Radio bezeichnet, der nicht vom Nachrichtensprecher oder Moderator selbst gesprochen wird. Obwohl O-Ton eigentlich für **Original-Ton**, wie beispielsweise die Aussage des Bürgermeisters steht, der zu Wort kommen darf, wird darunter auch ein sogenannter **Aufsager eines Sprechers** verstanden, der ein Ereignis zusammenfasst (Zehrt 2005, S. 149). Ein O-Ton stammt meist aus einem Interview, das der Reporter beispielsweise mit dem Bürgermeister geführt hat. Dazu ist ein **Aufnahmegerät** notwendig, mit dessen Funktionsweise und Handhabung sich der Reporter möglichst schon vorher vertraut gemacht hat (Arnold 1999, S. 307). Der Reporter sollte vorher auch das **Mikrofon** testen und während der Aufnahme darauf achten, es in einem Abstand von ca. 15 Zentimeter zum Gesprächspartner zu halten (von La Roche und Buchholz 2004, S. 99). Dass Batterien voll sein sollten, ist selbstverständlich, wird aber dennoch wegen Eile oder Unachtsamkeit vergessen.

Die Vorteile der O-Töne sind ihre **Authentizität, Unmittelbarkeit und Abwechslung** durch einen anderen Sprecher. O-Töne in Nachrichten bergen die Gefahr, von dem Maßstab der Sachlichkeit und Ausgewogenheit abzuweichen. Dennoch haben sie sich in vielen Hörfunk-Redaktionen wegen der obengenannten Merkmale durchgesetzt. Allerdings müssen sie den Informationsgehalt klassischer Nachrichtenmeldungen vollständig ersetzen können (Zehrt 2005, S. 150).

Es wird zwischen **drei Typen der O-Töne** unterschieden (Schönbach und Goertz 1995; Arnold 1999, S. 156; von La Roche und Buchholz 2004, S. 94):

- **Der Reporter-O-Ton** wird von einem Journalisten am Ort des Geschehens gesprochen, daher heißt dieser O-Ton oft auch „Korrespondentenbericht". Der Reporter berichtet häufig auch von der Atmosphäre und der Stimmung während eines Ereignisses. Die wichtigsten Funktionen eines Reporter-O-Tons sind die Authentizität, die schnelle Information (im Fal-

10. Darstellungsformen im Radio

le einer Live-Berichterstattung), Eigenwerbung für den Sender, denn man demonstriert dem Hörer damit „Wir sind vor Ort", und die Möglichkeit Emotionen zu vermitteln (Zehrt 2005, S. 152).

- **Der Redaktions-O-Ton** ist eigentlich ein „falscher" O-Ton. Er wird meist aus Zeitgründen oder aus Mangel an Alternativen produziert, indem ein Mitglied der Redaktion einen Text so einspricht, dass ein Ereignis zusammengefasst und möglicherweise auch eingeordnet wird. Wichtig ist dabei aber, dass der O-Ton-Sprecher sicher und glaubwürdig etwas über das Thema sagen kann und für den Hörer ein Nutzen durch die Verwendung des O-Tons entsteht (Arnold 1999, S. 155).
- **„Echte" O-Töne** hingegen stammen von den handelnden Personen eines Ereignisses oder einer Entscheidung. Dies können Ausschnitte einer Politikerrede oder Mitschnitte einer Pressekonferenz sein, entscheidend ist, dass der Hörer den Eindruck hat, „dabei" zu sein (von La Roche und Buchholz 2004, S. 228).

Meist haben O-Ton-Nachrichten eine **Länge von 30 bis 50 Sekunden**.

Werden **O-Töne in den Nachrichten** verwendet, ist dies mit einem erheblichen Mehraufwand verbunden. Klassische Nachrichtenmeldungen müssen nur etwas für die jeweilige Radio-Sprache umgeschrieben werden, bei O-Ton-Nachrichten muss der O-Ton meistens geschnitten und die Moderation angepasst werden. Beim **Schneiden** muss besonders bei den Original-Tönen von Politikern und anderen Entscheidungsträgern auch der Zusammenhang beachtet werden, in dem dieser O-Ton gefallen ist (von La Roche und Buchholz 2004, S. 113). Hier kann leicht die **Gefahr der Dekontextualisierung** entstehen. Daher darf auch der **Antext**, also der redaktionelle Text, der den O-Ton einleitet, nichts verfälschen oder verfremden. Grundsätzlich gilt die Regel: Das Neue muss im O-Ton gesagt werden, nicht im Text des Sprechers (Arnold 1999, S. 159). Der O-Ton ist die Nachricht und es darf nicht der **Fehler** gemacht werden, dass ein O-Ton den Nachrichtengehalt des Antextes nur anders wiederholt oder zusammenfasst (von La Roche und Buchholz 2004, S. 108).

Nachrichten mit O-Tönen erzielen beim Hörer eine wesentlich **stärkere Wirkung** als klassische Nachrichtenmeldungen (Stümpert 2005, S. 117; Linke 2007, S. 108). Es hat sich herausgestellt, dass O-Töne in Nachrichten eine **hohe Akzeptanz der Hörer** genießen (Schönbach und Goertz 1995, S. 111). Allerdings ist davon auszugehen, dass Hörer einem Thema wegen des Einsatzes eines O-Tons eine größere Bedeutung zumessen als einem Thema, das nur durch eine Nachrichtenmeldung dargestellt wird. Dieser verzerrten **Gewichtung** muss eine Redaktion entgegenwirken, indem keine Nachricht nur deshalb prominenter platziert wird, weil dazu ein schöner O-Ton vorliegt (Zehrt 2005, S. 175).

O-Töne in Nachrichtensendungen haben sich vor allem bei Privatradios durchgesetzt, denn sie bieten mehr Abwechslung und ein angenehmeres Hörerlebnis. Doch die Zahl der **Redaktions-O-Töne** nimmt ebenso zu, wenn aus Kostengründen kein Reporter mehr vor Ort geschickt werden kann. Diese „unechten" O-Töne sollten aber die Notlösung bleiben, da hier Unmittelbarkeit und Authentizität im Vergleich zu O-Tönen mit Atmosphäre im Hintergrund verlorengehen.

10.2.2 Der Bericht

Der Bericht im Radio hat unterschiedliche Formen, die schwerer als im Printjournalismus voneinander abzugrenzen sind. Trotzdem ist allen Berichtsformen gleich, dass sie sachliche, knappe Informationen vermitteln. In diesem Abschnitt sollen **zwei der häufigsten Berichtformen** im Radio vorgestellt werden: der Korrespondentenbericht und der gebaute Beitrag.

10.2.2.1 Korrespondentenbericht

Der Begriff „Korrespondentenbericht" wird in den verschiedenen Redaktionen für unterschiedliche Arten des Berichts verwendet, daher besteht **keine eindeutige Definition** (Arnold 1999, S. 164). In den meisten Fällen handelt es sich aber um eine **ausführlichere Form des Reporter-O-Tons**, wie er im vorherigen Abschnitt vorgestellt wurde. Bei den Korrespondenten handelt es sich meistens um Reporter im In- und Ausland, die ein Ereignis genau verfolgen und einordnen. Sie liefern häufig auch die Reporter-O-Töne für die Nachrichten. Im Gegensatz zum Reporter-O-Ton können im Korrespondentenbericht allerdings auch kommentierende, zumindest aber **analysierende Elemente** enthalten sein, weshalb er auch „kommentierender Bericht" genannt wird (Arnold 1999, S. 167).

In der ursprünglichen Form stammten Korrespondentenberichte aus dem Ausland. Die Korrespondenten haben die Funktion, eine Brücke zwischen dem jeweiligen Berichtsland und dem Heimatland zu bauen, indem sie Themen identifizierten, die für die Hörer in Deutschland von Bedeutung sind (von La Roche und Buchholz 2004, S. 131). Wichtig beim Texten der Korrespondentenberichte ist eine **Vereinfachung komplexer Zusammenhänge** (Arnold 1999, S. 164). Der Korrespondent muss vieles erklären, was dem Hörer in Deutschland auf Grund der großen Distanz nicht selbstverständlich erscheint. Die öffentlich-rechtlichen Hörfunksender greifen auf ein großes Korrespondentennetz der ARD zurück, private Radios hingegen nutzen häufig die Hörfunk-Angebote der Nachrichtenagentur-Korrespondenten (von La Roche und Buchholz 2004, S. 128).

10.2.2.2 Gebauter Beitrag

> **Literatur zur Produktion eines gebauten Beitrags**
> - Bloom-Schinnerl, M. (2002). Der gebaute Beitrag. Ein Leitfaden für Radiojournalisten. Konstanz, UVK.
> - Arnold, B.-P. (1999). ABC des Hörfunks. Konstanz, UVK.

Für den gebauten Beitrag bestehen andere Bezeichnungen, die synonym verwendet werden, so beispielsweise **Bericht mit Einblendungen (BME)** oder auch **O-Ton-Bericht**. Aus den Bezeichnungen lässt sich schon schließen, welche journalistische Form gebaute Beiträge aufweisen: Sie arbeiten mit dem **gesprochenen, ausformulierten Text des Autors** und **O-Tönen zum Thema**. Dabei informiert der gebaute Beitrag **sachlich und ohne wertende Zusätze** über Tatsachen und Meinungen. Inhaltlich bietet diese Form die Chance, unterschiedliche Positionen zu einem Thema in einem Beitrag zu verbinden (Arnold 1999, S. 171). Somit ist der gebaute Beitrag im Grunde eine Zwischenform des reinen Berichts und des Interviews (von La Roche und Buchholz 2004, S. 106). Er wird fertig produziert gesendet und verbindet authentische, lebendige Merkmale der O-Töne mit der Objektivität und Prägnanz der berichtenden Texte.

Häufig wird der gebaute Beitrag als **Anfängerform** beschrieben, denn diese Darstellungsform bietet vor allem in der Ausbildung viele Möglichkeiten zu korrigieren und beispielsweise die Reihenfolge der O-Töne zu ändern (Arnold 1999, S. 169).

Es gibt grundsätzliche Regeln für die **Konzeption eines gebauten Beitrags**: Vorab sollte ein Exposé angefertigt werden, das bereits grob festlegt, welche Aspekte eines Themas behandelt werden und wer als O-Ton-Geber im gebauten Beitrag vorkommen soll (Arnold 1999, S. 168). Im Text des Autors stehen hauptsächlich Informationen, die O-Ton-Geber nicht oder nicht verständlich genug beschreiben können. Die Texte zwischen den O-Tönen erfüllen die Funktion des „roten Fadens", der das Thema weiterentwickelt und den Hörer zum O-Ton hin und wieder weg führt. In den O-Tönen selbst sollten aussagekräftige und originelle Aspekte stattfinden, beispielsweise Meinungen oder ein illustrierendes Beispiel (von La Roche und Buchholz 2004, S. 107). Das Verhältnis von O-Tönen zum Text sollte in etwa 50 zu 50 sein, wobei dies ein Richtwert ist (von La Roche und Buchholz 2004, S. 111). Die Länge eines gebauten Beitrags ist in der Regel zwischen einer Minute und fünf Minuten, häufig gilt „2:30" als Richtwert (von La Roche und Buchholz 2004, S. 110).

Wie bei den Nachrichten mit O-Tönen müssen besonders für den gebauten Beitrag O-Töne geschnitten, also gekürzt und nachbearbeitet, werden. In Rundfunksendern werden unterschiedliche **digitale Bearbeitungsprogramme** verwendet (Steinmetz 2000; Freyer 2004; Quandt 2005a). Da der gebaute Beitrag besonders von der Prägnanz und Aussagekraft der O-Töne lebt, müssen hier bestimmte Regeln beim Schnitt beachtet werden. So darf beispielsweise nicht geschnitten werden, wenn der O-Ton-Geber mit der Stimme am Ende des Satzes nach oben geht (von La Roche und Buchholz 2004, S. 113). Auch verschachtelte Nebensätze stellen häufig Probleme dar, die den Einsatz von O-Tönen erschweren. Auch hier gilt die Regel: kein Schnitt eines O-Tons darf die Aussage der Person verändern oder verfälschen (Arnold 1999, S. 172).

Die Kunst des gebauten Beitrags besteht darin, die O-Töne und den Text möglichst so zu verbinden, dass für den Hörer ein „rundes", in sich geschlossenes und **atmosphärisch stimmiges Stück** entsteht. Da der gebaute Beitrag lebendiger ist als ein streng nachrichtlicher Bericht, muss auch die Sprache des Textes zum jeweiligen Thema passen. Oft entstehen ohnehin Brüche zwischen der atmosphärischen O-Ton-Aufnahme und der trockenen Studio-Situation, in der der Text eingesprochen wurde. Wenn dazu Texte zu sehr im Schriftdeutsch verfasst sind, fällt dieser Kontrast besonders stark auf und lässt den gebauten Beitrag holprig wirken (Arnold 1999, S. 171). Ebenso müssen die O-Ton-Geber flüssig in den Sinnzusammenhang des Textes eingeführt werden, auch hier besteht die Gefahr eines Bruchs innerhalb des Beitrags, wenn zu häufig bekannte Standardformulierungen eingesetzt werden. Journalisten sollten also nicht zu oft die Überleitung „...dazu sagt..." verwenden, sondern besser eine Begründung im „Antext" liefern, weshalb genau ihr O-Ton-Geber etwas zu der Sache zu sagen hat. Zudem sollte darauf geachtet werden, dass der erste O-Ton im gebauten Beitrag nicht zu spät kommt. Die O-Töne sind der Kern des Stücks und machen es unverwechselbar, deshalb dürfen sie dem Hörer nicht zu lange vorenthalten werden.

10.3 Erzählende Darstellungsformen

10.3.1 Die Reportage

Im Hörfunk werden unterschiedliche Formen als Reportage bezeichnet, häufig auch die vorher beschriebenen Darstellungsformen wie der gebaute Beitrag oder der Korrespondentenbericht (Arnold 1999, S. 175). In diesem Abschnitt wird allerdings nur auf die **ursprüngliche Darstellungsform** einer **Live-Reportage** eingegangen, denn an dieser lässt sich besonders das Alleinstellungsmerkmal der **Unmittelbarkeit** beschreiben, das die Reportage auszeichnet (von La Roche und Buchholz 2004, S. 178). In der Radio-Reportage beschreibt ein Reporter, was er sieht, hört, riecht, fühlt und übersetzt es simultan für den Hörer (Arnold 1999, S. 178). Es geht um das berühmte „Kino im Kopf". Dem Hörer wird eine Szene in einer Reportage so plastisch geschildert, dass er sie selbst empfinden kann. Doch die Reportage geht auch über den Ausschnitt der Wirklichkeit, den der Reporter sehen kann, hinaus (von La Roche und Buchholz 2004, S. 182). Hintergrundinfos und Fakten können ebenso in eine Radio-Reportage eingeflochten werden, vor allem aber ist sie eine farbige und emotionale Darstellungsform, die den Hörer miterleben lässt (von La Roche und Buchholz 2004, S. 178).

Heute wird die Radio-Reportage häufig nur noch bei Sportereignissen eingesetzt, denn durch das Fernsehen, so meint man, bestünde nicht mehr die Notwendigkeit eines „Augenzeugen"-Berichts (von La Roche und Buchholz 2004, S. 183). Eine Radio-Reportage besitzt eine **eigene Dramaturgie** und ist weit mehr als nur eine Fernsehreportage ohne Bild (Arnold 1999, S. 178). Das Radio verfügt im Gegensatz zum Fernsehen über die Möglichkeit der Abstraktion. Dabei ist der Reporter der **Kameramann des Hörfunks** (von La Roche und Buchholz 2004, S. 183) und lenkt den Fokus des Hörers auf seinen Ausschnitt der Wirklichkeit, sei es eine Totale, also der Gesamteindruck einer Szene, oder eine Nahaufnahme, beispielsweise das nervöse Fingernägelkauen einer Frau. Die Kunst des Reporters besteht darüber hinaus darin, ereignislose Phasen mit Informationen zu Personen oder Handlungen zu überbrücken. Daher ist eine gründliche Recherche vor Beginn der Reportage wichtig, ebenso wie Stichworte zu Fakten und Informationen, die in der Reportage vorkommen sollen (Arnold 1999, S. 181). Eine vorher festgelegte Struktur der Radio-Reportage sichert die Dramaturgie, wobei allerdings unvorhersehbare Ereignisse während des Sprechens auch dazu führen können, von dieser Struktur abzuweichen. Entscheidend für die Unmittelbarkeit der Radio-Reportage ist, dass der Reporter das Geschehen erklärt (von La Roche und Buchholz 2004, S. 187). Wenn er sich an einen anderen Ort bewegt oder überraschende Geräusche zu hören sind, sollten diese für den Hörer nicht unkommentiert bleiben. Wenn die Hintergrundgeräusche für den Hörer einen guten Eindruck des Ereignisses abbilden, ist es ohnehin empfehlenswert, sie auch einige Male frei stehen zu lassen und nicht mit Sprache zu überfrachten. Dadurch wird die Reportage authentischer und vermittelt mehr Atmosphäre, als der Reporter mit Worten beschreiben könnte. Die Auswahl der Begriffe in der Reportage muss, wie bei anderen Darstellungsformen im Radio auch, konkret und treffend sein. Wichtig sind besonders die Verben, daher kann es von Vorteil sein, sich einige besonders passende vorher zu notieren.

Die **Themen einer Reportage** sind häufig vom aktuellen Tagesgeschehen bestimmt. Dabei muss und kann nicht immer Kongruenz von Ereignis und Reportage vorherrschen. Als Reportagethemen eignen sich vorhersehbare Ereignisse, wie Volksfeste oder Staatsbesuche, und unvorhersehbare Begebenheiten, wie Flugzeugabstürze. Bei unvorhersehbaren Ereignissen kommt die Reportage relativ häufig zum Einsatz. Sie wird vom Ort des Geschehens ausgestrahlt, obwohl das eigentliche Ereignis bereits vergangen ist. Flugzeugabstürze sind ein klassisches Beispiel für diesen Fall: Hier muss das Ereignis selbst als historische Rückblende dargestellt werden und mit aktuellen Details, wie Schilderungen der Aufräumarbeiten, präsentiert werden (Arnold 1999, S. 180). Bei der anderen Gruppe der Reportagethemen decken sich meist Ereignis und Reportage. Darüber hinaus lassen sich Reportagen ebenso dehnen und raffen, häufig sind die zeitlichen Determinanten jeweils vom Ereignis selbst vorbestimmt.

Die Radio-Reportage wird heute nur noch selten eingesetzt, entfaltet ihre Wirkung aber gerade bei starken **Ereignissen mit emotionaler Wirkung**, wie z. B. Flugzeugabstürzen oder Naturkatastrophen. Die Herausforderung für künftige Radio-Reporter wird sein, Reportagen anzufertigen, die sich nicht nach dem Radio der 1950er und 1960er Jahre anhören, trotzdem aber die Vorteile der Reportage voll ausschöpfen und ihr so einen Platz im Programm sichern.

10.3.2 Das Feature

Literatur zur Produktion eines Radio-Features
- Zindel, U. und W. Rein (2007) (Hrsg.). Das Radio-Feature. Ein Werkstattbuch. Konstanz, UVK.

Es ist nicht eindeutig zu klären, welche Darstellungsform sich hinter dem Begriff **Feature** verbirgt. Auch in der Literatur (Arnold 1999; von La Roche und Buchholz 2004; Zindel und Rein 2007) werden sehr **unterschiedliche Definitionen** angeboten, beispielsweise eine sehr unklare wie „Feature ist, wenn…" (Arnold 1999, S. 232), die die subjektive Einschätzung des jeweiligen Redakteurs enthält. Aus diesem Grund soll hier das Feature als eine Mischform abgebildet und seine Besonderheiten aufgezeigt werden.

Das Feature behandelt ein Thema auf journalistische Art und verwendet in der Gestaltung **künstlerische Elemente** (von La Roche und Buchholz 2004, S. 242). Im Unterschied zu einem Hörspiel müssen Geschichte und alle Fakten echt sein, die Recherche muss nach **journalistischen Prinzipien**, wie vor allem der Sorgfaltspflicht, erfolgen. Aber anders als bei einer Dokumentation erinnert die Art der Aufbereitung an Beiträge im Feuilleton, da künstlerische Freiheit gilt und bei der Gestaltung keine Grenzen gesetzt sind (von La Roche und Buchholz 2004, S. 240). Im Grunde ist die Darstellungsform des Features eine „formlose Form", deren Funktion vor allem darin besteht, eine Wirkung beim Hörer zu erzielen (Arnold 1999, S. 229). Durch einen **subjektiven Zugang zu einem objektiven Thema** sind die **einsetzbaren Mittel** im Feature nicht begrenzt. O-Töne, Musik, Atmosphäre, Gedichte, Originalaufnahmen und Gespräche tragen zum Inhalt des Features bei. Jedes akustische Element kann verwendet werden, wenn dadurch das Thema lebendig und spannend erzählt wird. Das Feature ist demnach ein „akustischer Film" (von La Roche und Buchholz 2004, S. 242), dessen Bestandteile nicht zufällig angeordnet werden, sondern Teil der Information sind. Bei Dokumentationen werden O-Töne beispielsweise als Beweisstücke verwendet, im Feature wird der O-Ton in der Geschichte verarbeitet, als Stoff der Geschichte verwendet (von La Roche und Buchholz 2004, S. 240). Hier ist eine Trennung zwischen dem Text des Autors und dem O-Ton einer Person insofern aufgehoben, als dass die Funktion der O-Töne auch darin besteht, die Geschichte weiterzuentwickeln.

Die Auswahl der Gesprächspartner, der Musik oder anderer Elemente ist mit anderen Darstellungsformen vergleichbar, aber häufig leben Features davon, dass die Gesprächspartner vergessen, dass sie für eine Hörfunkaufnahme sprechen. Dadurch entsteht erst die **Wirkung eines unmittelbaren O-Tons**, der die Person authentisch abbilden kann und den O-Ton nicht als Dokument, sondern als textlichen Bestandteil des Features erscheinen lässt (La Roche/Buchholz, 2004:242). Aufgrund dieser Zielsetzung muss der Autor **sehr viel Material** aufnehmen, darunter auch Atmosphärisches, für das es nicht immer eine Garantie gibt. Zudem muss dieses Material in einem aufwendigen Prozess abgehört und alle O-Töne müssen abgeschrieben werden. Auch beim Text sollte schon vorab geklärt werden, ob mehrere Sprecher lesen und welche Rolle sie innehaben (Arnold 1999, S. 233). Für den Autor jedenfalls ist die Planung und Umsetzung eines Features mit erheblichem Aufwand verbunden.

Möglicherweise wird nicht zuletzt aus diesem Grund das Feature in vielen Rundfunkanstalten als „Exot" behandelt. Es nimmt sehr **viel Produktionszeit** in Anspruch und besitzt einen künstlerischen Anspruch, weshalb eine **klare Zuordnung im Programm fehlt**. Features eignen sich für schwierige oder komplexe Themen und aus diesem Grund dürfte es diese ohnehin seltene Darstellungsform weiterhin im deutschen Radio geben.

10.4 Kommentierende Darstellungsformen

In diesem Abschnitt werden die **zwei zentralen kommentierenden Formen** des Hörfunks vorgestellt, der Kommentar und die Glosse. Der oberste Grundsatz des Journalismus lautet: Trennung von Meinung und Information. Dass dieses Gebot nicht in allen Formen eingehalten wird, wurde bereits in vorherigen Abschnitten an Beispielen gezeigt. Hier sollen zwei reine Meinungsformen vorgestellt werden, wobei einführend darauf hingewiesen werden muss, dass jegliche kommentierende Darstellungsform immer nur eine Meinung unter vielen wiedergeben kann und das Radio grundsätzlich als Forum für viele unterschiedliche Meinungen verstanden werden muss (Häusermann 1998, S. 34). Der **Grundsatz der Pluralität** gilt insbesondere bei öffentlich-rechtlichen Rundfunkanstalten, die auch am häufigsten Gebrauch von den kommentierenden Darstellungsformen machen.

10.4.1 Der Kommentar

Der Kommentar wird in der Literatur (Arnold 1999; von La Roche und Buchholz 2004) häufig in mehrere Unterkategorien eingeteilt, wobei es hier zu weit führen würde, alle Abstufungen zwischen Meinungskommentar und analytischem Kommentar näher zu erläutern. Gemein ist allen **Formen des Kommentars**, dass sie kritisch zu einem Thema Stellung nehmen, das meist in einer Nachricht oder einem Bericht präsentiert wurde. Der Kommentar hat die Funktion einer **vertiefenden Unterrichtung**, der **Einordnung des Ereignisses**, aber auch der **Klärung der Hintergründe** und der **Folgenabschätzung** (von La Roche und Buchholz 2004, S. 137). Je nach Länge des Kommentars (meist sind es drei bis vier Minuten) wird die Meinung auf verschiedenen Ebenen vorgestellt oder begründet (Arnold 1999, S. 188).

Auch im Radiojournalismus folgt der **Aufbau von Kommentaren** einem standardisierten Schema (vgl. von La Roche und Buchholz 2004, S. 138):

- Zunächst wird der **Sachverhalt** des Themas kurz beschrieben, je nach Bekanntheit des Themas muss dies ausführlicher oder knapper geschehen. So wird ein Kommentar zu einem außenpolitischen Sachverhalt nicht auf eine einleitende Erläuterung der aktuellen Situation im jeweiligen Land verzichten können, um dem Hörer die Chance zu geben, der Argumentation zu folgen.
- Auf einer zweiten Ebene werden dann **Zusammenhänge** hergestellt und Informationen verständlich gemacht. Dies nennt man auch die Ebene der **Faktendimensionierung**.
- Im dritten Schritt des Kommentars will der Autor **überzeugen** und sein **Werturteil begründen**. Dazu sollte der Kommentator das Vorwissen der Hörer zum Thema einschätzen können und wissen, wie stark polarisierend das Thema in der Gesellschaft aufgenommen wird. Je mehr Kenntnisse beim Hörer vorhanden sind, desto entschiedener kann der Autor argumentieren und desto mutiger sollte der Kommentar ausfallen.

Bei der Formulierung des Werturteils zu einem Thema sind besonders die **logische Argumentation** und der Aufbau des Kommentars von Bedeutung, unterstützt von einer einfachen, leicht verständlichen Sprache. Empfehlenswert ist eine Beschränkung auf einige wenige Aspekte eines Themas, die dem Autor wichtig erscheinen, denn an einem Kerngedanken lässt sich viel besser, das heißt konkreter, argumentieren. So kann ein Kommentar ein **Argument der Gegenposition** aufgreifen und dieses argumentativ entkräften. Das schafft nicht nur einen nachvollziehbaren Aufbau, sondern wirkt glaubwürdig. Dabei sollte trotz erlaubter Zuspitzung und deutlicher Sprache auf polemischen Eifer verzichtet werden (von La Roche und Buchholz 2004, S. 139). Denn auch ein engagierter Kommentar soll **Verstand und Vernunft** ansprechen.

10.4.2 Die Glosse

„Die Glosse ist leidenschaftlich einseitig und ein erbitterter Feind der Ausgewogenheit", beschreiben von La Roche und Buchholz (2004, S. 140) den Anspruch der Glosse. Im Radio hat sie insofern Bedeutung, als dass sie unverständliche Berichte über politische Zusammenhänge karikiert und sie entlarvt. **Verspotten, Tadeln, Erläutern** – all dies kann die Glosse, dabei bedient sie sich der Umgangssprache, also jener, die allzu häufig nicht im Radio für die Vermittlung von Informationen benutzt wird (Wachtel 2003a, S. 116).

Die Glosse steht mit ihrer Sprache auf der **Gegenseite der „Herrschenden Sprache"** (von La Roche und Buchholz 2004, S. 140) und spottet von dort aus über die Mächtigen. In der klassischen Radio-Glosse liest der Autor oder die Autorin den eigenen Text und verwendet dabei alle Mittel des Radios, um dem Hörer die **Ironie** seiner Worte zu vermitteln: Die Sprache ist schnell und umgangssprachlich, der Glossist verzichtet auf schwerfällige und umständliche Beschreibungen, er bedient sich des Humors und des Klangs seiner Stimme.

Auch mit **Geräuschen und O-Tönen** kann im Radio glossiert werden, dazu sollten sie allerdings nicht Selbstzweck sein und eingesetzt werden, um die Aussage der Glosse zu verdichten, nicht um sie zu ergänzen. Pointiert und einseitig darf die Glosse sein, deshalb aber auch **nicht länger als etwa zwei Minuten** (von La Roche und Buchholz 2004, S. 141).

10.5 Das Radio-Interview

Literatur zur Produktion eines Radio-Interviews
- Beaman, J. (2000). Interviewing for Radio. London, New York, Routledge.
- Broughton, I. (1981). The Art of Interviewing for Television, Radio and Film. Blue Ridge Summit, TAB Books.
- Wienken, U. (2009). Radiomoderatoren und ihre Erfolgskonzepte. Von den Besten lernen. Baden-Baden, Nomos.
- Siehe auch Literaturangaben in Kapitel 8

Das Radio-Interview zählt zu den **klassischen Darstellungsformen**, die in beinahe jedem Sender eingesetzt werden (Arnold 1999, S. 192). Es dient, im Gegensatz zum O-Ton, dazu, dem Hörer auch Informationen darüber zu vermitteln, wie die Aussage einer Person zustande kam und welche Frage gestellt wurde. Im Interview sind die Rollen klar aufgeteilt: der Interviewer ist der Fragende, der stellvertretend für den Hörer versucht, vom Interviewten etwas zu erfahren (von La Roche und Buchholz 2004, S. 150). In der Interview-Situation muss demnach von Anfang an klar sein, wer welchen Part spielt und vor allem der Journalist muss sich bewusst darüber sein, dass er sich zurücknehmen muss und für einen Dritten fragt, der selbst nicht die Chance dazu hat (Haller 2001, S. 164). Der Interviewer führt das Interview, um aufschlussreiche Antworten des Befragten zu erhalten, die dem Hörer einen Wissenszuwachs ermöglichen (von La Roche und Buchholz 2004, S. 149). Daher ist es unabdingbar, dass der Verlauf des Interviews vorher geplant wird und der Interviewer sich auf mögliche Antworten des Gegenübers einstellt. Dabei sollte er nie die Rolle des neutralen, sachlichen Anwalts des Hörers verlassen, indem er seine eigene Meinung kundtut. Beim Interview zählt der authentische Dialog, der vom Interviewer gesteuert wird, aber auch ungeahnte Entwicklungen nehmen kann, auf die sich der Journalist trotz hervorragender Vorbereitung nicht einstellen kann (Haller 2001, S. 367).

Auch im Radiojournalismus wird zwischen **drei verschiedenen Interview-Typen** unterschieden (vgl. Arnold 1999, S. 191):

- Beim **Sachinterview** geht es darum, Fakten zu vermitteln. Das Ziel dieses Interview-Typs sollte sein, dass der Hörer nach dem Interview ein klareres Bild eines Sachverhalts besitzt als vorher.
- Im **Meinungsinterview** dagegen werden Positionen zu Sachverhalten erfragt, dabei können auch kontroverse Meinungen enthalten sein.
- Im **Persönlichkeitsinterview** wird der Fokus des Gesprächs auf die Abbildung eines Charakters gelenkt, meist handelt es sich hierbei um eine prominente Persönlichkeit.

Bei allen drei Formen ist das Ziel, dem Hörer einen in der Sache jeweils kompetenten Gesprächspartner vorzustellen.

In der **Vorbereitung auf ein Radio-Interview** muss sich der Interviewer gemeinsam mit der Redaktion auf ein bestimmtes Thema festlegen, das Interviewziel bestimmen und den Interviewpartner auswählen, darüber hinaus sollte auch der Verlauf des Interviews geplant

10. Darstellungsformen im Radio

werden (von La Roche und Buchholz 2004, S. 150). Auch die vorherige Recherche zur Sache, aber auch zur interviewten Person ist wichtig. Dabei darf der Interviewer nicht den Fehler machen, seinen eigenen Wissenshorizont mit dem des Hörers zu verwechseln. Der Journalist hat sich möglicherweise tief in das Thema eingearbeitet und versteht Fachbegriffe und Zusammenhänge, die der Hörer nicht kennt. Je nach Zielgruppe der Sendung kann daher unter Umständen nicht vorausgesetzt werden, dass Hörer mit Fachtermini oder Konflikten eines Themas vertraut sind. Demnach müssen Fragen auf die Kernpunkte eines Themas abzielen. Die Antworten sollten etwas Neues enthalten, ohne jedoch den Hörer „abzuhängen".

Für den **Aufbau eines Interviews** wird häufig das Bild des Trichters verwendet, der symbolisieren soll, dass sich das Interview im Laufe des Gesprächs immer weiter zuspitzen, auf einzelne Details eines Problems abzielen soll (von La Roche und Buchholz 2004, S. 154). Grundsätzlich empfiehlt es sich, das Interviewziel in einem Satz vorher zu formulieren. Das sollte der „rote Faden" des Gesprächs sein (von La Roche und Buchholz 2004, S. 154).

Zur Vorbereitung eines Interviews gehört auch ein **Vorgespräch**, das für den Interviewer wichtige Funktionen erfüllt (vgl. Kapitel 8). Hier kann der Reporter eine günstige Stimmung schaffen, sich menschlich auf das Gegenüber einstellen, Formalitäten klären oder auch einzelne Recherchenachfragen stellen. Zu vermeiden ist, thematisch zu tief in das Sachgebiet des Interviews einzusteigen (Haller 2001, S. 221). Unsichere Interviewpartner erzählen dann häufig ihre interessantesten Geschichten, doch diese klingen beim zweiten Mal nie mehr so authentisch und spannend wie beim ersten Erzählen. Die erste Frage hingegen kann man verraten, damit nimmt man dem Interviewgast häufig Nervosität. Informationen über die geplanten Themenfelder des Interviews können ebenfalls hilfreich sein (Haller 2001, S. 241). So weiß der Interviewte vorab, wie die Zeitplanung des Journalisten in etwa aussieht und auf welche Themen Fragen abzielen könnten. Besonders beim Hörfunk-Interview ist eine anschauliche Sprache wichtig, die aber häufig gerade von offiziellen Vertretern nicht verwendet wird. Hier kann vorab ein Hinweis gegeben werden, dass der Interviewte einzelne Punkte mit konkreten, einleuchtenden Beispielen illustrieren soll (Haller 2001, S. 368). Auch sollte dem Interviewten vorher erklärt werden, dass für das Radio-Interview möglicherweise wenig Zeit zu Verfügung steht, weshalb die Antworten kurz gehalten sein sollen.

Bei der **Durchführung des Interviews** ist es gut, Fragenkomplexe nacheinander zu behandeln und thematisch nicht zu springen (Haller 2001, S. 242). Die einzelnen Fragen sollten in Stichworten aufgeschrieben, jedoch nicht ausformuliert werden. Nützliche Notizen können auch Zitate, Zahlen oder der genaue Name und die Funktion des Interviewgasts sein. Während des Interviews agieren beide Interviewteilnehmer auf zwei Ebenen, auf der sachlichen und auf der emotionalen Ebene. Was argumentativ gesagt wird, welche Erwartungen beide Seiten an das Interview haben, das spielt sich auf der sachlichen Ebene ab. Die emotionale Ebene betrifft das Zwischenmenschliche der beiden Teilnehmer, hier spielen Sympathie, Auftreten und auch Kleidung und Aussehen eine Rolle. **Für den Hörer ist die zweite Ebene oft spürbar** und deshalb sollte – selbst wenn ein kontroverses Interview geplant ist – der Interviewer für eine freundliche, offene Atmosphäre sorgen. Echtes Interesse sollte immer Grundlage eines Interviews sein und kommuniziert werden (von La Roche und Buchholz 2004, S. 157).

Im Interview gibt es sehr **unterschiedliche Fragetechniken** (vgl. Kapitel 8), mit denen der Interviewer das Gespräch lenkt und eine Richtung vorgibt (ebd., S. 160). Fragen können zum Innehalten und Konkretisieren dienen, aber auch auf ein neues Themengebiet hinleiten oder dem Gespräch auf emotionaler Ebene eine Wendung geben. Aber auch auf der Metaebene muss der Journalist Aufgaben übernehmen, beispielsweise die Länge der Antworten kontrollieren oder ausweichende Antworten wahrnehmen und diese durch nachhakende Fragen klären (Haller 2001, S. 376). Ebenso muss für den Interviewer ständig die Frage „im Hinterkopf" präsent sein, welche Information aus der Antwort für den Hörer besonders interessant sein könnte oder welchen Begriff der Hörer möglicherweise nicht verstehen könnte. Insofern ist der Interviewer zum Mitdenken verpflichtet, was hohe Konzentration und ein gewisses Maß an Routine in Interviewsituationen voraussetzt (ebd., S. 164). Wie erfolgreich ein Radio-Interview verläuft, hängt sehr stark davon ab, welche Frageformen verwendet werden und wie sie im Verlauf des Interviews eingesetzt werden. Die Aufgabe des Interviewers ist, das Interview mit unterschiedlichen Frageformen abwechslungsreich zu gestalten und dafür zu sorgen, dass das vorher festgelegte Interviewziel erreicht wird. Deshalb gilt während des Gesprächs: gut zuhören, ob die gefragte Information in der Antwort des Interviewten enthalten ist. Ist sie das nicht, muss der Interviewer durch Nachhaken und Unterbrechen reagieren.

Der Interviewer hat nicht nur die Aufgabe zu überprüfen, ob die gefragte Information in der Antwort des Gastes enthalten ist, sondern muss auch die **Antwortlänge und Verständlichkeit im Radiogespräch** kontrollieren. Unterbrechungen seitens des Interviewers können beim Hörer leicht als unhöflich wahrgenommen werden, in einigen Fällen sind sie aber unverzichtbar (Haller 2001, S. 378). Redet der Interviewte schlicht zu lang und ausführlich, muss ebenso nachgehakt werden wie im Fall einer ausweichenden Antwort, die vom Frageziel ablenken soll. Hier kann der Interviewer auf verschiedene Arten eingreifen, beispielsweise indem er die Frage wiederholt und vorher auffordert „Noch einmal ganz knapp, bitte" oder auch indem das Verhalten des Interviewers gespiegelt wird „Ich habe den Eindruck, diese Frage ist ihnen etwas unangenehm..." (Arnold 1999, S. 217; Haller 2001, S. 264; von La Roche und Buchholz 2004, S. 166).

Das **Unterbrechen** selbst ist im Hörfunk häufig nicht ganz einfach, kann aber durch einige Hilfsmittel vereinfacht werden. Der Hörer muss etwas von der Unterbrechung haben, es sollte also nicht an einer besonders interessanten und spannenden Stelle der Antwort geschehen. Weniger harsch wirkt eine Unterbrechung, wenn der Interviewer die letzten Worte des Gastes aufgreift und daraus eine Frage formuliert (Arnold 1999, S. 219). Meist lässt sich aber eine geplante Unterbrechung schon vorher durch Gestik oder Mimik andeuten. Sollte dies nicht wirken, kann es helfen, den Interviewpartner mit Namen anzusprechen oder Atempausen zu nutzen, um selbst das Wort zu ergreifen. Wenn der Interviewer spricht, sollte er sich selbst möglichst kurz fassen, aber trotzdem versuchen, mit ruhiger Stimme seine Frage vorzutragen und sich nicht vom Interviewgast hetzen lassen. Schließlich ist es die Aufgabe des Interviewers, den Befragten wenn nötig zu unterbrechen, und dies wird der Hörer auch so wahrnehmen.

10.6 „Radiosender müssen den Mut haben, Bandbreite zu offerieren" – Expertengespräch mit Bettina Rust (Radio Eins)

Interview: Antje Bongers

Bettina Rust

nimmt mit ihrer Radiosendung *Hörbar Rust* einen festen Platz im deutschen Radiojournalismus ein.

Nach einem Volontariat beim privaten Radiosender *OK Radio* in Hamburg arbeitete die Journalistin u. a. als Moderatorin bei den Fernsehsendern *Premiere*, *Kabel Eins*, *Tm3* und *Sat.1*.

Seit 2002 moderiert sie ihre Radiosendung jeden Sonntag auf *Radio Eins*. In *Hörbar Rust* interviewt sie prominente Gäste zu aktuellen Themen. Die Sendung wird einmal monatlich auch im *rbb*-Nachtfernsehen als TV-Format ausgestrahlt. Darüber hinaus erstellt Bettina Rust seit 2006 für den *NDR* einmal im Monat die Reportage „So ein Tag".

Frau Rust, was fasziniert die Menschen an der Hörbar?
Die Hörer lernen Prominente intensiver und von einer sehr persönlichen Seite kennen. Die Songs, die der Gast mitbringt, dienen als Transportmittel – hinein in sein Leben, seine Jugend. Das Konzept funktioniert wie ein auditives Fotoalbum. Manche Gäste treffen die Musikauswahl ja wirklich chronologisch, beginnend mit „Meine erste Platte". Natürlich ist es toll, wenn mir Leute dann erzählen: „Ich habe am Sonntag Deine Sendung gehört und eigentlich mochte ich den Gast vorher überhaupt nicht. Aber danach musste ich meine Meinung ändern." Dann ist eigentlich alles gut. Denn dann hatte der Gast genügend Zeit und Raum, um zwei Stunden lang seinen Humor, sein Wissen, sein Wesen und sein Herz zu zeigen.

Dafür müssen Sie aber auch sehr gut vorbereitet sein. Wie gehen Sie dabei vor?
Es beginnt immer damit, dass ich versuche, alles über den Gast zu lesen, alte Artikel, Interviews und Portraits. Dabei habe ich mir ein System zugelegt, nach dem ich die Infos einordne. Ich fange an mit „Kindheit und Jugend". Es geht weiter mit „Der Weg", also wie kam derjenige zu seinem Job, wie begann die Karriere. Wie viele Menschen entscheiden sich auch Prominente erst einmal für die falsche Ausbildung oder bekommen nur Absagen auf ihre Bewerbungen. Das sind oft sehr spannende Geschichten. Es folgen die Kategorien „Der Job", „Wie *ist*..." und „Wie *lebt*...". Zum Schluss beschäftigte ich mich mit „Bild und Selbstbild" des Gastes, also dem Image in der Öffentlichkeit und der Art, wie derjenige über sich selbst denkt. So kann ich „wissend" in das Gespräch gehen und muss mich nicht nur auf eine etwaige Chemie oder reine Spontaneität verlassen. Vorbereitung ist immer ein gutes Gerüst.

Wie bringen Sie denjenigen dann dazu, viel von sich preiszugeben?
Von Fall zu Fall muss die erste halbe Stunde dazu dienen, den Gast „anzuwärmen". Das ist wie bei einer Massage und soll signalisieren: „Keine Angst, ich will Dich nicht beleidigen oder vorführen". Immerhin handelt es sich um zwei Stunden, in denen der Gast mir und dem Hörer recht persönliche Erlebnisse mitteilt. Ich trete manchmal auch in Vorleistung und gebe etwas von mir preis. Das ist doch ein ganz einfaches Prinzip: Wenn der Reporter oder Moderator einer solchen Sendung dem Gast das Gefühl gibt: „ich kenne das", baut er Vertrauen auf. Dieses Subjektive, Persönliche entspricht sicher nicht dem klassischen Journalismus, der ja viel mit Neutralität zu tun haben sollte. Dennoch ist es vergleichbar mit dem Stil eines Kolumnen-Autors, dessen Handschrift man irgendwann kennt.

Ist es ein Vorteil des Mediums Radio, dass so eine intime Atmosphäre entstehen kann?
Ja, auf der einen Seite ist es ein großer Vorteil, weil man sich nicht beobachtet fühlt. Es kann aber auch für Leute mit ausschließlicher Fernsehpräsenz schwieriger werden. Im Radio können sie nicht aus unangenehmen Situationen flüchten, indem sie durch einen *Joke* beim Publikum punkten und sich damit vergewissern, dass sie gerade gut sind. Ich sitze mit dem Gast ganz alleine im Studio, auch Betreuer oder Manager müssen draußen bleiben.

Kann diese Nähe auch gefährlich werden?
Sicher. Wie schön, wenn sich jemand wohl fühlt und im Interview öffnet. Aber manchmal vielleicht auch zu sehr öffnet. Gelegentlich befürchte ich, dass sich die Presse anschließend auf ein intimes Detail stürzt. Es gibt viele Geschichten, aus denen jemand eine unangenehme Story machen könnte. Generell müssen Journalisten an solchen Punkten immer wieder ihren Ethos überprüfen. Es gibt einfach Situationen, in denen man sich die Frage stellen sollte: Liefere ich eine 1-A-Headline oder liefere ich den Menschen damit aus und verzichte daher lieber auf Lob vom CvD. Man trägt als Journalist Verantwortung. Bei Live-Interviews kann man einen zu vertrauensseligen Interviewpartner natürlich schlecht schützen. Höchstens durch Fragen, die man nicht stellt.

Sind es eher Privatsender, die genau auf solche Kracher warten, um sie auszuschlachten?
Tja, das ist so ein Endlos-Streit-Thema, bei dem ich mir auch immer gerne selbst widerspreche. Ich finde diese Absolutheit, mit der die öffentlich-rechtlichen Anstalten hochgehalten werden und Privatsender nur für den *Trash* und das Laute verantwortlich gemacht werden, ziemlich arrogant. Und realitätsfern, zumal öffentlich-rechtliche TV- und Radio-Sender in den letzten Jahren immer wieder erfolgreiche Privat-Formate adaptierten und sie vielleicht noch mit einer Prise Abitur versahen. Hat selten geklappt. Ich stelle mir immer wieder die Frage: Wer oder was ist eigentlich der Gradmesser für Niveau? Und fürchte, dass das jeder für sich beantwortet. Dann freut es mich, wenn mit meinen Gebührengeldern ein liebevoll umgesetztes Stück Unterhaltung oder Information produziert wird und ich dem Schwachsinn bei *RTL2* oder Hitradio Sowieso durch angenehmere Alternativen aus dem Weg gehen kann. Aber gucke ich deswegen nur *Arte* und *3sat*? Natürlich nicht. Das ist jedes Mal wieder eine höchst subjektive und launige Entscheidung. Und auch, wenn es mir schwer fällt, muss ich wohl akzeptieren, dass es genügend Menschen gibt, die es überhaupt nicht stört, wenn ihre Radiosender bis in die letzte, schlechte Morningshow-Pointe

durchformatiert sind, die Moderatoren klingen, als seien sie konstant auf Koks und sich das Musikangebot auf das stoische Runternudeln der Charts beschränkt. Kein Wunder, wenn immer mehr Leute sagen: „Ich höre kein Radio mehr."

Aber auch bei Ihrem Sender, Radio Eins, finden sich nur wenige der klassischen Radiodarstellungsformen im Programm.
Das sehe ich anders. Der *Rundfunk Berlin-Brandenburg* leistet sich einen Sender mit klugen Leuten, die Humor und ein gewisses Bildungsniveau haben. Als bislang einziger Sender bekam *Radio Eins* einen „Echo" für Musikvielfalt. Das Programm wird von einer Musikredaktion zusammengestellt, die Bands wie 2Raumwohnung oder Annett Louisan immer wieder gespielt und dadurch bekannt gemacht hat. Musikredaktion! Sowas gibt es kaum noch. Leute, die jede Stunde des Tages immer wieder individuell musikalisch zusammenstellen. Enorm. Ich schwärme übrigens nicht nur so, weil ich für den Sender arbeite. Wir haben wirklich geistreiche Moderatoren, die auch in der Lage sind, politische Zusammenhänge sozusagen im Vorübergehen zu erläutern. Ich fühle mich informiert, ohne dass ich den ganzen Tag Inforadio hören muss. Und die Leute kommen nicht so rüber, als würden sie sich selbst toll finden, nur weil sie vor einem Radiomikro sitzen. Es geht nicht darum, dass man sich auf die Schulter klopft, sondern darum, Radio als selbstbewusstes Medium, als einen wunderbaren Begleiter zu präsentieren.

Bei vielen Radiosendern gilt das gesprochene Wort als Abschaltfaktor. Glauben Sie, dass sich daran etwas ändern wird, dass es eine Renaissance des Worts im Hörfunk geben wird?
„Wort" allein steht ja noch nicht für Qualität. „Gutes Wort" ist wichtig. Beiträge, von denen ich lerne, die erklären, aufzeigen, verdeutlichen, unterhalten. Die dürfen dann die „gute" Musik auch gerne unterbrechen. Auf besserwisserisches Feuilleton-Wort kann ich hingegen gut verzichten. An eine puristische Renaissance jedoch glaube ich nicht. Als das Radio erfunden wurde, hatte es die Funktion all der Medien, die wir heute haben. Die Leute haben sich versammelt vor einem Weltempfänger und waren aus dem Häuschen, eine halbe Stunde etwas zu hören. Damals hatte der Hörfunk noch einen ganz anderen Stellenwert, dann wurde er vom Fernsehen abgelöst. Aber Radio ist nach wie vor ein wichtiges Medium, die Leute hören Radio auf dem Weg zur Arbeit oder morgens beim Aufstehen. Schade, dass man sich bei vielen Sendern als Hörer so unterschätzt und schlecht unterhalten fühlt.

Was sollte ihrer Meinung nach getan werden, um es als journalistisches Medium wiederzubeleben?
Ich glaube, dass es in vielen Städten und Gegenden versäumt wird, das Radio einer jüngeren Generation näher zu bringen. Sowohl als Informationsquelle, als auch als Musikinformationsquelle. Immer wieder, wenn Leute aus anderen Städten zu mir in die Sendung kommen, sagen die: „Neuere Musik konnte ich gar nicht mitbringen, weil ich gar nicht wüsste, was es da so gibt." Da ist mir das erst einmal aufgegangen: Ich höre in Berlin bei *Radio Eins* Songs, die werden an- und abmoderiert. Ich „lerne" Bands und Interpreten. Klar gibt's auch Songs, die mir nicht gefallen. Dafür tauchen aber auch kostbare Perlen auf, die sonst nirgendwo gespielt werden. Die erweitern meinen Horizont und machen mich hungrig auf mehr.

Teenager heute werden auf ganz anderen Wegen auf neue Bands aufmerksam und einige sind ja auch erst über das Internet bekannt geworden, weil sich genügend Leute Links zu deren Myspace-Seiten geschickt haben.
Das ist sicher eine gute Form der Mail-zu-Mail-Propaganda. Bei Webseiten wie *last.fm* – ich habe darüber bislang nur gelesen – zum Beispiel könnte es sein, dass die mir nur Musik liefern, die sowieso schon sehr nah an dem mir bereits Bekannten ist. Aber der Reiz des Lebens besteht ja auch aus einer gewissen Vielfalt, gerade in der Musik. Was man da alles entdecken kann! Ich bin immer wieder fassungslos vor Freude. Nur müssten eben auch Radiosender den Mut haben, Bandbreite zu offerieren, sowohl was journalistische Information angeht, als auch musikalische Abwechslung. Da der Trend ja leider immer mehr zur Mini-Zielgruppe geht, wird alles so selektiert weitergegeben und das ist schade. Wer nicht von Haus aus eine gewisse Neugierde mitbringt, der wird sich für andere Sachen unter Umständen gar nicht mehr interessieren. Weil niemand ihn an neue Dinge heranführt.

Im Grunde bleibt es doch ein betriebswirtschaftliches Problem: Solange genügend Menschen einschalten, werden sich zumindest die Privatsender an den Mainstream halten.
Das ist die eben die Frage. Und damit sind wir mitten im nächsten Riesenthema, das man hin- und herbiegen kann. Was war zuerst da: Huhn oder Ei? Sollten Journalisten Rezipienten führen, im Sinne eines Bildungs- oder Erziehungsauftrags? Sind wir die Entdecker? Vorkoster? Diejenigen, die ihre Ausbildung, Kenntnis, ihre Sinne zur Verfügung stellen, um andere zu ihrem Glück zu zwingen? Dann sagt man: „Okay, ihr mögt alle Pommes, aber ich zeige euch mal, wie lecker Brokkoli mit überbackenem Ziegenkäse schmeckt. Ja, ihr rümpft die Nase, aber probiert's doch erstmal!" Oder lautet die Devise: „Lasst uns hier mal nicht mit Brokkoli experimentieren. Die Pommes verkaufen sich super und schaffen zwanzig sichere Arbeitsplätze, wollt ihr die etwa zerstören?" Also gibt es weiter Pommes. Denn kein Markt, außer der Börse, reagiert so schnell wie der Medienmarkt. Wenn etwas nicht läuft, wird sofort reagiert. Auch hier fühle ich mich als Zuschauer entmündigt. Neue Formate werden angekündigt und leidenschaftlich beworben, Hype, Rummel, dann taumelt die Quote und schon werden Folge-Episoden ins Nachtprogramm verfrachtet. Oder gleich abgesetzt. Und dann werfen wir einen Blick auf Sendungen, die seit Jahren überleben: Gerichtsshows! Ausgerechnet. Die Deutschen müssen ein unglaublich gerechtigkeitsliebendes Volk sein. Naja, immer noch besser, als würden dieselben Zuschauer den ganzen Tag Hahnenkämpfen beiwohnen.

Dann doch lieber die *Hörbar Rust*. Wie kamen Sie darauf, die Hörfunksendung auch im Fernsehen zu zeigen?
Das war der Wunsch unserer Intendantin, Dagmar Reim. Ich war erst skeptisch, weil ich Angst hatte, dass die Gesprächspartner sich nicht mehr genauso öffnen im Interview. Meine Sorge war, dass es zu kompliziert wird mit Maskenbildnern und all diesem Aufwand, der für eine gute TV-Sendung nötig ist. Aber ich muss sagen, dass meine Bedenken zerstreut wurden. Die Atmosphäre im Studio ist nach wie vor sehr intim, das Licht nur punktuell gesetzt. Normalerweise liefert Fernsehlicht einen ja gnadenlos aus. Und was man im Radio hört, kann man im *Hörbar*-Fall auch gut im Fernsehen zeigen. Ich finde es gar nicht schlecht, wenn der Zuschauer sehen kann, wie jemand nachdenkt, ob das Augenlid flattert oder ob sich jemand nervös durch die Haare fährt. Wir haben uns aber darauf geeinigt, dass wir die *TV-Hörbar* nicht zu einer neuen Show machen, sondern ganz puristisch einfach Radio abfilmen.

Zum Abschluss noch eine ganz andere Frage: Welchen Tipp würden Sie jungen Journalisten geben, die ganz am Anfang ihrer Karriere stehen?
Wenn ich erzähle, wie es bei mir losging, könnte das vielleicht eine Antwort sein. Ich habe lange nicht gewusst, was ich machen will. Wer damals mit Text und Humor arbeiten wollte, ging in die Werbung. Also absolvierte ich ein Marketing- und Kommunikationsstudium, zu dem auch ein Radioworkshop gehörte. Von dem Moment an wusste ich: das will ich machen. Ich bewarb mich für ein Praktikum bei einem Sender in Hamburg, erhielt aber erstmal eine Standardabsage. Daraufhin schrieb ich einen Brief und bat um 10 Minuten mit einem Gesprächspartner, der mir im Schnelldurchlauf erzählen könnte, wie „Radiomachen" denn eigentlich so abläuft. Ich wusste zu wenig darüber und wollte mit meiner neuen Entschlossenheit nicht auf dem falschen Dampfer sein. Es folgte dieselbe Standardabsage. Da wurde ich zum Glück so wütend, dass ich dort anrief, um mich über diese unpersönliche Art zu beschweren. Wie es der Zufall so wollte, ging der Chefredakteur ans Telefon, hörte sich meine Kritik an und lud mich zum Gespräch ein. Danach ergab sich die Gelegenheit, sehr spontan für jemanden einzuspringen und so ging das alles los. Später sagte mir dieser Chefredakteur, dass es meine Hartnäckigkeit gewesen sei, die ihn überzeugt habe. Wenn ich also einen Tipp geben sollte, dann den: dranbleiben! Manchmal ist es ist natürlich ein schmaler Grad zur Penetranz. Aber darauf kann man achten. Zeigt den Leuten, dass ihr brennt und dass es euch wirklich etwas bedeutet.

11. Darstellungsformen im Fernsehen

Camilla John

Überblick

Das Kapitel „Darstellungsformen im Fernsehen" vermittelt die Grundlagen der Produktion journalistischer Beiträge in TV-Redaktionen. Es erklärt die nachrichtlichen, unterhaltenden und meinungsbetonten Darstellungsformen, mit denen Fernsehjournalisten und -journalistinnen arbeiten. Die hier vermittelten Basiskenntnisse über die Gestaltungsmöglichkeiten von audiovisuellen Beiträgen sind eine Voraussetzung für die Arbeit im Fernsehjournalismus.

Das Kapitel ist in fünf Abschnitte gegliedert:

- **Kapitel 11.1**: Der erste Abschnitt stellt die informationsorientierten Darstellungsformen Nachricht und Bericht im Fernsehjournalismus vor.
- **Kapitel 11.2**: Der zweite Abschnitt skizziert die Besonderheiten der erzählenden Darstellungsformen Reportage und Feature im Fernsehjournalismus.
- **Kapitel 11.3**: Der dritte Abschnitt führt in die kommentierenden Darstellungsformen des Fernsehjournalismus ein.
- **Kapitel 11.4**: Der vierte Abschnitt fasst die spezifischen Anforderungen an TV-Interviews auf Basis der allgemeinen Interviewgrundlagen in Kapitel 8 zusammen.
- **Kapitel 11.5**: Im fünften Abschnitt erklärt ein Pionier des digitalen Fernsehens in Deutschland, wie sich der TV-Journalismus im Zuge des technologischen Wandels verändert.

Das Fernsehen als Medium hebt sich seit den ersten Funkausstrahlungen in den 1930er Jahren von anderen Medien ab: Es fasziniert als „ein semiotisches Amalgam aus bewegten Bildern und gesprochener Sprache" (Renner 2007, S. 393) und geht mit seinen bewegten Bildern einen Schritt weiter als das Radio. Fernsehjournalistinnen und -journalisten wenden sich an Augen und Ohren der Menschen, „wobei die Wirkung des bewegten Bildes beim Rezipienten weit größer als jene des Tones ist" (Pürer, Rahofer et al. 2004, S. 212): Ein Bild sagt mehr als 1000 Worte. Mit der Etablierung des Fernsehens haben sich zwei soziale Innovationen schnell durchgesetzt: Erstens haben die Sendezeiten den Tagesablauf der Zuschauer verändert, die ihre Zeitplanung an beliebten Sendungen orientierten. Zweitens ist eine neue Form des gesellschaftlichen Zusammentreffens entstanden, wenn sich die Gesellschaft in Gaststätten bzw. an anderen öffentlichen Orten oder zu Hause traf, um einem Ereignis beizuwohnen und um Anteil daran zu haben.

In Hamburg gab es Anfang der 1950er Jahre zwei öffentliche Fernsehstuben, in denen eine große Menge von Menschen das Programm verfolgen konnte (vgl. Hickethier 1998, S. 91). „Fernsehen als Vermittlungsinstanz zur Welt nach draußen […] zum Fremden und Anderen, präsentierte sich vor allem in Live-Übertragungen.

Literatur zum Verständnis der Darstellungsformen im Fernsehen

- Blaes, R. und G. A. Heussen (1997) (Hrsg.). ABC des Fernsehens. Konstanz, UVK.
- Bleicher, J. K. (2002). Chronik zur Programmgeschichte des deutschen Fernsehens. Berlin, Edition Sigma.
- Bommert, H., R. Kleyböcker und A. Voss-Frick (2002). TV-Interviews im Urteil der Zuschauer. Münster, Hamburg, LIT.
- Cury, I. (2006). Directing and Producing for Television. St. Louis, Focal Press.
- Hickethier, K. (1998). Geschichte des deutschen Fernsehens. Stuttgart, Metzler.
- Holly, W. (2004). Fernsehen. Grundlagen der Medienkommunikation. Tübingen, Niemeyer.
- Karstens, E. und J. Schütte (2005). Praxishandbuch Fernsehen. Wie TV-Sender arbeiten. Wiesbaden, VS Verlag für Sozialwissenschaften.
- Massaquie, V. und M. Resch (2004) (Hrsg.). Faszination TV-Journalismus. Bielefeld, BW.
- Matzen, N. und C. Radler (2009) (Hrsg.). Die Tagesschau – Zur Geschichte einer Nachrichtensendung. Konstanz, UVK.
- Ordolff, M. (2005). Fernsehjournalismus. Konstanz, UVK.
- Ordolff, M. und S. Wachtel (2004). Texten für TV. Ein Leitfaden zu verständlichen Fernsehbeiträgen. Konstanz, UVK.
- Renner, K.-N. (2007). Fernsehjournalismus – Entwurf einer Theorie des kommunikativen Handelns. Konstanz, UVK.
- Schult, G. und A. Buchholz (2006) (Hrsg.). Fernseh-Journalismus. Ein Handbuch für Ausbildung und Praxis. München, List.
- Streich, S. (2008). Videojournalismus. Ein Trainingshandbuch. Konstanz, UVK.
- Werner, H. (2009). Fernsehen machen. Konstanz, UVK.
- Winterhoff-Spurk, P. (1986). Fernsehen – Psychologische Befunde zur Medienwirkung. Bern, Huber.
- Wittwen, A. (1995). Infotainment. Fernsehnachrichten zwischen Information und Unterhaltung. Bern, Lang.
- Zettl, H. (2008). Television Production Handbook. Belmont, Wadsworth.

Sie waren der besondere Stolz des noch jungen Fernsehens, konnte es doch hier etwas bieten, wozu die anderen Medien nicht fähig waren." (Hickethier 1998, S. 85). Diese Funktionen hat das Fernsehen auch heute noch, sahen 2006 doch mehr als 500.900 Menschen die WM auf öffentlichen Plätzen (*public viewing*). Auch die **zeitstrukturierende Komponente** wird heute dem Fernsehen zugeschrieben. Schauten bei ihrer Erstausstrahlung am 26. Dezember 1952 rund tausend Zuschauer die Hauptausgabe der Tagesschau (ARD), sehen inzwischen um 20 Uhr rund zehn Millionen Menschen zu. Die Platzierung der Tagesschau setzte sich am Anfang des Abendprogramms durch und behielt bis heute ihren Platz (vgl. Hickethier 1998, S. 85).

11. Darstellungsformen im Fernsehen

Journalismus im Fernsehen dient nicht nur der Information. Mittlerweile hat es einen **ritualisiert-habitualisierten Charakter mit Signalwirkung** (vgl. Blaes und Heussen 1997, S. 18) bekommen. Das Radio hingegen ist zu einem sogenannten „Bei-Medium" geworden. Es läuft und unterhält den Menschen, während er einer anderen Tätigkeit nachgeht, sei es bei der Arbeit, am Bügelbrett oder beim Autofahren. Um fernzusehen, bedarf es eines gewissen **Aufmerksamkeitsniveaus**, auch, wenn dies bei der Erhebung der Einschaltquoten, Marktanteile und Reichweiten via **„Quotenbox" (GfK-Meter)** durch die Gesellschaft für Konsum-, Markt- und Absatzforschung (vgl. Kapitel 2.2.4) nicht erfasst wird. Das ist ein vieldiskutierter Gesichtspunkt beim Streit um die Festlegung der Quoten und Anteile, denn das bloße Betätigen des Einschaltknopfes wird gewertet. Als „Sehender" gilt dadurch jeder. Der Tatbestand, ob man also vor dem Fernseher schläft oder aktiv zuschaut, wird vernachlässigt.

Das Fernsehen ist als Arbeitsfeld für Journalisten attraktiv – nicht zuletzt auch, weil es sich in der täglichen Arbeit anbietet, aus den **unterschiedlichen Darstellungsformen** die dem Anlass entsprechende auszuwählen. „Der Journalist manipuliert im positiven Sinne, wenn er Informationen auf ihre Relevanz prüft, verdichtet und für sein Publikum dadurch konsumierbar also nutzbar macht." (Pürer, Rahofer et al. 2004, S. 207). So wird die Darstellungsform des Berichts gewählt, um anschaulich einen Nachrichtenwert zu transportieren, eine Reportage, um Entwicklungen zu zeigen. Das, was den Zuschauer förmlich an den Sessel fesselt – das **Bewegtbild kombiniert mit synchroner Vertonung** – ist auch für den Journalisten eine Herausforderung. Bei dieser Arbeit geht es darum, Bild, Ton und Text so zu verknüpfen, dass ein „runder" Beitrag entsteht. Auf diese Weise wird den Zuschauern das Gefühl vermittelt, Anteil am Geschehen zu haben und „live dabei" zu sein. Die eigenen Augen versetzen sich in die Perspektive der Kamera und machen den Zuschauer zum Beteiligten.

„Die Faszination des Fernsehens liegt darin, das Ferne so zu sehen, als läge es vor der Nase, das Alltägliche so zu sehen, wie man es mit eigenen Augen noch nicht betrachtet hat, etwas sehen zu können, was sonst nur Wissenschaftlern und Forschern unter die Augen kommt; und noch dazu kann man alles hören." (Blaes und Heussen 1997, S. 19). Die Passivität des Zuschauers ist gegeben; ein Fakt, den der Journalist bedenken muss: Die Technik gibt vor, wer sendet und wer empfängt, eine Interaktion der Zuschauer ist einzig durch künstliche Szenarien wie z. B. Telefonaktionen möglich. Live-Schalten mit Reportern vor Ort schaffen eine **Gleichzeitigkeit des Gesehenen und des Gesendeten**, an welcher der Zuschauer vor dem Bildschirm partizipieren kann. Doch gerade aufgrund dieser Mittel wird der „Einbahnstraßen-Charakter" (Blaes und Heussen 1997, S. 17) dieses Mediums deutlich, denn es verändert sich dadurch in keiner Weise. Vergleicht man dieses Merkmal mit Kommentarfunktionen im Internet, die Redakteure beeinflussen können und Verbindung zu anderen Usern herstellen, wird klar, welche beschränkten Mittel dem TV-Rezipienten zur Verfügung stehen, denn dieser befindet sich während der Fernsehnutzung in einer **künstlichen Welt**, „eine durch und durch künstliche Darstellung, die Dreidimensionales in zwei Dimensionen packt" (Blaes und Heussen 1997, S. 20).

Es werden Schnitte gesetzt, die die ganzheitliche Wirklichkeit buchstäblich zerhacken, die **Erzählgeschwindigkeit** wird vom Redakteur bestimmt und grundsätzlich zeigt das Fernsehen nur **Ausschnitte der Wirklichkeit**.

Bei der **Produktion von Fernsehbeiträgen** sollte der Journalist deshalb immer seinen potentiellen Zuschauer im Kopf haben. Versteht dieser etwas nicht, ist ihm ein Handlungsstrang nicht eindeutig oder Szenewechsel nicht klar, so kann er nicht folgen und man verliert ihn. Zudem muss sich der TV-Journalist immer bewusst sein, dass die Bildsprache wesentlich nachhaltiger wirkt als der gesprochenen Text eines Beitrags (vgl. Pürer, Rahofer et al. 2004, S. 215). Deshalb muss er darauf achten, dass die Information, die durch die Bilder transportiert wird, sich nicht vom gleichzeitig gesprochenen Text unterscheidet. Ist dies der Fall, so spricht man von einer „Text-Bild-Schere" (Pürer, Rahofer et al. 2004, S. 215). Der Zuschauer kann dann den Inhalt nicht mehr nachvollziehen und ist irritiert statt informiert.

Das bedeutet nicht, dass bildkongruente **Sprache im Fernsehen** eingesetzt werden soll, denn der Rezipient benötigt eine über das Bild hinausführende Information, um die Zusammenhänge verknüpfen zu können. „Der Reporter ist vor allem dazu da, dem Seher das zu vermitteln, was gerade nicht im Bild zu sehen ist und was er zum Verständnis des Ablaufs braucht" (Mast 2004, S. 260). Aus den genannten Gründen ist die verwendete Sprache ein besonders wichtiges Merkmal in der journalistischen Arbeit beim Fernsehen, gemeint sind Vertonung der geschnittenen Beiträge und auch die Moderationen. Die Sprache im TV sollte sich **an der gesprochenen Sprache orientieren**, denn mit einem Beitrag richtet man sich direkt an einen Adressaten. Aus diesem Grund werden in der Regel kurze Sätze verwendet, die einen klaren Aufbau haben und keine komplizierten Konstruktionen (vgl. Pürer, Rahofer et al. 2004, S. 218). Da nach dem einmaligen Hören die Information beim Zuschauer angekommen sein muss, arbeitet der Sprecher oder der Vertonende zusätzlich mit seinem **Stimmausdruck**. Durch diese hergestellte Unmittelbarkeit wird der Beitragstext glaubwürdig, da der Hörer es so empfindet, als spräche jemand direkt zu ihm. Der Sprechwissenschaftler Stefan Wachtel beschreibt diesen Fakt: „Hörfunk und Fernsehen sind Wortmedien. Einfluss und Macht sind über das Wort vermittelt. [...] Wer das Sagen hat, hat das Wort, das gilt auch für die Produkte: ‚Das Fernsehen hat's gesagt'" (Wachtel 1997, S. 11). Beim Vertonen von Beiträgen, gerade wenn es um nachrichtliche Darstellungsformen geht, wird der Ruf nach Objektivität laut. Der Inhalt der Berichterstattung färbt dann häufig auf das geleierte Vertonen ab. Wachtel (2003, S. 57) beschreibt deshalb, was der mündlichen Sprache im Weg steht: erstens das **Missverständnis**, mit geschriebenen und vorgelesenen Texten Hörer erreichen zu wollen; zweitens **zu viele Informationen** in Satzkonstruktionen, die dadurch substantivisch und zu dicht zum Vorlesen werden; drittens **Sprachformen**, die substantivisch, passiv und pseudo-objektiv darstellen, statt Menschen anzusprechen; und viertens die **Verkünstlichung der Sprache**.

Nicht anders als Print- und Radiojournalisten bedienen sich auch Redakteurinnen und Redakteure bei Fernsehsendern unterschiedlicher **nachrichtlicher, erzählender und kommentierender Darstellungsformen**, die einen wesentlichen Beitrag zur Variation der Informationsvermittlung und der Unterhaltung leisten und in den folgenden Abschnitten erklärt werden.

11.1 Nachrichtliche Darstellungsformen

Literatur zur Produktion von nachrichtlichen Fernsehbeiträgen
- Ordolff, M. (2005). Fernsehjournalismus. Konstanz, UVK.
- Ordolff, M. und S. Wachtel (2004). Texten für TV. Ein Leitfaden zu verständlichen Fernsehbeiträgen. Konstanz, UVK.
- Yorke, I. (1997). Basic TV Reporting. St. Louis, Focal Press.
- Yorke, I. (2000). Television News. St. Louis, Focal Press.

Der Journalist ist in seinem Arbeitsalltag Pfadfinder im Informationsdschungel der globalisierten Mediengesellschaft (vgl. Pürer, Rahofer et al. 2004, S. 207), auch „Gatekeeper" genannt (Weischenberg, Kleinsteuber et al. 2005, S. 75). Bei der **Auswahl und Gewichtung** der einzelnen Meldungen – die zu bedeutenden Themen werden können – agiert der Nachrichten-Redakteur als eine Art Schleuse (vgl. Kapitel 6): Er überfliegt alle Nachrichten, kanalisiert und filtert sie dadurch und entscheidet dann nach bestimmten Kriterien, ob eine Meldung in die Nachrichtensendung aufgenommen wird oder nicht. Diese Kriterien orientieren sich am Nachrichtenwert der Informationen und ihrem Nutzwert für das Publikum (vgl. Pürer, Rahofer et al. 2004; Pürer und Raabe 2007). Auch im Fernsehen gelten bei der Nachrichtenauswahl die gängigen journalistischen Handwerksregeln. **Aktualität** steht im Vordergrund. Zum einen beschreibt sie die kurze Spanne zwischen Ereignis und Nachricht; zum anderen dient sie dazu, momentane Diskussionen aufzugreifen und neue Entwicklungen in der Gesellschaft zu vermitteln. Charakteristisch für TV-Nachrichten ist aber, dass die Themen besonders **stark der Zielgruppenaffinität angepasst** gewählt werden (Warken in Ordolff 2005, S. 155).

Um die Bedeutung eines Ereignisses werten zu können, muss der Redakteur Ausmaß und Konsequenzen einschätzen; er muss Fragen stellen, die die Begebenheit in einen Kontext für seine Zielgruppe setzen. Neben der aktuellen Nachrichtenlage und der Erfahrung des Redakteurs spielt dazu beim Fernsehen auch die **Sendezeit** eine Rolle in der Wahl der Nachrichtenthemen. Auch wenn ihre Zuschauerzahlen grundsätzlich nachlassen, zählen Nachrichten zu den beliebtesten Sendungen im deutschen Fernsehen. „Tagtäglich ziehen die Hauptnachrichtensendungen, aber auch News-Magazine und zunehmend auch schnell produzierte und teure Sondersendungen das deutsche Millionenpublikum vor die Bildschirme" (Ruhrmann, Woelke et al. 2003, S. 229).

11.1.1 Die Nachricht

Basis für Nachrichten im Fernsehen sind i. d. R. **Meldungen**, die von Nachrichtenagenturen aus der ganzen Welt kommen, kombiniert mit **Archivmaterialen** und gegebenenfalls auch **Informationen von (Auslands-)Korrespondenten**. Bei den Redaktionskonferenzen selektieren die Redakteure Themen. Anschließend recherchieren sie Hintergründe und schreiben Texte zu den ausgewählten Themen. Es ist die Aufgabe der Redaktion oder des zuständigen Redakteurs, das Wichtigste auszuwählen. Er orientiert sich dabei an verschiedenen Kriterien, die sogenannten **Nachrichtenwerte** helfen dabei (vgl. Kapitel 6). „Die Nachricht ist die Grundform der journalistischen Informationsvermittlung. Darunter werden kurze Mitteilungen verstanden, die für den Zuschauer von Interesse sind. Dieses Interesse kann durch verschiedene Faktoren hervorgerufen werden. Eine Voraussetzung ist, dass es einen Sachverhalt gibt, der für den Zuschauer neu ist – daher auch der englische Begriff „News" für Nachrichten" (Ordolff 2005, S. 165).

Bei der Produktion einer TV-Nachricht ist darauf zu achten, dass es genügend **Filmmaterial** gibt, das den Inhalt transportieren kann. Das ausgewählte Ereignis muss „[…] in eine audiovisuelle Präsentationsdramaturgie und -narration umgearbeitet […]" werden (Nohr 2002, S. 81). Die TV-Nachricht folgt im Aufbau dem **Leadsatz-Prinzip** (vgl. Kapitel 9.1). Angefangen wird immer mit dem wichtigsten Aspekt, dem Kern der Nachricht. Dieses Prinzip stammt noch aus Zeiten der Telegrafie, in denen es oft passieren konnte, dass nicht die komplette Botschaft übermittelt wurde, aber der erste Satz meistens ankam (Ordolff 2005, S. 167). Zeitungen haben dies übernommen und deshalb sind Nachrichten so aufgebaut, dass sie leicht von hinten gekürzt werden können, ohne ihre Hauptaussage zu verlieren. Plädiert wird dafür, diesen Einstiegssatz attraktiv, klar und einprägsam zu formulieren, so dass er Lust auf mehr macht, das Interesse erregt und Neugierde weckt (vgl. Häusermann und Käppeli 1986, S. 101 f.). Grundsätzlich muss die **Komplexität der zu vermittelnden Ereignisse** reduziert werden. Deshalb sollten die Sätze kurz sein, im Aktiv stehen und es sollte auf komplizierte Satzbaukonstruktionen wie Schachtelsätze oder Partizipialkonstruktionen verzichtet werden (vgl. Weischenberg 2001, S. 165).

Im Fernsehen wird zwischen einer **Wortnachricht** und einer **Nachricht im Film (NiF)** unterschieden. Die NiF ist ein kurzer Nachrichtenfilm und ist Bestandteil jeder Nachrichtensendung, denn sie ist die kürzeste Form der Informationsvermittlung (vgl. Karstens und Schütte 2005, S. 425). Ihre Länge variiert zwischen zwanzig und dreißig Sekunden. Die Textlänge beträgt dabei nicht mehr als maximal fünf Sätze, die entweder von einem neutralen Sprecher vertont oder gelegentlich auch vom Moderator im Studio gesprochen werden. Dieser beginnt den Text kurz im On und spricht dann auf die Bilder aus dem OFF weiter. Eine NiF wird deshalb auch **Off-Maz** genannt (vgl. Pürer, Rahofer et al. 2004, S. 223). Das „Off" sagt aus, dass der Sprecher nicht sichtbar ist. „Maz" steht für den Kurzfilm („Magnetische Aufzeichnung"). Klassische Themen für solch einen Nachrichtenfilm sind politische Treffen, öffentliche Veranstaltungen oder Katastrophenmeldungen (vgl. Ordolff 2005, S. 169 ff.).

Bei beiden Formen der Nachricht wird der **Nachrichtentext** vorgelesen. Weitere Gestaltungselemente, die verwendet werden, sind bei der NIF **bewegte Bilder**, also kurze Filmsequenzen. Voneinander getrennt werden die Nachrichtenmeldungen häufig durch akustische Signale, **Trenner** genannt. Als Gliederungs- und Zäsurmerkmale können im Fernsehen wie beim Radio auch **Orts- oder Themenmarken** verwendet werden, die dem Leadsatz vorangestellt werden. Oft, besonders wenn das Material aus dem Ausland geliefert wird, schneidet ein Redakteur **fremdes Material**. Er war also selbst bei den Dreharbeiten nicht anwesend und muss sich deshalb beim Texten unter großem Zeitdruck auf die Angaben anderer verlassen. Diese Verhältnisse können manchmal dazu führen, dass falsche Informationen in Umlauf gebracht werden. Um dies zu vermeiden, recherchieren die Redakteure nach (Ordolff 2005, S. 171).

11. Darstellungsformen im Fernsehen

Die **Wortnachricht** wird im Studio vom Sprecher oder Moderator im On vorgelesen und hat ebenfalls die W-Fragen als Grundlage. Die Worte des Lesenden werden im Hintergrund von **Standbildern** unterstützt. Das können Grafiken und aussagekräftige Bilder sein, die die Wortnachricht ergänzen und das Verstehen erleichtern. „Durch ein geeignetes Zusammenspiel der beiden Ebenen wird die Nachricht sinnvoll unterstützt und die Information so für den Zuschauer eingängiger und verständlicher" (Ordolff 2005, S. 175).

11.1.2 Der Bericht

Der **Bericht im Nachrichtenformat** ist üblicherweise **eine Minute und dreißig Sekunden** lang und thematisiert einen allgemein interessanten Sachverhalt. Der Trend geht dazu, dass die Länge der aktuellen Berichte immer kürzer wird, einen dreiminütigen Bericht findet man heute sehr selten (vgl. Pürer, Rahofer et al. 2004, S. 219). Im Gegensatz zur Nachricht geht er über die reine Informationsvermittlung hinaus. Im Zentrum steht das, was in einer NiF nur am Rande behandelt werden kann: die **Vertiefung von Informationen**. Eingefügte O-Töne verstärken die Realitätsnähe des Gezeigten. „Der Bericht muss aktuell, interessant und für ein breites Publikum auf Anhieb verständlich sein. Sein Nachrichtenwert orientiert sich daran, dem Publikum Orientierungshilfen für Entscheidungen zu bieten." (Pürer, Rahofer et al. 2004, S. 220). Außerdem kommt die persönliche Handschrift des Redakteurs mehr zur Geltung, denn er wählt den Einstieg und die weitere Komposition des Films.

Die **Sprache des Berichts** ist präzise, knapp und im **Präsens** gehalten, da so der aktuelle Anlass besser transportiert wird. Anders als in der Nachricht muss der Bericht nicht zwangsläufig mit dem wichtigsten Ereignis beginnen, meist ist es sogar besser, mit einer Kuriosität zu starten, die den Zuschauer fesselt, weiterschauen lässt und ihm länger im Gedächtnis bleibt. Die Stärke und **Wirkung der vorhandenen Bilder** spielen hier eine tragende Rolle, denn der Bericht lebt von gut gedrehten Bildern, die das spiegeln, was textlich aufgefangen wird. „Totale, Halbtotale, Schwenk und Zoom sind die wichtigsten Elemente der Bildsprache, […] (wobei sich) lange Schwenks oder weite Zoom-Zufahrten grundsätzlich nicht für aktuelle Berichte (eignen)." (Pürer, Rahofer et al. 2004, S. 221). Besonders das letzte Bild des Berichts sollte einprägsam sein, denn es rundet ab und schließt den begonnenen Erzählkreis.

Der Bericht kann in **vier unterschiedliche Formen** unterteilt werden (vgl. Ordolff 2005):

- Der **Tatsachenbericht** gibt faktisches Wissen wieder, die Sprache ist hierbei objektiv und an feststehenden Informationen orientiert.
- Der **Handlungsbericht** hat ein Ereignis zum Inhalt, hier stehen die Verläufe im Vordergrund, wobei die Erzählreihenfolge den Autoren obliegt.
- Der **Erlebnisbericht** ist zwar nüchterner als die Reportage, jedoch gibt es hier ein Zusammenspiel des persönlich Erlebten mit den recherchierten Fakten.
- Der **Zitatenbericht** gibt eine Rede oder Pressekonferenz wieder. Die Gewichtung des Gesagten steht vor der Chronologie.

Eingeleitet wird der Bericht vom Moderator im Studio, der die ersten Überblicksinformationen mit einer sogenannten **An-Moderation** gibt. Hierbei ist besonders darauf zu achten, dass keine textlichen Doppelungen auftreten und der **Anschluss** von Moderation zu Beitragsbeginn inhaltlich gesichert ist.

11.2 Erzählende Darstellungsformen

> **Literatur zur Produktion erzählender TV-Beiträge**
> - Morawski, T. und M. Weiss (2007). Trainingsbuch Fernsehreportage. Reporterglück und wie man es macht – Regeln, Tipps und Tricks. Wiesbaden, VS Verlag für Sozialwissenschaften.
> - Ordolff, M. (2005). Fernsehjournalismus. Konstanz, UVK.
> - Schomers, M. (2001). Die Fernsehreportage. Von der Idee zur Ausstrahlung – Reportage, Dokumentation, Feature. Frankfurt am Main, Frankfurter Allgemeine Buch.
> - Witzke, B. und U. Rothaus (2003). Die Fernsehreportage. Konstanz, UVK.

Zu den **erzählenden Darstellungsformen** im Fernsehen gehören Formate, die aus subjektiven Beobachtungen und Einschätzungen bestehen. Sie vereinen zwei unterschiedliche Darstellungstraditionen des Journalismus: den Reisebericht und den Augenzeugenbericht. „Reisereportagen und Augenzeugenberichte hatten in den vergangenen Jahrhunderten das Ziel, stellvertretend für die Hörer und Leser Distanzen zu überwinden, um Fernes und Fremdes nahe zu bringen" (Mast 2004, S. 256). Anders als bei nachrichtlichen Darstellungsformen im Fernsehen muss in den erzählenden Gattungen nicht das Wichtigste zuerst gesagt werden, vielmehr geht es um eine ausgewogene Dramaturgie. Erzählende Darstellungsformen folgen vielmehr einem **roten Faden**, haben einen **Spannungsbogen** und die Person des Journalisten als **subjektivem Beobachter** spielt eine tragende Rolle. Die zentralen erzählenden Darstellungsformate im Fernsehen, **Reportage** und **Feature**, werden in den folgenden Abschnitten näher erklärt.

11.2.1 Die Reportage

Die Gattungsbezeichnung Reportage umfasst im allgemeinen Sinne Tatsachenberichte, die in allen publizistischen Medien zu finden sind. „Die Reportage analysiert nicht – sie beobachtet. Sie ist konkret und anschaulich, lebt mehr vom Bild als vom Text, zeigt nicht den Gesamtzusammenhang, sondern den Beispielfall, nicht Vergangenheit und Zukunft, sondern das ‚Hier und Jetzt'" (Mast 2004, S. 269). Der Autor nimmt so die Perspektive des **stellvertretenden Beobachters** ein: Durch den erzählerischen Aufbau und die genauen Schilderungen wird den Rezipienten die Möglichkeit gegeben, sich als Teil eines Ereignisses zu fühlen. Aus diesem Grund wird die Reportage zu den subjektiven Darstellungsformen gezählt (vgl. hierzu Weischenberg, Kleinsteuber et al. 2005, S. 405).

Im Fernsehbereich gilt diese Darstellungsform als äußerst beliebt und wird deshalb häufig verwendet. Sie ist ein lebhafter und authentischer Augenzeugen-, Erlebnis- und Erfahrungsbericht. Der Reporter gibt sich entweder klar oder auch indirekt als wertende Erzählinstanz zu erkennen (vgl. Mast 2004, S. 270f.). Mast (2004, S. 272) unterscheidet **drei Formen der TV-Reportage**:

- Die **Live-Reportage**: live gesendete Bilder werden aus dem Off kommentiert (z. B. Fußball-Übertragung).

- Die **On-Reportage**: Der Reporter nimmt am Geschehen teil, ist im Bild zu sehen und schildert bewusst subjektiv die Ereignisse.

- Die **Reportage mit versteckter Kamera**: Besonders bei investigativen Stücken werden kleine Kameras verwendet, die versteckt zum Einsatz kommen. Hinterher werden diese Bilder mit offen gefilmten Sequenzen kombiniert. Allerdings kommt es bei dieser Reportageform immer wieder zu technischen und rechtlichen Problemen.

Als journalistische Gebrauchsform intendiert die Reportage gleichermaßen **Information und Unterhaltung**, was die Beliebtheit beim Publikum erklärt. Denn genau diese Spannung zwischen den beiden Polen ist ein Charakteristikum der Reportage, die ihr unterschiedliche Spielarten ermöglicht. Zum Wesen der Fernsehreportage gehört der **induktive Aufbau**. „Von der Darstellung des Einzelnen wird – im Film ‚selbst' oder erst in der zweiten Produktion vom Zuschauer – auf den allgemeinen Zusammenhang geschlossen; Individuen, Einzelnes werden in der Reportage oberflächlicher, aktuell-journalistisch kennengelernt oder auch tiefergehend bis hin zur emotionalen Identifikation bzw. Ablehnung" (Leonhard, Ludwig et al. 1999, S. 1804). Zum einen ist eine Information der Ausgangspunkt, um daran eine spannende Geschichte anzuknüpfen, zum anderen bildet eine interessante Geschichte den Eingang, um in ihr zu vermittelnde Informationen einzubetten. Die zentrale Funktion der Reportage bleibt in jedem Fall die **Vermittlung von spezifischen Ereignissen**, die der Reporter als Autor für sein breites Publikum erschließt und über das Medium Fernsehen vermittelt. Bei einer Reportage geht es ausschließlich um das **Erzählen des Wahrgenommenen**.

Trotz der Subjektivität zählt die Reportage ebenso zu den informierenden Darstellungsformen, denn sie ist trotz persönlicher Färbung niemals erfunden, sondern hat immer **Tatsachen zur Grundlage**. „Entscheidend für eine Reportage ist, dass sich das Thema als Geschichte erzählen lässt, die auf Tatsachen beruht. Manche Themen klingen auf den ersten Blick sehr spannend, sind aber als Reportage nur schwer realisierbar, weil sie sich bildlich nicht umsetzen lassen" (Ordolff 2005, S. 281). Die Fernseh-Reportage lädt wie die Reportage in Zeitungen, in Zeitschriften oder im Radio zum Mitriechen, Mitfühlen, Mitschmecken ein. Die **Sinneseindrücke** müssen so vermittelt werden, dass der Zuschauer sich tatsächlich in diese bestimmte Momente hineinversetzen kann.

Die handelnden Personen stehen bei einer Reportage eindeutig im Mittelpunkt. Sie bilden den roten Faden, anhand dessen die Geschichte erzählt wird. Reicht ein **Protagonist** nicht aus, so können andere **Nebenfiguren** in die Erzählung mit einfließen, die den Film beleben. „Der Dreh- und Angelpunkt einer geschickten Dramaturgie: Menschen, an deren Beispiel oder um die herum der Reporter die Geschichte erzählt" (Mast 2004, S. 270). Denkt man an ein 30-minütiges Format, so muss man sich bewusstmachen, dass der Rezipient nicht gelangweilt, jedoch auch nicht von zu viel Kleinteiligkeit erschlagen werden sollte. Die Vorarbeit in Form einer ausgefeilten Recherche ist deshalb unerlässlich, denn „der Reporter muss unendlich viel mehr wissen, als er sagt und zeigt" (Mast 2004, S. 270). Bei einer Fernsehreportage sind zudem der Kameramann oder die Kamerafrau sehr wichtig, denn es ist ihre Aufgabe, die Bilder zur Geschichte zu liefern. Sie müssen flexibel sein, schnell reagieren, denn anders als bei einem geplanten szenischen Dreh können hier Überraschungen passieren, die später sehr wertvoll für die Reportage sein können. Um schnell und agil filmen zu können, arbeiten die Kameramänner meistens mit einer Schulterkamera. Das stellt jedoch körperlich sehr hohe Ansprüche, denn es werden oft lange Passagen gefilmt, da nicht vorhersehbar ist, wann was passieren wird (vgl. Mast 2004, S. 271f.).

Der **gesprochene Text** in der Reportage ist von einer goldenen Regel bestimmt: Weniger ist mehr. Die verwendeten Worte richten sich nach den Bildern, den Tönen und den eingeflochtenen Interviews. Knapp und präzise liefert der Text situationsbezogene Informationen, die den Bildern und O-Tönen (Originaltönen) nicht zu entnehmen sind. Für die räumliche und zeitliche Einordnung, die aus den Bildern allein nicht ersichtlich ist, ist eine erläuternde Textpassage unerlässlich (vgl. Mast 2004, S. 272). Eine weitere bedeutende Rolle spielen die **Geräusche**: Das Bimmeln einer Straßenbahn, Wellengeräusche in Meeresnähe oder die Sirene eines Einsatzfahrzeugs erleichtern dem Zuschauer die Verortung der Geschichte und lassen ihn einfacher partizipieren.

11.2.2 Das Feature

Der Begriff „Feature" kommt aus dem Englischen und bedeutet „Merkmal", „Eigenschaft" oder „Besonderheit". Das Feature versucht, ein charakteristisches Merkmal eines Ereignisses herauszuarbeiten. Meistens wird der Begriff jedoch nicht trennscharf gebraucht und mit der Reportage verwechselt. Ein wichtiges **Unterscheidungsmerkmal zwischen Feature und Reportage** ist jedoch, dass das Feature nicht teilnehmen lässt, sondern etwas anschaulich macht (Mast 2004, S. 273).

Thematisch stehen beim Feature allgemeine, nicht drängend tagesaktuelle **Themen** im Mittelpunkt. Auch hier werden Ereignisse am Einzelfall gezeigt, um auf das Allgemeine zu schließen; Fernseh-Features verdichten komplexe Sachverhalte und „setzen Begriffliches in Bildhaftes um." (von La Roche 1999, S. 141). Die handelnden Personen sind dabei eher Stellvertreter, austauschbare Akteure. An ihrem Beispiel wird etwas Abstraktes deutlich gemacht. „Das Prinzip der Allgemeingültigkeit, das dem Feature zugrunde liegt, unterscheidet es sehr deutlich von der Reportage." (Mast 2004, S. 273). Aus diesen Gründen darf das Feature auch **fiktive Szenen** enthalten und kann einen trockenen Sachverhalt durch lockere und spannende Sprache vermitteln (vgl. Mast 2004, S. 276). Nach Walther von La Roche ist die Darstellungsform des Features durch den „[…] ständigen Wechsel zwischen Anschauung und Abstraktion, zwischen Schilderung und Schlussfolgerung […]" (von La Roche 1999, S. 139) gekennzeichnet.

Im Fernsehjournalismus bezeichnet das Feature eine Darstellungsform nach angloamerikanischem Vorbild, bei der ein Thema innerhalb eines Beitrags durch verschiedene stilistische Mittel abwechslungsreich und möglichst „farbig" behandelt wird. Im Fernsehen geschieht dies durch eine **Mischung aus Spiel- und Dokumentarszenen**, durch den Einsatz von O-Tönen, Archivaufnahmen, Geräuschen, Musik, Sprecher- und Szenenwechsel, Einblenden kurzer Statements und Kurzinterviews. Das Feature als effektvolle Aufbereitung eines zunächst eher undramatischen Stoffs setzt sich zum Ziel, abstrakte Sachverhalte zu veranschaulichen und sie auf unterhaltende Weise interessant zu präsentieren.

Diese Darstellungsform bezeichnet somit einen „speziellen Typ dokumentarischer Sendungen, der zu Beginn des deutschen Fernsehens modern wurde […]. Der Featureautor entwickelt eine Argumentation mit durchaus subjektiven Zügen, benutzt bei der Umsetzung alle denkbaren Stilelemente, um dem Zuschauer seine Ideen nahe zu bringen: Nachgestelltes, lebendig Mitgedrehtes, Interviewartiges, Lyrisches, Versponnenes, Nüchternes, Propagandahaftes [...]" (Ordolff 2005, S. 270). Die **Chronologie des Gedrehten** ist in dieser Darstellungsform unerheblich, zeitliche und örtliche Sprünge sind jederzeit möglich. Die Form kann schon am Schreibtisch geplant werden, um dann Stück für Stück aneinandergesetzt zu werden. Im Fernsehen kann besonders gut mit **Bild-Metaphern** gearbeitet werden. Diese sind besonders dann gut einsetzbar, wenn Zustände oder Stimmungen beschrieben werden sollen (vgl. Mast 2004, S. 276): Mit ihrem Symbolcharakter können dann beispielsweise eindrucksvoll Wetterbilder wie tief hängende Wolken für Trauer oder schwere Zeiten verwendet werden.

11.3 Kommentierende Darstellungsformen

Kommentierende Darstellungsformen werden im Fernsehen ausschließlich nach vorhergehenden, meist nachrichtlich-informierenden Beiträgen, gesendet. „Meinungsbetonte Darstellungsformen bereiten Ereignisse und Themen für den (Rezipienten) auf, provozieren ihn zum Nachdenken, zur eigenen Meinungsbildung, geben ihm Argumente für Diskussionen zur Hand" (Mast 2004, S. 303). Das charakteristische Kennzeichen dieser Formen ist die **Meinung des Journalisten** oder Sprechers. Es handelt sich hierbei um Meinungsäußerungen eines Einzelnen, die immer als solche markiert werden. Themen sind zumeist tagesaktuelle Nachrichten, die ein hohes Konfliktpotential bergen und die ein großes öffentliches Interesse vermuten lassen. Im Gegensatz zu Printmedien müssen kommentierende Formen im Fernsehen schneller umgesetzt werden. Dazu kommt, dass der Verfasser in den meisten Fällen auf dem Bildschirm zu sehen ist und sich zusätzlich zu seinen Äußerungen optisch präsentiert.

Durch die **inhaltliche Subjektivität** ist der Verfasser in seinen Formulierungen freier, denn er muss so tun, als spräche er die Zuschauer direkt an. „Typisch für kommentierende Darstellungsformen ist, im Vergleich zu berichtenden, eine freiere Verwendung von Konjunktionen, Adjektiven und Modalverben für die entsprechenden argumentativen oder bewertenden Handlungen" (Leonhard, Ludwig et al. 1999, S. 221). Die gängigste kommentierende Darstellungsform im Fernsehjournalismus ist der Kommentar.

Ein **nachrichtlicher Kommentar** im Fernsehen wird in der Regel nur von Chefredakteuren, Bereichsleitern und mitunter auch von Redaktionsleitern oder langjährigen Korrespondenten gesprochen. Er ist an einer Länge von einer Minute und dreißig Sekunden orientiert. Bei dieser Darstellungsform steht die subjektive Meinung klar im Vordergrund und wird auch zum Ausdruck gebracht. Dadurch hat er keinen Unfehlbarkeitsanspruch. Gesprochen wird ein Kommentar nicht allzu oft, der Anlass muss brisant und extrem wichtig sein. Beispiele sind hier Wahlberichterstattungen oder Grundsatzurteile des Verfassungsgerichts (vgl. Mast 2004, S. 316). Der Kommentar fungiert als **Einordnungshilfe**, gibt allerdings nur eine bestimmte Richtung der Meinungsbildung wieder. Michael Zeiß, Chefredakteur des *SWR* Fernsehens, beschreibt die Notwendigkeit des Fernsehkommentars in den Tagesthemen: „Nicht nur der Kommentar selbst ist Ritual, sondern auch der Weg, wie die ARD in den Tagesthemen zu ihrer Meinung kommt" (Mast 2004, S. 316). Unerlässlich ist hier die klare, einfache Sprache und ein deutlicher Aufbau, die Eindeutigkeit gerade bei Schlussfolgerungen ist bedeutender als kunstvolle Formulierungen, Redewendungen oder brillante, verwobene Gedankengänge. „Die Regeln für den Fernsehkommentar sind besonders streng. Einstieg, Argumentation, Schlussfolgerung, jeder Satz sollte sitzen" (Zeiß in Mast 2004, S. 317).

Auch Fragen sollten besser durch **klare Aussagen** ersetzt werden, **Ironie** darf keine deutlichen Wertungen überdecken. Der Zuschauer muss die Möglichkeit bekommen, die gesprochenen Gedanken nachzuvollziehen, deshalb ist ein zu großes Maß an Expertenwissen hier nicht hilfreich. „Die größte Gefahr für jeden Kommentator besteht darin, dass er an seinem Publikum vorbeikommentiert. Wenn der Leser, Hörer, Zuschauer von seinen Kenntnissen und seinem Bewusstseinsstand her den Weg der Gedankenführung mit dem Kommentator nicht mitgehen kann, weil er irgendwo unterwegs auf der Strecke bleibt, ist die Chance des Kommentars vertan" (von La Roche 1999, S. 153).

Der **Aufbau des Kommentars** ist von besonderer Bedeutung, da hier schon eine inhaltliche Richtung angelegt wird, welcher der Zuschauer folgen soll. „Wichtig ist, dass die Ausgangs- und Faktenlage eindeutig skizziert wird. Nur dann ist dem Zuschauer klar, worauf der Kommentator hinaus will. Es folgen die Argumente, die das Thema von verschiedenen Seiten aus beleuchten. Dadurch wird die Haltung des Kommentators bereits deutlich. Am Ende des Kommentars folgt ein Fazit, das auf die Argumentationskette aufbauen sollte" (Ordolff 2005, S. 205). Eine weitere Möglichkeit der Strukturierung ist es, eine These zu formulieren und dieser eine Gegenthese gegenüber zu stellen. Aus diesen beiden Standpunkten heraus formuliert der Kommentator dann seine Schlussfolgerung, die in einem persönlichen Fazit mündet.

Walther von La Roche unterscheidet **drei Arten von Kommentaren**: den Argumentations-Kommentar, den Geradeaus-Kommentar und den Einerseits-Anderseits-Kommentar.

- Der **Argumentations-Kommentar** hat nach von La Roche die Aufgabe „[...] andere (zu) überzeugen, Unentschiedene zu sich heranzuziehen [...] und sich zumindest indirekt auch mit anderen Standpunkten auseinander zu setzen [...]." (von La Roche 1999, S. 152). Das Fazit, das Klarmachen des subjektiven Standpunkts am Ende des Kommentars, fasst die Kernpunkte kurz auf und beendet den Kommentar.

- Der **Einerseits-Anderseits-Kommentar** ist nach von La Roche ein Abwägen von Sinnzusammenhängen, ein notwendiges stilistisches Werkzeug, wenn deutlich gemacht werden soll, dass es keine klare Entscheidung gibt, „[...] wenn der Kommentator damit die Schwierigkeit oder Vielschichtigkeit des anstehenden Problems und seine eigene Ratlosigkeit demgegenüber ausdrücken will" (von La Roche 1999, S. 152).

- Der **Geradeaus-Kommentar** beschreibt ein „[...] aufs Argumentieren verzichten und einfach ‚geradeaus' begeistert loben oder verärgert schimpfen" (von La Roche 1999, S. 152).

Für den **TV-Kommentar** ist der Argumentations-Kommentar mit seiner **Zuspitzung** und **prägnanten Auslegung** am besten geeignet (vgl. dazu Mast 2004, S. 304). Für den Abschluss eines Fernsehkommentars ist der letzte Satz ähnlich bedeutend wie der Zielsatz einer Moderation, da er die Quintessenz des zuvor Gesprochenen ist. Hier mündet die zielstrebig verfolgte **lineare Gedankenführung** in einem knappen, gut verständlichen Schlusssatz. Der Kommentar ist die klassische kommentierende Darstellungsform im Fernsehen in Deutschland. Häufiger als im Privatfernsehen ist er im öffentlich-rechtlichen Programm zu finden.

Andere Genres, die beispielsweise mit Ironie spielen, um Meinungen künstlerisch zum Ausdruck zu bringen, sind satirische Formate, die jedoch keinem festen Muster folgen, sondern von der Erfahrung und der Individualität der Autoren und Redakteure leben. Beispiele dafür sind **satirische Sendungen** wie *Extra3* im Norddeutschen Rundfunk. Diese Formate sind jedoch keine im engeren Sinne „erlernbaren" Darstellungsformen.

11.4 Das TV-Interview

Literatur zum Verständnis von TV-Interviews
- Fritzsche, S. (2009). TV-Moderation. Konstanz, UVK.
- Hoffmann, R.-R. (1982). Politische Fernsehinterviews. Eine empirische Analyse sprachlichen Handelns. Tübingen, Niemeyer.
- Ordolff, M. (2005). Fernsehjournalismus. Konstanz, UVK.
- Vgl. Literaturempfehlungen Kapitel 8

Das Interview im Fernsehen kann grundsätzlich zu **zwei unterschiedlichen Zwecken** geführt werden. Zum einen geht es oftmals darum, nur kurze **O-Töne mit einer Zeitspanne von 15 bis 20 Sekunden** zu bekommen, die dann in einen Beitrag übernommen werden. Zum anderen werden Interviews geführt, um diese als **längere, eigenständige Passagen** in Magazinbeiträge oder andere Sendeformate einzubetten.

Das bedeutendste Merkmal eines Interviews ist die **Authentizität der erfragten Antworten**. Die Rollen in dieser Situation sind klar verteilt, der Interviewer bestimmt das Thema und lenkt durch seine Fragen den Gesprächsverlauf (vgl. Kapitel 8). Stellvertretend für das Publikum werden dabei die Sachverhalte erfragt, von denen angenommen wird, dass sie von allgemeinem Adressaten-Interesse sind. Die ausführliche **Vorbereitung** auf das Thema und den Interviewgast ist von großer Bedeutung, da der Reporter nur so auf ausweichende Antworten reagieren kann und die Möglichkeit hat, nachzuhaken und tiefer nachzufragen.

Nikolaus Brender, Chefredakteur des *ZDF,* sieht das TV-Interview als **eine zentrale Darstellungsform im Fernsehen**: „Man muss unterscheiden zwischen Plauder-Shows und Interviews, in denen es um harte Fakten geht. Das Interview ist das Rückgrat des Fernsehens. Keine Nachricht, kein Bericht, keine Magazinsendung kommt ohne das Interview aus. [...] Interviews haben uns Sternstunden des Fernsehens beschert" (Brender in Mast 2004, S. 296). Ziel eines Interviews können Aussagen zu vorliegenden Fakten sein, aber auch Meinungen und persönlich gefärbte Äußerungen. Anders als bei der Interviewführung für Print- oder Online-Medien ist es wichtig, dass der Journalist **nonverbal** bestätigt, wenn der Interviewte antwortet. Für den Zuschauer wäre es ansonsten verwirrend, wenn die Antwort oder das gesendete Statement durch ein „Hm, hm" oder Ähnliches gestört würde, ohne dass der Bestätigende gezeigt wird. Deshalb muss sich die Interaktion während der Gesprächsführung – bis auf die klar gestellten Fragen – durch Kopfnicken und kleine Handbewegungen, also Gestik und Mimik, stützen.

Wird das Gespräch mit einem **Handmikrofon** geführt, so ist es wichtig, nach der Antwort noch eine Sekunde zu warten, bis man das Mikrofon zurückführt, um die nächste Frage zu stellen. Ansonsten kann es vorkommen, dass die Rückwärtsbewegung der Hand die letzten Worte der Antwort begleiten und den Zuschauer unnötig ablenken.

Vorgespräche vor der eigentlichen Interviewsituation sind sinnvoll, um sich kennenzulernen und eine vertraute Atmosphäre zu schaffen. Hierbei sollte auf die **Länge des Interviews** hingewiesen werden und besonders bei unerfahrenen Gästen erklärt werden, wie lang die verwendeten Antworten sein können, um sendefähig zu sein. Beim Vorgespräch sollte allerdings vermieden werden, zuviel über das Gesprächsthema des folgenden Interviews zu sprechen. Keinesfalls sollten Fragen abgesprochen oder gewünschte Antworten vorformuliert werden. Ansonsten kann es passieren, dass die Antworten im tatsächlichen Interview nicht authentisch klingen, an Spontaneität verlieren und keine Spannung zwischen den Gesprächspartnern herrscht.

Grundsätzlich wird, wie bei Print- und Radio-Interviews, zwischen **drei unterschiedlichen Interviewarten** unterschieden:

- Beim **Sachinterview** wird in erster Linie um Auskunft gebeten, es wird eine Erklärung zu einem Sachverhalt eingeholt. „Es geht um Informationen über Fakten" (von La Roche 1999, S. 142).

- Beim **Meinungsinterview** wird danach gefragt, wie der Interviewpartner ein Problem beurteilt oder einen Tatbestand persönlich einschätzt.

- Beim **Personeninterview** geht es darum, einen Menschen durch seine Antworten zu skizzieren, praktisch ein Portrait von ihm zu zeichnen.

Während diese Klassifizierung sich auf den Interviewgegenstand konzentriert, unterscheidet Ordolff (2005, S. 90f) Interviews im Fernsehen auch unter **technisch-methodischen Aspekten**:

- Beim **Spontaninterview** werden die Fragen in einer bestimmen Situation gestellt, beispielsweise arbeitet der Gefragte in diesem Moment und führt seine Tätigkeit weiter aus, während er spricht. Die Antwort kann auch nur einen Satz lang sein. Um eine Stimmung und die Authentizität zu transportieren, sind solche Passagen gerade in der Reportage von großer Bedeutung. Der Kameramann muss in dieser Interviewsituation schnell reagieren und die Situation einfangen.

- Beim **Tiefeninterview** nimmt sich der Interviewte Zeit, beschäftigt sich mit nichts anderem und lässt sich auf das Interview und die Fragen des Reporters ein. In dieser Zeit können Hintergründe besprochen werden und Persönliches erfragt werden. Hilfreich kann es sein, Fragen zu unterschiedlichen Kategorien zu sammeln und diese während des Gesprächs im Hinterkopf zu haben. Dann stellt sich das Gefühl ein, kein Kapitel ausgelassen zu haben.

- Bei **Überfallinterviews**, die im Tagesgeschäft des TV-Tournalisten häufig zu führen sind, muss die Frage „überfallartig" gestellt werden, sobald sich die Gelegenheit dazu ergibt. Klassische Situationen finden sich auf Flughäfen oder wenn die zu interviewende Person aus einem Zug steigt und dieser Augenblick nicht wiederholbar ist.

Bei einem Fernsehinterview spielt das **sendefähige Bild** eine zentrale Rolle. In der aufgezeichneten Interviewform kann jedoch schlecht geschnitten und damit auch wenig durch Technik ausgeglichen werden. Zum einen sollten deshalb Interviewer und Interviewte ansprechend gekleidet sein, denn die Aufnahme in der gängigen Halbtotale lässt den Fernsehzuschauer diesen oberen Teil der **Kleidung** besonders genau betrachten. Schief sitzende Krawatten oder besonders wirre Frisuren können die Aufmerksamkeit vom Gesagten ablenken. Zum anderen darf der **Bildhintergrund** nicht von den Aussagen des Interviewten ablenken oder Widersprüchliches transportieren, er sollte möglichst keine vorbeifahrenden Autos oder Blitzlichtgewitter beinhalten, ansonsten ist ein O-Ton oder Interview nicht mehr sendefähig.

Auch die **Fragetechnik** ist besonders im Fernsehinterview wichtig, denn die Fragen sind die „Steuerungselemente" des Interviews (Mast 2004, S. 293). Niemals sollte dabei ein Grundprinzip vernachlässigt werden: „Im Mittelpunkt steht der Gast und seine Antworten. Der Interviewer darf sich aber zu keinem Zeitpunkt den Gesprächsfaden aus der Hand nehmen lassen" (Brender in Mast 2004, S. 269). Anders als bei Textinterviews für Zeitungen und Zeitschriften kann hier nicht mehr redigiert oder an den Formulierungen gefeilt werden. Allenfalls können vermeintlich schlechte Antworten als nicht sendefähig beurteilt werden, nur die Reihenfolge ist veränderbar. Grundsätzlich kommt es aber immer auf das gesprochene Wort des Interviewten an. Wie dieses am Ende aussieht und sich anhört, hängt mit der Art der Fragen zusammen, die gestellt werden. Mit unterschiedlichen Techniken kann der Reporter verschiedene Reaktionen provozieren. Daher beschäftigt sich in diesem Buch das Kapitel 8 ausschließlich mit der journalistischen Gesprächsführung in Interviews.

11.5 „Wir werden uns das heutige Fernsehen nicht mehr vorstellen können" – Expertengespräch mit Klaus Ebert (Axel Springer Digital TV)

Interview: Camilla John

Klaus Ebert

ist Geschäftsführer von *Axel Springer Digital TV* (ASDTV).

Nach einer Fotografenausbildung und einem Volontariat bei der *Lüneburger Landeszeitung* arbeitete er als Journalist für Zeitungen, Zeitschriften und Radiosender, bevor er ab 1986 in verschiedenen Funktionen für *RTL* tätig war, zuletzt als Bereichsleiter Regionalkoordination sowie als Geschäftsführer und Programmchef von *RTL Nord* in Hamburg. Dort baute er Europas modernste digitale Sendeabwicklung auf.

Mit der in Berlin ansässigen ASDTV produziert und vermarktet Ebert, der als Vordenker und Visionär des digitalen Fernsehens in Deutschland gilt, vor allem Bewegtbildinhalte für das Internet.

Wenn Sie an das Fernsehen vor 30 Jahren denken und es mit dem heutigen vergleichen, welche grundsätzlichen Veränderungen stellen Sie fest?
Verändert hat sich wesentlich, dass auch das Fernsehen – öffentlich-rechtlich wie privat – boulevardisiert wurde, so wie unsere Gesellschaft insgesamt. Das Fernsehen ist immer nur ein Spiegel solcher Zustände. Das ist die gravierendste Veränderung zu damals. Ich will nicht sagen, dass Boulevard keine Berechtigung hat, nur, dass Boulevard inzwischen zur Hauptsache geworden ist, das bedauere ich sehr. Hinsichtlich der Formate gilt das Gleiche: Auch sie leiden unter der Boulevardisierung der Gesellschaft insgesamt. Beispiele sind die Gerichts- oder Talkshows, die Ratgeber und Kochsendungen. Diese Formate sind gut gemacht, haben ihre Existenzberechtigung, doch sie stellen einen Großteil des TV-Angebots dar. Die herausragend gut produzierten Serien, Fernsehspiele oder Informationssendungen sind inzwischen gleichsam Leuchttürme in den Programmen. Das war zu der Zeit, als ich das erste Mal Berührung mit Fernsehen hatte, ganz und gar nicht so. Seither hat sich die Gesellschaft stark gewandelt und das Fernsehen hat diese Wandlung zwangsläufig mitgemacht.

Wie haben sich die verschiedenen Darstellungsformen verändert?
Die Darstellungsformen waren früher klarer voneinander abgegrenzt, sie waren dem seriösen Qualitätsjournalismus zugewandt. Auch die Unterhaltungsformate waren zu der Zeit eher vergleichbar mit Theaterangeboten. Erinnern Sie die Edgar-Wallace-Filme, die mit hervorragenden Theaterschauspielern gedreht wurden. Elisabeth Flickenschildt, Klaus Kinski, Heinz Drache, alles Mitglieder von Theater-Ensembles, haben in diesen Filmen de facto auch Theater gespielt, das war immer eine Theater-Dramaturgie. Damals war in der Unterhaltung der Anspruch da, nicht nur zu unterhalten, sondern vor allem Qualität zu liefern. Heute ist der Anspruch, den Zuschauer zu zerstreuen. Die alten Griechen haben schon gesagt, dass eine Gesellschaft verfällt, wenn sie nur Zerstreuung sucht. Das Gegenteil ist wichtig: die Konzentration.

Wie wird das Fernsehen der Zukunft aussehen?
Das Fernsehen der Zukunft wird sich insofern dramatisch unterscheiden von dem, was wir heute kennen, als dass das Fernsehnutzungsverhalten sich verändern wird. In zehn Jahren werden wir uns das heutige TV und unsere heutigen Sehgewohnheiten nicht mehr vorstellen können. Fernsehen der Zukunft wird interaktiv sein, der Verbreitungsweg wird nicht mehr *One-to-many* sein, sondern *Many-to-all*. Infolge dessen wird es selbstverständlich so sein, dass es eine Unterschicht, eine Mittelschicht und eine Oberschicht der Fernsehnutzer geben wird. Die Unterschicht wird sehr stark unterhaltende Fernsehangebote abrufen, die werbefinanziert sein werden, die Mittelschicht wird werbefinanziertes und werbefreies Bezahl-Fernsehen abrufen und die Oberschicht wird weitgehend Pay-TV nutzen und Werbung somit ausschließen. Bei dem *One-to-many*-System, wo jeder – wie bereits jetzt auf *Youtube* – für 15 Minuten ein Star sein kann, wird es ein zunehmend starkes Bedürfnis nach Orientierung geben. Wenn wir davon ausgehen müssen, dass die Schulbildung so schlecht bleibt, wie sie ist, dann wird es eine sehr große Mediennutzungs-Unterschicht geben, die einfach nicht gelernt hat, in Qualitätskriterien zu denken, zu arbeiten und zu konsumieren. Diese Nutzer werden sich mit billiger Unterhaltung zufriedengeben, mit *Trash*. Wie groß oder wie klein dieser Mediennutzungsunterschied sein wird, hängt im Wesentlichen davon ab, wie gut oder schlecht unsere Schulbildung in den nächsten Jahren sein wird.

Bedarf es dann nicht einer Kontrollinstanz? Auf Youtube ist doch auch viel Kritikwürdiges zu sehen.
Ja, wenn man Deutschland mit Staaten wie Burma oder Nordkorea gleichstellen will, dann ist das der richtige Ansatz. Dann muss man allerdings auch die Zeitungskioske abschaffen. Nein, die Situation des Fernsehens der Zukunft im Internet können wir uns wie einen Zeitungskiosk vorstellen, wo der Leser aus einem enorm großen Angebot von Druckerzeugnissen auswählen kann. Deshalb müssen unsere Kinder in Medienkompetenz geschult werden, damit junge Menschen Lust auf Qualität bekommen und ein Nutzungsverhalten entwickeln, das den Markt ausreichend reguliert. Das Internet ist nicht zu regulieren, genau so wenig, wie die freie Presse reguliert ist. Unsere guten gesetzlichen Grundlagen reichen schon völlig aus. Wir müssen Mediennutzungskompetenz herstellen, damit die Gesellschaft nicht verblödet. Dafür müssen wir arbeiten.

11. Darstellungsformen im Fernsehen

Welche Rolle spielen die klassischen journalistischen Qualitätskriterien im heutigen Fernsehen?
Selbstverständlich gibt es Qualitätsjournalismus im Fernsehen. Zu finden ist er in ausgezeichneten Nachrichten, die nicht nur bei den öffentlich-rechtlichen Sendern zu sehen sind, und es gibt ihn es in unzähligen Reportagen und Dokumentationen. Allerdings findet dieser Qualitätsjournalismus meist in den Hinterzimmern statt, also entweder in den dritten öffentlich-rechtlichen Programmen oder – privat wie öffentlich-rechtlich – auf späten Sendeplätzen. Jedenfalls nicht auf den Sendeplätzen, wo die Masse zuguckt.

Wer bestimmt denn jetzt das Programm? Masse oder Sender?
Das ist die Frage nach dem Huhn und dem Ei. Fernsehmärkte anderer Länder wie Italien oder Spanien sind abschreckende Beispiele. Die Trash-TV-Angebote Italiens sind berüchtigt und die Frage ist: Was war zuerst da? Diese Frage stellt sich hier natürlich auch. Es gibt eine Verantwortung der Programmanbieter: sich gegen die abwärts zeigende Qualitätsspirale zu stellen und den Anspruch zu haben, den Leuten Qualität liefern zu wollen. Das ist auch eine unternehmerische Entscheidung. Wenn Sie langfristig Erfolg haben wollen, müssen Sie Qualität bieten, sonst kommen die Leute nicht wieder. Der Medienunternehmer, der nur auf schnelle Gewinne aus ist, der hat seine Verantwortung der Gesellschaft gegenüber nicht erkannt und ist einzig an einem kurzfristigen Geschäft interessiert. Eigentum, sagt das Grundgesetz, verpflichtet. Dem ist nichts hinzuzufügen.

Welches Land hat eine Vorreiterrolle, wenn man an die TV-Entwicklung denkt?
Deutschland. Deutschland hat den drittgrößten TV-Markt der Welt nach den USA und Japan, damit den größten Fernsehmarkt Europas. Es gibt nirgendwo so viel Qualitätsfernsehen wie in Deutschland, sowohl durch die öffentlich-rechtlichen Anstalten als auch durch die Privatsender, die eine Programmvielfalt anbieten, die weltweit unvergleichlich ist.

Also können wir uns momentan von keinem Land etwas abschauen?
Nein. Was den Qualitätsbegriff angeht, ist Deutschland mit seinem Angebot insgesamt sehr weit vorne.

Welche Rolle spielen Einschaltquoten, also der abgeleitete Wille des Publikums?
Der Zuschauer entscheidet über Wohl und Wehe, über Erfolg und Misserfolg und die Frage ist, nach welchen Kriterien lässt man ihn entscheiden? Also gibt man dem Affen Zucker? Oder gewöhnt man ihn an Qualität? Das ist nicht einfach, braucht Fingerspitzengefühl und Zeit. Wenn man allerdings vorausschauend handelt, dann schafft man damit die gute Vorraussetzung für langfristig ertragreiche Geschäfte.

Was muss bei der Mischung von Formaten in einem Sendeablaufplan eines TV-Senders beachtet werden? Welche Darstellungsformen passen zueinander?
Man muss unglaublich viel beachten. Zuallererst muss man drauf schauen, zu welcher Tageszeit welche Leute Fernsehen konsumieren. Man muss also analysieren, wer guckt wann Fernsehen? Daraufhin schneidet man Angebote, die für Männer, Frauen oder Kinder passend sind. Anschließend programmiert man entsprechend der Sehgewohnheiten. Darüber hinaus muss man überlegen, welche Sendung einer vorausgehenden folgen kann. Vergleichbar ist

diese Planung damit, dass man sich eine Musik-CD etwa für ein stimmungsvolles Abendessen zusammenstellt. Da mixt man auch nicht Hip-Hop mit Heavy Metal. So ist das beim Fernsehen auch. Das bezieht sich auch auf die Darstellungsformen, alles muss stimmen.

Wird die Reichhaltigkeit und Differenziertheit des Programms der verschiedenen Sender unter den neuen Entwicklungen leiden?
Die Kraft der Marken wird nicht verlorengehen. Die RTL-Gruppe programmiert beispielsweise schon heute sehr erfolgreich. Das heißt, diese Gruppe schafft es, die unterschiedlichen Bedürfnisse der Zuschauer innerhalb der eigenen Programmangebote sehr breit zu bedienen.

Gibt es No-Gos beim Digital-TV? Gelten dort die gleichen Regeln wie im „klassischen" Fernsehen?
Digital bedeutet zunächst ja nur, dass es ein anderer Verbreitungsweg ist. Digital bedeutet aber auch Interaktivität. Deshalb müssen die Angebote anders bereitgestellt werden. Der Nutzer wartet nicht mehr darauf, dass der Programmdirektor ihm etwas serviert. Er stellt sich sein Programm selbst zusammen.

Wie verändert das digitale Fernsehen das traditionelle TV?
Die Sender stehen heute vor einer dramatischen Herausforderung, denn sie müssen ihre Geschäftsmodelle komplett überdenken. Ein Programmanbieter muss in zehn Jahren sein Programm anders verkaufen, als er es heute tut. Dafür benötigt er ein neues Geschäftsmodell. Er kann nicht mehr über eine bestimmte Abfolge von Formaten bestimmen, er muss seine Informations- und Unterhaltungsangebote dann zur Verfügung stellen, wenn er sie generiert hat. Wie schafft er es, dass der Nutzer diese Inhalte haben will? Einen ersten Schritt in diese Richtung hat die *ZDFmediathek* gemacht, auch wenn dort heute Sendungen erst eingestellt werden, wenn Sie bereits im Fernsehen gelaufen sind. In zehn Jahren wird der Nutzer das nicht mehr akzeptieren, denn dann gilt die Maxime: Ich sehe was ich will, wo ich will, wie ich will, wann ich will.

Werden all diese Angebote kostenfrei bleiben?
Es werden die weitaus meisten Angebote kostenfrei und werbefinanziert sein, die gleichen Angebote werden aber zusätzlich gegen Bezahlung und dafür ohne Werbung erhältlich sein. Einfach gesagt: Irgendwer muss bezahlen – entweder der Nutzer oder der Werber, einer von beiden.

Wer unterstützt den Zuschauer bei seiner Auswahl?
Schon heute kann man online unter 600 Sendern auswählen – ein sehr unübersichtliches Angebot. Daraus wird sich bei den Nutzern ein starker Wunsch nach Orientierung herausbilden und diese Orientierung wird an Marken festgemacht werden. Die Marken, die es heute schaffen, im Netz für bestimmt Inhalte zu stehen, werden sich durchsetzen. Das Rennen hat schon begonnen und wird in fünf Jahren entschieden sein. Wer jetzt im Internet als Marke für bestimmte Inhalte steht, der wird auch in fünf Jahren erfolgreich sein.

Was leiten Sie aus diesen Erkenntnissen für die Journalismus-Ausbildung ab?
Journalisten müssen sich heute noch mehr am Nutzer orientieren als früher. Sie müssen sehr viel genauer schauen, was der Markt will und sich dazu verhalten. Sie müssen nicht genau das liefern, was der Markt will, aber sie müssen zumindest wissen, was er will, damit sie sich dazu verhalten können. Journalisten sollen Orientierung geben können.

12. Darstellungsformen in den neuen Medien

Jonas Theile

Überblick

Das Kapitel „Darstellungsformen in den neuen Medien" vermittelt die Grundlagen der journalistischen Produktion von Online-Beiträgen. Es ist als Ergänzungskapitel zu den Kapiteln 9 bis 11 konzipiert, in denen die Produktion von Texten und audiovisuellen Beiträgen erklärt wird.

Das Kapitel ist in drei Abschnitte gegliedert:

- **Kapitel 12.1**: Der erste Abschnitt führt in die multimedialen Darstellungsformen des Online-Journalismus ein.
- **Kapitel 12.2**: Der zweite Abschnitt stellt die interaktiven Darstellungsformen in journalistischen Online-Medien vor.
- **Kapitel 12.3**: Im dritten Abschnitt erläutert der Chefredakteur eines deutschen Online-Mediums die Gestaltungsmöglichkeiten von Journalismus im Internet.

12.1 Online-Medien und ihre Spezifika

Journalistische Darstellungsformen wie Nachrichten, Berichte, Interviews oder Reportagen unterscheiden sich im Internet nicht grundsätzlich von denen in anderen Medien. Die Verwandtschaft zu Printmedien ist auf den meisten Webseiten offensichtlich. Nach wie vor ist der **Text in Online-Medien** Dreh- und Angelpunkt für journalistische Inhalte. Inwiefern diese sich im Netz anders präsentieren als auf gedrucktem Papier und inwiefern sich neue Hybridformen der Darstellung entwickeln, soll dieses Kapitel klären. Gerade durch die fortschreitende Technik gibt es immer bessere Möglichkeiten, auch Bewegtbilder online zu publizieren. Online-Publikationen weisen Eigenschaften auf, die sie substantiell von denen anderer Medien unterscheiden. Pürer und Raabe (2007, S. 436f) nennen sechs solcher Eigenschaften: **Globalität, Multimedialität, Hypertextualität, Interaktivität, Aktualität** und **unbegrenzte Speicherkapazität**. Publikationen können an jedem Ort der Welt ins Internet gestellt werden und auch an jedem Ort mit der nötigen technischen Ausstattung abgerufen werden. Das **Einzugsgebiet** eines Online-Mediums unterscheidet sich also deutlich vom eventuell vorhandenen Print-Bruder.

Es gibt im Internet **keine Beschränkung auf Texte, Bilder und Infografiken**. Online-Publikationen bieten die Möglichkeit, multimedial **mit O-Tönen, Video- und Audiostreams** oder **Animationen** zu arbeiten. So entstehen **hypermediale Textformen** (Heijnk 2002, S. 6). Die sinnvolle Kombination dieser Elemente ist eine zentrale Aufgabe von Online-Redakteuren. Nur so wird deutlich, dass das Internet als eigenständiges Medium ernst zu nehmen ist und nicht lediglich als Zweitverwerter von Material anderer Medien dient (vgl. Heijnk 2002, S. 6).

Literatur zum Verständnis des Journalismus in den neuen Medien
- Alkan, S. R. (2003). Handbuch Online-Redaktion. Bonn, Galileo Press.
- Altmeppen, K.-D., H.-J. Bucher und M. Löffelholz (Hrsg.). Online-Journalismus. Perspektiven für Wissenschaft und Praxis. Wiesbaden, Westdeutscher: 297-313.
- Artwick, C. G. (2004). Reporting and Producing for Digital Media. Malden, Wiley-Blackwell.
- Craig, R. (2004). Online Journalism. Reporting, Writing, and Editing for New Media. Belmont, Wadsworth.
- Foust, J. C. (2008). Online Journalism. Principles and Practices of News for the Web. Scottsdale, Holcomb Hathaway.
- Jakubetz, C. (2008). Crossmedia. Konstanz, UVK.
- Neverla, I. (1998) (Hrsg.). Das Netz-Medium. Wiesbaden, VS Verlag für Sozialwissenschaften
- Quandt, T. (2005). Journalisten im Netz. Wiesbaden, VS Verlag für Sozialwissenschaften.
- Quandt, T. und W. Schweiger (2008) (Hrsg.). Journalismus online – Partizipation oder Profession? Wiesbaden, VS Verlag für Sozialwissenschaften.
- Quinn, S. (2005). Convergent Journalism. The Fundamentals of Multimedia Reporting. New York, Peter Lang.
- Quinn, S. und V. Filak (2005). Convergent Journalism. An Introduction – Writing and Producing Across Media. St. Louis, Focal Press.
- Wilkinson, J. S., A. E. Grant und D. Fisher (2008). Principles of Convergent Journalism. Oxford, Oxford University Press.
- Wulfemeyer, K. T. (2006). Online Newswriting. Malden, Wiley-Blackwell.

Die einzelnen Darstellungselemente von Online-Medien sind (vgl. Meier 2002a, S. 131-134):

- **Texte:** als grundlegender Bestandteil bieten sie den Vorteil schneller Übertragbarkeit und können eine schnelle Orientierung sein (vgl. zum Texten Schneider 1999).
- **Fotos:** sie werden in manchen Fällen durch Bewegtbilder abgelöst, haben aber dann eine Daseinsberechtigung, wenn das entscheidende Detail des Ereignisses auch durch die Momentaufnahme darstellbar ist (vgl. Freeman 2007).
- **Töne:** sie bieten sich besonders als Ergänzung bei einer geschriebenen Reportage an, verstärken dort die Authentizität. Selbst Zitate aus Interviews sind eine Variante der emotionalen Verstärkung, die Stimme wirkt mit (vgl. Müller und Raff 2007).
- **Videosequenzen:** sie sollen kein illustrierter Hörfunk sein, sondern das zeigen, was nur sie können (Zalbertus und Rosenblum 2003; vgl. Wegner 2007).
- **Animationen:** sie wurden bei den schlechteren Übertragungsraten von früher häufig als „Ersatz" für eine Videosequenz eingesetzt, haben aber auch heute noch ihre Einsatzfelder, beispielsweise als laufende Texte. Gerade bei Animationen muss jedoch darauf geachtet werden, dass sie nicht zur Spielerei verkommen (Goldmann und Hooffacker 2001, S. 20f).

Christoph Neuberger (2000, S. 310) hat untersucht, inwiefern unterschiedliche Online-Angebote verschiedene Darstellungselemente einsetzen (vgl. Tabelle 10). Er vergleicht in seiner Studie **vier Formen von Online-Medien**: eigenständige Online-Anbieter, auf Tageszeitungen zurückgehende Online-Angebote, auf Publikumszeitschriften zurückgehende Online-Angebote und auf Hörfunk- oder Fernsehprogramme zurückgehende Online-Angebote. Dabei zeigt sich, dass die Internet-Angebote von Tageszeitungen eher sparsam mit Grafiken arbeiten (19,4 Prozent), während die Angebote von Publikumszeitschriften oder Rundfunksendern bis zu dreimal häufiger diese Elemente verwendet. Videobeiträge waren im Jahr 2000 noch eine Domäne der Rundfunksender (41,7 Prozent), die Web-Präsenzen von Tageszeitungen (2,1 Prozent) und Publikumszeitschriften (5,6 Prozent), aber auch reine Online-Anbieter (5,0 Prozent) waren in diesem Punkt nicht konkurrenzfähig.

Schon im Jahr 2000 zeigte sich, dass alleinstehende Texte im Online-Bereich keinen Sinn ergeben. Sie können mit Grafiken, Bildern, Links und vielem mehr versetzt werden. Zum Teil müssen sie das sogar. Zudem schreitet die Entwicklung rasant voran: Die obengenannten Werte für den Einsatz von Videomaterial gehören der Vergangenheit an.

Der **Hyperlink** ist eine konstitutionelle Komponente der Seitenbeschreibungssprache **HTML (Hypertext Markup Language)**. Durch ihn lassen sich die Dokumente im *World Wide Web* miteinander verknüpfen, so dass sich Textnetze bilden, die dann vom User nonlinear rezipiert werden. Man spricht auch von **Nonlinearität** in Abgrenzung zu linearen Medien, die dem Nutzer keine Beeinflussungsmöglichkeiten geben, wie beispielsweise dem traditionellen Fernsehen oder dem traditionellen Hörfunk mit einem starr vorgegebenen Programm, oder auch einfachen fortlaufenden (linearen) Texten aus Zeitungen oder Zeitschriften (vgl. Hooffacker 2001, S. 237). Der Nutzer kann jederzeit seinen eigenen „roten Faden" spinnen und Texte verlassen, um zu neuen zu gelangen (vgl. Heijnk 2002, S. 8). Es eröffnen sich neue Chancen der Vermittlung, indem umfangreiche Themenblöcke in kleinere, in sich schlüssige Einheiten zerlegt werden, die über Links miteinander verbunden sind. Durch das nichtlineare Prinzip ändert sich die journalistische Vorgehensweise, mit einem Text zu arbeiten. Die Stückelung in Häppchen, also die **Aufspaltung größerer in kleinere Themenblöcke**, macht das Lesen für den User übersichtlich und bequem – wenn sie gut gemacht ist.

Anbieter-Rechner (*Server*) und Nutzer-Rechner (*Client*) können untereinander Daten austauschen. Durch diese **Interaktivität** kommt durch das (re-)agierende Publikum ein journalistisches Betätigungsfeld hinzu, das zuvor in Form von Leserbriefen nur in einem weitaus geringerem Maß existiert hat (vgl. Meier und Perrin 2000, S. 298). Eine Besonderheit des Online-Journalismus ist dementsprechend die spezifische Interaktion zwischen einem Online-Journalisten (**Administrator**) und seinem Leser (**User**), der auf seinen Betrag ähnlich wie ein Leserbriefschreiber antwortet. Durch die Kommunikation von Journalisten mit Nutzern, Nutzern mit Journalisten und Nutzern mit Nutzern bilden sich Netzwerke, sogenannte *Online-Communities*. Viele Medienunternehmer wie der Verleger Huber Burda (2004, S. 230) sehen in diesen Netzwerken und ihrer Pflege eine wichtige Herausforderung: „Verlage mit starken Print- und Online-Marken können durch mediale Communities ihre Angebotsformen um themenorientierte Kommunikationsfelder erweitern.". In diesem Licht betrachtet kommt Online-Journalisten ein wichtiges Arbeitsfeld zu, nämlich die **Moderation von Foren und Communities**.

Zusätzliche Elemente im Onlineangebot bei Artikeln im Bereich aktueller Informationen

	Onlineangebote von Tageszeitungen (n= 90-107)	Onlineangebote von Publikumszeitschriften (n= 17-20)	Onlineangebote von Fernsehen und Hörfunk (n= 21-24)	Nur Onlineanbieter (n= 20-21)
Grafiken	19,4	60,0	54,2	35,0
Fotos	67,3	85,0	75,0	66,7
Audiobeiträge	1,0	5,9	33,3	15,0
Videobeiträge	2,1	5,6	41,7	5,0
Originaldokumente	4,3	5,6	0,0	14,3
Diskussionsforum	19,4	47,4	17,4	35,0
E-Mail-Link zur Onlineredaktion	52,1	44,4	52,2	65,0
E-Mail-Link zum Autor des Artikels	13,3	23,5	13,0	33,3
E-Mail-Link zur Redaktion des Muttermediums	41,9	41,2	56,5	-
Interne Links zu früheren Artikeln zum Thema	20,4	52,9	58,3	65,0
Interne Links zu den neusten Meldungen	29,3	33,3	33,3	66,7
Interne Links zu Hintergrundwissen und Daten zum Thema	24,5	55,6	47,8	66,7
Externe Links zum Thema	25,8	70,6	58,3	52,4
Links zur Bewegung innerhalb des Artikels	12,6	47,4	23,8	30,0
Aufteilung des Artikels in mehrere Module (Seiten)	28,4	63,2	41,7	33,3
Links zu einem passenden Verkaufsangebot	2,2	15,8	8,3	28,6
Artikel per E-Mail verschicken	14,9	11,8	12,5	28,6
Artikel drucken	29,7	23,5	34,8	61,9

Tabelle 10: Zusätzliche Elemente im Onlineangebot bei Artikeln im Bereich aktueller Information (Quelle: Neuberger 2000, S. 310)

Im Internet gibt es keinen Redaktionsschluss. In „**Echtzeit-Aktualität**" (Heijnk 2002, S. 9) kann über Ereignisse ohne Zeitverzögerung berichtet werden. Tageszeitungen konnten systembedingt bislang nie die Aktualität des Fernsehens und vor allem des Radios erreichen. Mit ihren Online-Auftritten ist dies nun möglich. Online-Journalismus ist hochaktuell und kann in Sachen Geschwindigkeit allenfalls mit Nachrichtenagenturen verglichen werden. Aufgrund der Zeitknappheit gilt für ihn das **Aktualisierungsprinzip**: Er stellt häufig zunächst einfache Meldungen online, die anschließend durch eine weitergehende Berichterstattung ergänzt werden.

Die Server werden immer leistungsstärker, so dass im Prinzip beliebig viel Material online gehen kann. Im Gegensatz zu Print, Radio und Fernsehen herrscht also im Internet kein Platzmangel, so dass von **entgrenzten Berichterstattungsräumen** die Rede ist (vgl. Heijnk 2002, S. 10). Das kann Beliebigkeit zur Folge haben, wenn man die Situation negativ sehen möchte. Die Möglichkeit einer relativ unbegrenzten Speicherkapazität macht das Internet zu einem gigantischen Archiv für nahezu alle Themen in Form von Texten und audiovisuellen Beiträgen. Das hat Auswirkungen auf den Einsatz der interaktiven Darstellungsformen.

12.2 Darstellungsformen

12.2.1 Interaktive Formen

> **Literatur zum Verständnis von Darstellungsformen in Online-Medien**
> - Goldmann, M. und G. Hooffacker (2001). Online publizieren. Für Web-Medien texten, konzipieren und gestalten. Reinbek bei Hamburg, Rowohlt.
> - Heijnk, S. (2002). Texten fürs Web. Grundlagen und Praxiswissen für Online-Redakteure. Heidelberg, Dpunkt.
> - Hooffacker, G. (2001). Online-Journalismus. Schreiben und Gestalten für das Internet. Ein Handbuch für Ausbildung und Praxis. München, List.

Die Online-Journalismus-Forscher Martin Goldmann und Gabriele Hooffacker (2001, S. 93, 106, 116) sprechen von **interaktiven Darstellungsformen**, wenn der User mit dem Server interagiert und dieser ein journalistisches Angebot bereithält. Das ist bereits gegeben, wenn der User ein Angebot anklickt und rezipiert. Interaktion wird hier also nicht in einem menschlichen Sinn verstanden. Goldmann und Hooffacker (ebd.) unterscheiden bei interaktiven Formen genauer die **informierenden Formen** (wie Nachricht, Interview, Reportage, Netzdossier) und die **kommentierenden Formen** (wie Kommentar, Kritik, Glosse) sowie **Servicebeiträge**. Die meisten informierenden sowie kommentierenden Formen entsprechen den Darstellungsformen von Zeitungen und Zeitschriften (vgl. Kapitel 9). Service-Journalismus gewinnt durch das Internet und die Möglichkeit der Nutzung von Datenbanken an Bedeutung (Hooffacker 2001, S. 116 - 123; vgl. Heijnk 2002, S. 11).

12.2.1.1 Der Teaser

Die Lockmittel **Teaser** sind für den Online-Bereich das, was Vorspänne für Printmedien sind. Die Anreißertexte auf einer Startseite sind im Internet die strategisch wichtigsten Texte. Hier entscheidet sich, „ob Flanierer zu Lesern werden oder ob sie sich mit dem nächsten Mausklick wieder in Richtung Konkurrenz verabschieden" (Heijnk 2002, S. 54). Ein Teaser soll Lust auf einen Text machen, denn der kommt durch das Aufrufen per Mausklick erst später zum Vorschein. Es gibt **fünf unterschiedliche Teaser-Varianten**:

- Beim **Vorspann-Abbruch** erfährt die Einstiegspassage einen Bruch, oft mitten im Satz. Das wirkt automatisiert. Es gibt diese Teaser-Variante nicht mehr allzu häufig. Ein Abbruch mitten im Satz ist nach Möglichkeit zu vermeiden.
- Beim **Vorspann-Duplikat** sind Teaser und Vorspann eines Textes identisch. Das muss nichts Schlechtes sein. Somit ist ein Wiedererkennungswert gegeben. Auch sehr populäre Webseiten wie *Spiegel Online* oder *Sueddeutsche.de* setzen ihn ein. Auf der Startseite erscheint ein Satz, der auf der Ebene darunter noch einmal dargestellt wird, der Leser hat so eine Orientierungsfunktion.
- Beim **Cliffhanger** wird eine Frage in den Raum gestellt und Spannung erzeugt. Hier fragt sich der User: Wer sind denn die bekannten Gesichter? Im Gegensatz zum automatisiert wirkenden Vorspann-Abbruch steht bei einem Cliffhanger journalistisches Kalkül im Hintergrund: Die Neugier des Users soll durch eine explizit oder implizit aufgeworfene Frage geweckt werden. Der Arbeitsaufwand ist höher als der für ein Vorspann-Duplikat.
- Der **Anreißer-Link** ist ein kurzer Satz, der nicht auf eine Schlagzeile folgt und auch nicht in einen Fließtext eingebettet ist. Mit einem Klick gerät der User zu den entsprechenden kompletten Artikeln.
- Der **Nachrichten-Lead** enthält bereits Antworten auf die W-Fragen. So wird der User zwar schnell informiert, liest unter Umständen aber nicht mehr weiter. Reine Nachrichten-Leads finden sich nur selten, da sie sich negativ auf die Klickzahlen auswirken. „Printjournalistische Leadsätze vernichten also Klick-Quote und sind deshalb fürs Web nur bedingt geeignet" (Heijnk 2002, S. 61). Der Lead klärt bereits die Fragen nach dem „Was", „Wer" und „Wann" und der User wird gegebenenfalls weiterlesen, um detaillierte Informationen zu bekommen. Ein Nachrichten-Lead, der alle W-Fragen klärt, ergibt im Internet keinen Sinn.

Die **Auswahl der Teaser** sollte in jedem Fall sorgfältig bedacht werden und kein Produkt des Zufalls sein. Sie haben ihre Eigenarten und diese sollten sich Online-Journalisten zunutze machen – auch das Wissen um die negativen Aspekte (vgl. Heijnk 2002, S. 55-62). Weischenberg (2001, S. 76) kritisiert, dass Vertreter des „Cyber-Journalismus" das klassische Aufbau-Prinzip der Nachricht für unbrauchbar erklärt hätten. Sie behaupteten, Nachrichten würden nicht mehr linear gelesen, sondern nur noch als Textangebot verstanden. Die Vernetzung mit anderen Informationssträngen ist in den Augen der Cyber-Journalisten der entscheidende Punkt (ebd.). Der Nachrichtenaufbau als solcher indes hat trotz Teaser auch abseits von Printmedien seine Gültigkeit.

12.2.1.2 IPTV und audiovisuelle Beiträge

Literatur zur Produktion von IPTV und audiovisuellen Beiträgen im Netz
- Harte, L. (2007). IPTV Basics, Technology, Operation and Services. Fuquay Varina, Althos.
- McAdams, M. (2005). Flash Journalism. How to Create Multimedia News Packages. St. Louis, Focal Press.
- Schmidt, R. (2009). Zur Zukunft des Internet-Fernsehens. IPTV als Chance zur fortschreitenden Personalisierung. Hamburg, Igel Verlag.
- Simpson, W. (2008). Video Over IP. IPTV, Internet Video, H.264, P2P, Web TV, and Streaming – A Complete Guide to Understanding the Technology. St. Louis, Focal Press.
- Weber, J. und T. Newberry (2006). IPTV Crash Course. New York, McGraw-Hill.
- Wegner, D. (2007). Online-Video. So gestalten Sie Video-Podcasts und Online-Filme – technisch und journalistisch. Heidelberg, Dpunkt.

Fernsehen im Internet wurde durch schnelle Onlinezugänge möglich und ist seit der Internationalen Funkausstellung des Jahres 2006 auch in Deutschlands verfügbar. Nicht zu verwechseln ist das **Internet-Protokoll-Fernsehen IPTV** mit Angeboten wie *Youtube* oder kleinen Filmen, wie sie zum Beispiel bei *Spiegel.de* zu finden sind. IPTV ist ein **alternativer Distributionsweg** zu klassischen Aussendungsformen von Fernsehprogrammen (über Satellit oder Kabelanschluss).

IPTV bietet eine Facette des interaktiven Fernsehens, die bislang so nicht verfügbar war, nämlich echte **On-Demand-Programme**. Der Zuschauer entscheidet bei diesen selbst, welches Video oder welche Sendung er wann sehen möchte. Zeitversetzt zum eigentlichen Programm zwar, aber doch mit einem großen Angebot bezüglich seiner selbst produzierten Inhalte, zeigt das ZDF in seiner **Mediathek**, dass Internet-Fernsehen auch für diejenigen zu haben ist, die nicht extra dafür bezahlen möchten. Es verwertet seine eigenen Inhalte einfach auf einer anderen Ebene ein zweites Mal, ein sogenanntes **Repurposing of content** (Pohl 2006, S. 196). Diese Bereitstellung bereits produzierter Inhalte in einem anderen Medium ist nur eine Form der Zweitnutzung. Von ihr kann auch gesprochen werden, wenn beispielsweise Angebote des Fernsehprogramms für Programmagazine aufbereitet werden – oder für die textbasierten Teile der Homepage.

12.2.1.3 Das Online-Dossier

Ein Online-Dossier ist ähnlich wie das Dossier als eigenes „Buch" einer Wochenzeitschrift eine Art Konglomerat unterschiedlicher Darstellungsformen, die um ein Thema kreisen. Allerdings unterscheidet es sich strukturell von einem Zeitungs- oder Zeitschriften-Dossier. Für die Produktion von Online-Dossiers muss ein übersichtliches Konzept entwickelt werden, das einer **mehrstufigen Informationshierarchie** zuträgt. Ein Storyboard oder Drehbuch bietet sich an, um Ideen optisch umzusetzen und die Struktur zu visualisieren (vgl. Goldmann und Hooffacker 2001, S. 79-81).

Abbildung 13 skizziert das **Storyboard** zu einem fiktiven Online-Dossier zum Thema Autos (Systematik in Anlehnung an Hooffacker 2001, S. 83). Man sieht, dass die unterschiedlichen Seiten, ausgehend von der Startseite, **mehrfach untereinander verknüpft** und damit abrufbar sind. Selbstverständlich sind auch die Ebenen „Marktüberblick" und „Community" mit weiteren Subebenen verbunden, ebenso diese untereinander. Aus Gründen der Übersichtlichkeit sind sie hier nicht alle Seiten im Einzelnen aufgeführt.

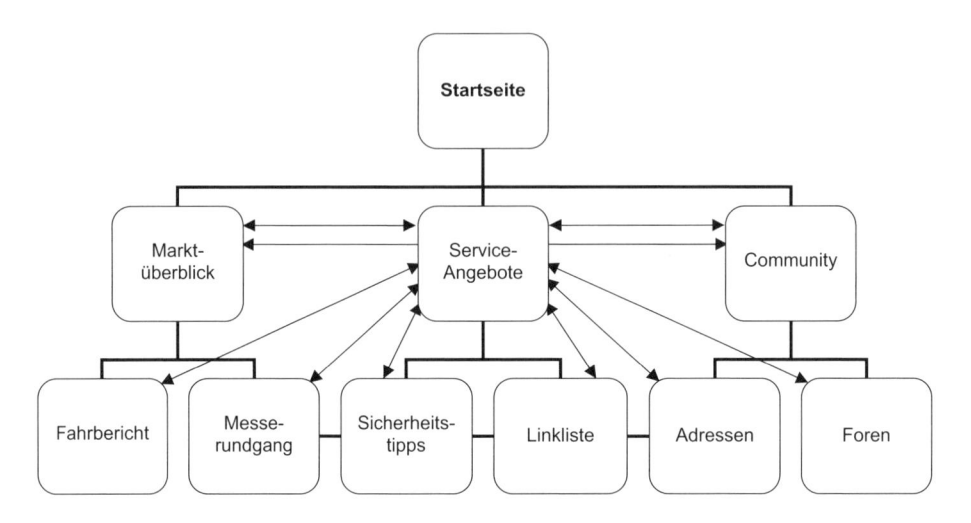

Abbildung 13: Exemplarische Struktur eines Online-Storyboards (nach Hooffacker 2001, S. 83)

Der User sollte bei einem Online-Dossier grundsätzlich **nicht mehr als drei Navigationsebenen** im Überblick behalten müssen und keine Seite sollte weiter als **vier Mausklicks** entfernt sein. Jede Seite muss auf die übergeordnete Ebene und alle darunter liegenden Ebenen verweisen (vgl. Hooffacker 2001, S. 84). Eine klar **gegliederte Sitemap** verschafft Journalisten bei der Planung von Online-Dossiers Übersicht und erleichtert die Navigation (vgl. Hooffacker 2001, S. 20f.).

12.2.2 Kommunikative Formen: Journalisten als Blogger

Literatur zur Produktion von Weblogs
- Alphonso, D. und K. Pahl (2004) (Hrsg.). Blogs! Text und Form im Internet. Berlin, Schwarzkopf & Schwarzkopf Verlag.
- Bültge, F. (2007). WordPress. Weblogs einrichten und administrieren. München, Open Source Press.
- Lange, C. (2006). Wikis und Blogs. Planen, Einrichten, Verwalten. Böblingen, C & L.
- Maurice, F. (2008). Web 2.0-Praxis. AJAX, Newsfeeds, Blogs, Microformats. München, Markt und Technik.

12. Darstellungsformen in den neuen Medien

Hooffacker (2001, S. 39) grenzt **kommunikative Formen in Online-Medien** von den interaktiven ab. Sobald sich mindestens zwei Menschen des Internets bedienen, um miteinander in Austausch zu treten, ist eine kommunikative Form gegeben, wenn auch noch nicht zwangsläufig eine journalistische. Bei Communities wie *Xing* oder *StudiVZ* steht Kommunikation zweifelsohne im Vordergrund – nicht aber der Journalismus. Eine bedeutende kommunikative Form des Online-Journalismus, die gerade für Berufsanfängerinnen und Berufsanfänger gute Möglichkeiten bietet, ein Themengebiet publizistisch zu besetzen, sind sogenannte **Weblogs**. Im Jahr 2005 gab es weltweit bereits zirka 60 Millionen aktive Weblogs, die oft einfach nur *Blogs* genannt werden. Allgemein handelt es sich dabei um ein Themenangebot, das auf einer Website erscheint und wie ein Tagebuch regelmäßig auf den neuesten Stand gebracht und ergänzt wird (vgl. Fischer und Quiring, zit. nach Pürer und Raabe 2007, S. 453). Die Themenpalette von Blogs ist mittlerweile breit gestreut. Längst sind es nicht mehr allein Nachrichten, die publiziert werden.

Ein Paradebeispiel für **journalistisches Bloggen** ist Stefan Niggemeiers *Bildblog*, der kritisch die Berichterstattung von Deutschlands größter Tageszeitung verfolgt und kommentiert. Im Jahr 2005 konnte der Medienjournalist mit diesem Online-Angebot den *Grimme Online Award* gewinnen – zwei Jahre später schaffte er dies auch mit seinem Blog *www.stefan-niggemeier.de*, in dem er sich auch abseits der *Bild*-Zeitung kritisch mit der Medienlandschaft auseinandersetzt.

Weblogs und der sogenannte **Citizen Journalism** oder **Grassroots Journalism**, also die Berichterstattung von Bürgern für Bürger, sind verwandte Formen des Publizierens. Nur selten sind Blogs und „Bürgerjournalismus" jedoch Ausdruck journalistischen Arbeitens und funktional im Sinne des Journalismus (vgl. Kapitel 3). Durch die Entwicklung der Technologie mit populären Publikationsprogrammen wie **Word Press** zum kostenlosen Herunterladen aus dem Internet wurde es Bürgerinnen und Bürgern leichter gemacht, mit ihren ganz persönlichen Ansichten an der (teil-)öffentlichen Kommunikation zu partizipieren (vgl. Pürer und Raabe 2007, S. 454). Eine Qualitätskontrolle erfolgt – wenn überhaupt – erst im Nachhinein durch den öffentlichen Diskurs. Ob und wie der Blogger recherchiert hat, bleibt in vielen Fällen unklar. Im traditionellen Journalismus hingegen erfolgt die Validierung vor der Veröffentlichung – und das durch professionelle Kräfte (vgl. Pürer und Raabe 2007, S. 455).

Öffentlichkeiten verändern sich durch Weblogs. Jan Schmidt (2006, S. 119) sieht drei wesentliche Entwicklungen für **Weblogs im Spannungsfeld von Journalismus und „Bürgerjournalismus"**:

- Weblogs bieten einen **alternativen Raum** für Journalismus abseits institutionalisierter Formen des Mediensystems.
- Weblogs sind eine **Herausforderung für den klassischen Journalismus**, da sie ihn kritisch begleiten (vgl. z. B. *www.online-journalismus.de* oder *www.bildblog.de*).
- Weblogs dienen einer **demokratisch-interaktiven Öffentlichkeit**, da auch Themen aufgegriffen werden können, die die klassischen Medien als solche missachten.

Viele Offline-Medien lassen ihre Journalistinnen und Journalisten mittlerweile selbst bloggen, um die Nutzer stärker an ihre Inhalte und die Marke zu binden (vgl. Pürer und Raabe 2007, S. 457f.). Das deutsche Medienunternehmen Hubert Burda Media ist beim amerikanischen Medienunternehmen Seed Media Group eingestiegen und hat sich mit einer Minderheit am Tochterunternehmen **Scienceblogs** beteiligt – einer Plattform für 65 Blogger, die über Wissenschaftsthemen schreiben.

Die Autorinnen und Autoren auf www.scienceblogs.com und www.scienceblogs.de erreichen mit ihren Themen bereits heute 1,7 Millionen Visits und eine aktive Community, die fast 500.000 Kommentare geschrieben hat. Im nächsten Schritt geht es darum, die Marke weiter zu internationalisieren und eine deutschsprachige Community zu entwickeln. Im deutschsprachigen Angebot von *Scienceblogs* wirken inzwischen namhafte Autoren aus dem Haus Burda (u. a. von *Focus* und *Focus Online*) mit, so dass **Synergien durch die Weblogs** der Journalistinnen und Journalisten entstehen und sich neue Netzwerke bilden.

Literatur zum Verständnis der Veränderung von Öffentlichkeit durch Weblogs

- Benkler, Y. (2007). The Wealth of Networks. How Social Production transforms Markets and Freedom. New Haven, Yale University Press.
- Gillmor, D. (2006). We the Media. Grassroots Journalism by the People, for the People. Sebastopol, O'Reilly.
- Henry, N. (2007). American Carnival. Journalism under Siege in an Age of New Media. Berkley, Los Angeles, London, University of California Press.
- Jenkins, H. (2008). Convergence Culture. Where Old and New Media Collide. New York, NYU Press.
- Keen, A. (2008). Cult of the Amateur. How Blogs, MySpace, YouTube and the Rest of Today's User Generated Media are killing our Culture and Economy. London, Nicholas Brealey Publishing.
- Schmidt, J. (2006). Weblogs. Eine kommunikationssoziologische Studie. Konstanz, UVK.
- Zerfaß, A., und D. Boelter (2005). Die neuen Meinungsmacher. Weblogs als Herausforderung für Kampagnen, Marketing, PR und Medien. Graz, Nausner & Nausner.

12.3 „Die Gestaltungsmöglichkeiten des Online-Journalismus sind reicher als die in anderen Mediengattungen" – Expertengespräch mit Jochen Wegner (Focus Online)

Interview: Jonas Theile

Jochen Wegner

ist Chefredakteur von *Focus Online*.

Zuvor war er stellvertretender Leiter des Ressorts „Forschung & Technik" bei *Focus* und schrieb über das Internet, die Börse, die Universitätslandschaft oder japanische Alltagskultur.

Wegner ist Gründer von *Jonet.org*, des größten deutschsprachigen Online-Forums für Journalisten, und Autor mehrerer Bücher. An der Kölner Journalistenschule absolvierte er eine Ausbildung in Wirtschaftsjournalismus, studierte in Bonn Physik und Philosophie und schrieb seine Diplomarbeit an der dortigen Klinik für Epileptologie über die Chaostheorie des menschlichen Gehirns.

12. Darstellungsformen in den neuen Medien

Herr Wegner, welche Bedeutung hat das Medium Internet für den Journalismus?
Die Zukunft des Journalismus wird im Internet erfunden. Die klassischen Mediengattungen wie Print oder Fernsehen sind ausgereift, die spannendsten Entwicklungen finden derzeit noch im Internet statt. Das Netz bringt immer wieder neue Mechanismen hervor, die nach und nach Eingang in den Journalismus finden. Gefühlt einmal pro Quartal erfindet sich das Medium neu, dann taucht irgendwo ein agendasetzendes Thema auf, zu dem wir uns als Journalisten irgendwie verhalten müssen.

Was macht einen guten Online-Journalisten aus?
Ein guter Online-Journalist ist ein guter Journalist. Er muss sein Handwerk beherrschen. Ob er nun fürs Fernsehen arbeitet oder fürs Internet, ist zweitrangig. Wichtig ist die journalistische Sichtweise, und die ist nicht vom Medium abhängig.

Sie selbst kommen aus dem Printbereich, wie nutzen Sie diese Erfahrungen?
Wie gesagt: Das, was ein Journalist lernt, ist zu 80 Prozent unabhängig vom Medium. Wie ziehe ich Menschen in eine Geschichte, wie sind Rezipienten gestrickt? Wie ein Text aufzubauen ist, wie ein gutes Foto aussieht, wie ein Film strukturiert sein sollte, das sind handwerkliche Dinge, die Sie im Netz ebenso gebrauchen können.

Sollten Online-Journalisten vorher bei einem anderen Medium gearbeitet haben?
Die meisten Kollegen, die bei uns arbeiten, haben irgendeinen anderen Background. Viele kommen aus Print-Volontariaten, und das hat ihnen keineswegs geschadet. Im Gegenteil, die Leute haben sich schnell eingefunden. Ich glaube, entweder hat man ein Gefühl für die Zielgruppe und lernt dann einfach das Handwerk, um online erfolgreich zu sein – oder man brennt ohnehin nicht für den Beruf.

Zu den Unterschieden oder auch Nicht-Unterschieden zwischen Print und Online: Könnte beispielsweise eine Print-Reportage eins zu eins für eine Online-Publikation verwendet werden?
Ja natürlich, wir praktizieren das ständig und es funktioniert wunderbar. Die Zeiten, als man im Internet gemäß Flurparole unter 30 Zeilen bleiben musste, sind vorbei. Seit die User DSL haben, sind sie ganz entspannt und lesen auch sehr lange Geschichten. Das können wir mit Hilfe unserer Statistiken genau verfolgen. Wenn ein Text 10.000 Zeichen hat, werden wir ihn in mehrere handliche Artikelseiten zerlegen. Wir können genau verfolgen, wie viele Leser bis zum Schluss durchhalten, und das sind je nach Qualität des Textes sehr viele, oft 40-50 Prozent. Natürlich muss sich eine Geschichte, die online veröffentlicht werden soll, gleich am Anfang etwas stärker verkaufen als ein Printbeitrag – die Leute müssen ja aktiv in den Text gehen und stoßen nicht beim Blättern darauf. Wir Onliner müssen im Teaser sagen: „Du solltest dies hier lesen, weil…". Mit einem allzu mäandernden Einstieg wird man weniger Erfolg haben.

Was bedeutet für Sie gutes multimediales Arbeiten? Sollte jede Nachricht in Zukunft durch Bewegtbilder begleitet werden?
Nein. Es gibt immer ein adäquates Erzählmittel, und das müssen Sie finden. Natürlich ist es allzu einfach, grundsätzlich 80 Zeilen Text zu schreiben und sich dem nächsten Thema

zuzuwenden. Bei einem Bahnstreik etwa will ich auch wissen: Wo genau wird gestreikt? Dann will ich etwa eine interaktive Google-Karte sehen, die ist in unserem Content-Management-System schnell gebaut. Hier beginnt das Handwerk des Online-Journalisten, dessen Gestaltungsmöglichkeiten reicher sind als die in anderen Mediengattungen.

Welche Bedeutung hat die Einbindung der User?
Es gibt nirgendwo so ein direktes Feedback für Journalisten wie online, wo ich wirklich innerhalb von Minuten sehe, wie Rezipienten auf die eigene Arbeit reagieren. Wollen die Leute das lesen, schreiben sie einen Kommentar dazu? Wenn man mal erlebt hat, was ein vielhundertfach kommentierter Beitrag mit dem Autor macht, will man dieses Feedback nicht mehr missen. Es macht süchtig. Und es ist direkter und damit eindrucksvoller als bei Print, wenn Tage nach Abgabe des Beitrags die Leserbriefe und E-Mails eintreffen. Rund um das Thema Ypsilanti und die SPD in Hessen etwa gibt es bei uns zigtausende Kommentare. Da braucht man nicht lange zu fragen, was die Leute gerade bewegt.

Wie können die User dann dauerhaft an ein journalistisches Angebot gebunden werden?
Erstens: durch hervorragenden Journalismus. Zweitens: durch konsequente Interaktion. Wir ermuntern die User, sich zu den redaktionellen Beiträgen zu äußern. Dann gibt es Foren, in denen sie auch selbst Themen setzen können und dann gibt es noch was Freieres, zum Beispiel unsere Foto und Video-Plattform *Focus Online Live*.

Hat die denn einen journalistischen Anspruch?
Wir hatten geplant, die Plattform viel stärker für bürgerjournalistische Aktionen zu nutzen. Es war nur so, dass die Community sie gleichsam entführt hat. Unsere Idee war ursprünglich: Wenn der Papst kommt, schicken uns die User ihre Papst-Fotos. Leider kamen dann 40 statt 4000. Nur bei wenigen Anlässen, etwa bei der Fußball-WM, konnten wir mit den Usern tatsächlich auf den Punkt zusammenarbeiten. Da kamen dann 6000 Fotos und Videos. *Focus Online Live* hat mittlerweile ein sehr reges Eigenleben entwickelt und ist auch etwas abgekoppelt vom journalistischen Betrieb.

Der Userwille ist dann Trumpf?
Ja, natürlich. Ich freue mich, dass die User bei uns jeden Tag tausende ihrer besten Fotos und Videos hochladen. Und natürlich nutzen wir die Plattform nach wie vor als eine Art Bild-Agentur und honorieren die verwendeten Fotos.

Welche Bedeutung haben Blogs für den Online-Journalismus?
Gerade die deutschen Online-Medien haben da einen Lernprozess hinter sich. Ich finde, das gesamte journalistische Angebot sollte – technisch, nicht von den redaktionellen Abläufen her – wie ein Blog funktionieren. Ich will unter jedem Artikel einen Kommentar schreiben können, nicht nur im Redaktions-Blog. *Focus Online* war das erste deutsche Nachrichtenmedium mit Artikel-Kommentaren. Zu Anfang waren wir vorsichtig und haben angefangen, Kommentare nur unter Kolumnen zuzulassen. Das funktionierte so gut, dass wir es auf alle Artikel ausgeweitet haben. Seitdem ertrinken wir in Feedback. Jetzt sind wir bei mehr als 60.000 Kommentaren im Monat. Andere Beispiele für typische Blog-Funktionen: Jedem Content-Element bei uns ist ein *Feed* zugeordnet, sie können es geson-

dert in einem *RSS-Reader* abonnieren. Wir führen auch gerade für das gesamte Angebot Tags ein, ein Schlagwortsystem, wie man es von Blogs kennt. Für uns sind Blogs aber auch eine besonders einfache Form des *Content Managements* für Autoren, die nicht an die redaktionellen Abläufe angebunden werden können. Wenn ein Spitzen-Experte wie Thomas Wiegold nachts um drei etwas über die Bundeswehr schreiben möchte, vielleicht auch nur fünf Zeilen, dann kann er das in seinem Blog tun. Interessant werden Blogs auch dann, wenn sie sich bewusst von unserer Dachmarke entfernen. *ScienceBlogs*, *Monte* oder *Focus Campus* gehören zu unserem Netzwerk, sind aber keine Angebote der Redaktion von *Focus Online*.

Nehmen die User das Angebot als eigenständig wahr oder eher als Begleiter des Print-Produkts?
Die meisten User denken, dass alle Inhalte von einer Redaktion produziert werden. Den Leuten ist das positiv egal. Journalisten haben da vielleicht eine Art professionelle Deformation, sie glauben, ihre Leser würden die redaktionellen Prozesse so differenziert wahrnehmen wie sie selbst. Am Ende nutzt es Print und Online, als Einheit wahrgenommen zu werden. Und natürlich arbeiten beide Redaktionen an einem einheitlichen Profil. Wir versuchen wie die Printausgabe, sehr stark den beratenden Aspekt nach vorne zu stellen. Das geht online sehr gut. An der Schnittstelle zwischen Nutzwert und Community liegen noch ein paar Goldstücke versteckt, die wir ausgraben werden. Wenn User zum Beispiel darüber schreiben, was sie mit einem bestimmten Bankkredit für Erfahrungen gemacht haben, kann daraus eine neue Form von Nutzwert-Journalismus entstehen.

Wie wird die Marke *Focus Online* in Zukunft weiterentwickelt werden?
So viel kann ich sagen: Wir investieren derzeit in ein ganzes Netzwerk assoziierter Websites und Communities, die inhaltlich zu uns passen. Im journalistischen Kern erwarten unsere User von *Focus Online* minutenaktuell jene Qualität, die sie von *Focus* gewohnt sind. Daran arbeiten wir hart.

Eine Schwierigkeit der Online-Ableger von Printmagazinen?
Es ist schon eine Herausforderung, wenn ich so aktuell sein will wie ein Radiosender oder eine Nachrichtenagentur, aber gleichzeitig dieselbe Fallhöhe erreichen möchte wie ein Wochenmagazin. Dafür bräuchten wir eigentlich ein doppelt so starkes Team wie das Magazin mit seinen 200 Redakteuren. Ich wäre froh, wenn wir die gleiche Anzahl hätten, zurzeit haben wir ungefähr 50. Zum Glück arbeiten die meisten Print-Redakteure auch leidenschaftlich für Online.

Ist es denkbar, dass zunächst ein Online-Medium auf dem Markt reüssiert und später ein Print-„Beiboot" erscheint, der konventionelle Weg sozusagen umgedreht wird?
Selbstverständlich

Anhang

Die folgende Zusammenstellung von ausgewählten Medien, Verbänden sowie Aus- und Weiterbildungseinrichtungen enthält Kontakte, die eine gute Ausgangsbasis für die Beschaffung von Hintergrundinformationen bei der Recherche und beim Erwerb professioneller Kompetenzen sind. Von Nutzen für die journalistische Arbeit ist auch die Übersicht der Journalistenpreise und der Fördermöglichkeiten für Journalisten. Die Übersicht der wichtigsten Fachzeitschriften und Jahrbücher mit Medienbezug ermöglicht die gezielte Information zu aktuellen Entwicklungen im Journalismus.

Medien und Verbände

Öffentlich-rechtlicher Rundfunk

3sat, Satellitenfernsehen des deutschen Sprachraums ZDF-ORF-SRG-ARD, ZDF-Str.1, 55100 Mainz, Tel. (06131) 70-1, Fax 70-6806, www.3sat.de

Arbeitsgemeinschaft der öffentlich-rechtlichen Rundfunkanstalten der Bundesrepublik Deutschland (ARD), c/o Geschäftsführende Anstalt 2009/10: SWR, Neckarstr. 230, 70190 Stuttgart, Tel. (0711) 929-0, Fax 929-2600, www.ard.de

Bayerischer Rundfunk (BR), Rundfunkplatz 1, 80300 München, Tel. (089) 5900-01, Fax 5900-2375, www.br-online.de

Deutsche Welle (DW), Kurt-Schumacher-Str. 3, 53113 Bonn, Tel. (0228) 429-0, Fax 429-3000, www.dw-world.de

Deutschlandfunk, Raderberggürtel 40, 50968 Köln, Tel. (0221) 345-0, Fax 345-4802, www.dradio.de

Deutschlandradio Kultur, Hans-Rosenthal-Platz, 10825 Berlin, Tel. (030) 8503-0, Fax 8503-6168, www.dradio.de

Hessischer Rundfunk (HR), Bertramstr. 8, 60320 Frankfurt am Main, Tel. (069) 155-1, Fax 155-2900, www.hr-online.de

KI.KA, Der Kinderkanal ARD/ZDF, 99081 Erfurt, Tel. (0180) 21515-14, Fax 21515-16, www.kika.de

Mitteldeutscher Rundfunk (MDR), Kantstr. 71-73, 04275 Leipzig, Tel. (0341) 300-0, Fax 300-6789, www.mdr.de

Norddeutscher Rundfunk (NDR), Rothenbaumchaussee 132, 20149 Hamburg, Tel. (040) 4156-0, Fax 447602, www.ndr.de

Phoenix, Langer Grabenweg 45-47, 53175 Bonn, www.phoenix.de

Radio Bremen (RB), Diepenau 10, 28195 Bremen, Tel. (0421) 246-0, Fax 246-1010, www.radiobremen.de

Rundfunk Berlin-Brandenburg (RBB), Standort Berlin, Masurenallee 8-14, 14057 Berlin, Tel. (030) 97993-0, Fax 97993-19, www.rbb-online.de

Rundfunk Berlin-Brandenburg (RBB), Standort Potsdam, Marlene-Dietrich-Allee 20, 14482 Potsdam, Tel. (0331) 97993-0, Fax 97993-19, www.rbb-online.de

Saarländischer Rundfunk (SR), Funkhaus Halberg, 66100 Saarbrücken, Tel. (0681) 602-0, Fax 602-3874, www.sr-online.de

Südwestrundfunk (SWR), Neckarstr. 230, 70190 Stuttgart, Tel. (0711) 929-0, Fax 929-2600, www.swr.de

Westdeutscher Rundfunk (WDR), Appelhofplatz 1, 50667 Köln, Tel (0221) 220-0, Fax 220-4800, www.wdr.de

Zweites Deutsches Fernsehen (ZDF), ZDF-Str. 1, 55100 Mainz, Tel (06131) 70-2161, Fax 70-2170, www.zdf.de

Private Fernsehanbieter

DCTP Development Company for Television Programs mbH, Königsallee 60b, 40212 Düsseldorf, Tel. (0211) 1399-228, Fax 1399-227, www.dctp.de

DSF Deutsches SportFernsehen GmbH, Münchener Str. 101g, 85737 Ismaning, Tel. (089) 96066-0, Fax 96066-1009, www.dsf.de

Kabel eins K1 Fernsehen GmbH, Beta-Str. 10, Haus h, 85774 Unterföhring, Tel. (089) 9507-2100, Fax 9507-2209, www.kabeleins.de

N24 GmbH, Oberwallstraße 6, 10177 Berlin, Tel. (030) 2090-0, Fax 2090-2090, www.n24.de

n-tv Nachrichtenfernsehen GmbH, Richard-Byrd-Str. 4-6, 50829 Köln, Tel. (0221) 9152-0, Fax 9152-2090, www.n-tv.de

Premiere Fernsehen GmbH & Co. KG, Medienallee 4, 85774 Unterföhring, Tel. (089) 9958-02, Fax 9958-6239, www.premiere.de

ProSieben Television GmbH, Medienallee 7, 85774 Unterföhring, Tel. (089) 9507-7700, Fax 9507-1710, www.prosieben.de

RTL Television GmbH, Aachener Str. 1044, 50858 Köln, Tel. (0221) 456-0, Fax 456-1690, www.rtl.de

RTL2 Fernsehen GmbH & Co. KG, Lil-Dagover-Ring 1, 82031 Grünwald, Tel. (089) 64185-0, Fax 64185-9999, www.rtl2.de

Sat.1 SatellitenFernsehen GmbH, Oberwallstraße 6, 10117 Berlin, Tel. (030) 2090-0, Fax 2090-2090, www.sat1.de

Super RTL, RTL Disney Fernsehen GmbH & Co. KG, Richard-Byrd-Str. 6, 50829 Köln, Tel. (0221) 9155-0, Fax 9155-1019, www.superrtl.de

VOX Film- und Fernseh GmbH & Co. KG, Richard-Byrd-Str. 6, 50829 Köln, Fax (0221) 9534-375, www.vox.de

Medien und Verbände 275

Private Hörfunkanbieter

Aufgrund der unterschiedlichen Mediengesetze der Länder unterscheidet sich die private Rundfunklandschaft von Bundesland zu Bundesland. Einzelne private Hörfunkanbieter werden hier daher nicht aufgeführt. Aktuelle Angaben sind bei den Landesmedienanstalten erhältlich.

Landesmedienanstalten

Arbeitsgemeinschaft der Landesmedienanstalten (ALM)/Direktorenkonferenz der Landesmedienanstalten (DLM), geschäftsführende Anstalt 2009: Landesanstalt für Kommunikation, Baden-Württemberg (LFK), Rotebühlstr. 121, 70178 Stuttgart, Tel. (0711) 892532-71, Fax 892532-89, www.alm.de

Bayerische Landeszentrale für neue Medien (BLM), Heinrich-Lübke-Str. 27, 81737 München, Tel. (089) 63808-0, Fax 63808-140, www.blm.de

Bremische Landesmedienanstalt (brema), Richtweg 14 , 28195 Bremen, Tel. (0421) 334940, Fax 323533, www.bremische-landesmedienanstalt.de

Hessische Landesanstalt für privaten Rundfunk und neue Medien (LRP), Wilhelmshöher Allee 262, 34131 Kassel, Tel. (0561) 93586-0, Fax 93586-30, www.lpr-hessen.de

Landesanstalt für Kommunikation Baden-Württemberg (LfK), Rotebühlstr. 121, 70178 Stuttgart, Tel. (0711) 66991-0, Fax 66991-11, www.lfk.de

Landesanstalt für Medien Nordrhein-Westfalen (LfM), Zollhof 2, 40221 Düsseldorf, Tel. (0211) 77007-0, Fax 727170, www.lfm-nrw.de

Landesmedienanstalt Saarland (LMS), Nell-Breuning-Allee 6, 66115 Saarbrücken, Tel. (0681) 38988-0, Fax 38988-20, www.lmsaar.de

Landesrundfunkzentrale Mecklenburg-Vorpommern (LRZ), Bleicherufer 1, 19053 Schwerin, Tel (0385) 55881-12, Fax 55881-30, www.lrz-mv.de

Landeszentrale für Medien und Kommunikation Rheinland-Pfalz (LMK), Turmstr. 10, 67059 Ludwigshafen, Tel. (0621) 5202-0, Fax 5202-279, www.lmk-online.de

Medienanstalt Berlin-Brandenburg (mabb), Kleine Präsidentenstr. 1, 10178 Berlin, Tel. (030) 264967-0, Fax 264967-90, www.mabb.de

Medienanstalt Hamburg Schleswig-Holstein (MA HSH), Dienststelle Hamburg: Rathausallee 72-76, 22849 Norderstedt, Tel. (040) 369005-0, Fax 369005-55. Dienststelle Kiel: Schloßstr. 19, 24103 Kiel, Tel. (0431) 97456-0, Fax 97456-60, www.ma-hsh.de

Medienanstalt Sachsen-Anhalt (MSA), Reichhardtstr. 9, 06114 Halle/Saale, Tel. (0345) 5255-0, Fax 5255-121, www.msa-online.de

Niedersächsische Landesmedienanstalt (NLM), Seelhorststr. 18, 30175 Hannover, Tel. (0511) 28477-0, Fax 28477-36, www.nlm.de

Sächsische Landesanstalt für privaten Rundfunk und neue Medien (SLM), Ferdinand-Lassalle-Str. 21, 04109 Leipzig, Tel. (0341) 2259-0, Fax 2259-199, www.slm-online.de

Thüringer Landesmedienanstalt (TLM), Steigerstr. 10, 99096 Erfurt, Tel. (0361) 21177-0, Fax 21177-55, www.tlm.de

Nachrichtenagenturen und Informationsdienste

Agence France Presse GmbH (AFP), Berliner Freiheit 2, 10785 Berlin, Tel. (030) 30876-0, Fax 30876-270, www.afp.com/deutsch

Associated Press GmbH (AP), Moselstr. 27, 60329 Frankfurt am Main, Tel. (069) 27230-0, Fax 251289, www.ap-online.de

Deutsche Fernsehnachrichten Agentur GmbH & Co. KG (DFA), Kaistr. 3, 40221 Düsseldorf, Tel. (0211) 95700-100, Fax 95700-111, www.dfa.de

Deutsche Presse-Agentur GmbH (dpa), Mittelweg 38, 20148 Hamburg, Tel. (040) 4113-0, Fax 4113-2219, www.dpa.de

Deutscher Depeschendienst GmbH (ddp), Panoramastr. 1a, 10178 Berlin, Tel. (030) 23122-0, Fax 23122-182, www.ddp.de

Dow Jones Newswires, Dow Jones News GmbH, Wilhelm-Leuschner-Str. 78, 60329 Frankfurt am Main, Tel. (069) 29725-350, Fax 29725-360, www.djnewswires.de

Evangelischer Pressedienst (epd), Emil-von-Behring-Str. 3, 60439 Frankfurt am Main, Tel. (069) 58098-0, Fax 58098-272, www.epd.de

Katholische Nachrichten-Agentur GmbH (KNA), Adenauerallee 134, 53113 Bonn, Tel. (0228) 26000-0, Fax 26000-26, www.kna.de

Reuters AG, Friedrich-Ebert-Anlage 49, 60327 Frankfurt am Main, Tel. (069) 7565-1000, Fax 7565-1555, www.reuters.de

Sport-Informations-Dienst GmbH & Co. KG (sid), Hammfelddamm 10, 41460 Neuss, Tel. (02131) 131-00, Fax 1311-112, www.sid.de

Verbände der Zeitungs- und Zeitschriftenverleger

Bundesverband Deutscher Zeitungsverleger e. V. (BDZV), Markgrafenstr. 15, 10969 Berlin, Tel. (030) 726298-0, Fax 726298-299, www.bdzv.de

Verband Deutscher Zeitschriftenverleger e. V. (VDZ), Markgrafenstr. 15, 10969 Berlin, Tel. (030) 726298-0, Fax 726298-103, www.vdz.de

BDZV-Landesverbände

Verband Bayerischer Zeitungsverleger e. V. (VBZV), Friedrichstr. 22, 80801 München, Tel. (089) 455558-0, Fax 455558-21, www.vbzv.de

Verband der Zeitungsverlage Norddeutschland e. V. (VZN), Große Reichenstr. 14, 20457 Hamburg, Tel. (040) 500994-0, Fax 500994-16, www.vzn.de

Verband der Zeitungsverleger in Rheinland-Pfalz und Saarland e. V., Gutenbergstr. 11-23, 66117 Saarbrücken, Tel. (0681) 50230-00, Fax 50230-99, www.vnzv.de

Verband Hessischer Zeitungsverleger e. V. (VHZV), FFH-Platz 1, 61116 Bad Vilbel, Tel. (06101) 9889-0, Fax 9889-20, www.vnzv.de

Verband Nordwestdeutscher Zeitungsverleger e. V. (VNZV), Schiffgraben 17, 30159 Hannover, Tel. (0511) 306070, Fax 306072, www.vnzv.de

Verband Sächsischer Zeitungsverleger e. V. (VSZ), Peterssteinweg 19, 04107 Leipzig, Tel. (0341) 2181-1370, Fax 2181-1693, www.vnzv.de

Verband Südwestdeutscher Zeitungsverleger e. V. (VSZV), Königstr. 10 C, 70173 Stuttgart, Tel. (0711) 22254-232, Fax 22254-304, www.vszv.de

Verein der Zeitungsverleger in Berlin und Ostdeutschland e. V. (VZBO), Markgrafenstr. 15, 10969 Berlin, Tel. (030) 726298-266, Fax 726298-267, www.vzbo.de

Zeitungsverlegerverband Bremen e. V. (ZVVB), Martinistr. 43, 28195 Bremen, Tel. (0421) 367121-90, Fax 367121-01, www.zvvb.de

Zeitungsverlegerverband Hamburg e. V. (ZVH), Große Reichenstr. 14, 20457 Hamburg, Tel. (040) 500994-0, Fax 500994-16, www.zvh.de

Zeitungsverlegerverband Nordrhein-Westfalen e. V. (ZVNRW), Ludwig-Erhard-Allee 14, 40227 Düsseldorf, Tel. (0211) 788199-0, Fax 788199-2, www.zvnrw.de

VDZ-Landesverbände

Südwestdeutscher Zeitschriftenverleger-Verband e. V. (SZV), Hospitalstr. 22-24, 70174 Stuttgart, Tel. (0711) 290618, Fax 221915, www.szv.de

VDZ Landesverband Mitteldeutschland e. V., Zeitschriftenverlage in Sachsen, Sachsen-Anhalt und Thüringen, Markgrafenstr. 15, 10969 Berlin, Tel. (030) 726298-133, Fax 726298-134, www.vdz.de

Verband der Zeitschriftenverlage in Bayern e. V. (VZB), Friedrichstr. 22, 80801 München, Tel. (089) 288127-0, Fax 288127-27, www.v-z-b.de

Verband der Zeitschriftenverlage in Nordrhein-Westfalen e. V., Paul-Schallück-Str. 6, 50939 Köln, Tel. (0221) 9411414, Fax 4200066, www.vznrw.de

Verband der Zeitschriftenverlage Niedersachsen-Bremen e. V., Bei dem Neuen Krahn 2, 20457 Hamburg, Tel. (040) 369816-0, Fax 369816-44, www.vznsb.de

Verband der Zeitschriftenverlage Nord e. V., Bei dem Neuen Krahn 2, 20457 Hamburg, Tel. (040) 369816-0, Fax 369816-44, www.vzvnord.de

Verband der Zeitschriftenverleger Berlin-Brandenburg e. V., Markgrafenstr. 15, 10969 Berlin, Tel. (030) 726298-133, Fax 726298-134, www.vdz.de

Weitere Zusammenschlüsse der Verlagswirtschaft

Börsenverein des Deutschen Buchhandels e. V., Großer Hirschgraben 17-21, 60311 Frankfurt am Main, Tel. (069) 1306-0, Fax 1306-201, www.boersenverein.de

Bundesverband Deutscher Anzeigenblätter e. V. (BVDA), Markgrafenstr. 15, 10969 Berlin, Tel. (030) 726298-2818, Fax 726298-2800, www.bvda.de

Lokalzeitungen Service GmbH, Dovestr. 1, 10587 Berlin, Tel. (030) 398051-0, Fax 398051-51, www.lokalpresse.de

ZMG Zeitungs Marketing Gesellschaft mbH & Co. KG, Schmidtstr. 53, 60326 Frankfurt am Main, Tel. (069) 973822-0, www.zmg.de

Journalistengewerkschaften

Deutsche Journalistinnen- und Journalisten-Union (dju) in ver.di Vereinte Dienstleistungsgewerkschaft, Fachbereich 8: Medien, Kunst und Industrie, Paula-Thiede-Ufer 10, 10179 Berlin, Tel. (030) 6956-2322, Fax 6956-3657, www.djv.verdi.de

Deutscher Journalisten-Verband e. V. (DJV), Gewerkschaft der Journalistinnen und Journalisten, Pressehaus 2107, Schiffbauerdamm 40, 10117 Berlin, Tel. (030) 726279-20, Fax 726279-213, www.djv.de

Weitere medienrelevante Institutionen und Organisationen

Allianz Deutscher Produzenten – Film & Fernsehen e. V., Brienner Str. 26, 80333 München, Tel. (089) 28628-385, Fax 28628-247, www.produzentenallianz.de

Arbeitsgemeinschaft Media-Analyse e. V., Am Weingarten 25, 60487 Frankfurt am Main, Tel. (069) 156805-0, Fax 156805-40, www.agma-mmc.de

Bundesverband audiovisuelle Medien e. V., Deichstr. 19, 20459 Hamburg, Tel. (040) 369056-0, Fax 369056-10, www.bvv-medien.de

Deutsche Gesellschaft für Publizistik- und Kommunikationswissenschaft (DGPuK), Universität Münster, Bispinghof 9-14, 48143 Münster, Tel. (0251) 832-1243, www.dgpuk.de

Deutsche Public Relations Gesellschaft (DPRG), Unter den Eichen 128, 12203 Berlin, Tel. (030) 804097-33, Fax 804097-34, www.dprg.de

Deutscher Presserat e. V., Gerhard-von-Are-Str. 8, 53111 Bonn, Tel. (0228) 98572-0, Fax 98572-99, www.presserat.de

Deutscher Werberat, Am Weidendamm 1a, 10117 Berlin, Tel. (030) 590099-700, Fax 590099-722, www.werberat.de

European Journalism Training Association (EJTA), Sonneville-lunet 10, 6221KT Maastricht, Niederlange, Tel. (0031) (0)43 32-540-30, Fax 32-12626, www.ejta.eu

Gesellschaft Public Relations Agenturen e. V. (GPRA), Wöhlerstr. 3-5, 60323 Frankfurt am Main, Tel. (069) 710423-260, Fax 710423-200, www.pr-guide.de

Hans-Bredow-Institut für Medienforschung an der Universität Hamburg, Heimhuder Str. 21, 20148 Hamburg, Tel. (040) 450217-0, Fax 450217-77, www.hans-bredow-institut.de

Künstlersozialkasse, Gökerstraße 14, 26384 Wilhelmshaven, Tel. (04421) 7543-9, Fax 7543-586, www.kuenstlersozialkasse.de

Pensionskasse für freie Mitarbeiter der deutschen Rundfunkanstalten, Bertramstr. 8, 60320 Frankfurt am Main, Tel. (069) 155-3126, Fax 155-2853, www.pensionskasse-rundfunk.de

Verband Privater Rundfunk und Telemedien e. V., Stromstr. 1, 10555 Berlin, Tel. (030) 3988-0, Fax 39880-148, www.vprt.de

Vereinigung der Rundfunk-, Film- und Fernsehschaffenden (VRFF), ZDF-Str. 1, 55127 Mainz, Tel. (06131) 704687, Fax 338152, www.vrff.de

Versorgungswerk der Presse GmbH, Wilhelmplatz 8, 70182 Stuttgart, Tel. (0711) 2056-168, Fax 2056-121, www.presse-versorgung.de

Verwertungsgesellschaft Bild-Kunst, Weberstr. 61, 53113 Bonn, Tel. (0228) 91534-0, Fax 91534-39, www.bildkunst.de

Verwertungsgesellschaft Wort, Goethestr. 49, 80336 München, Tel. (089) 51412-0, www.vgwort.de

Zentralverband der deutschen Werbewirtschaft e. V. (ZAW), Am Weidendamm 1a, 10117 Berlin, Tel. (030) 590099-700, Fax 590099-722, www.zaw.de

Aus- und Weiterbildung

Journalistenschulen

Axel Springer Akademie, Axel-Springer-Str. 65, 10888 Berlin, Tel. (030) 2591-78800, Fax 2591-78801, www.axel-springer-akademie.de

Berliner Journalisten-Schule, Karl-Liebknecht-Straße 29,10178 Berlin, Tel. (030) 232760-02, Fax 232760-03, www.berliner-journalisten-schule.de

Burda Journalistenschule, Hubert Burda Media, Arabellastr. 23, 81925 München, Tel. (089) 9250-0, www.burda-journalistenschule.de

Deutsche Journalistenschule, Altheimer Eck 3, 80331 München, Tel. (089) 2355740, www.djs-online.de

Erich-Brost-Institut für Journalismus in Europa gGmbH, Otto-Hahn-Straße 2, 44227 Dortmund, Tel. (0231) 75569-71, Fax 75569-55, www.brost.org

Georg von Holtzbrinck-Schule für Wirtschaftsjournalisten, Kasernenstr. 67, 40213 Düsseldorf, Tel. (0211) 887-2133, Fax 887-972133, www.holtzbrinck-schule.de

Henri-Nannen-Schule, Stubbenhuk 10, 20459 Hamburg, Tel. (040) 3703-2376, Fax 3703-5698, www.journalistenschule.de

Journalistenschule Ruhr (JSR), Schederhofstr. 55-57, 45145 Essen, Tel. (0201) 804-1960, Fax 804-1963, www.journalistenschule-ruhr.de

Kölner Journalistenschule für Politik und Wirtschaft e. V., Im Media Park 6, 50670 Köln, Tel. (0221) 995587-0, Fax 995587-79, www.koelnerjournalistenschule.de

MAZ – Die Schweizer Journalistenschule, Murbacherstrasse 3, CH-6003 Luzern, Tel. (0041) (41) 226 33 33, Fax 226 33 34, www.maz.ch

RTL Journalistenschule für TV und Multimedia GmbH, Aachener Str. 1040, 50858 Köln, Tel. (0221) 45664-00, Fax 45664-99, www.rtl-journalistenschule.de

Studiengänge für Journalismus

Die folgende Zusammenstellung gibt eine aktuelle Übersicht ausgewählter Universitäten und Hochschulen, die deutschsprachige Studiengänge mit Journalismusbezug anbieten. Die Angebote aus den Studienbereichen Journalistik, Publizistik, Medien- und Kommunikationswissenschaft haben unterschiedlich starke Praxisbezüge. Studieninteressierte mit Berufsziel Journalismus sollten sich daher bei den Instituten informieren, ob die Studienangebote eher anwendungs- oder forschungsorientiert sind.

Deutsche Sporthochschule Köln, Institut für Kommunikations- und Medienforschung, Carl-Diem-Weg 6, 50933 Köln, Tel. (0221) 4982-6100, Fax 4982-3150, www.sportpublizistik.net

Freie Universität Berlin, Institut für Publizistik und Kommunikationswissenschaft, Garystr. 55, 14105 Berlin, Tel. (030) 8387-57817, www.polsoz.fu-berlin.de/kommwiss

Friedrich-Schiller-Universität Jena, Institut für Kommunikationswissenschaft, Ernst-Abbe-Platz 8, 07743 Jena, Tel. (03641) 944-930, Fax 944-932, www.ifkw.uni-jena.de

Hamburg Media School, Masterstudiengang Journalismus, Finkenau 35, 22081 Hamburg, Tel. (040) 413468-40, Fax 413468-10, www.hamburgmediaschool.com

Hochschule Bremen, Institut für Kommunikation in Wissenschaft und Praxis (kowip), Neustadtwall 30, 28199 Bremen, Tel. (0421) 59053-187, www.hs-bremen.de

Hochschule Darmstadt, Campus Dieburg, Fachbereich Media, Studienbereich Journalismus, Max-Planck-Str. 2, 64807 Dieburg, Tel. (06071) 8294-20, Fax 8294-25, www.journalismus-darmstadt.de/

Hochschule für Musik und Theater Hannover, Institut für Journalistik und Kommunikationsforschung, Expo Plaza 12, 30539 Hannover, Tel. (0511) 3100-497, Fax 3100-400, www.ijk.hmt-hannover.de

Johannes-Gutenberg-Universität Mainz, Institut für Publizistik: Colonel-Kleinmann-Weg 2, 55099 Mainz, Tel. (06131) 392-2670, Fax 392-4239, www.ifp.uni-mainz.de; Journalistisches Seminar: Alte Universitätsstr. 17, 55116 Mainz, Tel. (06131) 39393-00, Fax 39393-02, www.journalistik.uni-mainz.de

Katholische Universität Eichstätt-Ingolstadt, BA Journalistik, Ostenstr. 23-25, 85072 Eichstätt, Tel. (08421) 93-1564, Fax 93-1786, www.ku-eichstaett.de/Fakultaeten/SLF/jour

Ludwig-Maximilians-Universität München, Institut für Kommunikationswissenschaft und Medienforschung, Oettingenstr. 67, 80538 München, Tel. (089) 2180-9428, Fax 2180-9429, www.ifkw.de

Macromedia Hochschule für Medien und Kommunikation, Gollierstr. 4, 80339 München, Tel (089) 544151-0, Fax (089) 544151-15, www.macromedia-hochschule.de

Otto-Friedrich-Universität Bamberg, Lehrstuhl für Kommunikationswissenschaft / Journalistik, An der Universität 9, 96047 Bamberg, Tel. (0951) 863-2160, Fax 863-2159, http://www.uni-bamberg.de/kowi

Universität der Künste Berlin, Masterstudiengang Kulturjournalismus, Bundesallee 1-12, 10719 Berlin, Tel. (030) 31852-864, Fax 31852-680, www.udk-berlin.de/kulturjournalismus

Universität Dortmund, Institut für Journalistik, Emil-Figge-Str. 50, 44227 Dortmund, Tel. (0231) 755-2827, Fax 755-5583, www.journalistik-dortmund.de

Universität Erfurt, Seminar für Medien- und Kommunikationswissenschaft, Nordhäuser Str. 63, 99089 Erfurt, Tel. (0361) 737-4170, Fax 737-4179, www.uni-erfurt.de/kommunikationswissenschaft

Universität Hamburg, Institut für Journalistik und Kommunikationswissenschaft, Allende-Platz 1, 20146 Hamburg, Tel. (040) 42838-5448, Fax 42838-2418, www.wiso.uni-hamburg.de

Universität Hohenheim, Institut für Sozialwissenschaften, Fachgebiet 6 für Kommunikationswissenschaft und Journalistik, Fruwirthstr. 46, 70599 Stuttgart, Tel. (0711) 459-24031, Fax 459-24034, www.uni-hohenheim.de

Universität Leipzig, Institut für Kommunikations- und Medienwissenschaft, Burgstr. 21, 04109 Leipzig, Tel. (0341) 97357-30, Fax 97357-48, www.kmw.uni-leipzig.de

Universität Wien, Institut für Publizistik und Kommunikationswissenschaft, Schopenhauerstr. 32, A-1180 Wien, Tel. (0043) (1) 4277 49333, www.univie.ac.at/Publizistik/

Universität Zürich, Institut für Publizistikwissenschaft und Medienforschung, Andreasstr. 15, CH-8050 Zürich, Tel. (0041) (0) 44 634-4661, Fax 634-4934, www.ipmz.uzh.ch

Westfälische Wilhelms-Universität Münster, Institut für Kommunikationswissenschaft, Bispinghof 9-14, 48143 Münster, Tel. (0251) 832-4260, Fax 832-1310, http://egora.uni-muenster.de/ifk

Weiterbildungseinrichtungen

Akademie Berufliche Bildung der deutschen Zeitungsverlage e. V., In der Wehrhecke 1, 53125 Bonn, Tel. (0228) 25900-0, Fax 25900-26, www.abzv.de

Akademie der bayerischen Presse e. V. (ABP), Rosenheimer Str. 145b-c, 81671 München, Tel. (089) 499992-0, Fax 499992-22, www.a-b-p.de

Akademie für Journalistenausbildung, Zum Schloss Oberwerries, 59073 Hamm, Tel. (02388) 30000-55, Fax 30000-67, www.journalistenausbildung.com

Akademie für Publizistik e. V., Warburgstr. 8-10, 20354 Hamburg, Tel. (040) 414796-0, Fax 414796-90, www.akademie-fuer-publizistik.de

ARD ZDF Medienakademie, Wallensteinstr. 121, 90431 Nürnberg, Tel. (0911) 9619-0, Fax 9619-199, www.ard-zdf-medienakademie.de

Bayerische Akademie für Fernsehen e. V. (BAF), Betastr. 5, 85774 Unterföhring, Tel. (089) 427432-10, Fax 427432-23, www.fernsehakademie.de

Bundeszentrale für politische Bildung, Adenauerallee 86, 53113 Bonn, Tel. (0228) 99515-0, Fax 99515-113, www.bpb.de

Frankfurter Institut für Bildung und Medienentwicklung GmbH, Ostparkstr. 47-49, 60385 Frankfurt am Main, Tel. (069) 943599-28, Fax 943599-29, www.fibm.de

Grimme-Akademie, Eduard-Weitsch-Weg 25, 45768 Marl, Tel. (02365) 9189-0, Fax 9189-89, www.grimme-institut.de

Initiative Tageszeitung e. V., Stapenhorststr. 42b, 33615 Bielefeld, Tel. (0521) 30546-80, Fax 30546-81, www.initiative-tageszeitung.de

Institut zur Förderung publizistischen Nachwuchses e. V., Kapuzinerstr.38, 80469 München, Tel. (089) 549103-0, Fax 5504486, www.ifp-kma.de

Journalistenakademie der Konrad-Adenauer-Stiftung e. V., Rathausallee 12, 53757 Sankt Augustin, Tel. (02241) 246-2289, Fax 246-573, www.journalisten-akademie.de

MAZ – Die Schweizer Journalistenschule, Murbacherstrasse 3, CH-6003 Luzern, Tel. (0041) (41) 226 33 33, Fax 226 33 34, www.maz.ch

MedienQualifizierung – Akademie für Hörfunk und Medien GmbH, Ehrenstr. 71a, 50672 Köln, www.medienqualifizierung.de

Journalistenpreise in Deutschland

Adolf-Grimme-Preis, Adolf-Grimme-Institut, Eduard-Weitsch-Weg 25, 45768 Marl, Tel. (02365) 9189-0, Fax 9189-89, www.grimme-institut.de

Axel-Springer-Preis für junge Journalisten, Axel-Springer-Akademie, Axel-Springer-Preis für junge Journalisten, Axel-Springer-Straße 65, 10888 Berlin, Tel. (030) 2591-72800, Fax 2591-72828, www.axel-springer-akademie.de

BLM-Hörfunk- und Lokalfernseh-Preis, Bayerische Landeszentrale für neue Medien, Heinrich-Lübke-Str. 27, 81737 München, Tel. (089) 63808-313, Fax 63808-290, www.blm.de

Deutscher Sozialpreis, Bundesarbeitsgemeinschaft der Freien Wohlfahrtspflege, Deutscher Sozialpreis, Oranienburger Str. 13-14, 10178 Berlin, Tel. (030) 24089-0, Fax 24089-134, www.bagfw.de

Deutsch-Französischer Journalistenpreis, Deutsch-Französischer Journalistenpreis, Saarländischer Rundfunk, Funkhaus Halberg, 66100 Saarbrücken, Tel. (0681) 602-2407, Fax 602-2608, www.sr-online.de

Dr.-Kurt-Magnus-Preis für Nachwuchsjournalisten in den ARD-Hörfunkprogrammen, ARD c/o Hessischer Rundfunk, Bertramstr. 8, 60320 Frankfurt am Main, Tel. (069) 155-1, Fax 155-2900, www.hr-online.de

Ernst-Schneider-Preis für Wirtschaftspublizistik, Deutsche Industrie- und Handelskammern, Ernst-Schneider-Preis, Unter Sachsenhausen 10-26, 50667 Köln, Tel. (0221) 1640-157, Fax 1640-499, www.ernst-schneider-preis.de

Förderpreis für junge Journalisten, Hanns-Seidel-Stiftung e. V., Referat IV/4, Medienpolitik und journalistische Nachwuchsförderung, Prof. Hans-Peter Niedermeier, Lazarettstr. 33, 80636 München, Tel. (089) 1258-272, Fax 1258-403, www.hss.de

Friedrich-Vogel-Preise für Wirtschaftsjournalismus, Friedrich-und-Isabel-Vogel-Stiftung, c/o Stifterverband für die Deutsche Wirtschaft, Barkhovenallee 1, 45239 Essen, Tel. (0201) 8401-154, Fax 8401-255, www.vogelstiftung.de

Friedwart Bruckhaus-Förderpreis für junge Wissenschaftler und Journalisten, Hanns Martin Schleyer-Stiftung, Bachemer Straße 312, 50935 Köln, Tel. (0221) 384085, Fax 344697, www.schleyer-stiftung.de

Georg von Holtzbrinck Preis für Wirtschaftspublizistik und Georg von Holtzbrinck Preis für Wissenschaftsjournalismus, Veranstaltungsforum der Verlagsgruppe Georg von Holtzbrinck GmbH, Taubenstraße 23, 10117 Berlin, Tel. (030) 278718-0, Fax 278178-18, www.vf-holtzbrinck.de

Hanns-Joachim-Friedrichs-Preis für Fernsehjournalismus, Hanns-Joachim-Friedrichs-Preis für Fernsehjournalismus e. V., c/o ARD Hauptstadtstudio, Thomas Roth, Wilhelmstr. 67a, 10117 Berlin, www.hans-joachim-friedrichs.de

Henri-Nannen-Preis, c/o Stern-Redaktion, 20444 Hamburg, Tel. (040) 3703-279, Fax 3703-5631, www.henri-nannen-preis.de

Herbert-Quandt-Medienpreis für Wirtschaftspublizistik, Johanna-Quandt-Stiftung, Seedammweg 55, 61352 Bad Homburg, Tel. (06172) 404-342, Fax 404-420, www.johanna-quandt-stiftung.de

Journalistenpreis der DGE, Deutsche Gesellschaft für Ernährung e. V., Referat Öffentlichkeitsarbeit, Godesberger Allee 18, 53175 Bonn, Tel. (0228) 3776-600, Fax 3776-800, www.dge.de

JournalistInnenpreis der Deutschen Umweltstiftung, Deutsche Umweltstiftung, Schlachthofstr. 6, 76713 Germersheim, Tel. (07274) 4767, Fax 77302, www.deutscheumweltstiftung.de

Karl-Theodor-Vogel-Preis, Vogel Medien GmbH & Co. KG, Max-Planck-Str. 7/9, 97064 Würzburg, Tel. (0931) 418-0, Fax 418-2590, www.vogel-media.de

LfK-Medienpreis, Landesanstalt für Kommunikation Baden-Württemberg, Rotebühlstr. 121, 70178 Stuttgart, Tel. (0711) 66991-0, Fax 66991-11, www.lfk.de

LfM-Hörfunkpreis, Landesanstalt für Medien Nordrhein-Westfalen (LfM), Stichwort LfM-Hörfunkpreis, Zollhof 2, 40221 Düsseldorf, Tel. (0211) 77007-0, Fax 727170, www.lfm-nrw.de

Lokaljournalistenpreis der Konrad-Adenauer-Stiftung, Konrad-Adenauer-Stiftung e. V., Klingelhöferstraße 23, 10785 Berlin, Tel. (030) 26996-3216, Fax 26996-3261, www.kas.de

Ludwig-Erhard-Preis für Wirtschaftspublizistik, Ludwig-Erhard-Stiftung e. V., Johanniterstr. 8, 53113 Bonn, Tel. (0228) 53988-0, Fax 53988-49, www.ludiwg-erhard-stiftung.de

Medienpreis des Deutschen Bundestages, Deutscher Bundestag, Referat WD1, Medienpreis, Platz der Republik 1, 11011 Berlin, Tel. (030) 227-38630, Fax 227-36464, www.bundestag.de

Medienpreis für Sprachkultur, Gesellschaft für deutsche Sprache, Spiegelgasse 13, 65183 Wiesbaden, Tel. (0611) 99955-0, Fax 99955-30, www.gfds.de

Theodor-Wolff-Preis, Kuratorium für den Journalistenpreis der deutschen Zeitungen, Theodor-Wolff-Preis, Bundesverband deutscher Zeitungsverleger, Markgrafenstraße 15, 10969 Berlin, Tel. (030) 726298-240, Fax 726298-243, www.bdzv.de

Wächterpreis der Tagespresse, Stiftung „Freiheit der Presse", FFH-Platz 1, 61116 Bad Vilbel, Tel. (06101) 9889-0, Fax 9889-20, www.waechterpreis.de

Fördermöglichkeiten für deutsche Journalistinnen und Journalisten

Stipendien für internationalen Austausch und Recherche

Arthur-F.-Burns Fellowship (Deutsch-Amerikanisches Journalistenstipendium), Internationale Journalisten Programme IJP e. V., Postfach 1565, 61455 Königstein/Taunus, Tel. (06174) 7707, Fax 4123, www.ijp.org

Asia-Pacific Fellowship (Deutsch-Vietnamesisches Journalistenstipendium), Internationale Journalisten Programme IJP e. V., Postfach 1565, 61455 Königstein/Taunus, Tel. (06174) 7707, Fax 4123, www.ijp.org

Bundespräsident Johannes Rau-Journalistenstipendium (Deutsch-Türkisches Journalistenstipendium), Internationale Journalisten Programme IJP e. V., Postfach 1565, 61455 Königstein/Taunus, Tel. (06174) 7707, Fax 4123, www.ijp.org

Deutsch-Asiatisches Journalistenstipendium, Internationale Journalisten Programme IJP e. V., Postfach 1565, 61455 Königstein/Taunus, Tel. (06174) 7707, Fax 4123, www.ijp.org

Deutsch-Lateinamerikanisches Journalistenstipendium, Internationale Journalisten Programme IJP e. V., Postfach 1565, 61455 Königstein/Taunus, Tel. (06174) 7707, Fax 4123, www.ijp.org

Deutsch-Niederländisches Journalistenstipendium, Internationale Journalisten Programme IJP e. V., Postfach 1565, 61455 Königstein/Taunus, Tel. (06174) 7707, Fax 4123, www.ijp.org

Deutsch-Nordeuropäisches Journalistenstipendium, Internationale Journalisten Programme IJP e. V., Postfach 1565, 61455 Königstein/Taunus, Tel. (06174) 7707, Fax 4123, www.ijp.org

Ernst Cramer Fellowship (Deutsch-israelisches Journalistenstipendium), Internationale Journalisten Programme IJP e. V., Postfach 1565, 61455 Königstein/Taunus, Tel. (06174) 7707, Fax 4123, www.ijp.org

George Weidenfeld Journalistenstipendium, Internationale Journalisten Programme IJP e. V., Postfach 1565, 61455 Königstein/Taunus, Tel. (06174) 7707, Fax 4123, www.ijp.org

Journalistenprogramm der RIAS-Berlin-Kommission, Rias Berlin Kommission, Funkhaus am Hans-Rosenthal-Platz, 10825 Berlin, Tel. (030) 8503-6971, Fax (030) 8503-6979, www.riasberlin.de

Kontext-Recherchestipendium, kontext – Gesellschaft zur Förderung junger Journalisten, c/o E.ON Ruhrgas AG, Huttropstr. 60, 45138 Essen, Tel. (0201) 184-3952, Fax 184-4351
Deutschland, www.kontext.eon-ruhrgas.com

Marion-Gräfin-Dönhoff-Journalistenstipendium (Deutsch-Osteuropäisches Journalistenstipendium), Internationale Journalisten Programme IJP e. V., Postfach 1565, 61455 Königstein/Taunus, Tel. (06174) 7707, Fax 4123, www.ijp.org

Medien – Mittler zwischen den Völkern, Robert Bosch Stiftung, c/o Berliner Journalisten-Schule, Karl-Liebknecht-Str. 29, 10178 Berlin, Tel. (030) 2327-6002, Fax 2327-6003, www.medien-mittler.de

Medienbotschafter China-Deutschland, Robert Bosch Stiftung, c/o Hamburg Media School, Finkenau 35, 22081 Hamburg, Tel. (040) 413468-0, Fax 413468-10, www.medienbotschafter.de

Middle East Fellowship, Internationale Journalisten Programme IJP e. V., Postfach 1565, 61455 Königstein/Taunus, Tel. (06174) 7707, Fax 4123, www.ijp.org

Recherchestipendium des Netzwerk Recherche e. V., Stubbenhuk 10, 20459 Hamburg, Tel. (040) 3680-7853, Fax 3680-7854, www.netzwerkrecherche.de

Recherchestipendium n-ost, Netzwerk für Osteuropa-Berichterstattung e. V., Neuenburger Straße 17, 10969 Berlin, Tel. (030) 2593283-0, Fax 2593283-24, www.n-ost.de

Southern African Bursary, Internationale Journalisten Programme IJP e. V., Postfach 1565, 61455 Königstein/Taunus, Tel. (06174) 7707, Fax 4123, www.ijp.org

Stipendium der Heinz-Kühn-Stiftung (für Bewerber aus NRW), Heinz-Kühn-Stiftung, Stadttor 1, 40219 Düsseldorf, Tel. (0211) 837 1274, www.heinz-kuehn-stiftung.de

Stipendium der Michael-Jürgen-Leisler-Kiep-Stiftung, Philosophenweg 9b, 61476 Kronberg
Tel. (069) 67733-884, Fax 67733-872, www.kiep-stiftung.de

Stipendium für Auslandsjournalismus der Studienstiftung des deutschen Volkes, Studienstiftung des deutschen Volkes, Dr. Alexander und Rita Besser-Stiftung, Jägerstraße 22-23, 10117 Berlin, Tel. (030) 20370-440, www.studienstiftung.de

Förderstipendien

Initiative zur Förderung des journalistischen Nachwuchs, Hamburg Media School, Finkenau 35, 22081 Hamburg, Tel. (040) 413468-0, Fax 413468-10, www.hamburgmediaschool.com/nachwuchsinitiative

Journalist in Residence Fellowship vom Kölner Max-Planck-Institut für Gesellschaftsforschung, dem Zentrum für Sozialpolitik der Universität Bremen (ZeS), dem Wissenschaftszentrum Berlin für Sozialforschung (WZB) und dem Amsterdam Institute for Advanced Labour Studies (AIAS), Kontakt: Max-Planck-Institut für Gesellschaftsforschung (MPIfG), Paulstr. 3, 50676 Köln, Tel. (0221) 2767-120, Fax 2767-555, www.mpifg.de

Journalisten-Akademie der Konrad-Adenauer-Stiftung, Konrad-Adenauer-Stiftung, Rathausallee 12, 53757 Sankt Augustin. Tel. (02241) 246-2289, Fax 246-2573, www.kas.de

Journalistischen Stipendiatenprogramm (JFS) der Hanns-Seidel-Stiftung, Förderungswerk der Hanns-Seidel-Stiftung, Lazarettstrasse 33, 80636 München, Tel. (089) 1258-306, Fax 1258-403, www.hss.de

Junge Migrantinnen und Migranten in den Journalismus, Robert Bosch Stiftung, c/o Heinrich-Böll-Stiftung e. V., Schumannstr. 8, 10117 Berlin, Tel. (030) 28534-0, Fax 285 34-109, www.boell.de

Studienförderung

Fazit-Stiftung, Hellerhofstraße 2-4, 60327 Frankfurt am Main, Tel. (069) 7591-2066, Fax. (069) 7591-2341, www.fazit.de

Friedrich-Ebert-Stiftung, Godesberger Allee 149, 53170 Bonn, Tel. (0228) 883-649, Fax 883- 9207, www.fes.de

Friedrich-Naumann-Stiftung, Karl-Marx-Straße 2, 14482 Potsdam, Tel.(0331) 7019-349, Fax 7019-188 www.fnst-freiheit.org

Hanns-Seidel-Stiftung, Lazarettstraße 33, 80636 München, Tel. (089) 1258-300, Fax 1258-356, www.hss.de

Heinrich-Böll-Stiftung, Schumannstr. 8, 10117 Berlin, Tel. (030) 28534-0, Fax 285 34-109, www.boell.de

Konrad-Adenauer-Stiftung, Journalistische Nachwuchsförderung, Rathausallee 12, 53757 Sankt Augustin. Tel. (02241) 246-2517, Fax 246-2573, www.kas.de

Studienstiftung der Süddeutschen Zeitung, Postfach 201902, 80019 München, Tel. (089) 2183-7793, Fax 2183-8330 www.sueddeutscher-verlag.de

Studienstiftung des deutschen Volkes, Ahrstraße 41, 53175 Bonn, Tel. (0228) 82096-0, Fax 82096-103, www.studienstiftung.de

Stiftung der deutschen Wirtschaft, Breite Strasse 29, 10178 Berlin, Tel. (030) 2033-1503, Fax 2033-1555, www.sdw.org

Periodische Publikationen mit Schwerpunkt Medien

Bei der Übersicht wichtiger Fachzeitschriften und Jahrbücher zum Thema Medien und Journalismus handelt es sich um eine Auswahl. Informationen zum Bezug der Publikationen finden sich auf den angegebenen Internetseiten.

Fachzeitschriften

Der Kontakter, Europa-Fachpresse-Verlag GmbH, Hultschiner Straße 8, 81677 München, Tel. (089) 2183-7657, Fax 2183-7850, www.kontakter.de

Horizont, Deutscher Fachverlag GmbH, Mainzer Landstraße 251, 60326 Frankfurt, Tel. (069) 7595-1617, Fax 7595-1600, www.horizont.net

Insight, Medienfachverlag Rommerskirchen GmbH, Mainzer Str. 16-18, 53424 Remagen-Rolandseck, Tel. (02228) 931-0, Fax 931-149, www.rommerskrichen.com

Journalist, Deutscher Journalisten-Verband (Herausgeber), Redaktion: Bennauerstr. 60, 53115 Bonn, Tel. (0228) 20172-24, Fax 20172-33, www.journalist.de

Kress Report, Haymarket Media GmbH, Wieblinger Weg 17, 69123 Heidelberg. Tel. (06221) 3310-0, Fax 3310-299, www.kress.de

M – Menschen machen Medien, Zeitschrift der Vereinten Dienstleistungsgewerkschaft (ver.di), Paula-Thiede-Ufer 10, 10179 Berlin, Tel. (030) 6956-2326, Fax 6956-3676, www.mmm.verdi.de

Media Perspektiven, Arbeitsgemeinschaft der ARD-Werbegesellschaften (Herausgeber), Betramstr. 8, 60320 Frankfurt am Main, Tel. (069) 15424-310, Fax 15424-302, www.media-perspektiven.de

Medien & Kommunikationswissenschaft, Hans-Bredow-Institut für Medienforschung an der Universität Hamburg (Herausgeber), Heimhuder Str. 21, 20148 Hamburg, Tel. (040) 450217-0, Fax 450217-77, www.m-und-k.info

Medienwirtschaft – Zeitschrift für Medienmanagement und Kommunikationsökonomie, New Business Verlag GmbH & Co. KG, Nebendahlstraße 16, 22041 Hamburg Tel. (040) 609009-0, Fax (040) 609009-77, www.medienwirtschaft-online.de

Medium Magazin für Journalisten, Im Uhrig 31, 60433 Frankfurt am Main, Tel. (069) 952979-44, Fax 952979-45, www.mediummagazin.de

Message, Institut für Praktische Journalismusforschung, Menckestr. 27, 04155 Leipzig, Tel. (0341) 200403-11, Fax 200403-21, www.message-online.com

PR Magazin, Medienfachverlag Rommerskirchen GmbH, Mainzer Str. 16-18, 53424 Remagen-Rolandseck, Tel. (02228) 931-0, Fax 931-149, www.rommerskrichen.com

Publizistik – Vierteljahreshefte für Kommunikationsforschung, VS Verlag für Sozialwissenschaften/GWV Fachverlage GmbH, Abraham-Lincoln-Str. 46, 65189 Wiesbaden, Tel. (0611) 7878-368, Fax 7878-453, www.publizistik-digital.de

W&V Werben und Verkaufen, Europa-Fachpresse-Verlag GmbH, Hutschinerstr. 8, 81677 München, Tel. (089) 2183- 7133, Fax 21837-7850, www.wuv.de

Jahrbücher

ALM-Jahrbuch – Landesmedienanstalten und privater Rundfunk in Deutschland Arbeitsgemeinschaft der Landesmedienanstalten in der Bundesrepublik Deutschland (Herausgeber), c/o Vistas Verlag GmbH, Goltzstraße 11, 10781 Berlin, Tel.(030) 327074-46, Tel. (030) 327074-55, www.vistas.de

ARD-Jahrbuch, Arbeitsgemeinschaft der öffentlich-rechtlichen Rundfunkanstalten der Bundesrepublik Deutschland (Herausgeber), c/o Geschäftsführende Anstalt 2009/10: SWR, Neckarstr. 230, 70190 Stuttgart, Tel. (0711) 929-0, Fax 929-2600, www.ard.de

Internationales Handbuch Medien, Hans-Bredow-Institut für Medienforschung an der Universität Hamburg (Herausgeber), Heimhuder Str. 21, 20148 Hamburg, Tel. (040) 450217-0, Fax 450217-77, www.hans-bredow-institut.de

Jahrbuch Deutscher Presserat, Deutscher Presserat (Herausgeber), Gerhard-von-Are-Str. 8, 53111 Bonn, Tel. (0228) 98572-0, Fax 98572-99, www.presserat.de

Jahrbuch Deutscher Werberat, Zentralverband der deutschen Werbewirtschaft e. V. (Herausgeber), Am Weidendamm 1a, 10117 Berlin, Tel. (030) 590099-700, Fax 590099-722, www.zaw.de

Jahrbuch Fernsehen, Adolf Grimme Institut, Gemeinschaftswerk der Evangelischen Publizistik, Deutschen Kinemathek, Funkkorrespondenz, Institut für Medien- und Kommunikationspolitik (Herausgeber), Fasanenstr. 73, 10719 Berlin, Tel. (030) 88001390-0, Fax 88001390-30, www.jahrbuch-fernsehen.de

Zeitungen, Bundesverband Deutscher Zeitungsverleger e. V. (Herausgeber). Verlag: ZV Zeitungs-Verlag Service, Markgrafenstr.15, 10969 Berlin, Tel. (030) 726298-240, Fax 726298- 243, bdzv@bdzv.de, www.zv-online.de

ZDF Jahrbuch, Zweites Deutsches Fernsehen (Herausgeber), ZDF-Str. 1, 55100 Mainz, Tel (06131) 70-2161, Fax 70-2170, www.zdf.de

Literaturverzeichnis

Aamidor, A. (2003) (Hrsg.). Real Sports Reporting. Bloomington, Indiana University Press.

Adams, S. (2001). Interviewing for Journalists. London, New York, Routledge.

Alkan, S. R. (2003). Handbuch Online-Redaktion. Bonn, Galileo Press.

Alphonso, D. und K. Pahl (2004) (Hrsg.). Blogs! Text und Form im Internet. Berlin, Schwarzkopf & Schwarzkopf Verlag.

Altendorfer, O. (2001). Das Mediensystem der Bundesrepublik Deutschland. Wiesbaden, Westdeutscher.

Altmeppen, K.-D, (2006). Journalismus und Medien als Organisation. Leistungen, Strukturen und Management. Wiesbaden, VS Verlag für Sozialwissenschaften.

Altmeppen, K.-D. (1999). Redaktionen als Koordinationszentren. Beobachtungen journalistischen Handelns. Opladen/Wiesbaden, Westdeutscher.

Altmeppen, K.-D. und M. Karmasin (2003) (Hrsg.). Medien und Ökonomie, Band 1. Grundlagen der Medienökonomie. Soziologie, Kultur, Politik, Philosophie, International, Geschichte, Technik, Journalistik. Wiesbaden, Westdeutscher.

Altmeppen, K.-D. und M. Karmasin (2004) (Hrsg.). Medien und Ökonomie, Band 2. Probleme der Medienökonomie. Wiesbaden, VS Verlag für Sozialwissenschaften.

Altmeppen, K.-D. und M. Karmasin (2006) (Hrsg.). Medien und Ökonomie, Band 3. Anwendungsfelder der Medienökonomie. Wiesbaden, Westdeutscher.

Altmeppen, K.-D. und W. Hömberg (2002). Journalistenausbildung für eine veränderte Medienwelt. Diagnosen – Institutionen – Projekte. Wiesbaden, VS Verlag für Sozialwissenschaften.

Altmeppen, K.-D., U. Röttger und G. Bentele (2004) (Hrsg.). Schwierige Verhältnisse. Interdependenzen zwischen Journalismus und PR. Wiesbaden, VS Verlag für Sozialwissenschaften.

Altschull, J. H. (1990). Agenten der Macht. Die Welt der Nachrichtenmedien – eine kritische Studie. Konstanz, UVK.

American Society of Magazine Editors (2008). The Best American Magazine Writing 2008. New York, Columbia University Press.

Andrews, P. (2005). Sports Journalism. A Practical Introduction. London, Sage.

Anschlag, D., C. Cippitelli, L. Hachmeister, U. Kammann, P. P. Kubitz und P. M. Müller (2007) (Hrsg.). Jahrbuch Fernsehen 2007. Marl, Adolf-Grimme-Institut.

Arbeitsgemeinschaft der ARD-Werbegesellschaften (2006) (Hrsg.). Media Perspektiven Basisdaten. Frankfurt am Main, Vertrieb Media Perspektiven.

ARD und ZDF (2002) (Hrsg.). Was Sie über Rundfunk wissen sollten. Materialien zum Verständnis eines Mediums. Berlin, Vistas.

Arnold, B.-P. (1999). ABC des Hörfunks. Konstanz, UVK.

Arnold, B.-P. und H. Verres (1989). Radio. Macher, Mechanismen, Mission. München, TR-Verlagsunion.

Arnold, K. und C. Neuberger (2005) (Hrsg.). Alte Medien – neue Medien. Theorieperspektiven, Medienprofile, Einsatzfelder. Wiesbaden, VS Verlag für Sozialwissenschaften.

Artwick, C. G. (2004). Reporting and Producing for Digital Media. Malden, Wiley-Blackwell.

Baerns, B. (1985). Öffentlichkeitsarbeit oder Journalismus? Zum Einfluss im Mediensystem. Köln, Verlag Wissenschaft und Politik.

Barth, C. und T. Münch (2001). Webradios in der Phase der Etablierung. In: Media Perspektiven (1): 43-50.

Bartheneier, G. (1982). Zur Notwendigkeit von Glaubwürdigkeit. Ansätze und Elemente einer allgemeinen Theorie der Öffentlichkeitsarbeit. In: G. Haedrich, G. Bartheneier und H. Kleinert (Hrsg.). Öffentlichkeitsarbeit. Dialog zwischen Institutionen und Gesellschaft. Ein Handbuch. Berlin, New York, Walter de Gruyter: 15-26.

Bauer, H. G., C. Detjen, F. Müller-Römer und W. Posewang (1985). Die neuen Medien. Das aktuelle Praktiker-Handbuch. Recht, Technik, Anwendung, Marketing. Loseblattsammlung. Ulm, Neue Mediengesellschaft Ulm.

Baumert, A. (2004). Interviews in der Recherche. Redaktionelle Gespräche zur Informationsbeschaffung. Wiesbaden, VS Verlag für Sozialwissenschaften.

BDZV (2007). Markttrends & Daten unter http://www.bdzv.de/markttrends_und_daten.html (18.12.2007).

Beaman, J. (2000). Interviewing for Radio. London, New York, Routledge.

Beck, H. (2006). Medienökonomie. Print, Fernsehen und Multimedia. Berlin, Springer.

Beck, K. (2005). Computervermittelte Kommunikation im Internet. München, Oldenbourg.

Bender, J. R., L. D. Davenport, M. W. Drager und F. Fedler (2008). Reporting for the Media. Oxford, Oxford University Press.

Benkler, Y. (2007). The Wealth of Networks. How Social Production transforms Markets and Freedom. New Haven, Yale University Press.

Bennett, W. L., R. G. Lawrence und S. Livingston (2008). When the Press Fails. Political Power and the News Media from Iraq to Katrina. Chicago, University Of Chicago Press.

Bentele, G., S. Wehmeier, H. Nothhaft und R. Seidenglanz (2008) (Hrsg.). Objektivität und Glaubwürdigkeit. Medienrealität rekonstruiert. Wiesbaden, VS Verlag für Sozialwissenschaften.

Bentele, G., T. Liebert und S. Seeling (1997). Von der Determination zur Intereffikation. Ein integriertes Modell zum Verhältnis von Public Relations und Journalismus. In: G. Bentele und M. Haller (Hrsg.). Aktuelle Entstehung von Öffentlichkeit. Akteure – Strukturen – Veränderungen. Konstanz, UVK: 225-250.

Bernstein, C. und B. Woodward (1982). Die Watergate-Affäre. München, Droemer Knaur.

Beuthner, M. und S. Weichert (2005) (Hrsg.). Die Selbstbeobachtungsfalle. Grenzen und Grenzgänge des Medienjournalismus. Wiesbaden, VS Verlag für Sozialwissenschaften.

Beuthner, M., J. Buttler, S. Fröhlich, I. Neverla und S. Weichert (2003) (Hrsg.). Bilder des Terrors – Terror der Bilder? Krisenberichterstattung am und nach dem 11. September. Köln, Halem.

Beyer, A. und P. Carl (2008). Einführung in die Medienökonomie. Stuttgart, UTB.

Blaes, R. und G. A. Heussen (1997) (Hrsg.). ABC des Fernsehens. Konstanz, UVK.

Bleicher, J. K. (1997) (Hrsg.). Programmprofile kommerzieller Anbieter. Analysen zur Entwicklung von Fernsehsendern seit 1984. Opladen, Westdeutscher.

Bleicher, J. K. (2002). Chronik zur Programmgeschichte des deutschen Fernsehens. Berlin, Edition Sigma.

Bleicher, J. K. und B. Pörksen (2004) (Hrsg.). Grenzgänger. Formen des New Journalism. Wiesbaden, VS Verlag für Sozialwissenschaften.

Blittkowsky, R. (2002). Online-Recherche für Journalisten. Konstanz, UVK.

Blöbaum, B. (1994). Journalismus als soziales System. Geschichte, Ausdifferenzierung und Verselbständigung. Opladen, Westdeutscher.

Bloom-Schinnerl, M. (2002). Der gebaute Beitrag. Ein Leitfaden für Radiojournalisten. Konstanz, UVK.

Blum, J. und H.-J. Bucher (1998) (Hrsg.). Die Zeitung. Ein Multimedium. Konstanz, UVK.

Blum, R. (2005). Politikjournalismus. In: S. Weischenberg, H. J. Kleinsteuber und B. Pörksen. (Hrsg.). Handbuch Journalismus und Medien. Konstanz, UVK: 346-348.

Blum, R., P. Meier und N. Gysin (2006). Wes Land ich bin, des Lied ich sing? Medien und politische Kultur. Bern, Haupt.

Böckelmann, F. (1998). Hörfunk in Deutschland. Rahmenbedingungen und Wettbewerbssituation. Berlin, Vistas.

Boetzkes, C.-E. (2007). Organisation als Nachrichtenfaktor. Wiesbaden, VS Verlag für Sozialwissenschaften.

Bölke, D. (2004). Presserecht für Journalisten. München, dtv.

Bommert, H., R. Kleyböcker und A. Voss-Frick (2002). TV-Interviews im Urteil der Zuschauer. Münster, Hamburg, LIT.

Bonfadelli, H., K. Imhof, R. Blum und O. Jarren (2008) (Hrsg.). Seismographische Funktion von Öffentlichkeit im Wandel. Wiesbaden, VS Verlag für Sozialwissenschaften.

Bonhorst, R. (2004). Zeitungen. In: C. Mast (Hrsg.). ABC des Journalismus. Ein Handbuch. Konstanz, UVK: 408-410.

Bönisch, J. (2006). Meinungsführer oder Populärmedium? Das journalistische Profil von Spiegel Online. Online-Journalismus. Münster, Hamburg, LIT.

Born, M. (1997). Wer einmal fälscht. Die Geschichte eines Fernsehjournalisten. Köln, Kiepenheuer & Witsch.

Boventer, H. (1996). Macht der Medien. Zum aktuellen Stand der Ethik-Debatte in Journalismus und Wissenschaft. In: J. Wilke (Hrsg.). Ethik der Massenmedien. Wien, Wilhelm Braumüller.

Boyle, R. (2008). Sports Journalism. Context and Issues. London, Sage.

Boynton, R. (2005). The New New Journalism. Conversations with America's Best Nonfiction Writers on Their Craft. New York, Vintage.

Brady, J. (2004). The Interviewer's Handbook. A Guerilla Guide. Techniques and Tactics for Reporters and Writers. Waukesha, Kalmbach.

Branahl, U. (1979). Pressefreiheit und redaktionelle Mitbestimmung. Frankfurt am Main, Campus-Verlag.

Branahl, U. (1996). Medienrecht. Eine Einführung. Opladen, Westdeutscher.

Branahl, U. (2006). Medienrecht. Eine Einführung. Wiesbaden, VS Verlag für Sozialwissenschaften.

Brendel, M., F. Brendel, C. Schetz und H. Schreiber (2004). Richtig recherchieren. Wie Profis Informationen suchen und sich besorgen. Ein Handbuch für Journalisten, Rechercheure und Öffentlichkeitsarbeiter. Frankfurt am Main, Frankfurter Allgemeine Buch.

Breuning, C. (2007). IPTV und Web-TV im digitalen Fernsehmarkt. Media Perspektiven (10): 478-491.

Brielmaier, P. und E. Wolf (1997). Zeitungs- und Zeitschriftenlayout. Konstanz, UVK.

Broughton, I. (1981). The Art of Interviewing for Television, Radio and Film. Blue Ridge Summit, TAB Books.

Bucher, H.-J. und K.-D. Altmeppen (2003) (Hrsg.). Qualität im Journalismus. Grundlagen – Dimensionen – Praxismodelle. Wiesbaden, Westdeutscher.

Bucher, H.-J. und P. Schumacher (2007). Tabloid versus Broadshet. Wie Zeitungsformate entstehen. Media Perspektiven (10): 514-528.

Bültge, F. (2007). WordPress. Weblogs einrichten und administrieren. München, Open Source Press.

Bundesverband Deutscher Zeitungsverleger (2008) (Hrsg.). Zeitungen 2008. Berlin, ZV Zeitungs-Verlag.

Bundesverband-Deutscher-Zeitungsverleger (2007). Zeitungswebsites unter http://www.bdzv.de/zeitungswebsites.html (01.12.2007).

Burda, H. (2004). Praxisrelevante Herausforderungen der Medienpolitik für die digitale Zukunft. In: C. Salm (Hrsg.). Zaubermaschine interaktives Fernsehen? TV-Zukunft zwischen Blütenträumen und Businessmodellen. Wiesbaden, Gabler: 225-236.

Burkart, R. (2002). Kommunikationswissenschaft. Grundlagen und Problemfelder. Umrisse einer interdisziplinären Sozialwissenschaft. Wien, Böhlau.

Burkart, R. (2002). Was ist Kommunikation? Was sind Medien? In: I. Neverla, E. Grittmann und M. Pater (Hrsg.). Grundlagentexte zur Journalistik. Konstanz, UVK: 52-72.

Burkhardt, S. (2006). Medienskandale zur moralischen Sprengkraft öffentlicher Diskurse. Köln, Halem.

Burkhardt, S. (2007). Hitler-Tagebücher. Skandale in Deutschland nach 1945. Stiftung Haus der Geschichte der Bundesrepublik Deutschland. Bielefeld, Kerber: 28-35.

Burkhardt, S. (2008). Das Geiseldrama von Gladbeck. Mediale Komplizenschaft als Echtzeit-Krimi. In: G. Paul (Hrsg.). Das Jahrhundert der Bilder – Bildatlas 1949 bis heute. Göttingen, Vandenhoeck & Ruprecht: 550-557.

Cappon, R. J. (2005). Associated Press-Handbuch. Journalistisches Schreiben. Berlin, Autorenhaus.

Cario, I. (2006). Die Deutschland-Ermittler. Investigativer Journalismus und die Methoden der Macher. Berlin, LIT.

Chambers, D., L. Steiner und C. Fleming (2004). Women and Journalism. London, New York, Routledge.

Chantler, P. und P. Stewart (2003). Basic Radio Journalism. St. Louis, Focal Press.

Christians, C. G., M. Fackler, K. B. McKee, P. J. Kreshel und R. H. Woods (2008). Media Ethics. Cases and Moral Reasoning. Boston, Allyn & Bacon.

Clayman, S. E. und A. Reisner, (1998). Gatekeeping in Action. Editorial Conferences and Assessments of Newsworthiness. In: American Sociological Review. 63 (2): 178-199.

Craig, R. (2004). Online Journalism. Reporting, Writing, and Editing for New Media. Belmont, Wadsworth.

Crook, T. (1998). International Radio Journalism. History, Theory and Practice. London, New York, Routledge.

Cropp, F., C. M. Frisby und D. Mills (2003). Journalism Across Cultures. Malden, Wiley-Blackwell.

Crouch, D., R. Jackson und F. Thompson (2005). The Media and the Tourist Imagination. Convergent Cultures. London, New York, Routledge.

Cury, I. (2006). Directing and Producing for Television. St. Louis, Focal Press.

Dahinden, U. (2006). Framing. Eine integrative Theorie der Massenkommunikation. Konstanz, UVK.

Dahlgren, P. und C. Sparks (1992) (Hrsg.). Journalism and Popular Culture. London, Newbury Park, New Delhi, Sage.

Dammann, C. (2005). Stimme aus dem Äther – Fenster zur Welt. Die Anfänge von Radio und Fernsehen in Deutschland. Wien, Köln, Weimar, Böhlau.

de Beer, A. S. (2008) (Hrsg.). Global Journalism. Topical Issues and Media Systems. Boston, Allyn & Bacon.

Deiss, B. (2004). Infotainment und seine Auswirkungen auf die Rezipienten. München, GRIN.

Deutscher Journalisten-Verband (1998) (Hrsg.). Journalisten und ihre Rechte. Hinweise für die redaktionelle Praxis. Bonn, DJV-Verlag.

Deutscher Journalisten-Verband (2007) (Hrsg.). DJV-Handbuch für Freie. Bonn, DJV-Verlag.

Direktorenkonferenz der Landesmedienanstalten (2007) (Hrsg.). ALM Jahrbuch 2006. Landesmedienanstalten und Rundfunk in Deutschland. Berlin, Vistas.

Dittmar, H. (1961). Das Interview. In: E. Dovifat und K. Brinkmann (Hrsg.). Journalismus, Band 2. Düsseldorf, Rheinisch-Bergische Druckerei- und Verlagsgesellschaft: 70-86.

Doelker, C. (1997). Ein Bild ist mehr als ein Bild. Visuelle Kompetenz in der Multimediagesellschaft. Stuttgart, Klett-Cotta.

Dommermuth, S. (2003). Publizistische Sorgfaltspflichten und haftungsfreies Ermessen bei redaktionellen Presseäußerungen im Rahmen der Wirtschaftsberichterstattung. Berlin, Berliner Wissenschafts-Verlag.

Donsbach, W. (1981). Gesellschaftliche Aufgaben der Massenmedien und berufliche Einstellungen von Journalisten. Ein Vergleich kommunikationspolitischer Konzepte über die Funktionen der Massenmedien mit empirischen Ergebnissen zum Selbstverständnis von Journalisten. Dissertationsschrift an der Johannes Gutenberg-Universität, Mainz.

Donsbach, W. (1993). Redaktionelle Kontrolle im Journalismus. Ein internationaler Vergleich. Journalisten in Deutschland. Nationale und internationale Vergleiche und Perspektiven. München, W. Mahle..

Donsbach, W. (2002). Journalist. In: E. Noelle-Neumann, W. Schulz und J. Wilke (Hrsg.). Publizistik & Massenkommunikation. Frankfurt am Main, Fischer.

Donsbach, W. (2005). Rollenselbstverständnis. In: S. Weischenberg, H. J. Kleinsteuber, B. Pörksen (Hrsg.). Handbuch Journalismus und Medien. Konstanz, UVK: 415-420.

Donsbach, W. (2008) (Hrsg.). The International Encyclopedia of Communication. Oxford, Malden, Wiley-Blackwell.

Donsbach, W. und O. Jandura (2003) (Hrsg.). Chancen und Gefahren der Mediendemokratie. Konstanz, UVK.

Dörr, D. und R. Schwartmann (2006). Medienrecht. Heidelberg, Müller.

dpa (2007). Alles über die Nachricht. Das dpa-Handbuch. Unter www.mediacultureonline.de/fileadmin/bibliothek/dpa_inforergaenzt/dpa_infoerg_nzt.pdf (10.12.2007).

dpa (2008). Unternehmen dpa unter http://www.dpa.de/de/unternehmenswelt (10.12.2007).

Duchkowitsch, W., F. Hausjell und W. Hömberg (2002). Journalismus als Kultur. Analysen und Essays. Wiesbaden, VS Verlag für Sozialwissenschaften.

Duchkowitsch, W., F. Hausjell, H. Pättker und B. Semrad (2009) (Hrsg.). Journalistische Persönlichkeit. Fall und Aufstieg eines Phänomens. Köln, Halem.

Dulinski, U. (2003). Sensationsjournalismus in Deutschland. Konstanz, UVK.

Dussel, K. (2004). Deutsche Rundfunkgeschichte. Konstanz, UTB.

Duve, F. und M. Haller (2004) (Hrsg.). Leitbild Unabhängigkeit. Zur Sicherung publizistischer Verantwortung. Konstanz, UVK.

Egli von Matt, S., H. Gschwend, H.-P. von Peschke und P. Riniker (2008). Das Porträt. Konstanz, UVK.

Egli von Matt, S., H.-P. von Peschke und P. Riniker (2003). Das Porträt. Konstanz, UVK.

Eilders, C. (1997). Nachrichtenfaktoren und Rezeption. Wiesbaden, VS Verlag für Sozialwissenschaften.

English, F. (1980). Transaktionsanalyse – Gefühle und Ersatzgefühle in Beziehungen. Hamburg, ISKO Press.

Entman, R. (1993). Framing. Toward clarification of a fractured paradigm. Journal of Communication (43/4): 51-58.

Esser, F. (1998). Die Kräfte hinter den Schlagzeilen. Englischer und deutscher Journalismus im Vergleich. Freiburg, Alber.

Esser, F. und B. Pfetsch (2004) (Hrsg.). Comparing Political Communication. Theories, Cases, and Challenges. Cambridge, Cambridge University Press.

Fasel, C. (2004). Nutzwertjournalismus. Konstanz, UVK.

Fasel, C. (2008). Textsorten. Konstanz, UVK.

Fechner, F. (2008). Medienrecht. Lehrbuch des gesamten Medienrechts unter besonderer Berücksichtigung von Presse, Rundfunk und Multimedia. Konstanz, UTB.

Fengler, S. (2002). Medienjournalismus in den USA. Konstanz, UVK.

Fengler, S. und B. Vestring (2008). Politikjournalismus. Wiesbaden, VS Verlag für Sozialwissenschaften.

Fersch, J. M. (2005). Erfolgsorientierte Gesprächsführung. Leitfaden für effektive und effiziente Mitarbeitergespräche. Wiesbaden, Gabler.

Filzmeier, P., M. Karmasin und C. Klepp (2006) (Hrsg.). Politik und Medien – Medien und Politik. Wien, Facultas Universitätsverlag.

Fischer, C. (2005). Sportjournalismus. In: S. Weischenberg, H. J. Kleinsteuber und B. Pörksen (Hrsg.). Handbuch Journalismus und Medien. Konstanz, UVK: 433-436.

Fishman, M. (1982). News and nonevents. Making the visible invisible. In: J. S. Ettema und D. C. Whitney (Hrsg.). Individuals in Mass Media Organizations. Beverly Hills, Sage.

Fiske, J. (2000). Lesarten des Populären. Wien, Löcker.

Flammer, A. (1997). Einführung in die Gesprächspsychologie. Bern, Huber.

Foust, J. C. (2008). Online Journalism. Principles and Practices of News for the Web. Scottsdale, Holcomb Hathaway.

Franklin, B. (2006) (Hrsg.). Local Media. Local Journalism in Context. London, New York, Routledge.

Franklin, B., M. Hamer, M. Hanna, M. Kinsey und J. Richardson (2005) (Hrsg.). Key Concepts in Journalism. London, Thousand Oaks, New Delhi, Sage.

Freedman, R. und S. Roll (2006) (Hrsg.). Journalism That Matters. How Business-to-Business Editors Change the Industries They Cover. Oak Park, Marion Street Press.

Freeman, M. (2007). Der fotografische Blick – Bildkomposition und Gestaltung. München, Markt und Technik.

Frerichs, S. (2000). Bausteine einer systemischen Nachrichtentheorie. Konstruktives Chaos und chaotische Konstruktionen. Wiesbaden, Westdeutscher.

Freyer, U. G. P. (2004). Digitales Radio und Fernsehen verstehen und nutzen. München, Huss.

Friedrichs, J. und U. Schwinges (2005). Das journalistische Interview. Wiesbaden, Westdeutscher.

Fritzsche, S. (2009). TV-Moderation. Konstanz, UVK.

Fröhlich, R., C. Holtz-Bacha und J. Velte. (1995). Frauen und Medien – eine Synopse der deutschen Forschung. Opladen, Westdeutscher.

Früh, W. (2002). Unterhaltung durch das Fernsehen. Eine molare Theorie. Konstanz, UVK.

Frühbrodt, L. (2007). Wirtschafts-Journalismus. Ein Handbuch für Ausbildung und Praxis. Berlin, Econ.

Funiok, R. (2007). Medienethik. Verantwortung in der Mediengesellschaft. Stuttgart, Kohlhammer.

Galtung, J. und R. Holmboe (1965). The structure of foreign news. The presentation of the Congo, Cuba and Cyprus crises in four Norwegian newspapers. Journal of Peace Research (2): 39-63.

Gaub, M. und C. Korff (2003). „Eine detektivische Grundhaltung brauchen Sie schon". Interview mit Stefan Aust. In: T. Leif (Hrsg.). Mehr Leidenschaft Recherche. Skandal-Geschichten und Enthüllungsberichte. Ein Handbuch zu Recherche und Informationsbeschaffung. Opladen/Wiesbaden, Westdeutscher: 9-16.

Gehrs, O. (2007). Der Millionenraub. In: Brand Eins (12): 16-18.

Gerhards, J. und F. Neidhardt (1991). Strukturen und Funktionen moderner Öffentlichkeit. Fragestellungen und Ansätze. In: S. Müller-Doohm, S. und K. Neumann-Braun (Hrsg.). Öffentlichkeit, Kultur, Massenkommunikation. Beiträge zur Medien- und Kommunikationssoziologie. Oldenburg, BIS: 31-89.

Gerhardt, R. und E. Steffen (2001). Kleiner Knigge des Presserechts. Frankfurt am Main, Frankfurter Allgemeine Buch.

Geschke, D., K. Sassenberg, G. Ruhrmann und D. Sommer (2007). Behavior Speaks Louder than Traits. The Impact of Information Abstractness and Communication Source on Message Reception. Journal of Psychology (215/4): 248-254.

Gillmor, D. (2006). We the Media. Grassroots Journalism by the People, for the People. Sebastopol, O'Reilly.

Gläser, M. (2008). Medienmanagement. München, Hans Vahlen.

Goderbauer-Marchner, G. und C. Blümlein (2002) (Hrsg.). Berufsziel Medienbranche. Wirtschaftsjournalismus. Nürnberg, BW.

Goldmann, M.. und G. Hooffacker (2001). Online publizieren. Für Web-Medien texten, konzipieren und gestalten. Reinbek bei Hamburg, Rowohlt.

Goldstein, T. (2007). Journalism and Truth. Strange Bedfellows. Evanston, Northwestern University Press.

Göpfert, W. (2006) (Hrsg.). Wissenschaftsjournalismus. Ein Handbuch für Ausbildung und Praxis. Berlin List.

Görke, A. (2001). Unterhaltung als Leistungssystem öffentlicher Kommunikation. Ein systemtheoretischer Entwurf. In: S. J. Schmidt, J. Westerbarkey und G. Zurstiege (Hrsg.). a/effektive Kommunikation: Unterhaltung und Werbung. Münster, Hamburg, LIT: 53-74.

Görke, A. (2002). Journalismus und Öffentlichkeit als Funktionssystem. In: A. Scholl (Hrsg.). Systemtheorie und Konstruktivismus in der Kommunikationswissenschaft. Konstanz, UVK: 69-90.

Grau, C. und T. Hess (2007). Kostendegression in der digitalen Medienproduktion. Klassischer First-Copy-Cost-Effekt oder doch mehr? In: MedienWirtschaft – Zeitschrift für Medienmanagement und Kommunikationsökonomie, Sonderausgabe: 26-37.

Grebe, P. (1963). Duden Etymologie. Band 7. Mannheim, Dudenverlag.

Greenberg, B. S. und J. E. Brand (1993). Television News and Advertising in Schools. The „Channel One" Controversy. In: Journal of Communication (43/1): 143-151.

Grill, M. (2007). Pharma-PR auf Abwegen. Message (3): 68.

Grimberg, S. (2007). Hallo, kleines Blatt. Unter http://www.taz.de/index.php?id=archivseite &dig=2007/05/31/a0203 (31.05.2007).

Grittmann, E. (2007). Das politische Bild. Fotojournalismus und Pressefotografie in Theorie und Empirie. Köln, Halem.

Grittmann, E., I. Neverla und I. Ammann (2007) (Hrsg.). Global, lokal, digital. Fotojournalismus heute. Köln, Halem.

Gross, H.-W. (1982). Die Deutsche Presse-Agentur. Historische Analyse ihrer Organisations- und Machtstruktur. Frankfurt am Main, Haag und Herchen.

Grossberg, L., C. Nelson und P. A. Treichler (1992) (Hrsg.). Cultural Studies. London, New York, Routledge.

Grünewald, H. (1985). Argumentation und Manipulation in Spiegel-Gesprächen. Frankfurt am Main, Peter Lang.

Güntheroth, H. und U. Schönert (2007). Wikipedia – Wissen für alle. In: Stern (50) unter http://www.stern.de/computer-technik/internet/606048.html?q=wikipedia (12.12.2007).

Gutjahr, G. (1985). Psychologie des Interviews. Heidelberg, I. H. Sauer.

Haas, H. (1999). Empirischer Journalismus. Wien, Köln, Weimar, Böhlau.

Haas, H. und O. Jarren (2002) (Hrsg.). Mediensysteme im Wandel. Struktur, Organisation und Funktion der Massenmedien. Wien, Braumüller.

Haas, M. (2005). „Die geschenkte Zeitung". Bestandsaufnahme und Studien zu einem neuen Pressetyp in Europa. Berlin, LIT.

Hackett, R. A. und Y. Zhao (1998). Sustaining Democracy? Journalism and the Politics of Objectivity. Aurora, Garamond Press.

Hackforth, J. und C. Fischer (1994) (Hrsg.). ABC des Sportjournalismus. Konstanz, UVK.

Hafez, K. (2005). Mythos Globalisierung. Warum die Medien nicht grenzenlos sind. Wiesbaden, VS Verlag für Sozialwissenschaften.

Hagen, L. M. (2005). Konjunkturnachrichten, Konjunkturklima und Konjunktur. Wie sich die Wirtschaftsberichterstattung der Massenmedien, Stimmungen der Bevölkerung und die aktuelle Wirtschaftslage wechselseitig beeinflussen – eine transaktionale Analyse. Köln, Halem.

Hagen, W. (2005). Das Radio. Zur Geschichte und Theorie des Hörfunks – Deutschland/USA. München, Wilhelm Fink.

Haller, M. (2001). Das Interview. Ein Handbuch für Journalisten. Konstanz, UVK.

Haller, M. (2003) (Hrsg.). Das freie Wort und seine Feinde. Zur Pressefreiheit in den Zeiten der Globalisierung. Konstanz, UVK.

Haller, M. (2004). Recherchieren. Ein Handbuch für Journalisten. Konstanz, UVK.

Haller, M. (2006). Die Reportage. Ein Handbuch für Journalisten. Konstanz, UVK.

Haller, M. (2008) (Hrsg.). Grundlagen der Medienethik. Konstanz, UTB.

Haller, M. und H. Holzhey (1992) (Hrsg.). Medien-Ethik. Beschreibungen, Analysen, Konzepte für den deutschsprachigen Journalismus. Opladen, Westdeutscher.

Hallin, D. C. und P. Mancini (2004). Comparing Media Systems. Three Models of Media and Politics. Cambridge, Cambridge University Press.

Hannerz, U. (2004). Foreign News. Exploring the World of Foreign Correspondents. Chicago, University of Chicago Press.

Hans-Bredow-Institut für Medienforschung an der Universität Hamburg (Hrsg.) (2006). Medien von A bis Z. Wiesbaden, VS Verlag für Sozialwissenschaften.

Hans-Bredow-Institut für Medienforschung und Arbeitsgruppe Medienforschung München (2006). Beschäftigte und wirtschaftliche Lage des Rundfunks. Berlin, Vistas.

Hardy, J. (2008). Western Media Systems. London, New York, Routledge.

Harrington, W. (1997). Intimate Journalism. The Art and Craft of Reporting Everyday Life. London, Sage.

Harte, L. (2007). IPTV Basics, Technology, Operation and Services. Fuquay Varina, Althos.

Hartley, J. (1996). Popular Reality. Journalism, Modernity, Popular Culture. London, New York, Sydney, Auckland, Arnold.

Häusermann, J. (1998). Radio. Grundlagen der Medienkommunikation. Tübingen, Niemeyer.

Häusermann, J. (2005). Journalistisches Texten. Sprachliche Grundlagen für professionelles Informieren. Konstanz. UVK.

Häusermann, J. und H. Käppeli (1986). Rhetorik für Radio und Fernsehen. Aarau, Frankfurt am Main, Sauerländer.

Heijnk, S. (2002). Texten fürs Web. Grundlagen und Praxiswissen für Online-Redakteure. Heidelberg, Dpunkt.

Heimann, F. (2008). Der Pressekodex im Spannungsfeld zwischen Medienrecht und Medienethik. Frankfurt am Main, Peter Lang.

Heinrich, J. (1994). Medienökonomie. Band 1. Mediensystem, Zeitung, Zeitschrift, Anzeigenblatt. Opladen, Westdeutscher.

Heinrich, J. (1999). Medienökonomie. Band 2. Hörfunk und Fernsehen. Wiesbaden, Westdeutscher.

Heinrich, J. und C. Moss (2006). Wirtschaftsjournalistik. Grundlagen und Praxis. Wiesbaden, VS Verlag für Sozialwissenschaften.

Hellmann, F. (2007). Bremen feiert, Hamburg nörgelt. Unter http://www.spiegel.de/sport/ fussball/0,1518,520858,00.html (12.12.2007).

Hemmingway, E. (2007). Into the Newsroom. Exploring the Digital Production of Regional Television News. London, New York, Routledge.

Hepp, A., F. Krotz und C. Winter (2005) (Hrsg.). Globalisierung der Medienkommunikation. Eine Einführung in Medien im globalen Kontext. Wiesbaden, VS Verlag für Sozialwissenschaften.

Hermann, I., R. Krol und G. Bauer (2002). Das Moderationshandbuch. Souverän vor Mikro und Kamera. Tübingen, Francke.

Hermann, K. und M. Sprecher (2001). Sich aus der Flut des Gewöhnlichen herausheben. Die Kunst der Großen Reportage. Wien, Picus.

Herrick, D. F. (2003). Media Management in the Age of Giants. Business Dynamics of Journalism. Malden, Wiley-Blackwell.

Herrmann, G. (2004). Rundfunkrecht. Fernsehen und Hörfunk mit Neuen Medien. Juristisches Kurzlehrbuch für Studium und Praxis. München, C. H. Beck.

Heß, D. (1997) (Hrsg.). Kulturjournalismus. Ein Handbuch für Ausbildung und Praxis. München, List.

Hickethier, K. (1998). Geschichte des deutschen Fernsehens. Stuttgart, Metzler.

Hienzsch, U. (1990). Journalismus als Restgröße. Redaktionelle Rationalisierung und publizistischer Leistungsverlust. Wiesbaden, DUV.

Hoffjann, O. (2001). Journalismus und Public Relations. Ein Theorieentwurf der Intersystembeziehungen in sozialen Konflikten. Wiesbaden, VS Verlag für Sozialwissenschaften.

Hoffmann, R.-R. (1982). Politische Fernsehinterviews. Eine empirische Analyse sprachlichen Handelns. Tübingen, Niemeyer.

Holly, W. (2004). Fernsehen. Grundlagen der Medienkommunikation. Tübingen, Niemeyer.

Holtz-Bacha, C. (1997). Das fragmentierte Medien-Publikum. Folgen für das politische System. In: Aus Politik und Zeitgeschichte 42: 13-21.

Holtz-Bacha, C., H. Scherer und N. Waldmann (2002) (Hrsg.). Wie die Medien die Welt erschaffen und wie die Menschen darin leben. Wiesbaden, VS Verlag für Sozialwissenschaften.

Hooffacker, G. (2001). Online-Journalismus. Schreiben und Gestalten für das Internet. Ein Handbuch für Ausbildung und Praxis. München, List.

Hoppe, A. M. (2000). Glossenschreiben. Ein Handbuch für Journalisten. Wiesbaden, Westdeutscher.

Hruska, V. (1993). Die Zeitungsnachricht – Information hat Vorrang. Bonn, ZV.

Hug, D. M. (1997). Konflikte und Öffentlichkeit. Zur Rolle des Journalismus in sozialen Konflikten. Opladen, Westdeutscher.

Imhof, K., R. Blum, H. Bonfadelli und O. Jarren (2004) (Hrsg.). Mediengesellschaft. Strukturen, Merkmale, Entwicklungsdynamiken. Wiesbaden, VS Verlag für Sozialwissenschaften.

Itule, B. und D. Anderson (2008). News Writing and Reporting for Today's Media. New York, McGraw-Hill.

Jäckel, M. und H.-B. Brosius (2005). Nach dem Feuerwerk. 20 Jahre duales Fernsehen in Deutschland. Erwartungen, Erfahrungen und Perspektiven. München, Reinhard Fischer.

Jakubetz, C. (2008). Crossmedia. Konstanz, UVK.

Janowitz, M. (1975). Professional Models in Journalism. The Gatekeeper and the Advocate. In: Journalism Quarterly (52/4): 618-626.

Jansen, A. und W. Scharfe (1999). Handbuch der Infografik. Visuelle Kommunikation in Publizistik, Werbung und Öffentlichkeitsarbeit. Berlin, Heidelberg, Springer.

Jarren, O. (2002) (Hrsg.). Journalismus – Medien – Öffentlichkeit. Eine Einführung. Wiesbaden, VS Verlag für Sozialwissenschaften.

Jarren, O. und P. Donges (2002). Politische Kommunikation in der Mediengesellschaft. Eine Einführung. Wiesbaden, Westdeutscher.

Jarren, O. und P. Donges (2007) (Hrsg.). Ordnung durch Medienpolitik? Konstanz, UVK.

Jenkins, H. (2008). Convergence Culture. Where Old and New Media Collide. New York, NYU Press.

Jessen, J. (2000). Ort der Utopie. In: Message (3): 35-38.

Jessen, J. (2002). Das Feuilleton. Fortschreitende Politisierung. In: M. Haller (Hrsg.). Die Kultur der Medien. Untersuchungen zum Rollen- und Funktionswandel des Kulturjournalismus in der Mediengesellschaft. Münster, Hamburg, LIT: 29-40.

Johnson, S. und P. Prijatel (2006). The Magazine from Cover to Cover. New York, Oxford University Press USA.

Jones, S. (2002) (Hrsg.). Pop Music and the Press. Philadelphia, Temple University Press.

Jonscher, N. (1995). Lokale Publizistik – Theorie und Praxis der örtlichen Berichterstattung. Opladen, VS Verlag für Sozialwissenschaften.

Kaindl, K. (2004). Foto-Journalismus und Bildbearbeitung. In: H. Pürer, M. Rahofer und C. Reitan (Hrsg.). Praktischer Journalismus. Presse, Radio, Fernsehen, Online. Konstanz, UVK: 239-256.

Kainz, F. (1969). Psychologie der Sprache. Grundlagen der allgemeinen Sprachpsychologie, Band 3. Stuttgart, Enke.

Kaltenbrunner, A., M. Karmasin, D. Kraus und A. Zimmermann (2007) Der Journalisten-Report. Österreichs Medien und ihre Macher. Eine empirische Erhebung. Wien, Facultas Universitätsverlag.

Kaniss, P. (1997). Making Local News. Chicago, University Of Chicago Press.

Kantel, J. (2007). RSS und Atom. Kurz und gut. Beijing, O'Reilly.

Kaplan, R. L. (2002). Politics and the American Press. The Rise of Objectivity, 1865-1920. Cambridge, Cambridge University Press.

Karmasin, M. (1998). Medienökonomie als Theorie (massen-)medialer Kommunikation. Kommunikationsökonomie und Stakeholder Theorie. Graz und Wien, Nausner & Nausner.

Karstens, E. (2006). Fernsehen digital. Eine Einführung. Wiesbaden, VS Verlag für Sozialwissenschaften.

Karstens, E. und J. Schütte (2005). Praxishandbuch Fernsehen. Wie TV-Sender arbeiten. Wiesbaden, VS Verlag für Sozialwissenschaften.

Kästner, E. (2008). Ein Bild sagt mehr als tausend Worte. Der Nachrichtenfaktor Visualität in deutschen Fernsehnachrichten. Saarbrücken, VDM.

Kauffmann, K. und E. Schütz (2000) (Hrsg.). Die lange Geschichte der kleinen Form. Beiträge zur Feuilletonforschung. Berlin, Weidler.

Kaumanns, R., V. Siegenheim und I. Sjurts (2008) (Hrsg.). Auslaufmodell Fernsehen? Perspektiven des TV in der digitalen Medienwelt. Wiesbaden, Gabler.

Keen, A. (2008). Cult of the Amateur. How Blogs, MySpace, YouTube and the Rest of Today's User Generated Media are killing our Culture and Economy. London, Nicholas Brealey Publishing.

Kepplinger, H. M. (1998). Der Nachrichtenwert der Nachrichtenfaktoren. In: C. Holtz-Bacha, H. Scherer und N. Waldmann (Hrsg.). Wie die Medien die Welt erschaffen und wie die Menschen darin leben. Opladen, Westdeutscher: 19-38.

Ketterer, R. (2003). Funken, Wellen, Radio. Zur Einführung eines technischen Konsumartikel durch die deutsche Rundfunkindustrie 1923-1939. Berlin, Vistas.

Kienzlen, G. J. Lublinski und V. Stollorz (2007) (Hrsg.). Fakt, Fiktion, Fälschung. Trends im Wissenschaftsjournalismus. Konstanz, UVK.

Kindel, A. (2004). Recherchieren. In: H. Pürer, M. Rahofer und C. Reitan (2004) (Hrsg.). Praktischer Journalismus. Presse, Radio, Fernsehen, Online. Konstanz, UVK: 113-125.

Kjar, P. und T. Slaatta (2007). Mediating Business. The Expansion of Business Journalism. Copenhagen, Copenhagen Business School Press.

Klaffke, K. und M. Riedl-Klaffke (2008). VDZ Vertriebslexikon – Know-how für den Zeitschriftenvertrieb. Berlin, VDZ Zeitschriften Akademie.

Klaus, E. (2005). Kommunikationswissenschaftliche Geschlechterforschung. Zur Bedeutung der Frauen in den Massenmedien und im Journalismus. Wien, LIT.

Klaus, E. und M. Lünenborg (2000). Der Wandel des Medienangebots als Herausforderung an die Journalismusforschung. Plädoyer für eine kulturorientierte Annäherung. Medien und Kommunikationswissenschaft (2): 188-211.

Klaus, E., J. Röser und U. Wischermann (2001) (Hrsg.). Kommunikationswissenschaft und Gender Studies. Wiesbaden, Westdeutscher.

Kleinsteuber, H. J. und T. Thimm (2008). Reisejournalismus. Eine Einführung. Wiesbaden, VS Verlag für Sozialwissenschaften.

Knieper, T. (1995). Infographiken – das visuelle Informationspotential der Tageszeitung. München, Reinhard Fischer.

Knieper, T. und M. G. Müller (2001) (Hrsg.). Das Bild als Forschungsgegenstand – Grundlagen und Perspektiven. Köln, Halem.

Knödler, T. (2005). Public Relations und Wirtschaftsjournalismus. Erfolgs- und Risikofaktoren für einen win-win. Wiesbaden, VS Verlag für Sozialwissenschaften.

Koch, U. (2003). Die Wahrheit wird zur Lüge. In: S. Egli von Matt, H.-P. von Peschke und P. Riniker (Hrsg.). Das Porträt. Konstanz, UVK: 121-124.

Koelbl, H. (2001). Die Meute. Macht und Ohnmacht der Medien. München, Knesebeck.

Kohring, M. (2006). Wissenschaftsjournalismus. Forschungsüberblick und Theorieentwurf. Konstanz, UVK.

Kopper, G. (2006). Medienhandbuch Deutschland. Fernsehen, Radio, Presse, Multimedia, Film. Hamburg, Rowohlt.

Kramer, M. und W. Call (2007) (Hrsg.). Telling True Stories. A Nonfiction Writers' Guide from the Nieman Foundation at Harvard University. New York, Plum.

Kretzschmar, S., W. Möhring und L. Timmermann (2008). Lokaljournalismus. Wiesbaden, VS Verlag für Sozialwissenschaften.

Krings, D. (2004). Den Anfang machen. Einstiegssätze in Reportage und Kommentar und ihr Einfluss auf die Rezeptionsentscheidungen von Lesern. Wiesbaden, VS Verlag für Sozialwissenschaften.

Kuhn, R. (2007). Political Journalism. New Challenges, New Practices. London, New York, Routledge.

Kunczik, M. und A. Zipfel (2001). Publizistik. Ein Studienbuch. Köln, Böhlau.

Kupferschmid, I. (2002). Buchstaben kommen selten allein. Ein typografisches Werkstattbuch. Weimar, Universitätsverlag Weimar.

Küpper, N. (2004). Zeitungsgestaltung. In: H. Pürer, M. Rahofer und C. Reitan (Hrsg.). Praktischer Journalismus. Konstanz, UVK: 257-277.

Kurp, M. (1994). Lokale Medien und kommunale Eliten. Partizipatorische Potentiale des Lokaljournalismus bei Printmedien und Hörfunk in Nordrhein-Westfalen. Opladen, Leske & Budrich.

Lakoff, R. T. (1982). Some of my favorite writers are literate. The mingling of oral and literate strategies in written communication. In: D. Tannen (Hrsg.). Spoken and written language. Exploring orality and literacy. New Jersey/Ablex, Norwood: 239-260.

Lange, C. (2006). Wikis und Blogs. Planen, Einrichten, Verwalten. Böblingen, C & L.

Langenbucher, W. R. und M. Latzer (2006) (Hrsg.). Europäische Öffentlichkeit und medialer Wandel. Eine transdisziplinäre Perspektive. Wiesbaden, VS Verlag für Sozialwissenschaften.

Lauterer, J. (2006). Community Journalism. Relentlessly Local. Chapel Hill, The University of North Carolina Press.

Lebeck, R. und B. von Dewitz (2001). Eine Geschichte der Fotoreportage. Göttingen, Steidl.

Leif, T., (2003) (Hrsg.). Mehr Leidenschaft Recherche. Opladen, Wiesbaden, Westdeutscher.

Leonhard, J.-F., H.-W. Ludwig, D. Schwarze und E. Straßner (1999) (Hrsg.). Medienwissenschaft. Ein Handbuch zur Entwicklung der Medien und Kommunikationsformen. Berlin, New York, Walter de Gruyter.

Lersch, E. und H. Schanze (2004) (Hrsg.). Die Idee des Radios. Von den Anfängen in Europa und den USA bis 1933. Konstanz, UVK.

Leschke, R. (2003). Einführung in die Medienethik. Stuttgart, UTB.

Lesmeister, C. (2008). Informelle politische Kommunikationskultur. Hinter den Kulissen politisch-medialer Kommunikation. Wiesbaden, VS Verlag für Sozialwissenschaften.

Liebes, T. (2000). Inside a News Item. A Dispute over Framing. In: Political Communication (3): 295-305.

Liebig, M. (1999). Die Infografik. Konstanz, UVK.

Lilienthal, V. (2009). Professionalisierung der Medienaufsicht. Neue Aufgaben für Rundfunkräte – Die Gremiendebatte in epd medien. Wiesbaden, VS Verlag für Sozialwissenschaften.

Linke, N. (2007). Moderne Radio-Nachrichten. Redaktion, Produktion, Präsentation. München, Reinhard Fischer.

Lippmann, W. (1922). Public opinion. New York, Macmillan.

Löffelholz, M. (1997). Berufsfelder im Kulturjournalismus. In: D. Heß (Hrsg.). Kulturjournalismus. Ein Handbuch für Ausbildung und Praxis. München, List: 20-35.

Löffelholz, M. (2004) (Hrsg.). Krieg als Medienereignis II. Krisenkommunikation im 21. Jahrhundert. Wiesbaden, VS Verlag für Sozialwissenschaften.

Löffelholz, M. (2004) (Hrsg.). Theorien des Journalismus. Ein diskursives Handbuch. Wiesbaden, VS Verlag für Sozialwissenschaften.

Löffelholz, M. (2004). Ein privilegiertes Verhältnis. Theorien zur Analyse der Interrelationen von Journalismus und Öffentlichkeitsarbeit. In: Ders. (Hrsg.). Theorien des Journalismus. Ein diskursives Handbuch. Wiesbaden, VS Verlag für Sozialwissenschaften: 471-486.

Löffler, M. und R. Ricker (2005). Handbuch des Presserechts. München, Beck Juristischer Verlag.

Loosen, W. (1998). Die Medienrealität des Sports. Evaluation und Analyse der Printberichterstattung. Wiesbaden, DUV.

Ludwig, J. (2002). Investigativer Journalismus – Recherchestrategien, Quellen, Informanten. Konstanz, UVK.

Ludwig, J. (2003). Herangehensweise für Recherchen. In: Netzwerk-Recherche (Hrsg.). Trainingshandbuch Recherche. Wiesbaden, Westdeutscher: 166-177.

Ludwig, J. (2003). Mikroökonomie der Medien. In: K.-D. Altmeppen und M. Karmasin (Hrsg.). Medien und Ökonomie, Band 1. Wiesbaden, Westdeutscher: 187-214.

Luhmann, N. (1996). Die Realität der Massenmedien. Opladen, Westdeutscher.

Lünenborg, M. (1997). Journalistinnen in Europa. Eine international vergleichende Analyse zum Gendering im sozialen System Journalismus. Opladen, Westdeutscher.

Lünenborg, M. (2005). Journalismus als kultureller Prozess. Zur Bedeutung von Journalismus in der Mediengesellschaft. Ein Entwurf. Wiesbaden, VS Verlag für Sozialwissenschaften.

MacDougall, C. und R. D. Reid (1987). Interpretative Reporting. New York, Macmillan.

Machill, M. (1997) (Hrsg.). Journalistische Kulturen. Rahmenbedingungen im internationalen Vergleich. Wiesbaden, VS Verlag für Sozialwissenschaften.

Machill, M. und M. Beiler (2007) (Hrsg.). Die Macht der Suchmaschinen – The Power of Search Engines. Köln, Halem.

Machill, M., M. Beiler und M. Zenker (2008). Journalistische Recherche im Internet. Bestandsaufnahme journalistischer Arbeitsweisen in Zeitungen, Hörfunk, Fernsehen und Online. Berlin, Vistas.

Maletzke, G. (1963). Psychologie der Massenkommunikation, Theorie und Systematik. Hamburg, Hans-Bredow-Institut.

Malik, M. (2004). Journalismusjournalismus. Funktionen, Strukturen und Strategien der journalistischen Selbstthematisierung. Wiesbaden, VS Verlag für Sozialwissenschaften.

Mante, H. (2002). Das Foto. Gliching bei München, Verlag Photographie.

Marchal, P. (2004). Kultur- und Programmgeschichte des öffentlich-rechtlichen Hörfunks in der Bundesrepublik Deutschland. Ein Handbuch (2 Bände). München, Kopaed.

Marcic, R. (1955). Skizze einer Magna Charta der Presse. In: Juristische Blätter: 192 ff.

Marcinkowski, F. (1993). Publizistik als autopoietisches System. Politik und Massenmedien. Eine systemtheoretische Analyse. Opladen, Westdeutscher.

Marquart, A. (1976). Wahrheit mit beschränkter Haftung. Vom Umgang mit Massenmedien. Weinheim, Beltz.

Marr, M., V. Wyss, R. Blum und H. Bonfadelli (2008). Journalisten in der Schweiz. Eigenschaften, Einstellungen, Einflüsse. Konstanz, UVK.

Martini, A. (2009). Sprechtechnik. Aktuelle Stimm-, Sprech- und Atemübungen. Zürich, Orell Füssli.

Marx, S. (2008). Die Legende vom Spin Doctor. Regierungskommunikation unter Schröder und Blair. Wiesbaden, VS Verlag für Sozialwissenschaften.

Massaquie, V. und M. Resch (2004) (Hrsg.). Faszination TV-Journalismus. Bielefeld, BW.

Mast, C. (1999). Wirtschaftsjournalismus. Grundlagen und neue Konzepte für die Presse. Opladen, Wiesbaden, Westdeutscher.

Mast, C. (Hrsg.) (2008). ABC des Journalismus. Ein Handbuch. Konstanz, UVK.

Masterton, M. (1991). What makes news news? An international study of the criteria of newsworthiness. Doktorarbeit an der Flinders University of South Australia.

Matthes, J. (2007). Framing-Effekte. Zum Einfluss der Politikberichterstattung auf die Einstellungen der Rezipienten. München, Reinhard Fischer.

Matthiesen, S. (2002). Weiberkram. Wie der Kulturjournalismus mit der Mode umgeht. Wiesbaden, VS Verlag für Sozialwissenschaften.

Matzen, N. und C. Radler (2009) (Hrsg.). Die Tagesschau – Zur Geschichte einer Nachrichtensendung. Konstanz, UVK.

Maurer, M. und C. Reinemann (2006). Medieninhalte. Eine Einführung. Wiesbaden, VS Verlag für Sozialwissenschaften.

Maurice, F. (2008). Web 2.0-Praxis. AJAX, Newsfeeds, Blogs, Microformats. München, Markt und Technik.

McAdams, M. (2005). Flash Journalism. How to Create Multimedia News Packages. St. Louis, Focal Press.

McLellan, M. und T. Porter (2007). News, Improved. How America's Newsrooms Are Learning to Change. Oxford, CQ Press.

McPhail, T. L. (2006). Global Communication. Theories, Stakeholders, and Trends. Oxford, Blackwell.

Meckel, M. (1999). Redaktionsmanagement. Ansätze aus Theorie und Praxis. Opladen, VS Verlag für Sozialwissenschaften.

Meckel, M. (2001). Visualität und Virtualität. Zur medienkulturellen und medienpraktischen Bedeutung des Bildes. In: T. Knieper und M. G. Müller (Hrsg.). Das Bild als Forschungsgegenstand – Grundlagen und Perspektiven. Köln, Halem: 25-36.

Meier, K. (2002a) (Hrsg.). Internet-Journalismus. Ein Leitfaden für ein neues Medium. Konstanz, UVK.

Meier, K. (2002b). Ressort, Sparte, Team. Wahrnehmungsstrukturen und Redaktionsorganisation im Zeitungsjournalismus. Konstanz, UVK.

Meier, K. (2004). Organisation, Strukturen und Arbeitsweisen. In: H. Pürer, M. Rahofer und C. Reitan (Hrsg.). Praktischer Journalismus. Presse, Radio, Fernsehen, Online. Konstanz, UVK: 95-109.

Meier, K. (2005). Redaktion. In: S. Weischenberg, H. J. Kleinsteuber und B. Pörksen (Hrsg.). Handbuch Journalismus und Medien. Konstanz, UVK: 394 -398.

Meier, K. (2007). Newsroom – die Redaktion im digitalen Journalismus. Ein Überblick über neue Redaktionsformen. In: MedienWirtschaft (3): 46-48.

Meier, K. und D. Perrin (2000). Praxistraining Internet-Journalismus. Vernetztes Texten lehren. In: K.-D. Altmeppen, H.-J. Bucher und M. Löffelholz (Hrsg.). Online-Journalismus. Perspektiven für Wissenschaft und Praxis. Wiesbaden, Westdeutscher: 297-313.

Menhard, E. und T. Treede (2004). Die Zeitschrift. Von der Idee bis zur Vermarktung. Konstanz, UVK.

Merten, K., S. J. Schmidt und S. Weischenberg (1994) (Hrsg.). Die Wirklichkeit der Medien. Eine Einführung in die Kommunikationswissenschaft. Opladen, Westdeutscher.

Meyen, M. und M. Wendelin (2008) (Hrsg.). Journalistenausbildung, Empirie und Auftragsforschung. Neue Bausteine des Münchener Instituts für Kommunikationswissenschaft. Köln, Halem.

Meyer, J.-U. (2007). Radio-Strategie. Konstanz, UVK.

Meyer, J.-U. (2008). Journalistische Kreativität. Konstanz, UVK.

Meyer, P. (2004). The Vanishing Newspaper. Saving Journalism in the Information Age. Columbia, University of Missouri Press.

Meyer, T. (2004). Mediokratie. Die Kolonisierung der Politik durch die Medien. Frankfurt am Main, Suhrkamp.

Meyer, W. und M. Riederer (1997) (Hrsg.). Journalismus von heute. Starnberg, R. S. Schulz.

Meyn, H. (2004). Massenmedien in Deutschland. Konstanz, UVK.

Mihr, C. (2003). Wer spinnt denn da? Spin Doctoring in den USA und in Deutschland. Berlin, Hamburg, Münster, LIT.

Miller, M. und B. Parnell Riechert (2001). Frame Mapping. A Quantitative Method for Investigating Issues in the Public Sphere. In: M. D. West (Hrsg.). Theory, method and practice in computer content analysis. Westport, London, Ablex: 61-75.

Mindich, D. T. Z. (2000). Just the Facts. How "Objectivity" Came to Define American Journalism. New York, NYU Press.

Mitterer, J. (1988). Abschied von der Wahrheit. In: Delfin (1): 23-29.

Möhl, H.-P. und U. Scharlack (1997). Dpa – Juristischer Leitfaden für Journalisten. Starnberg, R. S. Schulz.

Möhring, W. (2001). Die Lokalberichterstattung in den neuen Bundesländern. München, Reinhard Fischer.

Möhring, W. und B. Schneider (2006) (Hrsg.). Praxis des Zeitungsmanagements. Ein Kompendium. München, Reinhard Fischer.

Morawski, T. und M. Weiss (2007). Trainingsbuch Fernsehreportage. Reporterglück und wie man es macht – Regeln, Tipps und Tricks. Wiesbaden, VS Verlag für Sozialwissenschaften.

Morrish, J. (2003). Magazine Editing. How to Develop and Manage a Successful Publication. London, New York, Routledge.

Moss, C. (1998). Die Organisation der Zeitungsredaktion. Wie sich journalistische Arbeit effizient koordinieren lässt. Opladen, Westdeutscher.

Mott, F. L. (1959). American Journalism. A History of Newspapers in the United States through 260 Years: 1690 to 1950. New York, Macmillian.

Müller, D. K. und E. Raff (2007) (Hrsg.). Praxiswissen Radio. Wie Radio gemacht wird – und wie Radiowerbung anmacht. Wiesbaden, VS Verlag für Sozialwissenschaften.

Münkel, D. (2005). Willy Brandt und die „Vierte Gewalt". Politik und Massenmedien in den 50er bis 70er Jahren. Frankfurt am Main, Campus.

Neidhardt, F. (1994) (Hrsg.). Öffentlichkeit, öffentliche Meinung, soziale Bewegungen. Opladen, Westdeutscher.

Netzwerk-Recherche (2003) (Hrsg.). Trainingshandbuch Recherche. Wiesbaden, Westdeutscher.

Neuberger, C. (2000). Journalismus im Internet. Auf dem Weg zur Eigenständigkeit? Media Perspektiven (7): 310-318.

Neuberger, C. und J. Tonnemacher (2003) (Hrsg.). Online – Die Zukunft der Zeitung? Das Engagement deutscher Tageszeitungen im Internet. Wiesbaden, VS Verlag für Sozialwissenschaften.

Neubert, K. und H. Scherer (2004) (Hrsg.). Die Zukunft der Kommunikationsberufe. Ausbildung, Berufsfelder, Arbeitsweisen. Konstanz, UVK.

Neverla, I. (1998) (Hrsg.). Das Netz-Medium. Wiesbaden, VS Verlag für Sozialwissenschaften

Neverla, I. und G. Kanzleiter (1984). Journalistinnen. Frauen in einem Männerberuf. Frankfurt am Main, Campus.

Neverla, I., E. Grittmann und M. Pater (2002) (Hrsg.). Grundlagentexte zur Journalistik. Konstanz, UVK.

Noelle-Neumann, E., W. Schulz und J. Wilke (2009) (Hrsg.). Fischer Lexikon Publizistik. Frankfurt am Main.

Nohr, R. F. (2002). Karten im Fernsehen. Die Produktion von Positionierung. Münster, Hamburg, London, LIT.

Nowag, W. und E. Schalkowski (1998). Kommentar und Glosse. Konstanz, UVK.

Ordolff, M. (2005). Fernsehjournalismus. Konstanz, UVK.

Ordolff, M. und S. Wachtel (2004). Texten für TV. Ein Leitfaden zu verständlichen Fernsehbeiträgen. Konstanz, UVK.

Östgaard, E. (1965). Factors influencing the flow of news. In: Journal of Peace Research (2): 39-63.

Overbeck, P. (2007) (Hrsg.). Musik und Kultur im Rundfunk. Wandel und Chancen. Münster, Hamburg, Berlin, LIT.

Overbeck, P. (2009). Radiojournalismus. Ein Handbuch. Konstanz, UVK.

Park, D. W. und J. Pooley (2008) (Hrsg.). The History of Media and Communication Research. Contested Memories. New York, Peter Lang.

Patterson, B. R. und C. E. P. Patterson (2003). The Editor in Chief. A Management Guide for Magazine Editors. Malden, Wiley-Blackwell.

Patterson, P. und L. Wilkins (2007). Media Ethics. Issues and Cases. New York, McGraw-Hill.

Pätzold, U., H. Röper und H. Volpers (2003) (Hrsg.). Strukturen und Angebote lokaler Medien in Nordrhein-Westfalen. Opladen, Leske & Budrich.

Paukens, H. (2000). Politikvermittlung zwischen Information und Unterhaltung. München, Reinhard Fischer.

Paukens, H. und U. Wienken (2004) (Hrsg.). Handbuch Lokalradio. Auf Augenhöhe mit dem Hörer. München, Reinhard Fischer.

Paul, U. (2006). Augenzeugen. Kriegsberichterstattung vom 18. zum 21. Jahrhundert. Göttingen, Vandenhoeck & Ruprecht.

Petersen, J. (2005). Medienrecht. München, C. H. Beck.

Pieper, D. (2004). Von Nachrichten und Geschichten. In: C. Mast (Hrsg.). ABC des Journalismus. Konstanz, UVK: 411-414.

Plaisance, P. L. (2008). Media Ethics. Key Principles for Responsible Practice. London, Sage.

Plake, K. (2004). Handbuch Fernsehforschung, Befunde und Perspektiven. Wiesbaden, VS Verlag für Sozialwissenschaften.

Pohl, A. (2006). Mehrfachverwertung digitaler Inhalte – Neue Perspektiven für Broadcaster und Endnutzer. In: K. Rebensburg (Hrsg.). Neue Medien und Technologien der Informationsgesellschaft. Aachen, Shaker: 195-205.

Pörksen, B. (2006). Die Beobachtung des Beobachters. Eine Erkenntnistheorie der Journalistik. Konstanz, UVK.

Pörksen, B., W. Loosen und A. Scholl (2008) (Hrsg.). Paradoxien des Journalismus. Theorie – Empirie – Praxis. Wiesbaden, VS Verlag für Sozialwissenschaften.

Porombka, S. (2006). Kritiken schreiben. Ein Trainingsbuch. Konstanz, UVK.

Prantel, H. (2000). Drei Sorten politisches Feuilleton. Message (3): 36.

Projektteam-Lokaljournalisten (1998) (Hrsg.). Lokaljournalismus. Themen und Management. München, List.

Pross, H. (1972). Medienforschung. Film, Funk, Presse, Fernsehen. Darmstadt, Habel.

Pürer, H. und J. Raabe (1996). Medien in Deutschland. Band 1. Presse. Konstanz, UVK.

Pürer, H. und J. Raabe (2007). Presse in Deutschland. Konstanz, UVK.

Pürer, H., M. Rahofer und C. Reitan (2004) (Hrsg.). Praktischer Journalismus. Presse, Radio, Fernsehen, Online. Konstanz, UVK.

Quandt, T. (2005). Journalisten im Netz. Wiesbaden, VS Verlag für Sozialwissenschaften.

Quandt, T. (2005). Online-Journalismus. In: S. Weischenberg, H. J. Kleinsteuber und B. Pörksen (Hrsg.). Handbuch Journalismus und Medien. Konstanz, UVK: 337-342.

Quandt, T. und W. Schweiger (2008) (Hrsg.). Journalismus online – Partizipation oder Profession? Wiesbaden, VS Verlag für Sozialwissenschaften.

Quinn, S. (2005). Convergent Journalism. The Fundamentals of Multimedia Reporting. New York, Peter Lang.

Quinn, S. und V. Filak (2005). Convergent Journalism. An Introduction – Writing and Producing Across Media. St. Louis, Focal Press.

Quiring, O. (2004). Wirtschaftsberichterstattung und Wahlen. Konstanz, UVK.

Radio-Marketing-Service (2007). Back to basics. Die Grundlagen der Radioplanung. Unter http://www.rms.de/fileadmin/user_upload/pdf/Publikationen/Media-Service/Back_to_Basics.pdf (12.12.2007).

Rager, G. und G. Hassemer (2005). Lokaljournalismus. In: S. Weischenberg, H. J. Kleinsteuber und B. Pörksen (Hrsg.). Handbuch Journalismus und Medien. Konstanz, UVK: 202-206.

Rager, G., K. Graf-Szczuka, G. Hassemer und S. Süper (2006) (Hrsg.). Zeitungsjournalismus. Empirische Leserschaftsforschung. Konstanz, UVK.

Rau, H. (2007). Qualität in einer Ökonomie der Publizistik. Betriebswirtschaftliche Lösungen für die Redaktion. Wiesbaden, VS Verlag für Sozialwissenschaften.

Rebmann, K., W. Storz und M. Ott (1964). Das Baden-Württembergische Gesetz über die Presse (Landespressegesetz) vom 14. Januar 1964. Stuttgart, Kohlhammer.

Redelfs, M. (1996). Investigative Reporting in den USA. Strukturen eines Journalismus der Machtkontrolle. Opladen, Westdeutscher.

Reinemann, C. (2003). Medienmacher als Mediennutzer. Kommunikations- und Einflussstrukturen im politischen Journalismus der Gegenwart. Wien, Köln, Weimar, Böhlau.

Reiter, M. (2006). Überschrift, Vorspann, Bildunterschrift. Konstanz, UVK.

Renger, R. (2000). Populärer Journalismus. Nachrichten zwischen Fakten und Fiktion. Innsbruck, Wien, München, Studien-Verlag.

Renger, R. (2003). Kulturtheorie der Medien. In: S. Weber (Hrsg.). Theorien der Medien. Konstanz, UVK: 154-179.

Renger, R. (2004). Journalismus als kultureller Diskurs. Grundlagen der Cultural Studies als Journalismustheorie. In: M. Löffelholz (Hrsg.). Theorien des Journalismus – Diskursives Handbuch. Wiesbaden, VS Verlag für Sozialwissenschaften.

Renger, R. (2006). Zukunft des Content – Zukunft des Journalismus? In: K.-D. Altmeppen und M. Karmasin (Hrsg.). Medien und Ökonomie, Band 3. Wiesbaden, VS Verlag für Sozialwissenschaften.

Renner, K.-N. (2007). Fernsehjournalismus – Entwurf einer Theorie des kommunikativen Handelns. Konstanz, UVK.

Reus, G. (1999). Ressort Feuilleton. Kulturjournalismus für Massenmedien. Konstanz, UVK.

Reus, G. (2005). Kulturjournalismus. In: S. Weischenberg, H. J. Kleinsteuber und B. Pörksen (Hrsg.). Handbuch Journalismus und Medien. Konstanz, UVK: 194-198.

Reutter, T. (2003). Die Siemens-AG und Saddam Hussein. In: T. Leif (Hrsg.). Mehr Leidenschaft Recherche. Opladen, Wiesbaden, Westdeutscher.

Richter, F. (2007). Der deutsche Hörfunk als Feld der kulturellen Produktion. Hamburg, Diplomica Verlag.

Ridder, C.-M. und B. Engel (2005). Massenkommunikation 2005. Images und Funktionen der Massenmedien im Vergleich. Ergebnisse der 9. Welle der ARD/ZDF-Langzeitstudie zur Mediennutzung und -bewertung. In Media Perspektiven (9): 422-448.

Rinsdorf, L., B. Weber, F. Wellmann und P. Werner (2003). Journalismus mit Bodenhaftung. Annäherungen an das Publikum. Münster, Hamburg, LIT.

Röper, B. (1977). Wirtschaftsnachrichten in der Weltpresse. Zum Verständnis des Wirtschaftsteils einer Zeitung. München, UTB.

Rosen, J. (2001). What Are Journalists For? New Haven, Yale University Press.

Rossié, M. (2007). Sprechertraining. Texte präsentieren in Radio, Fernsehen und vor Publikum. Berlin, Econ.

Rossig, J. J. (2007). Fotojournalismus. Konstanz, UVK.

Roth, J. (2005). Internetstrategien von Lokal- und Regionalzeitungen. Wiesbaden, VS Verlag für Sozialwissenschaften.

Röttger, U. (2008) (Hrsg.). Theorien der Public Relations. Grundlagen und Perspektiven der PR-Forschung. Wiesbaden, VS Verlag für Sozialwissenschaften

Röttger, U. (2009) (Hrsg.). PR-Kampagnen. Über die Inszenierung von Öffentlichkeit. Wiesbaden, VS Verlag für Sozialwissenschaften.

Roush, C. (2004). Show Me the Money. Writing Business and Economics Stories for Mass Communication. Philadelphia, Lawrence Erlbaum.

Roush, C. (2006). Profits and Losses. Business Journalism and Its Role in Society. Oak Park, Marion Street Press.

Ruberg, M. (2004) (Hrsg.). Writer's Digest Handbook of Magazine Article Writing. Cincinnati, Writer's Digest Book.

Rühl, M. (1979). Die Zeitungsredaktion als organisiertes soziales System. Freiburg (Schweiz), Universitätsverlag.

Rühl, M. (1980). Journalismus und Gesellschaft, Bestandsaufnahme und Theorieentwurf. Mainz, Hase & Koehler.

Rühl, M. (1990). Zwischen Information und Unterhaltung. Funkkolleg Medien und Kommunikation. DIFF. Weinheim, Basel, Beltz.

Ruhrmann, G. und R. Göbbel (2007). Veränderungen der Nachrichtenfaktoren und Auswirkungen auf die journalistische Praxis in Deutschland. Broschüre des Netzwerks Recherche, Wiesbaden.

Ruhrmann, G., J. Woelke, M. Maier und N. Diehlmann (2003). Der Wert von Nachrichten im deutschen Fernsehen. Ein Modell zur Validierung von Nachrichtenfaktoren. Opladen, Leske & Budrich.

Ruß-Mohl, S. (1994). Der I-Faktor. Qualitätssicherung im amerikanischen Journalismus. Modell für Europa? Zürich, Osnabrück, Edition Interfrom, Fromm.

Ruß-Mohl, S. (2003). Journalismus. Das Hand- und Lehrbuch. Frankfurt am Main, Frankfurter Allgemeine Buch.

Ruß-Mohl, S. und S. Fengler (2000) (Hrsg.). Medien auf der Bühne der Medien – Zur Zukunft von Medienjournalismus und Medien-PR. Berlin, Dahlem Univ. Press.

Sarcinelli, U. (1998) (Hrsg.). Politikvermittlung und Demokratie in der Mediengesellschaft. Beiträge zur politischen Kommunikationskultur. Opladen, Wiesbaden, Westdeutscher.

Sarcinelli, U. und J. Tenscher (2003) (Hrsg.). Machtdarstellung und Darstellungsmacht. Beiträge zu Theorie und Praxis moderner Politikvermittlung. Baden-Baden, Nomos.

Saxer, U. (2006). Politik als Unterhaltung. Zum Wandel politischer Öffentlichkeit in der Mediengesellschaft. Konstanz, UVK.

Schaffeld, B. und U. Hörle (2007). Das Arbeitsrecht der Presse. Köln, Schmidt.

Schaffrath, M. (2007) (Hrsg.). Traumberuf Sportjournalismus. Ausbildungswege und Anforderungsprofile in der Sportmedienbranche. Münster, Hamburg, Berlin, LIT.

Schalkowski, E. (2005). Rezension und Kritik. Konstanz, UVK.

Schauerte, T. und J. Schwier (2004) (Hrsg.). Ökonomie des Sports in den Medien. Köln, Halem.

Scheiter, B. (2009). Themen finden. Konstanz, UVK.

Schenk, M. und P. Rössler (1999). Wirtschaftsberichterstattung in Zeitschriften. Literaturbericht und Inhaltsanalyse. München, Reinhard Fischer.

Scheufele, B. (2003). Frames – Framing – Framing-Effekte. Theoretische und methodische Grundlegung des Framing-Ansatzes sowie empirische Befunde zur Nachrichtenproduktion. Wiesbaden, Westdeutscher.

Schiwy, P. und W. Schütz (2006) (Hrsg.). Medienrecht. Lexikon für Praxis und Wissenschaft. Köln, Berlin, München, Carl Heymanns.

Schmidt, J. (2006). Weblogs. Eine kommunikationssoziologische Studie. Konstanz, UVK.

Schmidt, R. (2009). Zur Zukunft des Internet-Fernsehens. IPTV als Chance zur fortschreitenden Personalisierung. Hamburg, Igel Verlag.

Schmidt, S. J. (1989). Die Selbstorganisation des Sozialsystems Literatur im 18. Jahrhundert. Frankfurt am Main, Suhrkamp.

Schmitt-Beck, R. (2000). Politische Kommunikation und Wählerverhalten. Ein internationaler Vergleich. Wiesbaden, VS Verlag für Sozialwissenschaften.

Schneider, N. und M. Machill (2005) (Hrsg.). Suchmaschinen. Neue Herausforderungen für die Medienpolitik. Berlin, Vistas.

Schneider, W. (1999). Deutsch für Profis – Wege zu gutem Stil. München, Goldmann.

Schneider, W. und D. Esslinger (2008). Die Überschrift. Sachzwänge – Fallstricke, Versuchungen – Rezepte. Berlin, Econ.

Schneider, W. und P.-J. Raue (2003). Das neue Handbuch des Journalismus. Reinbek bei Hamburg, Rowohlt.

Schneider, W. und P.-J. Raue (2006). Das neue Handbuch des Journalismus. Bonn, Bundeszentrale für Politische Bildung.

Schöfthaler, E. (2006). Die Recherche. Ein Handbuch für Ausbildung und Praxis. Berlin, Econ.

Scholl, A. und S. Weischenberg (1998). Journalismus in der Gesellschaft. Theorie, Methodologie und Empirie. Opladen, Wiesbaden, Westdeutscher.

Schomers, M. (2001). Die Fernsehreportage. Von der Idee zur Ausstrahlung – Reportage, Dokumentation, Feature. Frankfurt am Main, Frankfurter Allgemeine Buch.

Schönbach, K. und L. Goertz (1995). Radio-Nachrichten – bunt und flüchtig? Eine Untersuchung zu Präsentationsformen von Hörfunknachrichten und ihren Leistungen. Berlin, Vistas.

Schrag, W. (2007). Medienlandschaft Deutschland. Konstanz, UVK.

Schramm, H. (2008) (Hrsg.). Musik im Radio. Rahmenbedingungen, Konzeption, Gestaltung. Wiesbaden, VS Verlag für Sozialwissenschaften.

Schult, G. und A. Buchholz (2006) (Hrsg.). Fernseh-Journalismus. Ein Handbuch für Ausbildung und Praxis. München, List.

Schulz, R. (1979). Einer gegen alle? Das Entscheidungsverhalten von Verlegern und Chefredakteuren. In: H. M. Kepplinger (Hrsg.). Angepasste Außenseiter. Was Journalisten denken und wie sie arbeiten. Freiburg, München, Alber: 166-188.

Schulz, W. (1976). Die Konstruktion von Realität in den Nachrichtenmedien. Analyse der aktuellen Berichterstattung. Freiburg, München, Alber.

Schulz, W. (1989). Massenmedien und Realität. Die „ptolemäische" und „kopernikanische" Auffassung. In: M. Kaase und W. Schulz (Hrsg.). Massenkommunikation. Theorien, Methoden, Befunde. Kölner Zeitschrift für Soziologie und Sozialpsychologie, Sonderheft 30, Opladen, Westdeutscher: 135-149.

Schulz, W. (2002). Nachricht. In: E. Noelle-Neumann, W. Schulz und J. Wilke (Hrsg.). Publizistik – Massenkommunikation. Frankfurt am Main, Fischer: 153-182.

Schulze, V. (2001). Die Zeitung. Ein medienkundlicher Leitfaden. Aachen, Hahner.

Schuster, M. (1996). Fotopsychologie. Lächeln für die Ewigkeit. Berlin und Heidelberg, Springer.

Schwenk, J. (2006). Berufsfeld Journalismus. Aktuelle Befunde zur beruflichen Situation und Karriere von Frauen und Männern im Journalismus. München, Reinhard Fischer.

Schwiesau, D. und J. Ohler (2003). Die Nachricht in Presse, Radio, Fernsehen, Nachrichtenagentur und Internet. Ein Handbuch für Ausbildung und Praxis. München, List.

Segbers, M. (2007). Die Ware Nachricht. Wie Nachrichtenagenturen ticken. Konstanz, UVK.

Shoemaker, P. J. (1993). Communication in Crisis. Theory, Curricula, and Power. In: Journal of Communication (4), 146-153.

Shoemaker, P. J. (2006). News and Newsworthiness. A Commentary. In: Communications (1): 105-112.

Shoemaker, P. J. und A. A. Cohen (2006). News around the world. Content, practitioners, and the public. London, New York, Routledge.

Siegert, G. (1993). Marktmacht Medienforschung. Die Bedeutung der empirischen Medien- und Publikumsforschung im Medienwettbewerb. München, Reinhard Fischer.

Simpson, W. (2008). Video Over IP. IPTV, Internet Video, H.264, P2P, Web TV, and Streaming – A Complete Guide to Understanding the Technology. St. Louis, Focal Press.

Sjurts, I. (2004) (Hrsg.). Gabler Lexikon Medienwirtschaft. Wiesbaden, Gabler.

Sjurts, I. (2005). Strategien in der Medienbranche – Grundlagen und Fallbeispiele. Wiesbaden, Gabler.

Smith, R. (2008). Ethics in Journalism. Malden, Wiley-Blackwell.

Spachmann, K. (2005). Wirtschaftsjournalismus in der Presse. Theorie und Empirie. Konstanz, UVK.

Staab, J. F. (1990). Nachrichtenwert-Theorie. Formale Struktur und empirischer Gehalt. Freiburg, München, Alber.

Steen, R. (2007). Sports Journalism. A Multimedia Primer. London, New York, Routledge.

Stegert, G. (1998). Feuilleton für alle. Strategien im Kulturjournalismus der Presse. Tübingen, Niemeyer.

Steinmetz, R. (2000). Multimedia-Technologie. Grundlagen, Komponenten und Systeme. Berlin, Heidelberg, Springer.

Stepp, C. S. (2008). Editing for Today's Newsroom. A Guide for Success in a Changing Profession. London, New York, Routledge.

Straßner, E. (2000). Journalistische Texte. Tübingen, Niemeyer.

Straßner, E. (2002). Text-Bild-Kommunikation. Bild-Text-Kommunikation. Tübingen, Niemeyer.

Streich, S. (2008). Videojournalismus. Ein Trainingshandbuch. Konstanz, UVK.

Stuiber, H.-W. (1998). Medien in Deutschland. Band 2. Rundfunk. Konstanz, UVK.

Stümpert, H. (2005). Ist das Radio noch zu retten? Überlebenstraining für ein vernachlässigtes Medium. Berlin, Uni-Edition.

Sturm, R. und J. Zirbik (1996). Die Radio-Station. Ein Leitfaden für den privaten Hörfunk. Konstanz, UVK.

Sturm, R. und J. Zirbik (2001). Lexikon elektronische Medien. Radio, Fernsehen, Internet. Konstanz, UVK.

Sundermeyer, O. (2007). Sportjournalismus. Wie nachhaltig ist das Umdenken nach den Dopingenthüllungen? In: Journalist (10): 12-16.

Sylvie. G., J. LeBlanc Wicks, C. A. Hollifield, S. Lacy und A. B. Sohn (2007). Media Management. A Casebook Approach. Philadelphia, Lawrence Erlbaum.

Szyska, P. (1997). Bedarf oder Bedrohung? Zur Frage der Beziehungen des Journalismus zur Öffentlichkeitsarbeit. In: G. Bentele und M. Haller (Hrsg.). Aktuelle Entstehung von Öffentlichkeit. Konstanz, UVK: 209-224.

Thomaß, B. (1998). Journalistische Ethik. Ein Vergleich der Diskurse in Frankreich, Großbritannien und Deutschland. Opladen, Wiesbaden, Westdeutscher.

Thomaß, B. (2007) (Hrsg.). Mediensysteme im internationalen Vergleich. Konstanz, UVK.

Thompson, T (2001) (Hrsg.). Writing About Business. The New Columbia Knight-Bagehot Guide to Economics & Business Journalism. New York, Columbia University Press.

Todorwo, A. (1996). Das Feuilleton der „Frankfurter Zeitung" in der Weimarer Republik. Zur Grundlegung einer rhetorischen Medienforschung. Tübingen, Niemeyer.

Tolson, A. (2006). Media Talk. Spoken Discourse on TV and Radio. Edinburgh, Edinburgh University Press

Trepte, S., S. Burkhardt und W. Weidner (2008). Wissenschaft in den Medien präsentieren. Frankfurt am Main, Campus.

Tschapke, R. (2000). Zur Praxis des Kulturjournalismus. Oldenburg, BIS.

Tuchman, G. (1972). Objectivity as Strategic Ritual. An Examination of Newsmen's Notions of Objectivity. In: American Journal of Sociology (77/4): 660-679.

Tuchman, G. (1978). Making News. A Study in the Construction of Reality. New York, Free Press.

Tumber, H. (2000) (Hrsg.). News – A Reader. Oxford, Oxford University Press.

Ude, A. (2003). Recherchieren im Netz – Wege im Heuhaufen. In: T. Leif (Hrsg.). Leidenschaft Recherche. Opladen, Wiesbaden, Westdeutscher.

Ullrich, U. (2004). Das Spiel ist aus! In: C. Mast (Hrsg.). ABC des Journalismus. Ein Handbuch. Konstanz, UVK: 476-480.

van Eimeren, B. und B. Frees (2007). Internetnutzung zwischen Pragmatismus und YouTube-Euphorie. In: Media Perspektiven (8): 362-378.

van Eimeren, B. und C.-M. Ridder (2005). Trends in der Nutzung und Bewertung der Medien 1970 bis 2005. In: Media Perspektiven, 2005 (10): 490-504.

VDZ (2006). Branchendaten 2006. Verband Deutscher Zeitschriftenverleger. Unter http://www.vdz.de/uploads/media/37_Branchendaten_PZ_2006.pdf (17.12.2007).

VDZ (2007). Der deutsche Zeitschriftenmarkt. Verband Deutscher Zeitschriftenverleger. Unter http://www.vdz.de/branchendaten.html. (17.12.2007).

Verband Privater Rundfunk und Telemedien e. V. (2006) (Hrsg.). Hörfunk in Deutschland. Rahmenbedingungen und Wettbewerbssituation. Bestandsaufnahme 2006. Berlin, Vistas.

Viehöver, U. (2003). Ressort Wirtschaft. Konstanz, UVK.

Vogel, A. (2001). Die tägliche Gratispresse. In: Media Perspektiven (11): 576-584.

Vogel, K. A. und U. Wienken (2009) (Hrsg.). Qualitätsmodelle im Hörfunk. Mehr als Quoten und Formate. Baden-Baden, Nomos.

Vollberg, S. (1998). Kultur im europäischen Fernsehen. Wiesbaden, Deutscher Universitäts-Verlag.

von La Roche, W. (1999). Einführung in den praktischen Journalismus. München, List.

von La Roche, W. (2001). Einführung in den praktischen Journalismus. München, List.

von La Roche, W. (2006). Einführung in den praktischen Journalismus. Berlin, Econ.

von La Roche, W. und A. Buchholz, Hrsg. (2004). Radio-Journalismus. Ein Handbuch für Ausbildung und Praxis im Hörfunk. Berlin, List.

von Olenhusen, A. G. (2004). Medienarbeitsrecht für Hörfunk und Fernsehen. Konstanz, UVK.

Voss, C. (1999). Textgestaltung und Verfahren der Emotionalisierung in der BILD-Zeitung. Frankfurt am Main, Peter Lang.

Wachtel, S. (1997). Sprechen und Moderieren in Hörfunk und Fernsehen. Konstanz, UVK.

Wachtel, S. (2003a). Ins Ohr und nicht ins Auge. Sprache und Sprechen vor der Fernsehkamera. In: J. Birkelbach (Hrsg.). Finanzplaner TV. Wiesbaden, Gabler: 41-59.

Wachtel, S. (2003b). Schreiben fürs Hören. Trainingstexte, Regeln, Methoden. Konstanz, UVK.

Wahl-Jorgensen, K. und T. Hanitzsch (2009) (Hrsg.). The Handbook of Journalism Studies. New York, Routledge.

Wallisch, G. (1995). Journalistische Qualität. Definitionen – Modelle – Kritik. Konstanz, UVK.

Walsh, C. J. (2006). No Time Outs. What It's Really Like to Be a Sportswriter Today. Lanham, Taylor.

Wandtke, A.-A. (2008) (Hrsg.). Medienrecht, Praxishandbuch. Berlin, De Gruyter Recht.

Ward, S. J. A. (2006). The Invention of Journalism Ethics. The Path to Objectivity and Beyond. Montreal, McGill-Queen's University Press.

Weber, J. und T. Newberry (2006). IPTV Crash Course. New York, McGraw-Hill.

Weber, S. (1999). Wie journalistische Wirklichkeiten entstehen. Kuratorium für Journalistenausbildung. Salzburg, Schriftenreihe Journalistik (15).

Weber, S. (2000). Was steuert Journalismus? Ein System zwischen Selbstreferenz und Fremdsteuerung. Konstanz, UVK Medien.

Weber, S. (2001). Reales Grauen, konstruierte Bilder. Zur Medienlogik eines echtzeitmedialisierten Terrorangriffs. Sonderheft Terror in den Medien. Berlin, Bundesministerium für Bildung, Wissenschaft und Kultur.

Wegner, D. (2007). Online-Video. So gestalten Sie Video-Podcasts und Online-Filme – technisch und journalistisch. Heidelberg, Dpunkt.

Weichert, S. (2006). Die Krise als Medienereignis. Der 11. September im deutschen Fernsehen. Köln, Halem.

Weichert, S. A., L. Kramp und H.-J. Jakobs (2009) (Hrsg.). Wozu noch Zeitungen? Wie das Internet die Presse revolutioniert. Göttingen, Vandenhoeck & Ruprecht.

Weichert, S. und C. Zabel (2007) (Hrsg.). Die Alpha-Journalisten. Deutschlands Wortführer im Porträt. Köln, Halem.

Weichert, S. und C. Zabel (2009) (Hrsg.). Die Alpha-Journalisten 2.0. Deutschlands neue Wortführer im Porträt. Köln, Halem.

Weichler, K. (2003). Redaktionsmanagement. Konstanz, UVK

Weisbrod, B. (1999) (Hrsg.). Die Politik der Öffentlichkeit – Die Öffentlichkeit der Politik. Politische Medialisierung in der Geschichte der Bundesrepublik. Göttingen, Wallstein.

Weischenberg, S. (1976). Die Außenseiter der Redaktion. Struktur, Funktion und Bedingungen des Sportjournalismus. Theorie und Analyse im Rahmen eines allgemeinen Konzepts komplexer Kommunikatorforschung. Bochum, Brockmeyer.

Weischenberg, S. (1988). Nachrichtenschreiben. Journalistische Praxis zum Studium und Selbststudium. Opladen, Westdeutscher.

Weischenberg, S. (1990) (Hrsg.). Journalismus und Kompetenz. Qualifizierung und Rekrutierung für Medienberufe. Opladen, Westdeutscher.

Weischenberg, S. (1992). Journalistik. Theorie und Praxis aktueller Medienkommunikation, Band 1. Mediensysteme, Medienethik, Medieninstitutionen. Opladen, Westdeutscher.

Weischenberg, S. (1994). Annäherungen an die ‚Außenseiter'. Theoretische Einsichten und vergleichende empirische Befunde zu Wandlungsprozessen im Sportjournalismus. Publizistik (39/4): 428-452.

Weischenberg, S. (1995). Journalistik. Theorie und Praxis aktueller Medienkommunikation, Band 2. Medientechnik, Medienfunktionen, Medienakteure. Opladen, Westdeutscher.

Weischenberg, S. (2001). Nachrichten-Journalismus. Anleitungen und Qualitätsstandards für die Medienpraxis. Wiesbaden, VS Verlag für Sozialwissenschaften.

Weischenberg, S. (2004). Journalistik. Theorie und Praxis aktueller Medienkommunikation, Band 1. Mediensysteme, Medienethik, Medieninstitutionen. Wiesbaden, VS Verlag für Sozialwissenschaften.

Weischenberg, S. (2007). Verkäufer ihrer selbst. In: Die Zeit (43): 54.

Weischenberg, S., H. J. Kleinsteuber und B. Pörksen (2005) (Hrsg.). Handbuch Journalismus und Medien. Konstanz, UVK.

Weischenberg, S., K.-D. Altmeppen und M. Löffelholz (1994). Die Zukunft des Journalismus, Technologische, ökonomische und redaktionelle Trends. Opladen, Westdeutscher.

Weischenberg, S., M. Malik und A. Scholl (2006). Die Souffleure der Mediengesellschaft. Report über die Journalisten in Deutschland. Konstanz, UVK.

Weischenberg, S., M. Malik und A. Scholl (2006). Journalismus in Deutschland 2005. Media Perspektiven (7): 346-361.

Weischenberg, S., W. Loosen und M. Beuthner (2006) (Hrsg.). Medien-Qualitäten: Öffentliche Kommunikation zwischen ökonomischen Kalkül und Sozialverantwortung. Wiesbaden, VS Verlag für Sozialwissenschaften.

Welke, M. und J. Wilke (2007) (Hrsg.). 400 Jahre Zeitung. Die Geschichte der Tagespresse im internationalen Kontext. Bremen, Edition lumière.

Wendler, S. (2003). Cottbusser Geschichten. In: T. Leif (Hrsg.). Leidenschaft Recherche. Opladen, Wiesbaden, Westdeutscher: 60-72.

Wenzel, K. E., K. Sedelmeier und M. Löffler (2006). Presserecht. Kommentar. München, C. H. Beck.

Werner, H. (2009). Fernsehen machen. Konstanz, UVK.

Wied, K. (2007). Der Wahlabend im deutschen Fernsehen. Wandel und Stabilität der Wahlberichterstattung. Wiesbaden, VS Verlag für Sozialwissenschaften.

Wienken, U. (2009). Radiomoderatoren und ihre Erfolgskonzepte. Von den Besten lernen. Baden-Baden, Nomos.

Wieten, J., G. Murdock und P. Dahlgren (2000) (Hrsg.). Television across Europe. A comparative Introduction. London, Sage.

Wilke, J. (1994). Öffentliche Meinung. Theorie, Methoden, Befunde Freiburg, Alber.

Wilke, J. (1996) (Hrsg.). Ethik der Massenmedien. Wien, Braumüller.

Wilke, J. (2007). Gladbecker Geiseldrama. In: Stiftung Haus der Geschichte der Bundesrepublik Deutschland (Hrsg.). Skandale in Deutschland nach 1945. Bielefeld, Kerber: 156-163.

Wilke, J. (2008). Grundzüge der Medien- und Kommunikationsgeschichte. Stuttgart, UTB.

Wilkinson, J. S., A. E. Grant und D. Fisher (2008). Principles of Convergent Journalism. Oxford, Oxford University Press.

Winter, M. (2006). Expeditionen ins dunkelste Wien. Meisterwerke der Sozialreportage. Wien, Picus.

Winterhoff-Spurk, P. (1986). Fernsehen – Psychologische Befunde zur Medienwirkung. Bern, Huber.

Wirtz, B. W. (2006). Medien- und Internetmanagement. Wiesbaden, Gabler.

Wittwen, A. (1995). Infotainment. Fernsehnachrichten zwischen Information und Unterhaltung. Bern, Lang.

Witzke, B. und U. Rothaus (2003). Die Fernsehreportage. Konstanz, UVK.

Wolf, V. (2006). ABC des Zeitungs- und Zeitschriftenjournalismus. Konstanz, UVK.

Wolfe, T. und E. W. Johnson (1973) (Hrsg.). The New Jounalism. New York, Harper & Row.

Wolff, V. (2005). Wirtschaftsjournalismus. In: S. Weischenberg, H. J. Kleinsteuber und B. Pörksen (Hrsg.). Handbuch Journalismus und Medien. Konstanz, UVK: 481-485.

Wolff, V. (2006). ABC des Zeitungs- und Zeitschriftenjournalismus. Konstanz, UVK.

Wulfemeyer, K. T. (2006). Online Newswriting. Malden, Wiley-Blackwell.

Wyss, V. (2002). Redaktionelles Qualitätsmanagement. Ziele, Normen, Ressourcen. Konstanz, UVK.

Yorke, I. (1987). The technique of television news. Boston, Focal Press.

Yorke, I. (1997). Basic TV Reporting. St. Louis, Focal Press.

Yorke, I. (2000). Television News. St. Louis, Focal Press.

Zalbertus, A. und M. Rosenblum (2003) (Hrsg.). Videojournalismus. Die digitale Revolution. Berlin, Uni-Edition.

Zehrt, W. (2005). Hörfunk-Nachrichten. Konstanz, UVK.

Zelizer, B. (2004). Taking Journalism Seriously. News and the Academy. London, Thousand Oaks, New Delhi, Sage.

Zerfaß, A., und D. Boelter (2005). Die neuen Meinungsmacher. Weblogs als Herausforderung für Kampagnen, Marketing, PR und Medien. Graz, Nausner & Nausner.

Zettl, H. (2008). Television Production Handbook. Belmont, Wadsworth.

Zimmermann, C. und M. Schmeling (2006) (Hrsg.). Die Zeitschrift – Medium der Moderne. Deutschland und Frankreich im Vergleich. Bielefeld, Transcript.

Zindel, U. und W. Rein (2007) (Hrsg.). Das Radio-Feature. Ein Werkstattbuch. Konstanz, UVK.

Zons, A. (2004). Den Leser an die Hand nehmen. In: C. Mast (Hrsg.). ABC des Journalismus. Ein Handbuch. Konstanz, UVK: 276-280.

Autorinnen und Autoren

Burkhardt, Steffen (Jg. 1977), Dr. phil., Kommunikationswissenschaftler. Studium und Promotion am Institut für Journalistik und Kommunikationswissenschaft der Universität Hamburg. Aufbau des universitären Masterstudiengangs Journalismus an der Hamburg Media School. Arbeit als Journalist und Autor für überregionale Medien. Gründer der Nachwuchsinitiative für Qualitätsjournalismus (mit Journalisten von *Der Spiegel, Die Zeit, Deutsche Presse-Agentur, New York Times* u. a.), Mitglied im Lenkungsausschuss des internationalen Medienbotschafter-Programms der Robert Bosch Stiftung und der *Young Leaders Study Group on the Future of Europe*. Forschung zu Journalismus, Journalistenausbildung und Mediengeschichte.

Bongers, Antje (Jg. 1982) studierte Betriebswirtschaftslehre und Journalismus in Ravensburg und Hamburg. Während des ersten Studiums arbeitete sie beim wissenschaftlichen *Springer-Verlag* in Berlin, Heidelberg und Dordrecht (NL). Arbeit als Journalistin für das Politikmagazin *Cicero*, das *Hamburg Journal* des *NDR*, den Hörfunksender *NDR Info*, die *Deutsche Presse-Agentur dpa* und die Tageszeitung *Rüsselsheimer Echo*.

Disselhoff, Felix (Jg. 1983) studierte Medien- und Kulturwissenschaften und Journalismus in Düsseldorf und Hamburg. Tätigkeit als Autor für *Meedia*, freier Redakteur für *Stern.de* mit dem Schwerpunkt Kultur- und Technikjournalismus, Redakteurstätigkeit für *medienlese.com* mit Fokus Fernsehmarkt sowie VJ für *Axel Springer Digital TV, Zeit Online, n-tv* und *Unicef*. Weitere Arbeiten für Radio, *Hamburger Morgenpost, Stern, AZ Media, ZDF* und *RTL Nord* sowie *Spiegel Online*.

Hoppe, Susanne (Jg. 1977) studierte Journalistik und Politikwissenschaften in Hamburg und arbeitete bei *Stern, Gala, Brigitte* und im TV-Bereich für den *NDR, RTL* und Produktionsfirmen. Seit ihrem Journalismusstudium an der Hamburg Media School arbeitet sie als Redakteurin und Moderatorin beim Regionalmagazin von *RTL Nord*.

John, Camilla Caroline (Jg. 1981) studierte Literatur- und Medienwissenschaften, Psychologie und Pädagogik in Kiel und absolvierte ihren Journalismus-Master in Hamburg mit einem Stipendium des Hamburger Presseclubs. Arbeit als Journalistin für *ZDF, Bild, NDR* und *SWR*.

Kreutzträger, Ilka (Jg. 1977) studierte Soziologie, Politologie und Neuere Deutsche Literatur und Medienkultur in Münster und Hamburg. Arbeit als Redaktionsassistentin für Tagesschau Online und als Journalistin für *Kulturspiegel, taz Nord, Spiegel Online, Tagesschau Online, Deutsche Presse-Agentur* in Johannesburg und *Verdener Nachrichten*.

Nowack, Timo (Jg. 1980) studierte Geschichts- und Politikwissenschaften in Bochum sowie Journalismus in Hamburg. Artikel von ihm sind unter anderem in der *taz*, der *Süddeutschen Zeitung*, bei der *Deutschen Presse-Agentur* und *Spiegel Online* erschienen. Er ist Herausgeber des Online-Fotomagazins *flaremag.de*.

Reißmann, Ole (Jg. 1983) studierte Politikwissenschaft an der Universität Bremen und Journalismus in Hamburg. Artikel von ihm erschienen unter anderem bei der *Ahrensburger Zeitung, Spiegel Online, Geo Wissen, Zeit Online, taz* und *Süddeutsche Zeitung Wissen*. Er arbeitet als Schluss- und Nachtredakteur bei *Spiegel Online*, als freier Journalist und für *medienlese.com*.

Roberts, Anwen (Jg. 1980) studierte in Köln und Paris Medienwissenschaften, Politik und Philosophie und in Hamburg Journalismus. Arbeit als freie Journalistin für *Spiegel* und *Spiegel Online*.

Stenzel, Annika (Jg. 1981) studierte Mediendokumentation und Journalismus in Hamburg. Arbeit für *NDR Kultur, Greenpeace Magazin* und *taz Nord*.

Theile, Jonas (Jg. 1978) studierte Sozialwesen und Journalismus in Stuttgart und Hamburg. Arbeit als Journalist für den *Hessischen* und *Bayerischen Rundfunk, Deutschlandradio Kultur, ZDF, Hamburger Abendblatt, Eltern, Motorrad News* und *Men's Health Online* mit den Schwerpunkten Reisejournalismus, Servicejournalismus und soziale Themen.

Wehofsich, Sophie (Jg. 1982) studierte in Göttingen Forstwissenschaft mit Schwerpunkt Naturschutz und in Hamburg Journalismus. Arbeit für *NDR* und *Stern.de*.

Umfassend. Aktuell. Fundiert.

Axel Noack
Business Essentials:
Fachwörterbuch Deutsch-Englisch Englisch-Deutsch
2007. VII, 811 Seiten, gebunden
€ 59,80
ISBN 978-3-486-58261-1

Das Wörterbuch gibt dem Nutzer das Fachvokabular des modernen, internationalen Geschäftslebens in einer besonders anwenderfreundlichen Weise an die Hand.

Der englisch-deutsche Teil umfasst die 11.000 wichtigsten Wörter und Begriffe des angloamerikanischen Sprachgebrauchs.

Der deutsch-englische Teil enthält entsprechend 14.000 aktuelle Fachbegriffe mit ihren Übersetzungen.

Im dritten Teil werden 3.000 Abkürzungen aus dem internationalen Wirtschaftsgeschehen mit ihren verschiedenen Bedeutungen aufgeführt.

Das Lexikon richtet sich an Studierende der Wirtschaftswissenschaften sowie alle Fach- und Führungskräfte, die Wirtschaftsenglisch für Ihren Beruf benötigen. Für ausländische Studenten bietet es einen Einstieg in das hiesige Wirtschaftsleben.

Prof. Dr. Axel Noack lehrt an der Fachhochschule Stralsund BWL, insbes. International Marketing.

Oldenbourg

Menschen und Manager:
Ein Balanceakt?

Eugen Buß
**Die deutschen Spitzenmanager -
Wie sie wurden, was sie sind**
Herkunft, Wertvorstellungen, Erfolgsregeln
2007. XI, 256 S., gb.
€ 26,80
ISBN 978-3-486-58256-7

Was ist eigentlich los im deutschen Management? Kaum ein Tag vergeht, ohne dass die Medien kritisch über die Zunft der Führungskräfte berichten. Sind die deutschen Manager denn seit dem Beginn der Bundesrepublik immer schlechter geworden? War früher etwa alles besser, als es noch »richtige« Unternehmerpersönlichkeiten gab?
Antworten auf diese Fragen finden Sie in diesem Buch.

Es gibt kein vergleichbares Buch, das die Zusammenhänge des Werdegangs und der Einstellungen von Spitzenmanagern darstellt. Die Studie zeigt, dass es in der Praxis unterschiedliche Managertypen gibt. Diejenigen, die ihre Persönlichkeit allzu gerne der Managementrolle unterordnen und jene, die eine Balance zwischen Mensch und Position finden.

Das Buch richtet sich an all jene, die sich für die deutsche Wirtschaft interessieren.

Prof. Dr. Eugen Buß lehrt an der Universität Hohenheim am Institut für Sozialwissenschaft.